JOHN HICK

AN AUTOBIOGRAPHY　宗教多元主義の実践と創造

ジョン・ヒック自伝

ジョン・ヒック
John Hick

間瀬啓允✣訳

TRANSVIEW トランスビュー

日本の読者に

私の自伝が邦訳出版されることは喜びであり、またこの出版を実現してくれた間瀬啓允教授に心から感謝しています。私は何冊かの著書や過去二回にわたる訪日を通して、日本には私を理解してくれる多くの友人がいると考えています。私は、書物の背後に控えている人物について、常に何かを知りたいと思う気持ちがありますから、おそらくそうした好奇心にかられて本書を手にされ、興味を抱いてくださる日本の読者もおられるかと思います。

ちなみに、本書の第24章で取り上げられる遠藤周作についてさらなる探究心を起こされる方がいるならば、昨年（二〇〇四年）スウェーデンのルンド大学から出版された長谷川（間瀬）恵美著『キリストの霊の異文化内開花――遠藤周作文学作品に秘められた神学テーマ』を参照されるようお勧めします。

私は半生を、宗教間対話と世界宗教関係をめぐる哲学的問題に費やしてきました。今日の世界において、この問題は哲学的、神学的に重要であるばかりでなく、緊急を要する現実問題でもあります。世界のいたるところで、宗教は、暴力的な闘争の正当化と激化の口実に利用されています。しかし実際には、宗教の相違がもとで戦争が起こるなどということはほとんどありません。宗教的信条に仕える両陣営の頑な主張によって、人々はしばしば感情的に激化し野蛮化するのです。信条に仕える者の立場からすれば、どの闘争でも神は等しく両陣営に与《くみ》していると思われますので、皮肉にも「神の支持が得られそうに思えるのは軍需産業だけだ」という言い方になってしまうのです。

　二十一世紀の世界が直面する重大な危険として、イスラームとキリスト教の「文明の衝突」を挙げる者がいますが、これは確かに悲劇の可能性を含むものであり、是非とも回避しなくてはなりません。ムスリムとキリスト教徒の大半は平和愛好者です。しかしパレスチナ問題を軸にして、イラク戦争の勃興や、シリア、イランへの悪影響がもとで、中東情勢は混迷を続けています。そのために、イスラーム、キリスト教、ユダヤ教の原理主義者たちの間には不均衡な影響が表われています。例えば、イスラーム原理主義はサウジアラビアを震源地とし、そこには変革に抵抗を示す伝統厳守のワッハーブ派ムスリムをはびこらせています。そしてムスリムが不公平に扱われると、若者たちを煽動して、暴力をふるわせることができます。その指導者たちは通常年配者ですが、世界のイスラーム人口は大半が若者であることを覚えておく必要があるでしょう。しかし多くのイスラーム諸国では、有識者の間で新しい考え方が始まっていて、改革への強い要望が拡がりつつあります。

　とはいえイスラーム原理主義者は、もう一方のアメリカのキリスト教原理主義者とともに広く知られるようになり、その片割れであるアメリカの原理主義者からの影響も受けています。昨年（二〇〇四年）、アメリカのブッシュ大統領に投票した者のほぼ半数は「信仰復興《ボーン・アゲイン》」の福音派であり、そのうちの大半（およそ七〇パーセント）は、キリスト再臨前に、イスラエル（パレスチナのヨルダン川西岸地区を含む）はアラブ人を追放しなければならないと信じています。彼らはまた別の理由から、ユダヤ教原理主義者からも支持を受けています。これらのユダヤ教原理主義者たちは、全領土は神からユダヤ人に授かったものであると堅く信じています。ですから、ここには政治上・経済上の原因にからんだ根深い闘争の源があり、これがさらに古来の宗教的絶対性によって正当化され、強化されているのです。

本書は最初に英語で出版しましたから、ここではキリスト教とイスラームの分離に関わる新たな自伝的内容を書き加えることが許されるでしょう。私はイランに講演旅行をし、首都テヘランにあるさまざまな研究機関で宗教間対話に加わりました。参加者のうちで英語を話せる者はごく少数でしたから、通訳は忙しく働いていました。どの研究機関を訪ねても、最大級のもてなしと厚い友情を受けました。また快適であるように可能な限りを尽くしてくれました。私の三冊の著書と多くの論文がペルシア語に翻訳されていて、議論に参加してくれたイスラーム研究者たちは、私の宗教多元主義について、またシャリーア法の定める厳格な罰則に関しての私の批判的な論評を含んで、イスラームとキリスト教全般にわたる討論を望んでいました（イスラーム法の厳格な罰則は、サウジアラビアではまだ守られているようですが、イランのような国々では法令集には残っていても、現在ではほとんど実行されていないようです）。ちなみに私もまた、イエスの十字架刑はなかったものとする『コーラン』の声明には、同意しませんでした。

しかし議論の大部分は宗教多元主義に関するものであり、それについては参加者の多くがよく研究していて、哲学的な質問がなされました。その場には、ムスリムでなければ地獄に落ちると考えるようなイスラーム排他主義者は、一人もいませんでした。大半がイスラームを最良の宗教であると信じつつも、他の宗教にもいくばくかの真理はあり、アッラーの尽きせぬ恵みと憐れみのもとで救いを受けることができると信じてもいましたから、彼らは包括主義者でした。中には、イランの有識者で影響力の最も大きい人物とされるアブドゥルカリーム・ソリューシュ博士（私の滞在中は外国に出かけていて不在でした）を含む、多元主義者も若干ながらいました。

もちろんそういう有識者以外で、私が接触したイスラーム排他主義者もいます。この状況はキリスト教にも似たところがあります。キリスト教徒の中にも排他主義者はいます。例えば、非常に影響力のある原理主義者がアメリカにもたくさんいます。けれども神学者や教会指導者たちの大半が包括主義者であり、残る少数派が、しかも増加しつつある少数派が、多元主義者なのです。

イランへのこの訪問を通して、私は、ムスリムが凶暴で野蛮な原理主義者だという、一般にはびこる西洋でのイメージを払拭できました。改革運動はイラン国内だけでなく、他の多くのイスラーム諸国にもあります。政治的には改革は、何らかの民主化——必ずしも西洋の民主化の模倣ではなく——と、男女の平等を含む完全な人権の回復を意味します。宗教的には、それは『コーラン』を聖典としつつも、諸々の点で道理にかなった解釈は許すという、新たな認識を意味します。また初期のメッカ啓示と後期のメディーナ啓示との相違についても、かなり広く受け入れられています。前者は普遍的な根本的教義を含み、後者は新たに形成されつつあったイスラーム国家の法規定を含んでいます。しかし法規定は、あくまでもその時、その所のものであって、けっしてあらゆる時、あらゆる所に通じる普遍的なものではありません。

ともあれ、脅威にさらされた「文明の衝突」を回避するためには、イスラーム圏内の複雑な情勢を知るキリスト教側にも、また内部改革の可能性を模索するイスラーム側にも、共に継続的な努力が必要とされています。西欧では、またもちろん日本でも、通俗的なマスコミの伝える紋切り型のイスラームへの悪魔視を受け入れないようにすることが、今日とても重要であると、私は考えています。

終わりにあたり、本書と、そして他の私の著書を読んでくださる日本の読者の皆さんに、幸運をお祈りします。

二〇〇五年三月

ジョン・ヒック

原著まえがき

この思い出《メモワール》は、数年間にわたり、他の執筆の合間に書き続けたものである。もともとの動機は、孫たちが少し大きくなったときに抱く、「ジョンおじいさん」への好奇心を満たすためだった。私自身、もしも祖父母や両親が同じような何か素敵なものを残しておいてくれたなら、きっと強い関心を抱いただろうと思う。そして、だれもが人生のある段階で、自分の先祖のことをもっと深く知りたいと思うのではないかと想像する。

私自身、この思い出《メモワール》の小道を辿りはじめると、その旅路がまことに楽しいものであることがわかった（もちろん、その途上でひどく苦痛な思い出にも出会わなくてはならなかったが……）。屋根裏部屋で見つけた大きなトランクの中に、日誌や手紙、その他の文書がたくさん残されており、事実上、そのおかげで本書の大半は書き上げることができた。

私は現役生活の半分をアメリカで過ごしたので、米語と英語の両方の綴りを無差別に使用し、あえてこれを統一することはしなかった。家族や友人とのありのままの関係を考慮したので、それで結果的には、形式張らず、より率直な書き方になった。しかしながら、同じ分野における他人の研究に対して、時に批判的な判断をすることがあっても、私は常に誠実であることに努め、無慈悲な発言は避けた。あらゆる欠点にもかかわらず、私の著書を一冊でも二冊でも読んでくれた読者の皆さんが、さらなる関心を抱いて、著者のことをもう少し知りたいと望む結果になることを（書物を読んだ後には私がしばしばそうであるように）、心から願っている。

二〇〇三年一月二十日

ジョン・ヒック

ジョン・ヒック自伝——宗教多元主義の実践と創造——＊目次

索引

I ジョン・ミルトン素描図

装幀　高麗隆彦

ジョン・ヒック自伝

宗教多元主義の実践と創造

第1章　海運業の家系

1　世界の海を股にかける

イギリスで、個人の誕生、死亡、結婚の登録が制度化されたのは、一八三七年のことである。それ以前に家系をさかのぼることのできるのは、貴族か高名な家柄だけだ。ヒック家は、貴族でも高名な家柄でもなかったが、ずっと同じ小さな町、スカーボロに住み続けていたので、アン・ソーントン（一七〇〇―一七七九）と結婚したジョン・ヒック（一六九九―一七八〇）にまでさかのぼることができる。そして現在（二〇〇二年）に至るまで九代におよぶ。

スカーボロは、一六八五年に町が興り、十八世紀と十九世紀にかなり発展した。外洋船にとってスカーボロは重要な港であり、一八二〇年代に鉄船が現われるまで、木造船はずっと、このスカーボロの前浜で建造されていた。(1) 船舶は一七八六年から登録が義務づけられた。船名リストに見られる最初のヒック家の船は（これが最初の船ではないが）、一七八六年にスカーボロで造られ、「プラウ」と命名された。この船はジェームズ・ヒックという人が所有者兼船長だった。これはブリガンティン船で、それ以外の船はバーク船やスノー船であり、(2)

一八七八年からは汽船になった。ヒック家の木造船のほとんどが、スカーボロのティンダール社によって建造された。

「プロヴィデンス・サクセス」と命名されたブリガンティン船から、当時の造船業の経済規模を垣間見ることができる。この船は重量二一二トン、長さ八四フィートで、ウォルター・パントランド一世が所有者兼船長だった。この船は一七九六年、ティンダール社により一二〇〇ポンド（船体のみの価格）で建造されたが、この価格は現在では六万ポンドから一二万ポンドに相当する。[3] 一七八七年、「スカーボロの港には全部で三万三四〇〇トンの船舶が所属し、その原価は四五万ポンド、船員数は千五百人だった」[4]。

消息をたどると、早くもヒック家の三代目から、暮らし向きはかなりよかったようだ。例えば、振り子の動きに合わせて飾りの船が揺れ動く一八〇〇年頃の豪華な大時計が、もともとはトーマス・ヒック（ジョン・ヒックとメアリー・ホーソンの息子）の購入したものだというから、トーマスはかなり裕福だったにちがいない。その大時計はいとこのマーシァに伝わり、それを私に残してくれたのだ。「メアリー・ヒック」の模型も残っている。この船は四三〇トンのバーク船で、一八五六年にサンダーランドで建造された。所有者はP・ヒックと、P・ヒック二世、そしてトーマス・ヒックだった。この船は一八七九年九月、メキシコ湾のサンタナ沖で沈没した。

船には通常二人以上の共同所有者がいた。一七七五年から一九一三年の間に、ヒック家は九一隻の船を所有、ないしは共同所有していた[5]（これには三〇トンから四〇トンの漁船四隻が含まれているが、おそらく私がまだ少年の頃には、スカーボロから出航していた底引き網漁船の類であったのだろう）。そのころの航海というのは、明らかに危険な仕事だった。事実、九十一隻のうち四十七隻が、大西洋、北海、地中海、バルト海、ボスポラス海峡、南北アメリカの沖合い、遠くはタスマニアで遭難している。そのうちの三隻は乗組員もろとも沈没している。

大海原を航海する帆船に乗り組むというのは、どんな思いのするものなのか、私なりに感じ取った最良の方法は、キャプテン・ホーンブロウアーが登場するC・S・フォスターの小説だった。例えば『ホーンブロウアーとホットスパー』には、天候の変化に応じて船長がさまざまに異なる帆を使い分けるようすが、詳しく描かれている。とはいえ、汽船の登場とともに、ヒック家の船が沈没することはなくなった。ヒック家の汽船は、ヨークシャー渓谷にちなんで名づけられたチャーター貨物船、「渓谷ライン」に含まれていた。こうした汽船は、世界の海を股にかけて貨物を運ぶ「不定期貨物船」だった。

航海記録を残している唯一の船は七五七トン、一二三馬力、一八八二年に船籍登録された、ジェームズ・ベイリー・ヒックの所有による「ロックトン」という汽船だ。船の建造費は二万一二五〇ポンドだったようだ。処女航海は一八八二年十二月一日から一八八三年一月二十三日で、トン当たり六シリング六ペンスでサンダーランドからセント・ナザレへ、一四〇八トンの石炭を運んだ。次いで、トン当たり一〇シリングで、一五〇八トンの鉄鉱をビルバオからミドルズバラまで運んだ。航海にかかった総費用は一二三二ポンド七シリング、利益（汽船への支払い額）は三四八ポンド七シリングだった。たまに損失の出ることもあったが、ほとんどの航海で利益を得た。

その後の航海で六〇七ポンド、二三二ポンド、二五九ポンドの利益を得て、一八八三年には四五ポンド二シリング一一ペンス、一八八四年には七六四ポンド一五シリング、一八八五年は七九四ポンド九シリング九ペンスの利益があった（現在の価値では五十倍から百倍にして考える必要がある）。この船は一八八九年にジェームズ・ノットに売却され、新たに「SSアフリカン・プリンス」と命名された。

ジェームズ・ノットが事務弁護士として、アルバート・エドウィン・ヒックに宛てた一八九一年十月付けの手紙がある。その中でノットは、アフリカ貿易におけるこの船の効率の悪さについて説明している。第一に、この船は海岸に留め置かれた。おかげで船の維持費は一日一二ポンドなのに、予定では三カ月のはずの航海が、四カ月半にまで延びてしまった。それから、

私が船の管理を任せた新しい船長は、全航海をすべて台無しにしてしまった。その上、私が意図していたことまで完全に駄目にした。……どうやら……宗教熱がこうじて問題を起こしたようだ。「アフリカン・プリンス」船上で行った彼の挙行は前代未聞だ。……

これとは別の汽船「ワイデイル」についても、経済的な問題ではないが、いくらかの消息が伝わっている。この船は一八八一年、サウス・シールズのジョン・レッドヘッド社によって建造された、鉄製スクーナー式帆装の汽船だった。所有者はパントランド・ヒック二世、船長はB・W・ヒックで、ロイドの格付けで最高位の一〇〇A1の評価を得ていた。

ところが一八八四年、ワイト島の沖合いで小さな帆船と衝突事故を起こし、相手の船にいた二人の乗組員を溺死させてしまった。商務省の査問委員会は帆走速度が度を過ぎたことに原因があるとして、「ワイデイル」の船長に非を認めさせ、船長の免許証を三カ月間停止した。一八八七年、幸いなことに船長は、沈没しかかっていたアメリカの大型スクーナー船「ベイモア」の乗組員を救助することができた。一八八七年、パントランド・ヒックは、この船をグラスゴーにある会社に売却し、その後一九〇〇年、船はさらにスペインの会社に売却された。最後にその船は、スカーボロ近くのバーニストン沖を航行していたところで、難破してしまった。(6)

いとこのマーシア・ベル（一九九六年没）が、孫のジョナサンに出した手紙から、ヒック家の船について興

味深い情報を拾い出すことができる。一九九五年、ジョナサンは船に関する学校の宿題に取り組んでいた。

十八世紀後半のキャプテン・クックによる新世界発見以降（クックはスカーボロに近いホイットビー港から出航した）、商船の需要が増大し、スカーボロの町では多くの住民が船主になりました。ヒック家に先立つ船主もいましたが、いちばん長続きしたのはヒック家でした。十九世紀の終わりころには、スカーボロを基地にして遠洋航路の船団を所有していたのは、ヒック家だけでした。したがって、ヒック家はその時期、海運の仕事の提供者として、また海洋備品商人が生計を立てる機会の提供者として、町には極めて重要な存在となっていました。……

　パントランド・ヒック二世は、一九〇〇年に死ぬまで、十九世紀末の三十年かそれ以上にわたって、会社を経営していました。時代が変わり、港はもう大型化した船舶には適さなくなっていました。ヒック家の汽船［渓谷ライン所属］は売却［最後の船は一九〇五年に売却］され、スカーボロは、もはや船主と言える人がいる港ではなくなりました。

　とはいえ、海運を営んだヒック家は、何年もの間、誇りと感謝をもって記憶に留めおかれました。私［マーシァ・ベル］の祖父であるバーリンソン・ウォーカー・ヒックが一九一七年に死んだとき、野辺送りの付き添いに集まった元船長たちは、十人を下りませんでした。

別の手紙の中でマーシァは、一九〇五年に彼女の母が、スカーボロの聖マリア教会で結婚式を挙げたときのことを書いている。

丘の下に見える港に停泊していた船舶は、すべて飾り立てていました。母の両方の先祖、ハーバート家とヒック家の人々が、もう何年にもわたって船主、船長、港湾長官を務めていたからです。

スカーボロの船主たちは、ほとんどの場合、まず海に出て、その後で船の所有者になるのが常でした。

一八四〇年代に鉄道が敷かれるまで、スカーボロは小さな町でした。そして「ウォーカー家、ティンダール家、ヒック家、ハーバート家、ホーソン家など」、船主の家どうしが姻戚関係になることは、珍しいことではなかったのです。そうした家の息子が海に出ようとするのは、少しも不思議なことではありませんでした。その場合、十四歳で海に出て、二十一歳のときには船長になったのです。

おまえ「ジョナサン」の曾祖父の父、エドウィン・ヒックには五人の兄弟がいて、皆若いときに海に出て船長になりました。トーマス、パントランド二世、ジェームズ、バーリンソン・ウォーカー・ヒック、それにウィリアムです。

もう一人のいとこのシルビア・スプーナーは、彼女の祖父にあたる最年長のトーマスについて、次のような話を伝えている。トーマスは船長で、船を何隻か所有していたようだ。一八五九年、トーマスは自分が株主であったロンドン社から、西オーストラリアのノーサンプトン地方に派遣され、そこに鉱山の採掘機械を運んだ。ノーサンプトンでは銀と鉛が発見されたからだ。機械の注文がたくさん入ると期待して約二年間待機したが、結果は徒労に終わり、機械は浜辺に放置された。そこに行けば、今でも大きな部品の残骸が散見される。その後、トーマスはロンドンに移り住み、船舶と保険のブローカーになった。また、一八七七年にはロンドンの市民権を獲得した。

マーシアの手紙を続けよう。

十九世紀初頭に、トーマスが船舶保有事業を興しました。それを息子のパントランド・ヒックが、若いうちに継ぎました。さらに、その息子のパントランド・ヒックが引き継いだのです。

帆船による航海は危険であったにもかかわらず、若い妻たちの中で肝の据わった者は、夫の長い航海につき従いました。メアリー・ハーバートはその一人で、ジェームズ・ヒックの妻も同様でした。帆船の航海は、ときには数カ月というより、数カ年に及ぶことがあります。（ときには文字どおり世界を駆け巡り）行く先々で貨物を集めては、次の港に運ぶのです。メアリーは一八七三年に最初の子、私の叔父にあたるハーバート・ヒックを、チッタゴンとコロンボの中間あたりの海上で出産しました。当時、夫婦はまだ木造船でしかない「シリンガ」に乗っていました。［この船は一八八七年に、アメリカのメリーランド沖で難破してしまいました。］

「マーシア」は特別な船だとわかりました。船足が速く、条件さえよければ、有名なティー・クリッパー（中国からイギリスに茶を運んだ三本マストの快速帆船）に負けません。あるとき、南オーストラリアのリーウィン岬の南の沖合いで、「マーシア」は四日間に一一九八マイル、平均すると一日約三〇〇マイルという帆走を達成したのです。「マーシア」はスカーボロで造られた、外洋向けの最後の帆船でした。私の祖父と祖母、小さいときのハーバート・ヒック、航海士、乗組員、めんどり、羊、貨物、そして賢い犬、全部が「マーシア」に乗って公海を帆走しました。それはスカーボロの誇りであり、「マーシア」の全盛期でもありました（油絵の「マーシア」を写真にして額に収めたものが、今も残っています）。

ヒック家の船は、さほど冒険をしたようには思えませんが、それでも「シリンガ」の船長B・W・ヒックは、若い頃にオランダ領東インド諸島のほぼ無人に近い島の浜辺に、船を乗り上げたことがあります。

それで船を離床させるために助けを求め、バタビアまでボートをこぐという、大変な苦労をしました。またあるときは、南太平洋上でドイツ船の乗組員を救助しました。その中には船長の妻と赤ん坊もいました。お礼にブルドッグを頂戴しましたが、それ以外には何も受け取りませんでした。

一八八二年、ベレスフォード提督は、外国人排斥の暴動があったアレクサンドリアを砲撃する決意を固めました。提督は、近くのイギリス船舶に対し、イギリス市民を安全なところに移動させてくれるよう、頼んできました。そのときジェイムズ・ヒックの船とB・W・ヒックの船は、どちらも黒海へ向かう途中でしたが、ともに船の進路を変更して救出に向かったのです。

一八三〇年に建造された二二四トン、長さ五四フィート、乗組員十名のスノー船「コンコード」の油絵の裏には、次のような記録がある。一八四五年、船は二十一歳のトーマス・ヒックを船長にして、船長初の航海に出た。そこに、フィンランドの捕鯨船が船の周りを回って、年とった捕鯨船員が「その鯨は悪さをするぞ」と叫んだ。はたして鯨は悪さをした。鯨は突進して来て船腹に穴を開けた。そこで乗組員は荒海の中で船を捨て、別の船に救われた。

さらにシルビア・スプーナーは、マーシァから聞いた二つの話を、次のように伝えている。

十九世紀の初め、ヒック家の船は洪水の時期にタイン川を帆走していたが、そのとき木製の揺り籠が川下に流されているのが見えた。籠の中には赤ん坊がいた。女の子だった。乗組員一同は、船が港に着くまでティーポットの口から赤ん坊にミルクを与え、赤ん坊は両親の元に無事戻された。後日、両親は若い娘になった女の子を連れて、命の恩人であるヒック船長にお礼を言いにきた。

もう一つの話は、これも本当だろうが、伝説めいている。「ナポレオン戦争のときにフランス船がスカーボロ湾に現われた。海軍の船はどこにも見えなかったので、ヒック家の船は、そのフランス船を追跡して港を出た。するとフランス船は向きを変えて遁走した。その直後にフランス船から、ヒック家の船には砲撃しないという知らせが届いた」（ヒック家の船には、マーシァの絵にあるように、ヒック家の旗が掲げられていた）。

しかしマーシァから聞いた別の話では、ナポレオン戦争のあるとき、ヒック家の船がフランスの港にいて、船長が抑留されたという。しかし船長は、馬車で旅行していたフランス人家族の使用人になりすましてフランスから逃げ出し、結局は、家に無事戻ることができたということだ。

記録に残っている最初のヒック家の船は「メアリー」であるが、これは四〇トンの小船で、乗組員は三人、一七七五年にジョン・ヒックが所有していた。その後、次々と造船されたが、実際に家業として大々的になったのは、ナポレオン戦争の終わり頃である。[7] 事業は十九世紀後半に最高潮に達した。パントランド（一八〇三―一八八七）が船長で、一八五一年には四隻の船舶を所有していた。また、今でも模型となってガラスケースの中に雄姿をとどめている「メアリー・ヒック」の共同所有者でもあった。

パントランドは四十一歳で引退して陸に上がり、町会議員、トリニティ・ハウス（退職した船乗りの家）の館長、海員病院の院長、港湾委員会の会員、貯蓄銀行の取締役兼理事、スカーボロ・ガス会社の取締役を歴任した。一方、弟のトーマスは七隻の船舶を所有していたし、また別の弟のマイケルは船長で二隻の船を所有し、さらにもう一隻の船の共同所有者兼船長でもあった。そして、治安判事（ＪＰ）であったこのパントランドが、船を二十一隻所有しているメアリー・バーリンソン・ウォーカーと結婚したので、船を所有する二つの家族が結びついたのだった。

夫妻は十一人の子どもに恵まれたが、その中の二人は幼いときに亡くなった。七人いた息子の中でトーマスは船長になった。パントランド二世（画家の手でうまく修正された市長服姿の素敵な写真がある）も船長であり、スカーボロの治安判事や市参事会員を経て、一八八一年から八四年にはスカーボロの市長を務めた。ジェームズも船長だった。バーリンソン・ウォーカーも船長で、（先に述べたマーシァの手紙を見ると）「マーシア」の所有者で船長だった。汽船の「渓谷ライン」は両家が所有していた。一九〇〇年までパントランド・ヒックは、弟のウィリアムが経営するカーディフ支店、ほかの二人の兄弟が経営するリバプールとロンドンの海運会社と共に、スカーボロの事務所で事業を経営していた。

シドニー・スミス船長（退職したヒック家の船長）は、船のリストに添えられたメモ書きの中で、次のように言っている。

ヒック家はスカーボロの外港に、満潮時になれば船の置ける浮ドックを保有していた。浮ドックは、干潮時には浅瀬の底に着くので、排水口を開ければ浮ドックから水が排出される。その後排水口を閉めれば、次の満潮時には、浮ドックは船を載せたまま浮かび上がる。この浮ドックを使った最後の船は、一八六一年に建造された「サンゴ島」と、一八六八年に建造された「オリーブの枝」の二隻のバーク船だった。この浮ドックは、船底の塗装や喫水線下の修理作業を可能にした。この浮ドックが廃棄された日付は記録にない。

最近サンルームに移した木製の古いタンスは、海運業時代の一部を物語る。それはジョージ三世後期時代のクルミ材に真鍮帯を付したもので、旅行用の整理箱に改造されているが、一八三〇年頃の製作であることはまちがいない。蓋の内側に、母アイリーンのメモがあった。

一九八七年八月、リーズにて。私たちがはじめて結婚した年（一九一七年）のこと、マークが最初に連れて行って会わせてくれたのが、皆のよく知っている「リチャードソン爺や」でした。爺やは、港に行く途中にある船員用コテージに住み、いつもヒック家の船に乗っては海に出て、生涯を船乗りとして過ごしました。当時はもう老いていて、私たちによく会いに来ていたように思います。爺やの面倒は、マークがよくみていたように思われます。

ある日、爺やがこの箱を持って来て、「この箱は爺やと一緒に世界中を回り、爺やの持ち物はすべてこの箱の中にしまってある。この箱はヒック家のものになるのがいい。だから、これはさしあげたい」と私に言いました（それなりに私は感動したと思います）。［嫁の］ヘーゼルはこの箱がとても気に入っていましたので、ヘーゼルのものにしてほしいと思います。とても汚れているでしょう。石炭を入れていたものと思われます。それでも、いつも使われ、重宝がられていました。ですから、これは私から愛をこめて、ヘーゼルに進呈します。リチャードソン爺やの思いも一緒です。

アイリーン

そのほかに母は、次のようなメモ書きを残している。「これを書いた日の夜、夢の中に男の人が現われて、こう言いました。『リチャードソン爺やのことで勘違いしていることがある。爺やは船員の家に住んでいたのであって、コテージなんかじゃない』。そこで、まちがいに気づいて目を覚まし、誤りを正してまた眠り込みました」。

私（ジョン）も子どものときにリチャードソン爺やのところに連れて行かれたことを覚えているが、爺やが親しみのもてる老人だったこと以外は、何も思い出せない。

2　祖父と祖母のこと

祖父の代で船乗りにならなかった兄弟の唯一の例は、私の祖父のアルバート・エドウィン（一八四六—一九〇〇）本人だった。祖父は事務弁護士になり、二十三か四の若さで、スカーボロに自分の事務所を設立した。後に祖父は若い協力者を得たが、私の知っている会社は「ヒック&ハンズ」という名前だった。それは田舎の小さな会社で、事務所はディケンズふうのガス燈を灯し、たいていは譲渡証書か遺言状の検認など、面白くもない仕事をしていた。

アルバート・エドウィンは、スカーボロの副検死官、スカーボロ病院の院長、サウス・クリフ会衆派教会の評議員、機械技術と文学の研究所長、少年禁酒団連盟（彼は熱烈な絶対禁酒主義者だった）の会計担当、自由統一党員だった（目立った役はしなかったが、党の双方から高く評価されていた）。また、スカーボロ・アマチュア漕艇クラブと関係があり、スタントンデイルに農場を所有し、結局は造船業の最後の最後に登場した二隻の漁船の共同所有者でもあった。けれども、以降はスカーボロを拠点としない大型船の時代となった。

エドウィンとマライアには二人の息子がいた。私の父マークと、その弟のノーマンである。私が四歳のときに死んだ祖母マライアについては、ビクトリア女王のような姿のぼんやりとした記憶があって、アソールハウス（スカーボロのサウス・クリフにあるフルフォード通りに建つ）の涼み廊下で、威厳を正して座っていたのを覚えている。一九二六年に死んだとき、祖母マライアは二人の息子に家を残した。マークはどうやらノーマンの持ち分を買い取ったようで、私が大きくなるまで、家族はずっとその家に住んでいた。

ノーマンは建築家になる教育を受けたが、めったに建築設計はしなかったように思う。ノーマンはハットン・ブッシェル郵便局を設計して、それ以外にはコテージを一軒設計しただけだと思う。コテージを建てたのは、ノーマンが、長年自分と妻のマージョリーに仕えて退職した夫婦に、そのコテージを与えるためだった。このことは、ノーマンの人柄を伝えて余りあるものとして、私の記憶に刻まれている。ノーマンと妻のマージョリーは、スカーボロの近郊、ハットン・ブッシェルのこぎれいな古い家に住んでいた。その家はかっては宿屋で、スカーボロ城を攻めるためにやって来たクロムウェル軍の一隊が、宿舎にしたと語り継がれている。

エドウィンは自分の農場を訪れたあと、心臓発作を起こして五十四歳の若さで死んだ。農場で何本かの杭がしっかり地面に打ち込まれていなかったのを見て、自分で杭打ちをした後のできごとだった。彼はスカーボロに帰る途中の列車の中で、帰らぬ人になった。三十年以上も懇意にしていた検死官は、エドウィンのことを「男の中の男、心底から町のためを思う男だった」と述べた。エドウィンが死んだとき、まだ二十歳でしかなかった息子のマークが、父親のことを、大いなる誇りと愛をもって記憶していたのを私は知っている。

わが家の食堂の壁には、祖父の代のヒック家の集合写真がある。おそらく一八八〇年代か九〇年代に撮影されたものだろう。そのうちの一人、パントランドが市長服を着ている肖像写真、それからウィリアムが、これとは別の正装をしておさまっている肖像写真もある。集合写真は写真として上出来で、まとまりよく鮮明に撮れている。これは一家がスカーボロを代表する海運一族だったときからのものだ。こうした人々を見るとき、心に浮かんでくる最初の言葉は「堅実」である。危険や困難に直面しながらも、多年にわたり海で過ごしてきた人々であり、人生の成功者たちである。彼らは、私には誇りに思える祖先の集まりに見える。ウィリアムは大きな口ひげを生やし、少々しかめ面をしているが、他の人は寛いで親切そうに見え、人生にすっかり満足しているようにも見える。

母方の親族では、母の母であるルーシー・ハーストは、結婚する前はクッカー家の人だった。クッカー家の親族は、ヨークシャー、ヴァン・ディーマンズ・ランド（現在のタスマニア島）、メルボルン、カナダのブリティッシュ・コロンビア、メキシコ、トンガ、およびアメリカのミシガン州にまで広がっているが、その足跡は、いとこのマーク・ダービー師によってかなり詳しくつきとめられている。(8)

親族の話には興味を惹かれるが、ここでは詳しく話せない。唯一取り上げて話しておきたい人物は、家族の中で最初に学者になったベンジャミン・クッカー師のことだ。彼はミシガン大学の哲学教授になり、何冊かの著書を出版した。その中には『キリスト教とギリシア哲学』（一八七〇）、『キリスト教の伝統に見る真実についての講義』（一八七二）、『哲学を学ぶ学生のための手引き』（一八八一）が含まれている。少々拾い読みしてみたが、祖先に失礼にあたらなければ、こう言いたい気がする。当時としては良書であったのだろうが、今日では読みたいと思うほどのものではない（これから先、百年もたった後で、どれか私の著作に言及されることがあれば、おそらく同じことが言われるだろう）。クッカー・ハースト側のもう一人の学者は、叔父のエディ、エドワード・ウェールズ・ハーストで、彼については後述する。

注

（1）James Buckley, *The Outport of Scarborough 1602-1853* を参照した。おそらくスカーボロの町での私家版であることは明らかだ。出版年は不明。

（2）ブリガンティンは、フォアマストに横帆、メインマストに縦帆を装備する二檣《しょう》船。バークは、最後尾のミズンマストに縦帆、他のマスト（通常は二本で、フォアマストとメインマスト）に横帆を装備した三檣《しょう》船。スノーは、ブリッグに似た小型帆船で、メインマストとフォアマストがあり、さらにメインマストのすぐ後ろに補助的なトライスルマストがある。以前は軍船として使われていた。

（3）六万ポンドという数字には五十倍の値打ちがある。これは Roy Jenkins, *Gladstone*, 1995, p. 149 において扱われている数字だ。歴史家のヒュー・マクリードによると、さらに百倍以上もの値打ちがあるという。第2章のさらなる注を参照されたい。

（4）Joseph Brogden Baker, *The History of Scarborough*, London : Longmans, Green, 1882, p. 370.

（5）リストはシドニー・スミス船長の作成による。同船長はスカーボロの港湾施設長代理で、スカーボロ・トリニティ・ハウスの館長の役にもついていた。

（6）*Scarborough Evening News*, 25 October, 1974.

（7）James Buckley, *The Outport of Scarborough*, p. 104.

（8）Mark Dalby, *The Cocker Connection*, London & New York : Regency Press, 1989.

第2章　子ども時代の学校と家族

1　両親と兄妹

子ども時代にさかのぼる最も幼い頃の私の思い出は二歳で、妹のシャーリーがいると聞かされたことだ。妹のいたことが、当時の私に興味のあることだったかどうかは思い出せない。これはスカーボロのウエストボーン・グローブ七番地でのことだった。私が四歳のとき、家族はアソール・ハウスへ引っ越した。当時、家は大きくて庭もかなり広かった。しかし第二次世界大戦の終わりに、父マークと母アイリーンは家を二分して、その半分を売ってしまった。さらに後になって、離れを建てるために残しておいた庭もほとんど売却してしまった。すべては家計を維持するためだったと思うが、父母の収入を考えさせられる思い出だ。

父方の祖父で事務弁護士をしていたアルバート・エドウィンは、マライア・デイと結婚した。マライアの父はデューズベリーの毛織物の工場主で、羽振りがよかったという。言い伝えによると、この工場主は締まり屋の実業家でありながら、デューズベリーの会衆派教会を新設するときには、惜しみなく寄付したとのことだ。

一八八一年十一月二十二日付で、スカーボロの祖父エドウィンから妻のマライアへ宛てた手紙がある。祖母は最近亡くなった父の遺言のことで、母から知らせを受けてデューズベリーの実家に来ていた。どうやら遺産を管理していた事務弁護士はスカーボロにいたようだ。祖母の父は五万から六万ポンド（今日の価値にすると、それを五十倍にするか百倍にするかで違ってくるが、五万ポンドは二五〇〇万から五〇〇万ポンド、六万ポンドは三〇〇万から六〇〇万ポンドになる）(1)を、マライアと二人の兄弟に均等に遺していた。それでマライアは、低く見積もって総額五万ポンドとすると、七五万ポンドから一五〇万ポンドを、高く見積もって総額六万ポンドとすると、一〇〇万から二〇〇万ポンドを、相続したことになる。いずれにしてもその中間であるが、高い方に近かったと思う。エドウィンは祖母が裕福だったおかげで、ひたすら法律実務に専心する必要がなく、むしろ福祉事業の形でいろいろなことができたのだろう。

早く夫を亡くした後も、祖母マライアはアソール・ハウスに住んでいたが、七十六歳で死んだときには、二人の息子に財産を二分して残した。遺産は一八八一年の倍率を使って計算すれば、低く見積もってもおそらく三五万から八〇万ポンド、高く見積もれば五〇万から一〇〇万ポンドに達すると思われる。とはいえ、マライアが死んだ一九二六年から物価が何倍に跳ね上がったのか、私にはよくわからない。祖母が遺した財産が、存命中に増加したのか減少したのかもわからない。受け取った遺産がどれほどであったかはともかくとして、父マークも株式取引で遺産を増やしたとは思うが、その遺産のおかげで事務弁護士の仕事に専念する必要はなく、自分が本当に好きなこと、つまりテニスをして暮すことができた。これについては後ほど詳しく述べる。

わが家は中流の下ではあったが、裕福な家庭だったようだ。料理人や召使い、臨時の雇い人もいたし、一時は乳母や家庭教師もいた。しかし一九三九年、何か東洋での大きな投資、ゴムだと思うが、これに失敗し、結果的に生活を切り詰めなくてはならなくなった。これが父にとって財政上の大損害になったのか、それともただの落ち込みですんだのかはわからないが、おそらく大損害のほうであったのだろう。父は同世代の人のようには年金の貯えがなく、晩年は資金を食いつぶしていったのだと思う。

一九六二年に父が死んだとき、母アイリーンにはアソール・ハウス（元の家の半分になっていた）が残されたが、それ以上のものは何もなかった。それでも小規模の家族信託がいくつかあり、母はそこから収入を得て、余生を過ごした。妹のシャーリーは、ほとんど犯罪的といってよいほど無能な顧問の事務弁護士に、無理やりこの件を調べさせ、報告させることに心血をそそぎ、彼を悩ませ脅すことを十分楽しんで、私たちのためによい結果を勝ち取ってくれた。

一九八八年にアイリーンが死んだとき、兄のペン（ペントランド）と妹シャーリーと私は、記憶にまちがいがなければ三〇〇〇ポンドから四〇〇〇ポンド前後を、それぞれ受け取った（当時の私はかなり裕福だったので、この分け前は自分の子どもたち、エレとマークとピートに贈った）。

アソール・ハウスでの子ども時代に話を戻そう。思い出に残っているのは、私たち三人が、三階の広い子ども部屋で、いつまでも遊びに夢中になっていたことだ。私たちは、建築で使うふつうのレンガをたくさん持っていた。それにおもちゃの兵隊や鉛の人形もたくさん持っていた。これで町や城をつくり、電池につないだ長い電線に豆電球をいっぱい付けて飾った。私たちは時間を忘れて楽しく遊んだ。もちろん、ときには言い争いやけんかもした。サウスベイにあるキッズコーナーの砂浜や水溜りや岩場で、何時間も楽しく遊んだ。ときにはアイスクリームを食べたり、ろばに乗ったり、前浜で「パンチとジョディ」の人形劇を見物したり、入り江で手漕ぎボートに乗ったりした。毎年夏になると、海に面したサウスベイの岸壁に建ち並ぶ木造の「バンガロー」の一つを借りた。そのバンガローには小さな部屋と簡単な台所がついていて、家の前にはデッキチェアをおく空き地もあった。そこで毎夏、長い時間を過ごした。私の記憶では、日差しの暖かな長い日々だったが、覚えているとおりに気候が本当によかったかどうか、確かではない。

古い記憶の中に、夢見るようなクリスマス気分のものがある。夕刻に、私は街燈の周りに群れる救世軍の楽隊を、窓越しに見下ろしている（当時の街燈はガス燈で、人が点灯する方式のものだった）。翌朝にはプレゼントがいっぱい詰まった靴下があることを感じながら、朝が来るまでまた眠ろうとしていた。クリスマスツリーには小さな赤いロウソクが枝に取り付けられ、夢のような明かりがともされていた――ロウソクは今の色つき電球のように安全ではないが、もっとはるかにロマンチックな気分を呼び起こしてくれた。就学前の私の子ども時代と学校の休日は、とても幸せだったといえよう。ペンとシャーリーも同じだったと思う。

二つ年上のペン（ペントランド）は、蝶の飼育養殖をするという初期の経験（第二次世界大戦前の当時は、数多くいた収集家にエキゾチックな外来種の蝶を販売することは、十分に儲けを見込める小規模事業だった）を含めて、少々変わった経歴の持ち主だった。後年、映画館や劇場の所有者となり、さらにヨークシャーのモルトン近くに「フラミンゴ・パーク」という動物園を作り、企業家として大成功を収めた。一九六〇年にマイカーが急速に普及し、人々は郊外に遊び場を求めることになるだろうというペンの考えは適中した。ヨークシャー全域から何百台ものマイカーや、何十台ものキャラバンカーが観光に訪れた。ペンの妻ノラはレストランやバーを経営し、これも大いに儲かった。後に、ノラはフラミンゴ・パークの全エピソードを書き残している。[2] ペンの基本方針は、手がけた事業を成功させて、さらに大きな儲けにつなげるというものだった。しかし動物園を売る際に、ペンはひどく騙された。それからもいろいろな事業をしてきているが、現在はイタリアに住んでいる。そのようなわけで、ペンとはもっぱらEメールで連絡をとりあっている。

二つ年下のシャーリーも、興味深い、時に注目すべき経歴を持っている。彼女はチャイルドケアのソーシャルワーカーとして訓練を受け、養育や養子の専門家になり、後に少年裁判所の訴訟後見人の仕事をした。さらに学校の問題児に遊戯療法（プレイセラピー）を施す専門知識も習得した。彼女はノーマン・リークと結婚した。当時ノーマンはケンブリッジのウェストミンスター神学院で教えていた。その後、ノーマンは長老派教会の牧師になり、青年会の幹事、宗派の新聞編集、各種集会の司式など、いろいろな形で教会の仕事をしたが、健康を害して早めに引退した。一方、シャーリーは皆が恐れ入るほど健康だった。彼女は七十一歳のときに、メキシコで行われた世界トライアスロン大会で、年代別の銀メダルを獲得した。さらに、ずっと今でも熱心なゴルファーだ。人生を謳歌することでは、シャーリーはうらやましいほど恵まれている。この妹とは休日を一緒に過ごしたり、長電話をしたりして、兄のペンより親しくしている。

2　学校時代のこと

私のことに話を戻そう。現在の小学校に当たるプレップ・スクールは少なくとも十三歳まで通う学校だが、ひどいものだった。私が通ったプライベート・スクールはリズヴェーンにあり、アソール・ハウスから角を曲がったすぐ先にあって、長所と共に大変な短所もあった。長所というのは、BP（ブライアン・パーカー）やハッチ、ウッド、モンティ・モータムなど、何人か本当の友だちができたことだ。彼らは私が小さい子どもたちに話して聞かせた悪ガキ物語に出てくるようなキャラクターだった。

以来BPとはずっと親交があり、最後に会ったのは、私が家族の誰かと週末にスカーボロのホテルに滞在したときで、BPとは楽しい一日を過ごした。ハッチも親友だったが、大戦後連絡が取れなくなった。一九五〇年代のいつだったか、飛行機事故で死亡したのだと思う。リズヴェーンでハッチと私は、約束を守れなかったときは相手に一ギニーを支払うということで、独身のままでいる、アルコールは飲まない、という約束をしたこともある。

リズヴェーンではカブスカウト、次にボーイスカウトに入って楽しんだ。しかし学校を所有し経営していた人は、精神的におかしくなり、陸軍大佐のまねをするようになって、最後は収監された。この人は立派な軍人タイプのように見えたので、父兄は上手に欺かれたのだった。しかし校長もふくめて、教員による生徒のいじめもたくさんあった。今日よく耳にする性的虐待や肉体的暴行ではなかったが、それでも単に怒鳴られたり恐喝されたりする以上のことがあった。むち打ちもあったが、これは当時の学校では普通のことで、一般に容認されていた。

私も一度叱られて、むち打たれた。今となっては細かいことまで覚えていないが、いまだに忘れられないのは、あるとき教師の一人に紙屑かごをかぶせられてロッカーの中に閉じ込められたことだ。いまだに忘れられないのだから、これは相当効き目があったにちがいない。しかしこれは学校生活の経験でしかなかったので、私たちは皆、いじめを当たり前のことと思い、親に不平を漏らすことなど、思いもよらなかった。いじめのことは、レッツ社の私の生徒日記に一言も触れられていない。今日であれば、そのような扱いはただちに通報され、生徒虐待として裁かれることになるだろう。リズヴェーンのある少年は、不運にもノイローゼになり、数年間、精神科の治療を受けたほどだ。

十二歳のときの日記から少し引用しよう。リズヴェーンでは、詳しいことはともかく、良いこともあったが悪いことはさらにたくさんあった。H・G・ウェルズの『世界史概説』を読んだ。収支を正確に記録し続けた（めったに六ペンスを越えることはなかった）。はしかにかかった。扁桃腺の手術をした。休みにキャンプをした。空気銃を撃った。小さなプリントセットをもらった。とりわけこのプリントセットで、狐狩り反対のビラを刷った。

子どもの頃の私は、痛々しいほどはにかみ屋だった。十代になるとそれほどでもなくなった。大人になったいまでさえ、基本的には私は、ある程度はにかみ屋だと思っている。しかしながら、後に自分の学ぶものが哲学であるということは、生来備わった自分の才能であるように思われた。十六歳を越える頃、自分が読んでいる類の書物を読むことがそれほどませたことではないように思えて、ほっとしたことを覚えている。二世代前に比べると、今では若者がずいぶん早く大人になるようなので、こんなことは恐らくそれほどませたことではないかもしれない。

十六歳のときの日記はないが、十七歳のときにはニーチェ、とくに『ツァラトゥストラ』を読んで、(当然ながら) これは本当に大した作品だと思った。とりわけニーチェの素晴らしい精神の自立性に、心を掻き立てられた。それからライプニッツ、とくに『モナドロジー』に魅了された。ミルの『功利主義』やショーペンハウアー、A・N・ホワイトヘッドの『科学と近代世界』、フロイドの『トーテムとタブー』、ラッセルの『哲学の諸問題』にも興味を持った。そしてC・E・M・ジョードの『哲学ガイド』には心を動かされた。この本はプラトン、デカルト、ロック、バークレー、ヒューム、そしてとりわけカントを読むための啓示となった。日記にはこう記されている。

思考は必要だろうか。必要とする人もいれば、必要としない人もいる。私には必要だ (一九三九年七月)。

かなりいい製本のトマス・ハーディ著『緑の木陰』が一ポンドで買えた。……いま私には、文学の広大な黄金の宝庫がある。私は寝室で、世界最高の書物の何冊かに囲まれている。よい書物は金銭に代えられない。価格を超えたものなのだ (一九三九年七月)。

他の愛読書はリン・ユタン（林語堂）の『生活の発見』だった。そこには、人生に対する中国人の智慧が述べられていた。私は明らかに、やや本の虫だった。

この頃、エディ叔父と懇意になった。エドワード・ウェールズ・ハースト、母方の叔父だ。当時すでに退職していたが、マンチェスター大学やユナイテッド・メソジスト・ハートリー・コレッジズで、キリスト教倫理の講師をしていた。親族のなかで唯一アカデミックな人で、叔父は私を親切に見守り、手助けしてくれた。叔父は何冊かの著書――私はそのうちの三冊、一九一九年、一九二八年、一九四九年発行の三冊をいまでも持っている――を出版しており、またロンドン大学から文学博士の学位を得ていた。最後の著書には、私もいくらか関わっている。文体の訂正――通常はよけいな文言の削除――について提案したり、文章のタイプ打ちをしたり、仕上がりを読み上げたりした。

叔父は、当時のキリスト教倫理学に対してそれなりに貢献はしたものの、今ではE・W・ハーストの名を耳にする者はほとんどいない。古代中国の賢人を考察することでは、事実上、叔父は時代に先んじていた。最後の著者をものしたあと、叔父は気前よく自分の蔵書を私に譲ってくれた。それは二十世紀初期における哲学書のすばらしいコレクションで、かの偉大なヘースティングズ・ラシュドールの分冊版『宗教・倫理学百科事典』も含まれていた。今はこれに代わるものが出ているが、それ自体は大変価値のある、使い勝手のよい参考図書だった

私が、「夢見る者の幻想」というエッセーをエディ叔父に送ったところ、叔父はこれを読んで、私の母アイリーンに、私を大学に進学させなさいという手紙をよこしたことがあった。また、私がちょうどヒック&ハンズ法律事務所の司法修習生になるとき、法律文書に八〇ポンド（今日の八〇ポンドよりもさらに大金）の印紙税がかかったが、叔父はふたたび割り込んできた。そして、マンチェスター大学に二期通って、哲学に対する

私の適性を試してみてはどうか、もしいけるようなら教師になることを目指して、学士や博士の学位をとるため普通の大学生になってはどうか、と言ってくれた。しかしとうとう（私も文句は言わなかったが）、法律は堅い収入が見込めるし、哲学書は暇な時間に読めるだろうということで決着がついた。このことは、十代の若者には慎重すぎる就職アドバイスはしないほうがよい、という教訓になるだろう。

しかし、当時は思いもしなかったが、後年ほんとうに大学へ、エディンバラ大学へ進学した。そのときエディ叔父は友人のD・S・ケアンズに私を紹介してくれた。ケアンズは大学教授を退職後、スコットランドの神学院の一つで校長をしていた。叔父は大変な悪筆だったので、これを読み取りD・S・ケアンズ校長に連絡をつけるまでに、数週間もかかった。首尾よく連絡がついて会ってみると、校長はとても親切で、その後もときどきお茶に招いてくれた。校長にはやや忘れっぽいところがあって、私にお茶を一杯、ケーキを一切れさし出した後は、おかわりを勧めることなど何もかも忘れて、幸せそうに、ただひたすら自分自身のお茶とケーキを味わう始末だった。ずっと後の一九五三年の日記――

最近出版されたD・S・ケアンズの未完の自伝を読む。よく書けている。どこかジョンソンに似た人物、大柄で不精な人物としてケアンズを思い出す。私にはとても親切だった。何度もメイフィールド・テラスにケアンズを訪ね、平和主義を論じ、またほかにもたくさんのことを話した。あるとき［戦後］、私がヨーロッパ封鎖について非常に心配していたときのこと、彼のところに行って、飢餓救援運動を支持してくれるよう頼んだことがある。二日ほど考えてから、ケアンズは私が書いた論文に付ける概要案に喜んでサインすると言ってくれたが、スコットランドの四人の宗教指導者にも頼んでみなさいと助言もしてくれた。ケアンズはいっそう明確な（自分の）非平和主義の立場から、概要案を書き直した。そして、その概要案はスコットランド教会議長、エピスコパル教会首長、ローマ教会大司教、自由教会協議会会長の署名を得て、印刷された。ケアンズ博士との最後の関わりは、控訴裁判所に上告するための私の書類を補強する手紙を送ってくれたときだった。

エディ叔父に戻ろう。叔父の悪筆は私の悪筆と重なり、哲学の諸問題について文通しているのにうまく通じず、おかしくなってしまうことがあった。あるときホモセントリック（人間中心）という考え方から、現代哲学のいろいろな思想について書いたのだが、エディ叔父はこれをホモセクシャル（同性愛）と読みまちがえ、このまちがいを訂正するまで、何通かのデリケートできまり悪い手紙をよこした。

リズヴェーンに話を戻そう。兄のペンは何か健康上の理由で（その理由を私は忘れてしまったが）、ある学年から、家で家庭教師（「グレートH」という好人物で、その後も何年か交流を続けた）による教育を受けることになった。私は彼と合流するため、リズヴェーンを離れた。さらにその後、ヨークのブーサム・スクールの寮生になった。理由は明白で、父マークが一九一四年から一八年にかけての戦時中に、寮長のドナルド・グレーと知り合いになり、感銘を受けたからだった。私は一九三七年から三八年にかけて、十五歳から十六歳のわずか二年間しかそこにいなかった。

ブーサムの思い出は全体的に良い。そのクエーカー的雰囲気は一人一人の生徒を個人として扱い、その持って生まれた可能性を十分に伸ばすことだった。一日の始まりは朝の集会からで、そこでは五分間の黙想があり、その後に報告が行われた。日曜日はヨークを歩き回り、どこかのフレンド派の集会に立ち寄り、マウント校から来た女生徒たちと向かい合わせに座った。

リズヴェーンが並みはずれて悪かったのに比べ、ブーサムは並みはずれて良く、私には黄金時代だった。本もたくさん読んだ。例えばソローの『森の生活』に心を奪われたことを覚えている。ペンギンの六ペニー・ペーパーバックは一九三五年に始まったが、すぐにペンギンクラシックスになった。ソローの本は最初のシリーズに入っていた。その後、ペリカンのペーパーバックが一九三七年に始まった。ソロー以外にも、自然神秘家のリチャード・ジェフリー著『私の心の物語』に出会った。ペンギンブックス（フィクション）とペリカンブックス（ノンフィクション）とペンギンクラシックスは、本を買って読書の幅を広げるという大きな恩恵を、無数の人々にもたらした。私も書くことが楽しみになり、ときには校内誌に発表することがあった。そのうえなんと、こんなつまらない詩を書いてみたりもした。

星をちりばめた地球の空を越え、
闇に翳った大地の坂を這い上がり、
霧深い雲のベールを押し進めば、
太陽の光が希望の朝をもたらす。

今、夜明けに光を受けて立つ。
地球はその歩みの中で回転し、
東から西へと太陽を送る。
一日は地球に戻り来る。

私が書く散文は、最初のうちは修辞学的で感情的だった。ある日「戦いの不思議な風」という、自分が使ったばかりの言葉について考えていたとき、それが無意味な言い回しであることに気づき、それ以後はできるかぎり正確に明確に書こうと決心した――以来、私はそうするように努めている。

私たちは皆、ブーサムを楽しんだと思う。それはいつも私たちが模範生だったという意味ではない。幾人かは、校庭に出る部屋の鍵穴にワックスを押し込んでうまいこと型を取り、自分たち用に合い鍵を作った。ときどきその鍵を使って外に出て、壁をよじ登って町に出て、映画館へ行った。あるとき私は、先生が座っていた小さな木製の教壇の下に、長い導火線を引いた花火を取り付けて、授業中にはじけるようにした――子どもっぽいが、本当のことだ。ブーサムで年に一度の楽しみは、チョコ・ジャンボ・ストロベリー祭で、これはローンツリーのチョコ工場の経営者が私たちのために開催してくれたお祭りだった。

また政治や広い世界に初めて気づくようになったのも、ブーサムにおいてだった。私たちのところには下院議員をはじめ、興味深い方々が講演に来てくれた。当時、スペイン内乱が勃発していて、私たちは政府側（反フランコ側）の子どもたちのために、ミルク代を集めたりした。

わずか二年の滞在だったが、私はブーサムを去り、たいした試験も受けずにヒック&ハンズの事務員になった。当時は戦争勃発という考えが、人びとの心に影を落としはじめていた時代だった。

3　父の肖像

ここでは両親のことを「マーク」とか「アイリーン」と呼んできた。そのほうが読者には、実在の人物として考えやすいだろうと思ったからだ。しかし実のところ、両親をそう呼んだことはない。「ダッド（父さん）」とか「マム（母さん）」と呼んできたのだ。私の子どもたちが十代のときに、自分のほうから妻と私を「へーゼル」「ジョン」と呼び始めたときには、とても嬉しかった。最初にそうしたのはマイクだったが、その気にさせられたのは、ほかの子どもによる影響ではなかったかと思う。

私は、アイリーンとはいつもうまくいった。アイリーンはいつも愛情深く、理解に富んだ女性で、子どもたちのため、後には孫たちのために全身全霊を捧げ尽くす素晴らしい母親だった。マークの死後、アイリーンは経済的に苦しくなったが、勇気を出して自分で事業を、つまりペンの「フラミンゴ・パーク」に土産物屋を開き、またあるときは、アソール・ハウスの非常に気難しい間借り人とやりあったこともある。歳をとってからはリーズのアパートで（ペンは上の階にいた）、ささやかな収入をもとに生計を立てていた。もう何年も進行は止まっていたがガンを患っており、関節炎もひどかった。けれどもいつも電話をくれて、子どもや孫とは親しくしていた。彼女は素晴らしい人だった。私はそれを当然のように思っていて、それを生前に伝えられなかったことを心残りに思う。

しかしマークとは、私が十代だった頃も、その後も、うまくいかないことが多かった。マークの側からすれば、父親が政治的に保守であるのに、息子は社会主義者であったし、息子が法律から長老派の牧師に転向したことにも失望感を抱いていた。戦時中は、私が良心的な戦争反対論者であったのに対して、父は型通りの愛国主義者だった。第一次世界大戦のとき、マークは榴弾砲兵隊を預かる陸軍中尉だった。第二次大戦が迫り来るにつれ、緊張がなおも続いた。例えば、

今日、夕食の時に、父さんとひどく口論した。きっかけが何だったのかわからないが、僕自身は自分から戦うというよりは傍観者なのだ。けれども父さんは、歴史を見る目に愛国的な傾向が僕にないといって怒っている。母さんは目に涙をためて、二度とこんなことにはならないようにと、僕に頼む始末だった（一

九三九年七月）。

しかしそのとき、父は新しい考えには理屈抜きで反対しているように見えたが、けっして知性を欠く愚かな人ではなかった。まったくその反対で、父はヨークシャーを代表してチェスもしたし、ブリッジもした。一九四六年の「スカーボロ・イブニング・ニュース」紙に載った父の人物点描では、あるとき、

ヒック氏は、アレクハイン博士（チェス世界チャンピオン）が同時に相手をした二十五人の選手のうちの一人だった。夜には八人が負けずに残り、ヒック氏がゲームを降りた朝には二人が残っていた。ターコバー（別のグランド・マスター）が相手をした一対他数の類似のゲームでは、ヒック氏は首尾よく引き分けに持ち込んだ。

振り返れば、不和というのはすべて、父の欠点であると同様に、私の欠点でもあった——その始まりのとき、私がティーンエイジャーで、父が円熟した大人であったことを除けばであるが……。それから後年、私はずっと家を離れたままだった——エディンバラ、フレンド派救急隊、ベルフォード、それからアメリカ。父は東洋での投資に失敗して金銭上の悩みを持ち、戦争によって純粋な愛国心を煽られ、また良心的兵役忌避者の息子を持って、町の評判に悩んでいたにちがいない。断絶は、おそらく双方にとって理解できるものであったにちがいない。けれども、どちらかが十分に努力さえすれば容易に和解できたのに、実はそうしなかったことを、私は悔いている。父は基本的にとても礼儀正しく、親切で、愛すべき親であったことにまちがいはない。こうした親子の断絶が次世代に繰り返されていないことを、私は深く感謝している。

マークの興味の中心は、前に述べたように、テニスだった。とても腕が立ち、あと少しでトップになれるところだった。戦争の年を除いて一九一二年から一九二五年まで、ウィンブルドンのシード選手の一人だった。一九二一年には雨で試合の予定が変更されなければ、センターコートでプレーしていただろう。イギリス北部のチャンピオン大会で三回優勝、ヨークシャー大会では五回、文句なしのカップ獲得だった。戦争の年を除けば三十回連続優勝のスカーボロ・チャンピオンだった。

当時――「大戦」と呼ぶようになった事態の前後――ウィンブルドンは、マークとアイリーンが言うには、集まる者はみな顔なじみの比較的小さな行事で、素晴らしいテニスの祭典であると同時に、楽しい親睦会でもあった。選手は皆アマチュアだった。当時のプロはコーチであり、競技会でプレーすることは許されなかった。マークはサーブするとき、並みはずれてボールを高くあげることで有名だった。彼はプレーする楽しさのためにプレーしたし、勝つことがなくなった後も長く続けた。もはやレベルの高いシングルスではプレーできなくなったときは、若いパートナーと組んで、ダブルスをした。マークは大陸でもたくさんの大会に参加した。イースターごとにアイリーンとマークは休暇を兼ねて、カンヌへトーナメントをしに出かけた（太った金持ちがアヒルのようによたよた歩くのを見て、「金持ちすぎてほとんど歩けないくらい」とアイリーンが伝えてきたのは、その場所だった）。マークはホッケーでも、スカーボロ代表でプレーした。後に、五十代になってからローンボウリングを始め、すぐにスカーボロとヨークシャーのいろいろなチャンピオン大会で賞を獲るようになった。

しかし残念ながら、父が生きている間に真の和解はできなかった。そして父が死んだとき、私はアメリカにいた。一九六二年、それは父が心臓発作で一年余り苦しんだ後のことだった。一九六一年八月の日記から、

> 「スカーボロ」パパは少し落ち着いたようだ。ここ数日はかなり元気なのが嬉しい。というのも、父はもう長くはないと思われているからだ。（プリンストンの）新しい家の庭に萎れたバラを見て、父の全盛期――一九二〇年代のウィンブルドン、第二次大戦前のリヴィエラ、ハーウッド渓谷でジョン・ビアスとキャンプしたこと――を飾る世界が消え去るのを感じた。

ヒック&ハンズ法律事務所は、法律の専門家が一人とタイピストが一人いるだけの小さな会社だった。事務所は町の中央にある薬局の上にあった。すすけた階段を上ると、いまだにガス燈のともされている部屋はどれもほこりっぽく、山積みにされた古い書類や発信した手紙を保存する信書控帳があった。控帳は、投函前にとった手紙の写しを入れて締め具で綴じる。そのため、関係する手紙が個々のファイルにではなく、何もかも同じ綴じ込みに入れられていた。それを思うと、バーミンガムにある息子マークのラッグ社とは、雲泥の差があることに驚かされる。ラッグ社には、現在のところ、法律の専門家が百人以上、事務員が六百人ほどいて、全体では千人以上の人が働いている。ロンドンを除けば、一つにまとまった法律事務所としては最大規模の事務所である。

マークも、この評判の高い会社で法律専門家として働くようになるまでにはずいぶん苦労した。法廷弁護士から始めて、後に事務弁護士になったが、その間には多くの険しい仕事をこなし、多くの決断をしなくてはならなかった。現在、マークの専門部門は保険法で、業務上過失保険などに加えて、大手企業が取引する場合の、時には一〇〇万ポンド、一〇〇〇万ポンド、それ以上にもなる保証保険や賠償保険に関わる事例集の管理を担当している。そうした事件はめったに法廷にかけられることがなく、たいていは示談となるが、マークは腕利きの交渉人であると認められている。本来的にマークは、同僚や従業員、相手方の事務弁護士などとよい人間関係を築く「ピープル・パーソン」（他人の気持ちがわかる人）である。私はマークのこうした性格、その他の資質や業績から、エレノアやピートを誇りに思うのと同様、このマークのことも誇りに思っている。

ヒック&ハンズ法律事務所に戻ろう。私が司法修習生をしていた頃、父マークとは一緒に九時十五分にヴァレー・ブリッジを渡り、十二時四十五分に戻り、二時十五分に再び渡り、四時十五分に帰宅していた。父はそれからブリッジをするためサウス・クリフ・クラブへ出かけ、ニュースや株式市場について仲間と語り合っていた。また午前の中休みには、仲間とよくコーヒーを飲みに出かけた。

はじめの方で述べたように、事業がそれほど伸びることもないまま、このようにくつろいだ生活ができたのも、もとはと言えば、祖母から相続した多額の遺産によるものだと思うが、それも、私が知るかぎりでは、ゴムへの投資に失敗して失くしてしまったようだ。しかしながら、心臓病と財政上の悩みからしだいに父が落ち込んでいった晩年に到るまで、父はかなり楽しい生活を送っていたのだと思う。ただ晩年の父の生活には、申し訳ないことに、戦時中、私が良心的兵役忌避者であったことで、翳りが見えていた。

注

（1）ロイ・ジェンキンス『グラッドストーン』（一九九五）一四九頁。また彼の『チャーチル』（二〇〇一）においても、ヴィクトリア朝のポンド価値を今日の価値に評価するのに約五十倍している。しかし私の同僚である歴史学教授のヒュー・マクロードは、後期ヴィクトリア朝については約百倍だという。彼は（私宛のEメールの中で）こう言っている。
後期ヴィクトリア朝では、年収五〇ポンドがだいたい最低生活線と思われていた。年収一〇〇ポンドから一五〇ポンドが労働者の上層クラス、また年収一五〇ポンドは中層階級の最低だった。三〇〇ポンドは中の中クラスの多い方、五〇〇ポンドかそれ以上はとても快適で裕福な人を指していた。年収一〇〇〇ポンドかそれ以上は富裕層とされ、五〇〇〇ポンドともなれば非常に裕福と考えられた。こうした数字を現在の水準で等価な数字とするためには、ほぼ百倍しなければならないだろうと私は考える。

マクロードは、さらにそのような計算は困難だという。なぜなら、例えばヴィクトリア朝では中間階層にフルタイムの住み込みメイドがいたのに対し、現代ではそうではないし、また反対に、今日では家族が年間の休暇を利用して海外へ行くのに対し、ヴィクトリア朝時代にはそうではなかったからである。

(2) Frances Hick, *Zoo Lady*, Ventnor, Isle of Wright : Olympia Press International, 1992.

第3章　回心体験と進路の変更

1　司法修習生のころ

　ブーサムは主要な試験を受ける前に引き払ったが、そこを出た後、私はヒック&ハンズの司法修習生となった。当時、法学部を卒業して学位を持っている地方の事務弁護士は——私が思い出せるかぎりはスカーボロに一人いただけで——たいがいは弁護士会の試験で資格を得ていた。私は専門の家庭教師について、司法予備試験に合格した。これは今日の、中等課程修了証明（GCSE）とAレベルの間に相当する試験だ。それから週に二回、法律の授業に出席するため、列車でハルに通った。授業は当時のユニバーシティ・コレッジ、すなわち現在のハル大学で行われていた。私の日記によれば、最初の講師はよかったが、次の講師はお粗末で、どの学生も持っている教科書をただ棒読みするだけの授業だった。

　しかし私は公開講座も受講し、さらにスカーボロで行われていたT・E・ジェソップ教授の哲学の授業にも出席した。しばらくして、ハルで行われていたジェソップ教授の別の授業にも、出席を許されるようになった。学生は三人だけで、他の二名は長老派の牧師になるための勉強をしていた。そのうちの一人ダン・ビーバイは、中国と台湾で布教活動を行い、現在では隣人といえる距離のセリ・オークに住んでいる。ビーバイは現在でも、ハル時代の教義中心の原理主義を堅持しているが、彼と私は、時に食事を共にすることを楽しんでいる。もう一人のブライアン・ドーソンのほうも内外で長期にわたる牧師の経歴があるが、初期の原理主義的な神学からは遠く離れている。ごく最近になって、私たちは再び連絡を取り合うようになれたことを喜んでいる。

「ジェス教授」は非常に博識（ギリシア語、ラテン語、イタリア語、フランス語が堪能）だったが、独創的な哲学者というよりは哲学史家だった。バークリーの『人間知識の原理』を編纂しただけでなく、『イタリアの湖』や『キリスト教倫理学』、『ベルサイユ条約』なども執筆した。ジェス先生は私が非常に影響を受けた人物で、私の哲学的傾向を伸ばしてくれた人である。先生とは長く交流を続けた。後年、ジェス先生はプリンストンやケンブリッジの家に滞在してくれたこともあり、時に連絡を取り合うことがあった。先生はいつも支えとなり、助けとなってくれた。

十七歳のころ、「収入の平等性」とか、「新しいルネッサンス」というエッセイなど、書き物をするのに忙しくしていた（書く以上は明晰判明に書くべしと決めた後のことである）。私は左寄りの著者の書を大いに読んだ。G・D・H・コール、スタフォード・クリップス、バーナード・ショウ、H・G・ウェルズ、バートランド・ラッセル、それに十八世紀の偉大な宗教批評家トム・ペインなどである。それはビクター・ゴランツの左翼読書クラブの時代だった。廉価で黄色い表紙の本である。ハッチはリッポンのグラマースクールに通っていたが、叔父と叔母がスカーボロに住んでいて、そこを訪ねてきたときに、BP（ブライアン・パーカー）と私に、W・H・オーデンやクリストファー・イシャーウッドといった最新の詩の世界を紹介してくれた。

祖母の友だちに、同世代のミス・ディクソンという人がいた。ファーストネームは一度も聞いたことがないが、とにかくディクシーと呼ばれていた。彼女は女性ジャーナリストのはしりで、物の書き方を私に教えてくれた。ついでながら、一九一四年十二月にスカーボロの東海岸がドイツの軍艦によって突然の砲撃を受けたとき、その日はたまたまヨークに出かけていて彼女は留守だった。ところが、スカーボロにいるものと思い、通信各社は砲撃に関する意見を求めて、彼女に詳細な内容を電報で知らせた。それで彼女は直仕入れの内容を書くことができ、その報道が国中でくまなく読まれた。私の日記から面白い内容を一つ紹介しよう。「ミス・ディクソンは、親族がいつも必ず十二月に死ぬという強い迷信を持っていた。しかも十八日が最も危険な日だという。彼女は自分が病気になったため、当然、次の月曜日には自分が死ぬものと考えた。しかしその数日前に、自分のあまり知らない、九十歳を越える遠縁の者が死んだ。それで死ぬ役割が彼女には回ってこないことになり、ディクシーはすっかり元気を取り戻した」（一九三九年十二月十六日）。

ある冬の日、彼女にとって私が助けになったらしく、次のような素敵な詩を書いてくれた。

幾日も閉じ込められて一人淋しい牢獄から、
あいさつの言葉を送る、私は元気だよ、と。
忠実なる友のおかげで、牢獄の生活も少しはましなものになった。
私の住まいに続くこの階段を上り来る者はこの友のほかにはなく、
この友こそ、これまで取り逃していた希望をよみがえらせようと、
日ごと、雪山を登り、私のところを訪ねてくれた。
そしてたくさんの手紙を届けてくれた——そう、クリスマスの日のように。
孤独の極みに、私が飢えたり死んだりしないよう見守ってくれた。
インクや切手、さらには公然と銀行家の密室に押し入り、「紙幣」を見つけて届けてくれた。

おかげで私は必要な物をそろえることができた――おわかりか。
「危機に瀕した美女」が悲しげに助けを求めるわけじゃなく、
雪に閉じ込められた、ただのつまらぬ老女。
だのに友は、厳しい寒さと風雪をものともせず、毎日訪ねてくれた。
だからその大いなる親切心に、感謝の言葉は言い尽くせない。

良い面を見れば本の虫であったが、悪い面を見れば私は非常に独善的で、文化人・知識人であることを鼻にかけていた（今でもそんなところがあり、少なくとも文化人・知識人という意識は捨てられないでいる）。まったく知性的であったとしても、非常に世間知らずな若者だった。日記にはこんな評言が見られる。「『三階の殺人』は久しぶりに見たそう悪くない芝居だ」（当時スカーボロには劇やオペラなどを定期的に上演するレパートリー劇場があり、演目をヨーク劇場と交互に替えて上演していた）。「私のすぐ手の届くところに十五匹の死んだ動物がいて、ご夫人たちに優美にまとわれていた」。グレース叔母さん（実際には叔母ではなく、家族の友人なのだが）は、海岸近くの街から田舎に疎開して来た労働者階級の子どもたちのことを評して、「あまり石鹸は使わないようだと聞きましたよ」と言ったので、「あまりお金は持っていないようだと思われていますよ」と切り返した（一九三九年九月）。「私たちは完全な闇の中で起床し、不自然な電気の灯りの下で朝食をとり、中世の憂鬱と降り続く雨の中で朝の大半を過ごし、正午近くになってようやく夜明けを迎えるのである」（一九三九年十一月）。ウイリアム・テンプル大主教が戦争擁護の側にまわっていると聞いて、「あれは面白い老いぼれ異教徒だ。……ヨークの大主教は世界中で最もキリストに近い聖人のはずだが、あれは政治家だ。霊的には並みの域を越えてはいない」（一九三九年十月）。それから、神智学のパンフレットについては「よくできたパンフレットのよい見本とは全然言えない。証拠のない断定が多すぎる」。

ハルでの二学期目は遠くから通学するのをやめて、コティナムにある学生用宿舎に入ることにした。戦争が勃発して、イギリスへの空爆も始まった。ハルには港と大きな倉庫がたくさんあるので、攻撃の標的となった。私たちはいつ起こるとも知れない爆撃による火事に備えて、徹夜でコレッジの夜警を勤めた。暗くなって間もなく屋根に上ってみると、ガラガラという低い音が聞こえてきて、しだいにそれが大きくなってきた。サーチライトの光が夜空を照らし、対空砲火が始まり、爆弾が炸裂した。私は見張り番だったが、二夜続けて爆撃があり、ハルの中心地区は壊滅した。

二晩前のこと、これまでハルが経験したことのない最悪の空襲があった。

夜の八時ごろから翌朝の一時過ぎまで、ほとんど途切れることなく砲撃の音と高性能爆弾の音が響いた。時折り、押し寄せるさざなみのように、不気味な爆音が近づいてくる時があった。すぐ近くでキーンという爆弾の音を何回か聞いたが、どれも爆発はしなかった。焼夷弾が降り注いできた。コレッジのグラウンドには数ダースも落ちていた。取り急ぎ作られた死傷者名簿には百人以上もの名前が並び、三十人が死亡、多くは重傷を負った（一九四一年三月十一日）。

2　祖母と母の信仰

このハルという場所で、原理主義的なキリスト教への強い福音的回心を経験した。しかし、そうなる前の私の宗教的立場はどうだったのだろうか。子どもの頃は「フィッシュケーキ」という名の牧師が務める、近所の教区教会に連れて行かれた。礼拝は退屈で、いつもうんざりさせられた。祖母（アイリーンの母）はさまざまな宗教的探求にはまっていて、私も祖母と一緒にそのすべてに興味を抱いていた。このこととは無関係であるが、祖母は素晴らしい人だった。私たちが子どもの頃、口癖のように二つのことを繰り返していた。一つは「男の子はどうしたって男の子だねえ」というもので、納得できる内容だった。もう一つは「きれい好きは信心に近い」というもので、こちらのほうは納得できなかった。

祖母が連れて行ってくれた宗教的探求の中に、イギリス系イスラエル人による講座があったが、ひどく説得力に欠けるものだった。招かれた講師にとって、私は悪夢のような存在だったにちがいない。というのも、私はその場で質問し、その答えにさらに質問するだけでなく、あとから書面で質問を送りつけたりしたからだった。「クロード・コフィン牧師に宛てたイギリスのイスラエル主義に関する質問に対し、一連の回答を受け取った。満足な答は八問のうち三問しかない。満足のいかない回答については再び質問を用意した」（一九三九年二月）。

以前、祖母は、当時名の知られたウェールズ人の福音伝道師ジョージ・ジェフリーズと仲間の伝道師数人を、道を上がったところにある彼女の家に迎えたことがあった。ジェフリーズは一九二六年、フォー・スクエア・ゴスペル・アライアンス（後のエリム・ペンテコステ教会）を創設した人物であり、スカーボロでリバイバル・ミッション（信仰復興）の活動を行っていた。

当時、私はまだ十二歳だった。ジェフリーズは強力なカリスマ的伝道師であり、またヒーラー（祈禱治療師）でもあったが、彼のヒーリング治療に気休め以上の効果があったかどうかは知る由もない。一行が帰るとき、祖母の食堂で別れの祈禱会があり、子どもたちも出席した。私が椅子に手をおいてひざまずいていたところ、ジェフリーズがぐるりと回ってきて、私の頭に手を置いた。とたんに身体に強い衝撃を感じた。電気ショックにも似ていたが、鋭い衝撃ではなく、じわっと身体に沁みわたってくるような感じだった。涙が溢れ出たが、悲しみや恐れのためではない。おそらく、とてつもなく大きな感情的衝撃のためだったのだろう。こうした経験のない者にはばかばかしく思われるだろうが、本当に心霊的な力か何かが身体から流れ出る人のいることを、私は疑わない。

ときにはメソジスト教会のセントラル・ホールに、祖母と出かけることもあった。そこでは「ふとっちょ」ニューマン（後のメソジスト教会議長）が説教していた。彼は広い説教壇の上をところ狭しと飛び跳ねていた。あるときは説教壇から身を乗り出しすぎて、体を戻すのに一苦労しているのを、皆が呆然として見守ることもあった。

母も同様に宗教的探求が大好きだったが、母の場合は別の形をとった。第一次世界大戦に引き続いて心霊主義が盛んになり、母も何人かの友人と一緒に、これにはまった。母はロンドンの霊媒、シンプソン氏を通して語るラシェルス博士の霊を（少なくとも九〇パーセント以上は）信じていた。母と友人たちはウィージャ・ボード（アルファベットの文字を書いたカードを円形に並べたボードで、さかさにしたコップを中央に置き、二人の人がそれぞれ指を二本コップに置いて、コップを動かすことでメッセージをつづるというもの）も行った。たくさんの「メッセージ」が記録されたが、私が知るかぎり、何の重要性もないものばかりだった。

母のアイリーンは、ロンドンにいたときに交霊会にも参加した。当時有名だった（または悪名高かった）、霊を呼び出す霊媒ヘレン・ダンカンによる交霊会が、アソール・ハウスで行われた。この霊媒は人体ほどの大きさの「エクトプラズム」というものを出すが、それは話ができ、参加者の中で、それが誰なのかわかる人が出てくるという話だった。母が参加したときの参加者は二十人ほどで、それぞれ参加費を払い、その費用はすべてダンカン夫人のものになるとのことだった。

夫人は男性のアシスタントとともに現われ（母アイリーンによると、このときジンの臭いがしたそうだ）、それから参加者の中の二人の婦人が彼女を別室に連れて行った。そこで彼女は衣服を脱いで、身体検査をされ、ゆったりした黒のドレスに着替えた。それから彼女は部屋の隅の椅子に腰かけた。その部屋の隅はカーテンで仕切られていて、カーテンの外に低ワット数の赤い電気がついており、その場所以外は真っ暗だった。彼女が座ってしばらくの間、カーテンは開かれていたが、間もなくアシスタントがカーテンを閉めた。参加者は皆、賛美歌を歌った。しばらくするとカーテンの後ろから声が聞こえ、白いガウンをまとった人物たちが、ぼんやりとした赤い電気の中に一人一人現われて、言葉を話した。その言葉の中には、参加者の死んだ身内のものもあったという。その人影が何と言ったのかは覚えていないが、たぶん「あの世で幸せにやっているよ」といったことではないかと思う。そのうちにカーテンが再び開かれ、椅子にかけているダンカン夫人がトランス状態から目覚め始める。これが典型的な交霊会ということだった。

私にはまったく信じられないことだった。私の考えでは、アシスタントがカーテンを閉めるのは、閉めるときに、小さく畳んだ白い布地を彼女に投げるように仕組まれた行動で、彼女が部屋の隅からほかの椅子に座る手伝いをするときには、それを片付けているのではないかと思う。一九三三年と一九四三年の二度にわたり、詐欺罪で彼女は有罪になり、二度目には九カ月の実刑を言い渡された。彼女が降霊術者であると支持する者によれば、彼女は本当に降霊ができるときもあったが、できないときもあり、そのできないときにズルをしたのだということだ。とにかく私が見たときには、いかさまをしていたことは確かだ。どういうふうに行われたかということについての私の考えは、一つの考えでしかないが……。綿織物のモスリンのような薄い布地を飲み込んでおいて、カーテンの後ろで吐き出したという考えも別にある。

そのほかに数回、ロンドンでプロの霊媒による交霊会に出たことがある。霊媒がトランス状態に入り、死人がその霊媒を通して語るというものだが、どれも納得できないものばかりだった。私には強い合理主義者の気質があり、心霊主義者によると、それが純正な交信を妨げているのだそうだ。

この合理主義的気質は日記にもしばしば登場する。例えば、

ボール夫人が私の挑戦を受けて、先日、私に占星用の十二宮図を送ってきてくれた。それは、数の科学と太陽生物学に基づいた分析によるものだという。それによると私は、数字の2に反応する性質らしい。彼女は（なんと「直感」で）私の五つの過去世を遡った。この書類は保管しておくことにしよう、二十世紀に残る迷信のいい証拠として……。実に一〇ページにも及ぶ書類だ。

残念ながら、その書類はずいぶん前に紛失してしまった。

そうはいっても、ESP（超感受的知覚とかテレパシー）の存在は信じている。実のところ、心霊研究学会ができたころの記録に残されている交信には驚いている。私は長年その学会の会員だったし、学会の定期刊行物には目を通していた。私が会員になったのは、オックスフォード大学博士課程の研究指導者で、私がこれまでに出会った中で最も知性的な人物の一人であるH・H・プライスの薦めによるものだ。プライス教授は、認識論に関する重要な研究書の著者であるだけでなく、心霊研究（現在では超心理学として知られている）に魅力ある哲学的考察を加えた人物でもあった。

母アイリーンはとても「サイキック（心霊的）」だった。例えば、ペンが生まれて間もない頃、ペンが寝ている寝室に行くと、一年前に亡くなったはずの彼女の父親を見たという。父親はしっかりした姿で現われ、ベッドの足元で赤ん坊を見おろしていた。パニックになった彼女は階下にいるマークに、赤ん坊の部屋に男がい

ると慌てて伝えに走った。ほかにも、田舎のコテージで休暇を過ごしていたとき、彼女は突然夜中に目が覚め、見るとそこには、百年以上も前の衣装をまとって微笑んでいる愛らしい少女が、ベッドの足元に立っていたという。そのほかにも何回か、お化けや不思議な出来事があったようだ。

しかし中で最もすごいのは、二つのヒーリング（癒し）の話である。一つは母の知り合いだったワードルという名の男性のことだ。ワードルはカナダ海軍にいて、一九一四年から一八年にかけての大戦中に重傷を負った。ある日、母はワードルが床に倒れて病院にかつぎこまれたことを耳にした。母の説明によると、リーズ出身のバークレー・モナム卿（イングランド北部で当時もっとも高名な外科医）が、ワードルのところに（カナダ海軍の恩給か何かのことで）会いに来ていたが、彼の身体の状態からして、できることは何もなかった。そこで入院し続けるか、それとも家に帰るかの、どちらかを選ぶように言った。結局、ワードルは家に戻ったが、激痛に苦しみ、モルヒネを投与されていた。

私はワードルの家（湖のそばにある）に直行し、彼が死人同様であるのを目の当たりにした。ワードルはかろうじて目をあけることができ、そして「眠い」とだけ口にした。ワードルのところに、この数日間、睡眠がとれずにおり、それで死ぬのですと言った。もう棺桶が注文されていた。その地方では、それが当たり前のことだったらしい。ワードルの妻と子どもたちは、ベッドの周りで泣いていた。私は、どうして即座に自分がそのようなことをしたのか、まったくわからない。でも、自分が非常に威厳のある声で、こう言うのを聞いた。「ワードルさん、子どもたちを台所に連れていってください。旦那さんをすぐに眠らせますから」。

ワードルの妻が子どもたちを連れて部屋を出ると、私はカーテンを引き、ワードルのそばにひざまずいて、その頭に手を置き、助けになれますようにと祈った。ワードルには私が見えていなかったし、私のことはわからなかったと思う。息も絶えだえだったのだから……。でも、私はまた威厳のある声でこう話しかけた。「あなたはとても疲れている。ぐっすりと静かな眠りにつきなさい。目覚めたときには元気になっている」。これがそのとおりになった。ワードルは何時間も眠り続け（記憶が正しければ、夫人は彼が八時間も眠ったと言ったと思うが、確かではない）、目覚めたときには、身を起こして食事をすることができた。ワードルは日ごとに回復し、三週間目には深い雪の中を歩いて、一マイル半も離れたところに住んでいる私に会いに来た。彼は健康を取り戻し、後に南の海岸沿いの町に引っ越して、動物園を始めた。私は、スカーボロにいた（今は亡き）ワードルの医者を知っていたので、ワードルのことを聞いてみたところ、医者は「彼の身体を見るためだったら何でもしますよ」と言った。ワードルの回復は奇蹟としか言いようがないということだった。

彼女のもう一つのヒーリング（癒し）は、私たちが長年知っている医者の友人についてのものだった。スカーボロを離れてから、彼はロンドン近郊に住んでいた。アイリーンが彼のために同様のことを行なったのは、その場所だった。重病だった彼が、驚いたことに急に回復したのだった。

アイリーンの友だちに神智学者がいて、私に神智学の書物を貸してくれた。神智学はマダム・ブラバツキによって創設された十九世紀の西洋哲学で、ヒンドゥー教と仏教の要素を取り入れたものである。彼女は一八七五年に神智学協会を設立した。その継承者アニー・ベサントは、若いインド人のクリシュナムルティが世界の指導者になると予言した。しかしクリシュナムルティは、後に誓いを破って神智学運動の外に身を置き、もっぱらアメリカ国内で人々に役立つ霊的指導を行った。私は神智学に魅力を感じた。それまでに出会ったものの中で神智学が、当時私が知っていたキリスト教よりもはるかに理路整然とした、最初の宗教哲学だったからだ。しかし、しばらくして私は、意識的に神智学から離れた。というのも、神智学が見えるものと見えざるものとの世界について、また天使的な存在の身分についても非常に細かい段階を定め、整然とすべてが決まっていて、何もかもが自明だと説いたからである。とはいえ、そこから得たものもある。それは東洋宗教への関心である。この関心は、私が福音主義的キリスト教へ回心するまで続き、その後は長いあいだ冬眠状態となった。

3　回心体験と聖職者への道

当時、日中は契約職員として事務所で働きながら、オリバー山の中腹までよく歩いて行った。そして気持ちのいい木の根元で、日没前までの一時間ほどを読書に費やした。私はいつも、特別な瞬間を記録することが好きだった。そんな特別な瞬間が、この木の根元で何度かあった。例えば、

あまりにも完璧に平和で美しい「今」なので、私はこの「今」を忘れないために記録を残さずにはいられない。今夕もやってきて日溜りの中で腰を下ろし、ソローの『森の生活』をまた読んだ。左手のゆるやかな登り坂には木々が生い茂り、私はその最初の木の根元で横になっている。この美しさは筆舌に尽くし難い。木々がゆるやかな緑のカーブを描き、暖かい日がよく差し込んでいる。一人ぼっちでいるが、右手後方には羊と二頭の馬がほぼ静止状態でいる。その下方に見える湖は青く輝き、涼しげである。小鳥たちが木々の茂みでさえずっている。誠に美しすぎて言葉にならないとはこのことだ（一九四〇年五月五日）。

一九四〇年（十八歳のとき）には、一九五七年初版の『信仰と知識』中の「二人の旅人の寓話」で示したような、人生の問題や困難さについての考えを、すでに持っていたことがわかる。一九四〇年に私はこう書いた。

果てしなく続くように思える危険な沼地を歩いているとしよう。行く手には蛇やその他の恐ろしい生き物が潜んでいるかもしれない。もしも途中で目にするものをもとに、沼地に関する考えが自分に作られるとしたら、きっと憂鬱な気分になるだろう。沼地を通り抜けられる可能性は小さく思える。そして、この道がどこに行き着くのかもわからない。しかし、もしも事前に地図で調べておいたなら、またこの沼地が見かけほどには深くないことがわかっていたなら、また蛇などは自分が想像しているだけで実際には存在せず、沼地の向こうにはいつも夢見ていた希望の土地が待っているとしたら、その行程は喜びに満ちたものになるだろう。そして自分の後に続く旅人に、希望と勇気を与えることになるだろう（一九四〇年一月十六日）。

日記のほかに、一九四〇年のノートを残しておいた。そこには哲学的思索やアフォリズム、ニーチェに学んだ文体のことなどが記されており、ニーチェのことにもたくさんの言及がある。ニーチェについては一冊の本にまとめようと計画して、第一章は実際に書いたのだが、その原稿はもうずいぶん前に紛失してしまった。十八歳のときのアフォリズムを一つ二つ紹介しよう。

善悪に関するどんな問いも、またどんな状況下でどんな行動をなすべきかという問いも、突き詰めればそのときの精神的発展の段階において、意識的にせよ無意識的にせよ、人生の目的をどうとらえているかにかかっている。というのも、道徳性は宇宙の真の本性に基づいたものにちがいないからだ。……私たちが知りうる人生の目的は、あらゆる悪を善に変えることにより、一人一人の魂を完全なものにしていくことであり、またそれゆえ、この過程を助ける行動はすべて善であり、それを妨げる行動はすべて悪であると私は信じる。

実在は倫理的で、神から成る。神は有限とか無限、有形とか無形といって、あるいは物的世界との類比によって、推し測ることはできない。ただ私たちの内に来る神的きらめきによって、「神秘的に」理解しうるのみである。

人格的であるとは有限であるということだ。神は有限ではない。ゆえに、神は人格的ではない。しかし祈りの中で接することのできる人格存在は、有限ではあっても意識の及ぶ範囲を大きく超えているかもしれない。したがって、私たちと私たちの要求に対して無限なのだ。

どの問いも開かれた問いである。なぜなら、もし閉じた問いであるなら、もう問いではないからだ。人生に満足していない者は自分に満足していない、ということをいつも忘れるな。

書物は（小説を除けば）できるだけ短いほうがいい――通常の型通りの長さのことではない。それは完全に明晰にして判明、曖昧さがなく、言外の含みがなく、単なるレトリックであってはならないということだ。

ナチズムと、ナチズムに反対する戦いは別々のことではない。病気と治療がそうであるが、まさしくこれはヨーロッパのほぼ全体から生じた、一つの大きなヨーロッパ病である。

そして一九三九年十一月には、

現在、そしてこれから先何年もの間、私たちは狂気に陥った世界に住むことになる。そこにはニュースも事実もなく、ただプロパガンダがあるばかりだ。劣悪な雰囲気のせいで知性は劣化し、戦争志向が現実のものとなったときには、多くの人の笑い者とされるだろう。

私が回心前に、ハル学生会誌に発表した最も初期の出版物の中に、「異端の重要性について」という論考がある。これは人生に対する態度、つまり異端についてであるが、こう述べている。異端とは「健全な心の状態のことであり、万物が生き生きと神秘的に映り、眺めるに値するものとして見えることだ」。今、この全部を読み返してみると、福音主義者であった時期を除けば、それ以前と以後では、自分が驚くほど知性の展開において首尾一貫していたことがわかる。

これが回心に向かおうとした当時の、私の思想的基盤だった。正統派キリスト教の神ではなかったが、何らかの神的実在を私は完全に信じていた。宗教的に探求しようとして、開かれた心の状態にあったことは明らかだ。以前、自分の回心について書いたものがあるので、それを引用しておこう。

十八歳、ハルのユニバーシティ・コレッジの法学部学生であったとき、新約聖書に描かれたイエスの姿に強い影響を受け、福音主義へと向かう強力な回心を経験した。数日間というもの、私は強度の精神的、情緒的な混乱状態にあった。その間、徐々にではあったが、高度の真理と偉大な実在者の存在に気づかされ、これを認めて素直に応じるよう責め立てられた。最初はどうしても受け入れられなかった。これは個人のアイデンティティの変革を迫るものにほかならず、さらに挑発する要求でもあったからだ。しかし、しだいに心をかき乱すこの要求が、心を解き放つ招きへと変わっていった。私を押しつぶそうとしていたこの実在は、ただ要求を突きつけるだけでなく、魅惑的でもあった。やがて私は大きな喜びと興奮に包まれて、キリスト教の信仰の世界へと足を踏み入れていった。[1]

瞬時的な宗教体験についても語ることにしよう。

この種の体験は四十二年前（一九八二年から数えて）に起きたのであるが、とうてい忘れることはできない。ハルのユニバーシティ・コレッジの法学部学生であったが、ハルの町中を走るバスの二階席など――あらゆる場所――で、それは起きたのだ。同じような瞬間を思い出すことのできる人なら誰でも気づかれるだろうが、このことはどんなにしても言い表わすことはできない。それはまるで天が開かれ、光が降り注ぎ、無量の超越的善と愛に応じたことで満たされる大いなる喜びが、全身を走ったかのようだった。私は四方八方に微笑みを浮かべずにはいられなかったことを覚えている――あたかも神に微笑み返すかのように……。もしもそのとき乗客に見られていたなら、きっと狂人か何かだと思われたにちがいない。[2]

　今振り返ると、究極の神的実在からの純正な衝撃が、私に作用したのだと思う。私にできた当時の認識のしかたは、そのようなものだった。ハルで最も親しくしていた友人たちが、インター・バーシティ・フェローシップ（ＩＶＦ）という福音主義の学内団体に所属していたので、私も彼らに加わり、原理主義的神学の教義を、何の疑いもなく丸ごと受け入れた。聖書の逐語霊感説、創造と堕落、受肉した子なる神としてのイエス、処女懐胎、神性の自覚、神通力による奇蹟、罪と罰からの血による贖い、肉体の復活、昇天、再臨、天国と地獄等々。よく歌った賛美歌の中に、今でも頭にこびりついて離れない歌詞がある（おそらく視覚的に嫌悪感を抱いたからだろう）――「インマヌエルの静脈血に溢れる噴水がある」。

　後になってから、とはいってもまだ私が原理主義にはまっていた頃、原理主義の家庭で、本人も原理主義である娘と婚約しかけたことがある。幸いにも――振り返ってみて言えることだが――それは「婚約しかけた」だけで終わった。長い目で見れば、この女性との結婚は大失敗となっていたことだろう。

　こうして私は、ほとんど成り行きで、法律からキリスト教の聖職へと進路を切り換えた。進んで法学を楽しんでいたとはいえなかったが、この回心がなければ、おそらくは一生そのまま、法律の道にとどまっていたことだろう。聖職に進むことは、私の場合、実際には長老派の教会牧師になることを意味していた。理由は、たんにＩＶＦの友人たちが長老派教会の教会員だったからだ。ハルでの最後の期間は、心底から福音派の原理主義者だった。それから神学に進む前に学士号をとったエディンバラ大学での最初の年も、またフレンド派救急隊（ＦＡＵ）ですごした期間もそうだった。

　しかし戦後、ウェストミンスター神学院にいたとき、ベルフォードで三年間牧師を務めていたとき、コーネル大学で三年間、それからプリンストン神学校で教えていたとき、私はかなり正統派ではあったが、もはや原理主義者ではなかった。ウェストミンスター神学院で、キリストの神性を認めないというオーストラリア人の大学院生と出会い、大きなショックを受けたことを覚えている。もちろん、後年振り返ってみれば、私も彼に同意する立場に立ったのであるが……。

それ以来私は、福音主義神学が教義的に（ときには聖書解釈においても）原理主義の一形態であり、原理主義的考え方の危険をすべて含み持つものとして、その神学には批判的になった。しかしそうはいっても、その頃の数年間は同じ視点の共有者として、福音主義を純正に理解することができた。しかしこの事実がもとで、種々の批判を、とりわけ腹立たしいものに仕立てあげてしまった。ある研究報告では、次のような指摘がなされた。

一般に福音主義を意固地な弁護的立場に後退させるという残念な結果——特にキリスト論に関して——をもたらした。この場合、特にヒックが問題となる。なぜなら、ヒックが福音主義からの転向者であるからだ。福音主義のキリスト論に落とすヒックの影は、長く尾を引いている。(3)

私は、このことには気づかずにいたのであるが、そのとおりかもしれない。しかし福音主義者をいっそう意固地な弁護的立場に後退させると同時に、他方では教義的原理主義を超える見地に、別の人々を導くことができたのではないかと自負している。多くの人々は、二つの立場——いまだに教会の信仰内容ではあるが、部外者にはとても信じられない内容の伝統的な正統派キリスト教信仰と、他方のまったく非宗教的な立場——のどちらかを選ばなければならないと思っているが、そうした人々は私の著書のどれかを読んで、心が解放されたと言ってくれている。本当のところ、この二つの選択のほかにも、たくさんの可能性が存在しているのである。

注

(1) Dennis Okholm and Timothy Phillips, eds., *More Than One Way ?*, reissued as *Four Views on Salvation in a Pluralistic Age*, Grand Rapids, Michigan : Zondervan, 1995 and 1996, pp. 29-30.

(2) Michael Goulder and John Hick, *Why Believe in God ?* London : SCM Press, 1983, reissued 1994, pp. 40-41.

(3) Douglas Jacobsen and Frederick Schmidt, 'Behind Orthodoxy and Beyond It : Recent Developments in Evangelical Christology' *Scottish Journal of Theology*, Vol. 45 (1992), p. 519.

第4章　良心的兵役忌避者となる

1　戦争をどう考えるか

戦争と呼ぶ集団的人殺しには、良心がとがめてどうしても参加できない、と言う人々がいる。この事実を認知することは、イギリスにとっても、またアメリカにとっても、まちがいなく誇るべきことである。一九一四年から一八年にかけての戦争において、イギリスの良心的兵役忌避者は、場合によってはひどい扱いを受けた。多くは投獄され、幾人かは無理やり軍服を着せられて前線に送られた。彼らは命令を受けても良心に基づいて命令に背き、銃殺刑を言い渡された。けれども、後に執行猶予となった。

一九三九年から一九四五年の戦時には、およそ六万人の良心的兵役忌避者が出たが、抜本的な策は何も講じられなかった。少数ではあったが、どんな代わりの役務にも服さないという者がいた。彼らの考え方に私は同調しなかったが、彼ら全員の名誉のために言っておくと、彼らは獄中で刑に服したのである。

私は、戦争から完全に逃れることができないのなら、破壊的なことより建設的なことをするべきだ、と考える多数派の一人だった。私は兵役免除の審理にかけられ、代替役務の形でフレンド派救急隊（FAU）に加わることが許された。国内では批判や非難をいくらか受けたが、国外で出会った兵士たちからはどんな非難も受けなかった。私たちは軍服を着たが、赤十字とＦＡＵの文字のついた独自の肩章をつけた。良心的兵役忌避者であることが、ときには徴集されてきた兵士たちを困惑させることもあったが、私たちは彼ら同様、同じ船に乗り合わせた仲間であり、個人個人として受け入れられた。ＦＡＵの仲間の何人かは任務中に死んだ。しかし私自身は、銃撃されることも死ぬほど危険な目にあうことも、けっしてなかった。

私はどうして一九三九年から四五年にかけての戦争で、良心的兵役忌避者であったのか。そのときの生活は、誰かが言ったように、混乱の極みの中にある日々だった。あちらこちらで幾度も待機させられ、たまにしか活動はできなかったが、それでも全体としてみれば、興味ある、そして満足のいく仕事ができた。

連合国側から見れば、この戦争は、いずれの戦争にも引けをとらない正当な戦争ではなかったのか。私はそうであったと考える。もしもナチスが最終的に勝利していたならば、西洋文明にとっては、それは恐ろしい災厄になっていたであろう。ユダヤ人のホロコースト（大量虐殺）――政府は知っていたが、私たちには終戦まで知らされなかった――が全土に及んでいたかもしれない。ナチスの考えが、ひょっとして何代にもわたってヨーロッパを支配し、「キリスト教」文明の再現にいたるまでは、長い歳月を要することになったかもしれない。

しかし真実はそれだけではない。宇宙人の立場から人類を観察したとしてみよう。宇宙人は人類史に生じたさまざまな戦争を、集団の狂気による攻撃と見るだろう。また人類が、どの世代区分においても拮抗しあい、互いの恐怖心、疑念、貪欲、そして憎しみに駆られて滅ぼしあおうとしていると見るだろう。しかも高度に進んだ破壊手段が用いられる。その手段であるテクノロジーは、何千、何万という同朋の人類を殺傷し、危険な病気にかかりやすくさせ、町村や都市を荒廃させ、生き残った人類の体や心に永遠に消えない損傷を残している。

さらに、二十世紀のヨーロッパに焦点を合わせるなら、一九一四年から一八年にかけての戦争に、宇宙人の目はとまるだろう。数百万もの人々が、目先のことしか考えない政治家や将軍のおかげで戦争に巻き込まれ、容赦なく虐殺されていった。そして、またもや目先のことしか考えず、ときには復讐心に駆られた政治家たちの間で合意が図られた戦後の和解体制にも、宇宙人の目は留まるだろう。この体制下で、後にヒトラーが権力の座につくようになり、そうでなければ避けられたはずの二度目の世界戦争に突入し、ふたたび何百万もの人々が虐殺された（これは偉大な経済学者であり、彼と同世代で最も知的な人物の一人であるジョン・メイナード・ケインズの見方でもあった。ケインズは、『平和の経済的帰結』の中で、懲罰的なベルサイユ条約とドイツに対する継続的な懲罰的取り決めが、次の大戦の原因となる種をまいたのだ、と論じた）[1]。暴力の悪循環はさらに大きな暴力をもたらし、大量破壊手段が核や細菌戦争へと加速するにつれて、人類は数億人規模で殺され、文明の基盤が失われて石器時代に突き戻されるという可能性を生み出す。宇宙人はそういう事態の目撃者になるかもしれない。

さらに、戦争は私たちの人間性を堕落させ、そこに秘められた最良の可能性を摘み取り、最悪の可能性を助長してしまう。歴史家エリック・ホブズボームが、次のように言うとおりだ。

> 第一次世界大戦は、世界を虐待するためのマシンだった。そして、この男たち［第一次世界大戦の退役軍人が五七パーセントを占める初期のイタリア・ファシスト党員たち］は、潜在する残虐性の解放に誇りを感じた。……［さらに広範囲に見れば］規模は比較的小さかったが、数は絶対的に大きい少数党も存在した。この男たちにも、一九一四年から一八年までの状況下でさえ、戦争体験が心の中心にあって、気持ち

が鼓舞された。軍服、規律、犠牲——自己であれ他者であれ——、また流血、武器、武力は、どれも生きるに値する男の人生だった。(2)

実のところ、戦時下でもなければ、多くの人々は僚友意識を実感したり、はかない人生に意味を思い入れたりすることはない。それゆえ逆説的に、戦時のほうが、平時よりも活発に生きていた。しかし、あちらこちらで個人や小集団が立ち上がり、こうしたことはすべて狂気であると主張している点にも、宇宙人の目は注がれるだろう。こうした人々の視点の広がりが、人類にとって最良の希望になるのではないだろうか。

しかし、もしもこうした個人や集団が、この視点に基づいて行動し、憎み合いや殺し合いに加わることを拒絶して、それに伴うどのような処罰にも服するとしたら、それは単なる抽象的な理想論ではすまされないことになる。そして、まさにそのことが、良心的兵役忌避者によって行われたことなのだ。幾人かはきわめて単純で実直な立場をとった。つまり、人の住む町に爆弾を投下したり、銃撃したり、銃剣で突撃したり、戦車に乗って撃ちまくるなどということを、イエスがするとはとうてい考えられないし、またイエスに従う弟子であろうとする者には、そういうことはとうていできないと考えたのだ。他の者は、私自身も含めて、そうした確信は共有したが、それを超え出るさらなる熟考を必要とした。

短期的な見方と長期的な見方がある。短期的な見方では、一九三九年に生じた状況下では（どうしてそうなったかはさておき）、ナチス・ドイツに対して、後には日本に対して、反撃する必要があった。長期的な見方では、より大きな状況下で考えれば、破壊力を加速させる戦争の無際限な繰り返しは、狂気による人間性の自滅に結びつくという真実に対して立ち上がる必要があった。

いったん戦争が始まってしまえば、それを未然に防いだかもしれないという根本的に異なる見方や政策をいくら持っていても、それではもう遅すぎる。しかし将来のためを思い、相互破壊の悪循環を断ち切る道をかたくなに指し示すことは、何時であろうと遅すぎることはない。理論上はどちらの視点も正しいといえるだろう。ある者、多数派に就く者は一方の使命感に従って行動し、またある者、少数派に就く良心的兵役忌避者は、他方の使命感に従って行動する。しかし実際のところ、私たちは皆、自分たちを堅く捉えた道徳的見識を実行に移したまでのことだ。ときにはせざるを得ない恐ろしい任務があるとはいえ、兵士であるために兵士に委ねられた権利に対して、私個人としては敬意を払った。とはいえ、私自身がそうした兵士になりえなかったことは明らかだ。

非暴力を有効な政治活動に結びつけることは、多くの者にはうまくできることではなかった。歴史上、最も成功した例はマハトマ・ガンジーである。最近読んだハーゲン・バーントの著書『世界宗教における非暴力』(3)には、当代の非暴力主義者の例がたくさん出ているが、その中でデズモンド・ツツ、ムハンマド・アークーン、ファリード・イーザクの三人は私の知っている人物だった。

2　父との確執

一九三〇年代に、私は、聖パウロ大聖堂の司教ディック・シェパードが設立した「平和誓約会」(「私は戦争を放棄します。私は今後いっさいの戦争を支持も是認もいたしません」)に加わった。約十五万人の会員の中には、有名人が多く含まれていた。ジョージ・ランズベリー(一九三一—一九三五年、労働党党首)、チャールズ・レイブン(ケンブリッジ大学神学教授)、ドナルド・ソーパー(メソジスト派の著名な指導者)、バートランド・ラッセル、C・E・M・ジョード、オルダス・ハクスリー、ローレンス・ハウスマン、ミドルトン・マレー、ベラ・ブリテイン、ローズ・マコーレイ、デイム・シビル・ソーンダイク等々。しかしそのほとんどが、戦争中に会員ではなくなった。

「フレンド派救急隊新聞」の論説は、対話形式で以下のように伝えている。

——ジョン・ヒックがまた四ページもの記事を書いているようだ。

——知っている。そこに「規範的」というような言葉を使っている。君は「規範的」という言葉の意味を知っているか。

——いいや。

——僕も知らない。最初は「操作的」と書いたようだが、消してしまった。それがヒントになるかもしれない。でも、わかる言葉で書いてもらった記事のほうが僕は好きだ。

——どの記事のことか。

——この記事だ。「悪事を拒否することは、置かれた状況によってはそれ自体が悪となることがある。それゆえ、方法は異なるものの、平和主義者と非平和主義者の双方が、善を招こうとして悪を為すことがある」。

——それで、ヒックはどうしようというのか。

——ヒックは、「使命感というかたちで、実際的な解決策がある」と言っている。

——それに合意するのか。

——ああ、そうだ。

——僕はどうかな。ヒックはそれでいいかもしれないが、ＦＡＵの平和主義の中では皆、もっと単純に考えている。ジョン・ヒックを読むと、皆、動揺するかもしれない。
——皆はもう動揺しているとは、君、思わないのか。
——どうかなあ。
——それでは、隊の新聞には、ほかにどんな記事を載せたらいいだろうか。
——何にしようかな、ほんとうに。

良心的兵役忌避者（CO）であることから、私は本当に滅入る思いのする反対を父から受けた。適格登録をする十八歳のとき、私はハルにいた。そのとき父からもらった手紙を読み返すと、今でも悲しくなる。

自分の父母が死んだときのことを別にすれば、おまえもわかっているだろうが、おまえの態度はわしの人生の中でいちばん強く悲しいことだ。……ひょっとすると、わしの思い違いかもしれないが、おまえの心がヨークで［例えばブーサムで］、何かひどく悪い生き物に騙され、毒されたのではないかと心配している。……事態がまだそうなっていないなら、有り難いと思わなくてはならないが、いずれにせよ徹底したCOにとって、当人の生い立ちが知れている町に住むことは、いつかとても不愉快な思いをすることになるだろう。——たぶんその町で仕事をすることもできなくなるだろう（一九四〇年二月五日）。

これは私が「絶対平和主義者」に徹するのではなく、何か兵役に代わる任務に就こうと決める前のことではなかったかと思う。忘れもしないが、このことで何週間も苦しんだ後のある朝のこと、あらゆる疑念と苦悩は霧散して、代替役務に就くべきだという、まったく清明な確信を持って目が覚めた（私は、ここ一番という急場で、自分を導いてくれる活動的な無意識の心を持っているらしい)。出港前の短い休暇を利用し、軍服姿で一時帰郷したときには、父マークの嫌悪感と恥辱心は、多少なりとも和らいだのではないかと思う。

3　フレンド派救急隊員になる

戦時中、ＦＡＵには約千人の隊員がいた。[4] 大体は男性だったが、中には女医や看護婦もいた。一般に、私たちは「ミドル・クラス」で、ほとんどの者が大学を出たばかりか、私のように大学在学中かのどちらかだった。最近、私は他のＦＡＵ隊員に撮ってもらった写真を何枚か見たが、そこにいる者のほとんどが、いかにも活き活きとした、面白そうなようすをしているのに驚かされた。私が知っている者の中には、医学に興味を惹かれ、戦後、医者になるための教育を受けた者もいる。例えば、何年もつきあいのあったサム・マキルウェインは、私よりも年上で、商船の一等航海士だったが、戦後は医者になるための教育を受けた――三十代になってからのことだから、容易なことではなかっただろう。その後サムは、幸せで、職業的にも満ち足りた田舎の開業医として余生をすごした。

またテオ・カドゥやピーター・ユーレなどは研究職についた。ハラム・テニスンなど何人かはＢＢＣに勤務した。さらに幾人かは、後に国内で有名になった。ジェラルド・ガーディナーはＦＡＵにいたとき、すでに法廷弁護士だったが、ハロルド・ウィルソンの労働党内閣のとき大法官になった。[5] リチャード・ウェインライトは自由党の国会議員になり、自由党の議長になった。ほかにも、個人的には知らなかったが、ロイ・リッジウェイがいる。死亡記事によると、リッジウェイは良心的兵役忌避者として刑務所で刑期を務めた後、ＦＡＵに加わり、「激しい戦闘のさなかに何人もの負傷者の命を救った」とのことである。また、戦後は医師会の「ニューズ・レビュー」を編集し、医師たちによる核兵器反対運動の創始者の一人になり、さらには、ノーベル平和賞を授かった核戦争防止国際医師団を代表するチームの一員ともなった。

そのほか、フレディー・テンプル（ウィリアム・テンプル大主教の甥）はアングリカン（イギリス国教会）の主教になった。また、一緒に働いた仲間の中には、フランダースとスワンの芸能コンビで有名なドナルド・スワン、それからルイス・ウォディラブもいた。ルイスは私が中東にいたとき、FAUの仕事を任されていた非常に有能な男で、ラウントリー基金の議長と、さらにはラウントリー住宅基金の会長にもなり、住宅協会の発展に大いに尽力する（イギリス帝国勲爵士の称号を得る）など、ありとあらゆる興味深い仕事をこなした。ゴードン・ティルズレイは、ギリシアで私と同じグループにいたが、その後、事務弁護士として成功し、ノリッジ市役所の書記官もした。ほかにも多くの人たちが、さまざまに異なる幅広い方法で、社会に積極的に貢献した。そのような人々は、さらにほかにも、私が知らないだけで、もっとたくさんいたことは確かだ。

FAUに入隊した後、私は、バーミンガムのノースフィールドにあるマナー農場の、FAU訓練基地に出頭した。そこは現在住んでいる場所から二マイルほどのところである。これが第十五駐屯地だった。一緒に入隊した新兵がどれほどいたか正確には覚えていないが、おそらく五十人くらいはいたと思う。駐屯地の司令官はマイケル・カドベリーだった。彼が亡くなるまで、バーミンガムではよく彼と会った。訓練は体操と基礎医学の習得を混ぜ合わせたもので、いわば応急処置と今日の救急医療、例えば赤ん坊の分娩の仕方までも含めたものだった。

あるとき、クエーカーの神学者H・G・ウッド（彼はバーミンガム大学で最初の神学教授になった）が講演したとき、私は謝辞を述べるよう頼まれた。それから二十五年後に、彼の名を冠した新しい講座が設けられ、神学部のその講座を担当する教授――H・G・ウッド講座担当教授――に、私がなるとは夢にも思わなかった。

ノースフィールドから、私は、六つほどある分隊のうちの一分隊として、グリニッジにある聖アルフィージ病院へ派遣された。病棟用務員として、薬瓶や便器の管理といった汚い仕事、荷物の運搬、脈拍や体温の測定などの仕事をさせられた。二度目の、それもはかない私の恋の相手は、その病院でグージー（グッゲンハイム）と呼ばれていた看護婦だった。

一九四〇年八月、イギリスの各病院には合わせて二百三十人ものFAU隊員がいた。幾人かは必要とされる単純作業に従事し、何人かは訓練の最中にあり、また別の場合（私ではないが）は、極めて高度な訓練を受けていた。イギリスにおける病院の作業は、非常に多くの場合、海外における奉仕作業の前ぶれだった。初期段階では、初めて衝突が生じたフィンランドとノルウェーでの戦争、シリアとエチオピアでは診療所の続行、中国では物資輸送、後には北アフリカ全体の戦争、さらに後には、再び中東での難民キャンプやバルカン諸国での救援活動のためだった。連合軍のヨーロッパ進攻後は、救急車の運転や負傷者の手当てが目的となった。

およそ二、三カ月間、聖アルフィージ病院に勤務した後、私は病理学研究所で訓練を受けるために、エディンバラにある王立診療所に派遣された。最初に与えられた任務は、実験用モルモットの面倒を見るという、最もつつましい仕事だった。私は、モルモットが病気で一日に数匹ずつ死んでいたのをゼロにしたという点で、この世話はうまくいったと自負している。分隊の他の者は、用務員や運搬係の作業をしていた。運搬係はとんでもない時刻に起きなくてはならなかったので、それよりはまともな時間に作業をしている私たちは、彼らを休ませるため、週に一度は運搬係を交代した。

この作業では、夜間に死んだ患者の遺体を手押し車に載せて、遺体安置所に運んだことを覚えている。遺体安置所に行く道は二つあった。一つは縦横に走る地下道を経由する道で、急な曲がり角で方向を変えたり、天井を走る配管の下で身をかがめたり、ところどころにある段差を上り下りした。もう一つは私が好んだ道で、いったん戸外に出て、ときには雨や風に打たれ、傾斜している中庭を横切り、途中で遺体を落とさないように気をつけた。

私たちは空いている病棟で寝起きしたが、食事はほかのスタッフと一緒だった。ある日、母と妹のシャーリーが慰問に来て、病棟にある台所で料理を作ってくれた。そのときのこと、母たちがオーブンを開けると、そこに住みついていたネズミの一家が飛び出してきた。私たちは看護婦や若手の医者と友だちになった。そしてエディンバラ大学での一年が終わる頃には、何人かの大学の友だちと連絡をとりあうことができるほどになった。

国内の病院における「訓練」を何カ月も受けた後、私は海外に出る準備ができたものと見なされた。それは私たちのような二十代なら、誰もが熱望したことだった。私はブリストル近郊のフェイランドで機械コースをとり、車やトラックの運転方法、エンジンの解体や組み立ての方法を含む基礎的な機械学——けっして使うことがないように注意してきた技能——を学んだ。その後、ノースフィールド駐屯地に戻って乗船コースをとり、それが終わるとしばらく乗船休暇をもらった。それから中東へ出かけるためにリバプールへ向かった。

後日、母のアイリーンから聞いた話だが、私が不在の間、アソール・ハウスでは面白いことが起きていた。兵士の一団がアソール・ハウスに宿営し、母の世話を受けたのだ。盗みのプロや面白い個性の持ち主を含めた、雑多な徴集兵の一団だった。彼らは将校をひどく嫌い、戦線に行ったら将校を射ち殺してやると言っていた。だから、サウス・クリフ・クラブでその将校とブリッジを楽しんだ父マークが、彼を食事に家に呼んではどうかと言ったとき、母はその考えをきっぱりと断った。兵士たちは、宿営した二階の各部屋ごとに蓄えてあった石炭を、全部暖房用に使ってしまった。しかし兵士たちが大陸侵攻に向けて出発したとき、彼らがまた石炭を一杯かき集めてきてくれると、母アイリーンにはわかっていた。母は兵士たちの宿営を面白く経験し、ペンと私のどちらもが海外にいるという不安な気持を、いくぶんなりとも和らげたようだった。兄のペンにはカイロで一度だけ会ったが、それ以外は戦時の道に阻まれた。

注

（1）Robert Skidelski, John Maynard Keynes: Vol. 2, *The Economist as Saviour*, 1920-1947. 及び、例えば、Eric Hobsbawm, *Age of Extremes*, pp. 30-31 を参照。

（2）同書 p. 125.

（3）Hagen Berndt, *Non-Violence in the World Religions*, London: SCM Press, 2000.

（4）第二次世界大戦におけるFAUの公式記録については、次を参照されたい。

Friends Ambulance Unit by A. Tegla Davies, London: Allen & Unwin, 1947.

Pacifists in Action: The Experience of the Friends Ambulance Unit in the Second World War, ed., Lyn Smith, York: William Sessions Ltd., 1998.

（5）ガーディナーは死刑廃止を条件に、大法官の仕事を引き受けた。さらに、ほかに多くの重要な法案の改正にも責任があった。ジョフリー・ロバートソンは次のように言っている。

ジェラルド・ガーディナーに、第一次ウィルソン内閣の大法官として、なぜ職場や家庭で機密事項に関する会話を拒否するのですかと尋ねたことがある。「そうした会話が安全保障機関によって盗聴されていると確信していたからです」。しかし、どうやってそれを確信できたのですか。「なぜなら、ご存知のように、私は戦時中、平和主義者だったからです」。……こうした理由から、ガーディナーと法務長官エルウィン・ジョーンズの二人は、トラファルガー広場の周りをぐるぐる走る車の中で、機密事項を語り合うことにしていた。（「私たちは運転手を信用していました」）。(Geoffrey Robertson QC, *The Justice Game*, London: Chatto & Windus, 1998, p. 133.)

第5章　エジプトでの任務

1　カイロへの旅

一九四四年一月、軍用に改装された豪華客船「スターリング・キャッスル」に乗り込んで、私たちはリバプールからエジプトに向けて出航した。戦後間もなく、私は海外のＦＡＵ活動で経験したことを詳細に書き記した。以下の大部分はその記事からの抜粋である。

軍隊では最下級の扱いを受けるものと覚悟していたが、民間人ということで、船では事実上、准尉並み——理由はよくわからないが——の扱いを受けた。これは、つまり粗雑なブリキ缶ではなく、きちんとした皿で食事し、ハンモックではなく寝台で眠ることを意味した。船上ですぐにできた仲間は、乗り合わせた連隊の上級曹長たちだった。彼らはどなり口調で、鍛え抜かれた軍人タイプだったが、そのうちのほとんどが職業軍人だった。ＦＡＵ隊の指揮官は少佐の階級（おそらく名目上か肩書きだけの）を持っていた。この人物は私たちの倍近い年齢で、どこから見ても少佐らしい風貌だった。副指揮官は大尉で、二人の医師と女性たちは全員中尉だった。

私たちの船は、四隻のコルベット艦に守られた約二十隻からなる船団に加わり、Uボートを避けて、まずは大西洋へ向かった。それから進路を変えて、ジブラルタルへと向かった。その頃にはUボート帰掃作戦はほとんど終了していたが、まだはぐれ狼が何隻か逃走中だった。そのためジブラルタル海峡の外側には、潜水艦がいるおそれがあった——船団構成のすばやい変更、水中爆雷を発射しながら走り回るコルベット艦、襲撃艇を探しながら水面をなめるように飛ぶ飛行機。私たちはもちろん全員救命胴衣をつけ、避難場所に待機していた。

救命胴衣はいついかなる場所にも携行しなければならなかったが、すぐに誰かが便利な使い方を見つけた——非常に快適なデッキシートにしたのだ。私たちは救命胴衣の上に座って本を読んだり、おしゃべりしたり、携帯チェスを楽しんだり、波を眺めたりして、一日の大半をすごした。しかし、ネズミイルカの群れが泳ぎ回るのが見えるときは別として、海はじきに珍しいものではなくなった。

さらに南下するにつれて、船が立てる波の泡が暗闇の中で燐光を発するようになり、またほのかに光る真珠やキラキラ輝くダイヤモンドの滝が、海面に流れ込むようなかたちで、その泡は次々と現われては後ろに消えていった。夜空もまたすばらしい眺めだった。船のマストがリズミカルに夜空に揺れるのにあわせて、星をちりばめた天球全体が向きを変え、揺れ動くのだった。私たちは夜のうちにジブラルタル海峡を通過した。片側にはアルジェとスペイン領モロッコの明りが見え、反対側は真っ暗な岩影だったが、その岩の陰にはあかあかと照明のついた病院船が停泊していた。さらに数日たつと、北アフリカの山脈が目に入った。脈々と連なる雪を冠した山並みが、太陽の光にまぶしく輝いていた。

十五日目、朝起きて遠くを眺めやると、見慣れた海の代わりに、水平線上に浮かぶ街が見えた。船は小さな漁船の群れや、積み荷で喫水線近くまで沈んでいるアラビア帆船（ダウ）の群れの間を、ゆっくりと進んでいった。これがポートサイドだった。それから私たちは、見たくてたまらなかった東洋的なもの——モスクの尖塔（ミナレット）、生い茂った椰子の並木、屋根の低い東洋式家屋、粗末な服とターバンを身につけた住民たち――をすべて目にした。こうしたすべてとぶつかりあうかのように、イギリス産のウィスキーと煙草の、巨大な看板が立っていた。船はスエズ運河の入口に停泊した。運河は、椰子の並木道から砂漠へ延びる一本の長い道のように見えた。

下船して列車に乗り換え、カイロから数マイル離れたマーディにある、大規模な駐屯地の南部総司令部（GHQ）へ直行した。マーディでは、涼しいレンガ造りの小屋の、コンクリートの床の上で眠った。ほかにはラウンジや事務所や食堂として使う、大きな食堂の建物を割り当てられた。たちまち誰もがびっくりするほどの食欲を発揮して、ふんだんに出される果物やサツマイモといった目新しいものを、たらふく食した。

ここマーディで、私たちは、東洋諸国に派遣される軍隊では当たり前になっている慣習に、初めて出会った――食堂で働く現地の使用人たちだった。これに反発を感じた唯一の事件が、後にエル・シャットで起きた。私たちが使っていた現地エジプトの使用人たちが突然、ユーゴスラビア難民のボランティアたちに代替されたのだ。「現地人」は予告や補償金なしで解雇させられることになっていた。つまり彼らは皆、出来心で泥棒するものだと思われていた。しかしその後、べつに盗みが増えたわけではなかったが、おそらく職をなくした者が何人か近所をぶらついていたからだろう、組織的な窃盗のことが深刻な話題となり、駐留地の見張りの者には武器が渡された。

「現地人」の解雇を決めた会合の場で、私は食堂の大部分を占める将校たち――たいていは南アフリカ人で、根強い人種差別の偏見をもっていた――に次のような提案をしたが、ひどく嫌がられた。彼らを調べ上げ護衛付きで連行したりせず、奴隷でなく使用人として扱い、解雇予告金として、食堂の資金から各自に数ピアストルずつくれてやるべきだ。するとこれに対し、それまで現地人を現地人とはちがう者として扱う習慣がない

——すなわち、劣った連中には、自分たちと対等な権利は持たされていない——という点が指摘されたのだった。

南部ＧＨＱに話を戻すが、軍と正式に接触を始めた当初から、いろいろな行き違いがあった。私たちが使用していたトイレは大将専用のものだと、怒りをこめて伝えられた。また私たちが将校に敬礼しないでいることも、軍としては心穏やかでなかった。欠礼はいたるところで生じる問題だった。民間人である私たちには、自分の組織に属しない者に敬礼する義務はなかったし、また組織内で敬礼することも考えられないことだった。

それでもまちがって敬礼された場合には、成り行き上、返礼した。これがまた頻繁に起こった。これは着用している軍服の風変わりなモールや、将校なら「星」をつけることになっている訓練シャツの肩の、赤十字のせいだった。モールや赤十字は「特別階級」のように映り、見る人にとりあえず敬礼させてしまうのだ。一度カイロで兵士の列とすれちがったとき、先頭の兵が私に敬礼したので、残りのものが皆それにならって敬礼した。私はと言えば、急なことできまり悪く感じながらも、答礼したのだった。

マーディ村は、高級住宅の立ち並ぶカイロ郊外にあった。早春には、花をつけた木々が大通りを覆ってアーチになり、あちこちの庭は見事なまでに色とりどりの花で埋め尽くされた。近くには、これとはまったく対照的に、貧しいアラブ人村があった。私は発疹チフス制圧期間中にこの村を訪れ、皆で住民にＤＤＴを振りかけたことがある。この薬は、当時ナポリで発生した恐ろしい発疹チフスの大流行をくい止めた、新しいシラミ駆除剤だった。ここは別のマーディ地区は、あらゆる種類の病気の温床である不潔な区域だった。裏庭や一階の部屋には、たいていロバ、牛、鶏が飼われていた。ある家では階段の小さな踊り場に干草の束が積み上げられ、山羊が飼われていた。とはいえ、人々は、とりわけ子どもたちは消毒を十分に楽しんでいた。

到着してから数日の間に、私たちは皆カイロを訪れた。カイロ駐留の隊員たちが案内してくれた。カイロの

ＦＡＵ指令部（ＨＱ）は、マーディからの列車が到着するバブ・エル・ルーク駅から、一区画離れたところの大きなアパートにあった。それはすばらしいアパートで、休暇や任務でそこに泊まると、いつも楽しい息抜きになった。ＨＱ事務所で働いている人たちは、その大部分が砂漠の困難に耐え、砲火をくぐり抜けた北方アフリカ作戦の従軍体験者だった。そして私たち新参者は、彼らが軍に与えてくれた好印象のおかげでずいぶん楽をした。

とはいえ中東では、ＦＡＵ隊の任務は、軍関連ではだんだん少なくなるものの、難民関連ではますます増える状況だった。三十人ほどの私たちの隊は、いつでもバルカン諸国に行ける救急隊として、特別に編成された最初の隊だった。そしてこの地に派遣されてくる後続の隊も皆、私たち同様、非戦闘員と一緒に任務を遂行することになっていた。ＵＮＲＲＡ（国連救済復興機関）の前身であるＭＥＲＲＡ（中東難民救済本部）が設立されると、私たちはＭＥＲＲＡの保護下に入った。

私はカイロの街について、宮殿やモスク、スフィンクスやピラミッドなど、たくさんのことを記事にしたが、これらはどうみても旅行記なので、ここでは省略する。こうしたものを思い切り楽しんだにもかかわらず、私は、ソローが次のように書いたときの心情に共鳴した。

ピラミッドに関して言えば、墓を造るために命をすり減らすだけのみじめな男たちが大勢いた、という事実に驚き呆れるばかりである。しかもその墓は野心に燃えた奴らのものだった。そんな奴らはナイル川に放り込んで、五体を犬にでも食わせてやるのが賢明で、男らしいやり方だったろう。

当時、私はカイロを嫌悪した。占領者であるイギリス人が、エジプト人の上に立ってカイロの街を支配し、人種間の緊張が生じていたからだ。カイロに我慢できたのは、黄疸《おうだん》で一カ月ほど入院した第十五スコットランド総合病院のバルコニーから、カイロの街を眺め回したときだけだった。病院は川沿いの大きな建物だった。黄疸の初期症状が収まると、病院の暮らしは大変快適になった。夕べにはナイル川に三角の帆を広げた帆船（ダウ）が浮かび、見ごたえのある光景だった。ヒュー・ラッセルが同じ病棟にいたが、そこはもちろん「別ランク」、すなわち普通の兵士のための病棟だった。

そしてある日、このことが管理の立場にある者たちを狼狽させた。ラッセル州知事の妻であるレディ・ラッセルとエジプト警察のイギリス人司令官と、そしてヒュー家の親族が訪ねて来て、ラッセル卿（これがベッドフォード公の子息であるヒュー氏の肩書きだった）に面会を求めたのだ。その場はちょっとしたパニック状態になった。というのも、卿は何かひどい失敗をしたせいで、「兵士たち」と一緒に置かれ、将校とはいえないようなありさまだったからだ。

2 難民キャンプの病院で働く

一九九四年の初めに、ユーゴスラビアのダルマチア海岸線から、大勢の難民が中東に押し寄せてきた。イギリス海軍に助けられて避難してきた難民だった。彼らの故郷は、チトーの組織するパルチザン、ドイツ占領軍、ミハイロビッチの王党派チェトニクとの間で起きた、すさまじい三つどもえの戦闘によって荒廃していた。こうした人々のために、エジプトとパレスチナに難民キャンプがいくつも急造された。難民のほとんどは、背負った荷物が残った財産のすべてというありさまでたどりついた。

マーディで数週間すごした後、私はおよそ二万五千人の難民を収容するキャンプに派遣された。それはスエズ運河から約一五マイル北にある、シナイ砂漠の中のエル・シャットに作られたばかりのキャンプだった。このキャンプは数日前に建てられ、当初の混乱からなんとか格好がつき始めたところだった。難民キャンプは、南アフリカ軍の将校たち（そのほとんどが所属部隊の厄介者だったので、ここに送り込まれてきた）と、アメリカ近東財団、イギリス赤十字、国際平和協力隊、アメリカのメノー派信徒、そして私たちＦＡＵを含む民間団体の、混合体により管理されていた。ＦＡＵはすぐに現地で、単体としては最も大きなＮＧＯとなった。

私は学校の機関誌『ブーサム』に、このときの印象をこんなふうに書いた。

それは早朝のことだ。長い列車がゆっくりと待避線の停車位置にやって来る。何百人もの難民が、目の前に広がる砂だけの風景を凝視する。前景には砂漠、そして遠くに白いテントの集まりが見える。背後にはシナイ半島の暗い山脈が見える。まだ早い時間なのに、遠くから群集のざわめきが聞こえる。ほどなくすると、うごめく小さな点が見えはじめ、やがておびただしい群集がグループになって到着しはじめる。古参の難民たちが、家族や友人を求めて、待避線へと押し寄せて来る。小さなグループになって入り交じり、わずかばかりの自分の荷物に群がり、荷下ろし作業をいやがうえにも遅らせる。新参の難民は、険しい表情で大事な手荷物をしっかり小脇に抱え、トラックに掛かる木製の階段に殺到する。背後でコツンコツンと音がする。誰かがチョークで、トラックの側板に数を書いている。それからトラックが動きはじめる。砂地にワイヤーを網目に敷いただけの、間に合わせの道を行く。目指すところはテントの都市、そこが難民たちの新しい住まいとなる。

数日のうちに難民は家族ごとにうまく分かれて、くつろぎはじめた。屋根が二重の大きな軍用テントは、ペアで組み立てられる。一張りあたりの平均収容人員は十八人。男、女、子どもたちが皆一緒に暮らす。

テントの中には仕切りがない。そして床面積のほとんどは、二、三フィートおきに並べられた低いベッドで占められている。プライバシーのないことが、ここでの生活で最もうんざりさせられるところであるにちがいない。別の試練は、陽が落ちてからの薄暗い照明だ。ペアのテントにオイル式のカンテラ一つというありさまだ。

ほとんどのテントにチトーの肖像画や家族の写真、故郷の絵葉書が飾られている。多くの人が、小さな十字架か十字架像、ロザリオや聖人、それに聖書の場面を描いた聖画を持っている。またそれぞれのテントに、木箱や木片で作ったにわかづくりの家具がある。色のついた小さいリボンが壁に飾られていることもある。入り口付近には小石でよく模様が描かれている。こうして難民たちは、自分のテントをできるだけ家らしくしつらえている。大部分はおおむね清潔にされているが、これと同じ気配りは居住区外にまでは及ばない。食事場所とトイレはきれいにしておかなくてはいけないと、難民たちに言い聞かせるために、たえまない努力が必要だ。食事はすべて、食堂の大きなテント内で料理して食べる。暑さのせいでたくさん食べたいと思う者はいないので、量質ともに、食料には一応満足できる。

難民キャンプの各地区から、行政の細部を担当する独自の委員会が選ばれている。キャンプ全体がパルチザン運動を自慢しており、その指導者の何人かは、本当に実力もあり能力もある。

おそらく最も幸せな者は芸術家と職人たち——大工、ペンキ屋、ブリキ職人、仕立屋等々——だろう。こうした人は昔ながらの職業を営み、仲間内でも激変の度合いが小さい。老人の多くは丈夫な農夫で、気候や環境、生活スタイルの急激な変化に耐えている。若者たちに関しては、変化は近年の日常茶飯事で、社会革命に対する彼らの感覚では、すべての小変化はものの数ではないようだ。

難民キャンプの病院は、屋根を波形鉄板で葺いた大きなレンガ造りの建物の中にあった。この建物が軍の施設として建てられたときは食堂だった。建物は三つの病棟に分けられ、それぞれベッドが三十ほど置かれていた。患者はあらゆる病種に及んだが、病気の種類はもとより、男女の区別もなされていなかった。カルテも容態を示す書類もなかった。病院の食堂はかろうじて営業されていた。誰もがここをなんとか整ったものにしようとして、四六時中働いていた。

伝染病の患者だけは隔離され、孤立した区画の二十張りほどのテントに収容されていた。腸チフス、発疹チフス、丹毒、おたふくかぜといった症状の患者がいた。子どもの場合はジフテリア、はしか、百日咳など。若いイタリア人の囚人は淋病、そのほか鎮静剤を服用している「精神病患者」が数人いた。難民の中から、女子を二十人ほど、職員として採用した。どの女子もまったく訓練を――ゲリラ戦を除いては――受けていなかった。英語ができる者は一人だけ、別の一人はフランス語が少しできた。軍には看護婦が四人いたが、そのうちの一人が病院の立ち上げを手伝ってくれた。そして私自身は、医療業務の基本的な流れを組み立て、医学的に通用する隔離病院を作り上げなくてはならなかった。

難民キャンプの医療スタッフはときどき変わったが、いちばん長くいたのはドッド医師だった。ドッド医師は、上級医療将校としてアメリカ近東財団から派遣された優秀な内科医で、人柄も良かった。彼はイギリス軍の軍医として、またユーゴスラビア軍とインド軍の軍医として、三つあった付属難民キャンプの外来患者用テントで働いていた。四人のベテラン看護婦に加えて、五人のＦＡＵ男性スタッフがいて、それぞれ病院の物資補給係、分配係、台所係、夜間の病院世話係、隔離ブロック係として職務を果たしていた。私は隔離テントの仕事から始め、後に夜間病院の担当にまわった。

テント内のパルチザン看護婦に加えて、建物本部にはおよそ十二人のユーゴスラビア赤十字の看護婦が勤務していた。ユーゴスラビア赤十字は、エジプト在住のユーゴスラビア人から集めた王党派の組織だった。彼女たちは何の気後れもなく奉仕していたが、初めのうちは王党派であるということで、パルチザンの大部分の者から嫌われていた。彼女たちは皆、十分な教養を身につけており、英語はダメだったが、流暢なフランス語を話した。そしてたいていは裕福な家庭の子女で、生来の優しさと細やかな心遣いを持っており、難民看護婦グループの、粗野で頑健な小作農少女たちとは対照的だった。

難民看護婦の大部分はパルチザンの軍隊にいたことがあり、その中の一人は射撃の名手だった。彼女たちはパルチザン運動に熱烈な忠誠心を持っていて、まるでロシア革命のような雰囲気の中で暮らしていた。日常の挨拶は、ドラマがかった「スドラヴォ」（こんにちは）か、こぶしを突き出して交わす「シュムルト・ファシズマ」（ファシズム打倒）という言葉だった。けれども彼女たちは疲れを知らない働き手であり、全体的には大義に身を捧げていた。

エル・シャットにおける医療の最初の仕事は、集団予防接種と種痘だった。難民到着の翌日、各新参グループは、石鹸水による消毒とチフスの予防接種という、二つの難関をくぐり抜けなくてはなかった。この厄介な歓迎をするために、いくつかのテントが端と端をつないで張られ、通り抜けの通路がロープでつくられた。テントの入り口でヘルパーたちが、やって来る人の腕をアルコール消毒し、注射器を持った係りが通路脇のテーブルの横に立ち、通り過ぎる人に予防接種をした。

ドッド医師が私に、予防接種と種痘のやり方を教えてくれた。私はこの風変わりな式典にほとんど毎回参加した。式典の進行は終始大混乱だった。子どもたちは金切り声をあげて足をばたつかせ、臆病な老人たちは逃げ出そうとし、ヘルパーたちは騒ぎをおさめようと懸命だった。間に合わせの体制の下での仕事だったが、使える器材もほとんどないようなありさまでは、これが大勢の人々を即座に扱うことのできる唯一の方法だった。

だいたいどの注射器にも一〇CC入れておいて、同じ注射針のまま次々と十人の腕に注射した。一本の注射器に六本の針を使った。針は使う前に五分から十分、アルコールに浸した。通常の医療基準からすればぞっとすることだが、これがなし得る最善の方法であり、まったく消毒しないよりはましだった。だいたい接種係り二人に、注射液充填係が一人ついた。この方法をとったので、一日に数百人に注射することができた。種痘を行うときには二人一組となった。一人が外科用メスでワクチンを腕に塗り、それをもう一人が皮下注射針でひっかいて皮下に入れた。

私たち自身は、食堂近くにある馬蹄形に並べたテントの中で寝泊まりした。テントは四人用で、縦六メートル、横三・五メートルほどだった。持ち物は、真夜中に潰れても不思議のない不安定なキャンバスベッド、ハリケーンランプ、洗濯用に切り詰めた石油缶がいくつか、それから家具代わりの荷箱が一つか二つだけだった。昼間は日陰でも四三度かそれ以上という暑さで、それに比べると夜間は涼しく、それで何とか生活は我慢できた。チョコレートと靴クリームは日中に溶けて、夜には再び固まった。昼間テントの外に出ることは、窮屈な蒸し釜の中に足を突っ込むようなものだった。しかし昼間がどれほど耐え難くても、シャワーと着替えをした後は、ぜいたくなまでの夕べの涼しさが暑さを忘れさせてくれた。

夏の初めに砂嵐のひどい時期があった。砂はいたるところに――髪の毛、目、耳、鼻、靴の中、シャツ、ベッド、閉じた本の間にさえ――入り込んできた。手紙を書いているときなどは、数秒のうちに積もる薄い砂ぼこりの膜を吹き払わなくてはならなかった。食堂は、ドアもよろい戸も締め切っているのに、嵐の間は床が砂におおわれた。一杯のお茶にも、カップの底にはいつも砂が沈殿していた。いちばん困ったのは、嵐がくるといくつかのテントが倒されてしまうことだった。私たちのテントも、夜の闇に消え失せたことがある。ほとんどの所持品もろともだった。病院のテントはいつも見張っていなくてはならなかった。

ある期間、隔離病院を受け持ってから、私は別の仕事に移った。その仕事はとても興味深いものだったが、一時はかなり不安の伴うものでもあった。夜間の病院を受け持つことができるようにきちんと訓練された人間は、一人もいなかった。そのため私たち三人が交替で、できるだけうまくその任に当たるほかなかった。切迫した事態が生じた時には、ドッド医師か、別のもう一人の医師を起こしてもよいことになっていた。しかし二人とも、昼間は寸秒も気を抜くことなく働いており、絶対に必要でないかぎり、夜間に起こすようなことはできなかった。通常は建物の中央に、ユーゴスラビア赤十字の看護婦が三人詰めており、テントにはパルチザンの少女が四人いた。また救急車の運転手も一人待機して――というか、眠りこんで――いた。

病院にはいつも手間のかかる病人がいた。例えば心臓病の場合、さまざまな徴候にどう対応すればいいのか、ドッド医師は私に教えてくれた。それで私は、いつでも強心剤が打てるようにしていなくてはならなかった――本国の病院であれば、医師の書面によって特別に命じられ、投与量も、注射をする人とは別の人によってチェックされなくてはならないのだが。

悪夢のようなケースが、ジフテリアの子どもの場合に起こった。あまりに状況が深刻だったので、窒息死からその子を救うために、緊急気管切開手術――のどを気管まで切り開いて呼吸用チューブを差し込むという手術（やり方は心得ていたが、実際にやったことはなかった）――を、私がしなくてはならないところだった。少女の呼吸がいよいよ苦しそうになってきたので、私は手術に必要な器具を用意した。もしも呼吸が止まったら、患者は十五分も二十分も医者を待ってはいられない。しかし幸いにも、自然な呼吸ができなくなるほどのこともなく、危機的状況は過ぎ去った。それから子どもは徐々に回復していった。

そのほかにもさまざまな不安な時があった。たびたび男が入ってきて、妻が産気づいていると言う。救急車が出て妊産婦を運び入れ、小さい外科手術室に収容した。それから出産の頃合いを見はからい、私はドッド医師を呼びにいった。あるときには、赤ん坊が出かかったとき手術室が真っ暗になった。発電機が壊れたのだ。また別の時には、赤ん坊の頭ではなく足のほうが先に現われたので、私はすぐさまドッド医師を呼んできた。ドッド医師はうまく逆転させて、安全に出産させた。

ある晩のこと、イギリス軍の憲兵が運河の向こう側から電話をかけてきた。どうやらこちらのキャンプから泳いで渡ったと思われる狂人を、これから差し戻すと言う。看護婦が通訳してくれた内容によると、狂人は明らかに被害妄想と思われること――大気圏外から、大地の底から何者かが自分に話しかけてくるのが聞こえる、燃えるガラスのような響きを出す器具を使って自分を脅かす――を口走っていた。さいわいにも男は、その晩はおとなしく救急車の運転手のテントで寝ることを承諾し、翌日、スエズの精神病院へ送り込まれた。別の精神病の場合はもっと手がかかった。男は危険なほど狂暴になり、隣りにいる人を殺そうとした。そこで男は、キャンプから来た四人のボランティアに見張られ、ほとんど縛られたままの状態で一夜を過ごした。実際、難民の間では、精神に不調をきたす者が少なからずいた。故郷から追い立てられ、荒涼とした外地の、しかも砂漠の中の耐えがたい酷暑の土地に送り込まれ、見通しの立たない将来に面と向かわなくてはならなかったからだ。

このような騒ぎのあいまに、私たちはたいてい病院の台所で、真夜中の茶会を――実際に毎晩何回か――開いていた。初めのうちは、パルチザンと王党派は同席を拒んだが、結局、政治のことは忘れ去られた。パルチザンの難民たちは次第にダルマチアに戻り、王党派はエジプトに残ったようだ。

どの病院でもそうだが、子どもや老人が亡くなり、これを悼みながら生きていかなくてはならないという悲劇があった。それにつけても、看護婦グループの絶えない過酷な仕事と、そして不備の多い、しばしば素人っぽい運営の、どことも知れない土地の病院で耐える患者たちの我慢強さには、驚くべきものがあった。そして時に夜が死をもたらしても、朝はしばしば新しい生命の誕生を見た。濃紺の夜空に朝日が射して東の空が輝きはじめる頃、病院の外で目の当たりにした暁の光を、私はけっして忘れないだろう。明けの星は冷気を貫いて光り輝き、難民キャンプは砂地に静かに広がっていた。それから陽がどんどん射し込み、星は消えていった。光が増すにつれて、西方の連山はしばしば荘厳に屹立していたが、それもやがて失われた。ギラギラと照りつける太陽光が一様に、そしてまばゆい明るさで、すべてのものを覆い尽くした。

3　仮設の学校づくり

難民キャンプの病院が徐々に組織的になってくるにつれて、ＦＡＵに最も適していた緊急医療業務の期間は終わりを告げた。私の次の仕事は、第一難民キャンプの教育制度を担当することだった。第一難民キャンプには学齢児童が約千人、教師が約四十人でその半数が有資格者、テントが約五十張り、壊れたベンチが何台か、それと間に合わせの黒板がいくつかあった。学校は一日に一、二時間しか開くことができなかった。

私は、ユーゴスラビア人民委員と一緒に働く「主席教育官」だった。テントがだらしなく張られていたので、最初の仕事はテントを張り直させることだった。そうすればテントが十分に使えるようになって、一張りしかなかった難民キャンプ地区に、仮設の学校をつくることができたからだ。私は補給倉庫の中にあるもので、「台」と名がつくものは何でも手に入れた。それから簡単に盗まれないように、二つ一組に釘付けした。こうして台は机として使った。腰掛けは、砂を詰めてコンクリートで固めた石油缶とした——すわり心地が悪くないか、体に悪くはないか、ということにはかまっていられなかった。大工が動員され、黒板、黒板掛け、戸棚、定規、そしてノート代わりの小さな石板を作ってくれた。

こうした用具類がすべて学校に備え付けられたあと、私は難民キャンプ新聞と掲示版に、冷酷無慈悲な通達を掲載した。学校の用具を盗んだ者は誰であっても、ユーゴスラビアに対する国賊であり、育ちゆく世代の敵であるとみなされ、「しかるべく扱われる」だろうと。この脅し文句は意味がはっきりしたものでなく、またはっきりさせようとしたものでもなかったが、効きめはあった。その後、イギリス領事館から文房具が送られてきたので、それぞれの学校に注意深く配分した。また教師たちは、毎日一ページ分の難民キャンプ新聞を使って、教科書を編集した。

難民は、自分たちで委員会と委員を組織していた。それで何か変更しようとするときには、委員会の賛同を得ることが私の仕事の一部となった。ときおり、言い争いがあった。例えば、古参の教師たちが余分なテントなどないことを承知していながら、教員室用に使うテントがもらえなければストライキをするぞ、と脅したりしたときだった。またリーダー格の教師が一時的に、空いたテントで妻と所帯を構えたことがあった。そういうことは許されないのだが、そのことがわかってもらえるまで、何時間もかけて議論した。通訳を介して事をまとめるのは至難の業だ。何かを言うときには断定的に言い、話そのものは明確に順序立てて言わなくてはならない。委員会との交渉では、タバコという潤滑油で大いに助かった。話が微妙な段階に入ると、私はタバコを――私は吸わなかったので、私からの供給になったのだ――皆に差し出した。

しかし難民キャンプで最もイライラしながら仕事をしていたのは、私とテントを共にした衛生将校だった。難民たちは、自分のテントは清潔に保ち整理整頓するが、外では手におえないほど非衛生に振る舞った。暑い気候の大規模キャンプでは、衛生状態が健康を左右する。衛生将校は、もと司祭で今は背教者となった活動的な男を自分の第一助手にして、二人がかりで労働者の一大部隊を使い、適当な場所をみつけては新しい便所を掘り続けさせた。

難民キャンプは五つの地区に分けられ、毎日一地区ずつ、担当官による検査を受けた。担当官には難民キャンプ委員会の委員が一人、パルチザンの護衛（ダルマチアから撤退した当時、チトーのゲリラ部隊には入隊できなかった若者たち）が数名、それに加えて通訳が一人ついた。私たちは衛生管理を主要目的にして、順番でこの検査役を担当した。居住者が蒸し釜の中で暮らしていないか、病気の者はいないか、盗品はないか——あればこれを全部回収するのにトラック一台が必要だった——など、注意して見回った。しかし、難民が自分たちの新しい住まいを、できるだけ住み心地のいいものにしようとするのは自然なことで、ただただ同情するばかりだった。

パルチザン魂を最も広く浸透させ、さらにその魂の育成に最も効用のあった表現手段は、歌という民衆に共通な言葉によるものだった。ダルマチアの伝統音楽——町ごとに独自の民謡がある——と感動的なパルチザンの歌が、キャンプ中に絶えず鳴り響いていた。一緒に歩く人々、テントの中の家族、労働者の作業班、あるいは私の教育委員会のグループも、一日に二十回はこのような歌を歌いだし、運動への忠誠心という共通体験の輪の中に押し込まれていった。また、難民たちの生活に干渉しているとしか思えなかった私たちの仕事も、実際にはおおむね好い評価を受けた。だから、もしも戦後に誰か私たちの仲間がポドゴラの村を訪ねたら、きっと暖かく迎えられたにちがいないと思う。

エジプトでの最後の任務は、カイロ地区のヘリオポリスにある陸軍第六十三総合病院の検査室で、訓練を受けることだった。私がそこで学んだこと（書き留めた手帳によれば）は、この章の注に記すが、それは医学に興味のある人にだけ読んでもらうためだ。[1] 隊の中で、私は検査室の運営能力がある者と見なされ、もう一人のFAUの男、ロジャーと一緒にエジプトから派遣されて、ダマスカスにある陸軍マラリア診断コースへ赴いた。このコースは、細菌学者であるRAMC（王立陸軍医療隊）の少佐によって管轄されていたが、親しみやすくて、まったく軍隊を臭わせない人だった。私たちは、イタリア人の病院の中にある検査室を使用した。ロジャーと私と七名の兵士は、近くの空き家をあてがわれ、床の上で寝起きした。

グループの中にいたのは、軍隊生活を嫌う教養人で薬剤師の軍曹、伍長のジョンと友人のデイブ、斜視でどんな話題にもとびついて語るビル、そのほかにもいたが名前は忘れてしまった。そのうちのほとんどが、激戦地イタリアから直接ここにやってきた。彼らが戦場で体験したことを聞くまでは、ほとんど全員が鎮静剤を服用していることに、私は唖然としていた。何人かは、半ば公認となっている売春宿へ通う客だった。彼らはみな軍隊を憎み、軍隊が彼らに課した劣悪な生活を憎んでいた。

私たちは顕微鏡を使ってスライドの血液を観察し、マラリアのさまざまなタイプと症状の段階を診断する方法を学んだ。そしてコースが終わる頃には、ほぼ一〇〇パーセントの確かさで検査ができるようになり、ロジャーと私は最終試験で主席となった。私たちは朝のうちに働いて、午後は昼寝をした。その後、さらに二時間以上働いて、それから読書したり、夕暮れの冷気にあたりながらぶらついたり、カフェに陣取っておしゃべりを楽しんだりした。小さいカップ一杯のトルコ・コーヒーが約一シリングだった。

私は本国で六カ月すごすかわりに、カイロで三カ月、ダマスカスで一カ月、検査室の技師として訓練を受けるためにすごした。その技術を使う機会は一度もなかったし、もちろん今ではすっかり忘れてしまって久しい。こういうことは軍隊ならではのことであり、またFAUも、軍隊と共に仕事をする以上は同じことだった。

ロジャーと私は、ベイルート経由でダマスカスからカイロへ戻ったが、途中ベイルートでFAU隊と一緒に数日間すごし、畏敬の念を起こさせるバールベクの古代ローマ遺跡を訪れた。私たちはベイルートに行く途中で、セドナーヤの村を拠点にしてスピアーズ移動診療所で働いているFAUグループとも、数日間一緒に過ごした。業務記録によれば、一九四二年から一九四四年の間に、三万一四九八名の患者を扱っている。(2)

私たちは駐留隊と一緒に、幹線道路沿いの小さな家に泊まり、平らな屋根の上で寝た。村には六世紀に建てられたという、船のような形をした有名な女子修道院があって、私たちはそこに食事に招かれた。数時間待たされた後の食事は、見事なものだった。広いテーブルの上に果物や肉、そしてあらゆる種類のチーズがうずたかく積まれていた。中東のどこに行っても親切なもてなしがあり、それが人種や宗教の違いを超えさせる。

カイロに戻ったところで、今度はエジプトにいる私たち全員が、バルカンに向けて出発するために召集された。

注

（1）血液型判定、血液検査、赤血球数・白血球数検査、ヘモグロビン検査、顕微鏡による痰・尿道膿・咽喉塗布・大便・小便の検査——赤痢、蠕（ぜん）虫（腸内の寄生虫）、マラリア、発疹チフス、腸チフス、バンサン口峡炎、象皮病、ハンセン病、ブルセラ症等々のため。

（2）'The Work of the Spears Mobile Clinics in Syria and Lebanon, 1941-1945'. 執筆者不詳、未刊行。私はフレンド派の人からこれを拝借した。その人の親がスピアーズ隊の中にいた。

第6章　イタリアとギリシアで救急活動をする

1　サンタルチア村の三カ月

「社会奉仕チーム」（Vol. Soc. team）に属する私たちのグループ――ＵＮＲＲＡ（国連救済復興機関）のために働く赤十字のような組織が、ほかにもいくつかあった――は、マーディからイタリアに向けて、ほかにギリシア、ユーゴスラビア、アルバニアへ向かうグループと、一緒に移動した。私たちはポートサイドで、軍用輸送船「オルモンデ」に乗り込んだ。女性は一等室――グループにはＦＡＵの女性が三人いた――に入った。医師のジョアン、十分に訓練を受けた看護婦のノラ。ノラは私たちの中で一番の年長者で、他者への奉仕に生涯を捧げたクエーカー教徒だったが、その数カ月後、任務中に失命した。それとスージー。スージーは、隊に命と魂を吹き込む万能のシスターだった。後に彼女は、隊の「軍曹」と結婚した。この三人以外は、輸送船の兵員甲板が居場所だった。

航海が終わるころになって、私はやっとハンモックで眠るコツを覚えた。海上での四日間、私は一日数時間を、活字の潰れた小さな赤本『イタリア語会話』に費やした。多少なりともフランス語がわかり、ラテン語の記憶が少しでも残っている者には、イタリア語は非常に習得しやすい言語だった。滞在数週間後には、ふだんの日常生活に困らない程度のイタリア語を話すことができるようになった。もっともイタリア語を使わなくなり、忘れてしまってからすでに久しい。

ある朝、私は早い時間に甲板に立ち、忘れることのできない日の出の光景を目の当たりにした。周囲には誰もいなかった。ゆっくりと、静かに、荘厳に、海原や大空を変容させながら昇っていく太陽が、まるで命ある生き物のように見えた。重なり合った雲が胸壁にも似た台地となり、雲の断片が赤い輝きを受けて、城の塔に翻る旗のようにくっきりと見えた。それから雲の要塞を乗り越え太陽が昇るにつれて、ゆらめく光の長い吊り上げ橋が、水平線から船上へと吊り下ろされてきた。そして人間のせわしない一日が、また始まった。

私たちは、イタリア半島の付け根の部分にあるタラントで下船し、列車に乗り換えてアドリア海側のバリへ向かった。さらにトラックで数マイル、内陸の道を進み、ルボ村に到着した。そこにＵＮＲＲＡのアルバニア派遣隊が集結していた。ＦＡＵには仲間が十人いて、私はその中で検査技師だった。とはいえ、移動検査室がアルバニアに来るという予定はなかった。検査設備は届いていなかったし、その後も届いたことは一度もなかった。短期間、それぞれ皆、理論的にさまざまな仕事の訓練を受けた。やっと仕事をすることになったが、(アルバニアの地ではなかったし)、そのために準備をしてきた仕事ではなく、ただその場に必要とされる仕事に従事しただけだった。戦時体制中の計画とは、すべてこうしたものだった。

ＵＮＲＲＡによるアルバニアへの派遣を待って、三カ月間サンタルチア村に逗留したが、その間は何もすることのない幕間だった。私たちはアルバニア情勢やアルバニア救援計画の会議や打ち合わせに出席し、機械装置や備品の点検をした。また、手持ちの三トントラックの一台に乗って、穴ぼこだらけの崩れた道を走り、アプリア周辺の「騒音」を尻目に、あちらこちら面白そうなところを見てまわった。

クリスマスにはルボ村の孤児院でサンタクロースを演じ、子どもたちをトラックに乗せて、サンタルチア村の祭りやパーティに連れて行った。修道院で極めて物資の乏しい生活を強いられている子どもたちに、つかの間の華やかさを味わわせるためだった。子どもたちは修道女たちの絶えざる献身的努力によって、飢餓だけは免れていた。返礼に私たちは、孤児院で行われた子ども音楽会に招待されたが、これ以上につらいことはなかった。私たちは寒さにふるえながら座っていたが、子どもたちはもっと寒かったであろう。それでも子どもたちは演奏をし終えた。これは無数にある人間の小さな監房の一つにすぎなかった。通常、人間はそこで人生が苦であることを経験するのだが、戦争の恐ろしい荒廃によって、もうこれ以上我慢のならない過酷な状態にまで追い込まれていた。

アルバニアへの移動は政治的な混乱のせいで頓挫をきたした。この小国の近年の歴史は、より大きな隣国ユーゴスラビアの歴史に似ていた。戦争勃発とともに旧来の堕落した君主制は崩壊し、共産主義者のゲリラ活動が興った。そしてドイツ軍が撤退すると、共産ゲリラが政権を掌握した（その数カ月前に上陸したイギリス軍は敵の強さの判断を誤り、撤退を余儀なくされた）。ゲリラの指導者は、チトーのスケールをひとまわり小さくしたような大佐、エンベル・ホッジア総司令官だった。ユーゴスラビアにおける活動と同じく、共産ゲリラの活動は精力的で、訓練が行き届き、冷酷無情だった。

一九四四年末までに、事実上、議論の余地などないほどに徹底した国家統制の下で、ホッジァ政権が樹立した。しかしそれは、イギリス政府もアメリカ政府も承認するものではなかった。両国とも小規模の軍事使節を送ったが、外交代表は置かず、公式にはいまだ亡命中のツォーク王政権を容認していた。このことはUNRRAには関係のないことだったが、軍の連絡班には大いに関係することだった。連絡班は、その国の統治者については無知を装い、出会う相手が誰であっても法的身分は不問にすることとして、偵察隊の中に送り込まれていた。他方、ホッジァは国際的な承認を取りつけようとしていたが、イギリスとアメリカの意図に関しては疑念を抱いていた。ホッジァはイギリスが救援隊とともに軍隊を送り込もうとしていることを知って、受け入れを断った。予定の軍隊は小規模（私の記憶では六百人程度）だったが、小規模とはいえ、十分な装備と十分な訓練を受けたイギリス部隊であれば、不十分な装備で不十分な訓練しか受けていないパルチザン兵を駆逐することはできたし、またより大きな兵力のための橋頭堡を築くことも、容易にできたはずだ。

舞台裏でのそうした膠着状態の中、小ぜりあいが表面化した。連合軍使節が首都ティラナにおける国立銀行の開設記念式典に参列しなかったとき、ホッジァ政権は許しがたい屈辱を受けたと公言した。ほぼ同じ頃、アレキサンダー陸軍元帥が、一人の准将を自分の個人的代理人にすると申し出た――これは社交場の儀礼のつもりだった――とき、侮辱を受けた。現行の軍事使節の長を務める大佐なら、国家と国家の抱える問題を熟知し了解していようが、新参者ではそうはいくまいという常識論に基づいて、ホッジァは拒絶したからだ。この出来事がもとで、カゼルタの連合軍司令部とロンドンのホワイトホールの間に、電報が行き交うことになったのは明らかだ。

政治家や軍人のいざこざのせいで、必要とされていた多大な救援の手が、アルバニアの人々には届かないまま放置されていた。こうしたばかげた状態が長く続き、行き詰まりがいよいよ明らかになったので、私たちは別のところで働く仕事を探しはじめた。内戦はギリシアを荒廃させていた。私たちはアルバニア派遣隊との合意を終結させて、ギリシアに向かうUNRRA使節団に合流した。そして、本土から何千人もの難民が上陸したばかりのコルフ島での、緊急の仕事を命じられた。コルフ島で私たちは、アテネ周辺の内線を体験したばかりのFAUと合流することになっていた。

ある晩、翌朝直ちに移動するようにとの命令を受けた。あたりをヘッドライトで照らしながら、夜のうちにトラックに荷物を積み込んだ。液体石鹸が入った一〇〇ポンドの大樽や、固形石鹸のはいった一〇〇ポンドの箱をいくつも倉庫から取り出して、再度トラックに移した（ひょっとしてこのときの重い箱が原因で、私は後に背中に痛みを抱え込むことになったのかもしれない）。積み込みは早朝に完了した。小休止をとった後、自分の荷物をまとめて、タラントへ引き返した。タラントでは、トラックを積み込むことができる戦車積載用舟艇に乗り込むことになっていた。私たちは仕事の見通しが立って大いに喜んだ。

2　内戦のギリシア

実際にはコルフ島ですることはあまり多くなかった。ほどなく私たちは、ギリシア本土のエピラス州（ギリシアの北西部）へ向かい、州都イオアニナに移動した。ドイツ軍が撤退するとき、二つの共産主義レジスタンスのゲリラ軍、ＥＬＡＳ（国家大衆解放軍、これはその政治部門であるＥＡＭ国家解放戦線を含む）とＥＤＥＳ（ギリシア民主主義国軍）は、果敢にドイツ軍を攻撃した。けれどもＥＡＭとＥＬＡＳが頑固に共産主義を守っている間に、ナポレオン・ゼルバスの指導下、ＥＤＥＳはＥＬＡＳと敵対しながら右派に傾き、それでイギリスの支持を集めた。しかし激戦の末、ＥＤＥＳはＥＬＡＳに敗北した。そして政治部門であるＥＡＭは、事実上アテネとサロニカを除く国土のほとんどを支配する暫定的政治体制を、山中に築くことができた。

しかし一九四四年十二月、イギリス軍がアテネに上陸し、市内でＥＬＡＳゲリラと激しく戦った。このただ中にＦＡＵの一つが駐留していた。歴史家のエリック・ホブズボームは、もしもイギリスの介入がなかったならば、おそらく共産主義が優勢を占めていただろうと述べている。(1) しかし結局は外国に援護された王党派が勝利した。私たちのＦＡＵが一九四五年の始めに到着したとき、内戦はちょうど終わりを迎えるところで、孤立したゲリラ軍がエピラスの丘にいるだけだった。

これとは別に、一九四六年——私たちがそこを去った後——共産主義者と王党派の間にまたもや内戦が起きたが、それまでは平和な日々が続いた。このときに王党派を救援したのがアメリカ軍だった。アメリカとイギリスの両国は、退廃した政権を支援するという惨憺たる歴史を持っている。

私たちはイオアニナに司令部をおいた。ここは絵のように美しい古い町で、たいがいの煙突のてっぺんにはコウノトリの巣があった。ゲリラは撤退するドイツ軍を執拗に攻撃し続けた。これに応じてドイツ軍は、通りすがりの村々をすべて破壊した。村に残された建物は石作りの教会だけということもしばしばあった。収穫は全滅したが、羊、山羊、その他の家畜は通常、ドイツ軍が過ぎ去るまで、うまく丘に隠されていた。このような惨状に加えて、ギリシアの二つの党派、イギリスとアメリカの支持を取り付けた王党派と、もっぱらドイツ軍を相手に激しく戦ってきた共産党員たちは、共にドイツ軍を嫌悪したのと同じくらい、相互に敵愾心を燃やしているようにみえた。例えば、ある者——土地の有力者——が村はずれの道端で、喉をかき切られて死んでいるのが発見されるようなことも、ときたまあった。

ＦＡＵは、破壊された村人たちに、アメリカから送られてきた衣類を配給する仕事を引き受けた。私たちはイオアニナのライオン古城を倉庫として使った。その中で山のように積まれた衣類を分別したが、使い物にならない品が多くて驚いた。同時に、別の者たちはペアになって村を巡回し、村の状況や村に必要なものを調査して報告した。私はピーター・ユアと出かけた。ピーターは私より語学が達者で、たちまち現代ギリシア語を流暢に話すようになった（彼は才能にめぐまれた優秀な友人だった。後に、ダラムかニューキャッスルで英文学の教授になったと思うが、残念なことに若死にした）。どの村に行くにも道らしい道がないので、たいていは徒歩で、ときたまラバにまたがって、そのつど一週間ほどの日数をかけた。出先では、教会の床か墓地で寝た。

数年間見てきたドイツの侵略者たちを除けば、村人にとって私たちは、外部から来た最初の人間で、熱烈な歓迎をしてくれた。苦難に耐えた村人たちの前向きな精神に、私たちは感銘を受けた。村人たちは、退散したドイツ人たちをののしることで時間を無駄にしたりはせず、自分たちの家の再建や生活の立て直しに余念がなかった。

村に着くと最初にしたことは、村人が総出で輪になって見守る中、村の長老たちと共に地面に座って挨拶を交わし、ウーゾを飲むことだった（こうした野外生活をしていると、酔っぱらうこともなくいくらでもウーゾが飲めた）。私たちは、長老たちから得られるかぎりの情報を集め、さらに自分たちの目で確認して補足した。村によっては、私たちのために特別な宴を開いてくれることがあった。これは時間を食うので閉口した。というのも、羊を殺すことから始まって、次に料理を作り、それから羊の目や心臓といった、おそらく一番おいしいといわれている部分が、客人である私たちにうやうやしく差し出されるのだ。それを断ることは、相手を深く傷つけることになった。そこで私は、いつも気づかれないように出された料理を手の内に隠し、さもおいしく味わっているようにみせかけた。

イオアニナの大司教はアテネにいて摂政職を務めていたが、私たちは実務担当の若い司教、アタナシウスと親しくしていた。アタナシウスはどの村の司祭とも連繋があったので、地域の状況についてはエピルスの知事よりも熟知していた。ある日のこと、アタナシウスは私たちにすばらしい夕食をご馳走してくれた。そして私にギリシア語の新約聖書をプレゼントしてくれたので、私は自分が使っていた英語の新約聖書を贈った。

私たちは、彼の大聖堂で行われた盛大なイースター・イブの礼拝に参列した。会堂はロウソクを手にした人々であふれ、さらに何百人もの人々が外で立ちつくしていた。真夜中に近づくと、どの灯りも消されて、大聖堂は漆黒の闇に包まれた。そのとき、盛装した司教がスクリーンの背後から劇的に現われ、灯りを高くかかげて、「クリストス・アネステ」（キリストはよみがえられた）と唱え、すぐ隣りの人のロウソクに点火した。そして次々に点火が進み、光の波が会堂中に広がった。外では人々が空砲を撃ち鳴らし、町中が歓喜に包まれた。アタナシウス司教は有能なリーダーだったが、もちろん王党派に属していた。それで私たちが立ち去る前に、近隣の村を訪問中に暗殺された。

アルバニアとの国境近くの村々へ偵察旅行をした後、私たちは、梱包された衣類を積み上げたトラックに乗って出かけた。どの村にも規模に応じた配給をし、村人たちへの分配を見届けた。梱包の上にはいつもたくさんの人が乗っていた。彼らは、梱包の上げ下ろしを手伝うから自分の村まで乗せていってくれ、と言うのだった。

ある日、徒歩で、ある村から次の村へと丘を越えて進んで行ったとき、羊飼いが大声で「ヒトラー・アペサネ」（ヒトラーが死んだ）と叫ぶのを聞いた。その後、私たちは祖国で行われた総選挙に郵便投票をした。イオアニナにはイギリス領事館の事務所があった。その仕事場を兼ねた店の窓には、はじめチャーチルの大きな写真とアトリーの小さな写真が張られていた。日がたつと、今度はアトリーの大きな写真とチャーチルの小さな写真に代わった。おそらく私たちを含めて部隊の大部分の者が、労働党に投票したからだろう。ギリシア人の友人の中には、チャーチルが武装した部下を連れて山中に身を隠したと思い込む者がいたが、辞意を表明するためにバッキンガム宮殿に行っただけであって、その後チャーチルは帰宅したと聞いて驚いていた。

一九四五年の夏までには衣類の配給が完了した——が完璧にというわけではなかった。というのも、配給が公平でなかったと不満をもらす村の代表がいつもいたからだ。私にはよくわからなかったが、幸運のめぐりあわせで、私たちはまずアテネまで車で行き、そこから空っぽの空軍輸送機に乗せてもらって、イギリスに戻ることができた。私はゴードンスクエアのＦＡＵ司令部を訪れた後、復員し、十月の新学期の始まりに間に合うよう、大急ぎでエディンバラに戻った。

大学生活再開の許可を得るためには、裁判所に申請しなければならなかった。するとエディンバラ裁判所――そのとき偶然にもケンプ・スミス（次章参照）が所員だった――は、私の申請を拒絶した。兵士たちは複雑な長い復員手順を取るために、自分の順番が来るまで待たなくてはならないのに、どうして君の申請が直ちに許可されなくてはならないのかという、しごくもっともな理由からだった。それはそれでわかるとしても、牧師になる準備の一年を棒に振ることは、どうしても無益に思えたので、私は控訴した。エディンバラの控訴審での会議で、私の牧師であり、スコットランド教会の前総会議長であるハーガン博士が、これを個人的に支持してくれたので、控訴が認められた。このことがとてもうれしくて、私はエディンバラ周辺を数時間歩き回って興奮を静めたことを覚えている。これ以上遅れることなく勉強が再開できることについて、気の咎めは何も感じなかった。

一九四二年に初めて召集されたとき、こうしたことは何も詮索しなかったが、おそらく当時、私は牧師候補者であることから兵役免除を要求することができたであろう。けれどもそうしなくてよかったと思っている。大学と神学院で時間をすごして準備をすることはできたが、それ以上に、FAU活動で三年間をすごしたことは、牧師になるため、そして人生に備えるために、よい準備になったと思っている。

こうして、人生の新しい一章が始まったのである。

注

（1）Eric Hobsbawm, *The Age of Extremes : The Short Twentieth Century*, London : Michael Joseph, 1994, p. 80.

第7章　エディンバラとオクスフォードで学ぶ

1　エディンバラ大学の哲学教授たち

エディンバラ大学に入った最初の年の一九四一年から四二年には、戦争のために、定年を過ぎても二人の哲学教授が残っていた。論理学と形而上学のノーマン・ケンプ・スミスと、倫理学のA・E・テイラーだった。テイラーの講義は別の機会に聞いたが、そのときは受講しなかった。しかしケンプ・スミスからは深い影響を受けた。スミスは幾人かの学生に変わらぬ関心を持ち続け、私もアメリカに行くまでは親交を続けたが、私たちがイギリスに戻る前に亡くなった。

戦後、二人の後任になったのはA・D・リッチーとジョン・マクマレーだった。リッチーは聡明な注釈者で、親切に学生の勉強を助けたが、独創的とか説得力のある思想家ではなく、業績にもあまり見るものがない。他方、マクマレーには独自に築いた哲学があり、今日もなお続いているジョン・マクマレー学会ができるほどに影響力があった。彼の思想は個人主義よりもコミュニティや相互の支え合いを重視しているので、トニー・ブレア首相にも影響を与えている。政治評論家のジェームズ・ノーティーは、ブレア首相が「人生の転換点として、スコットランドの哲学者ジョン・マクマレーとの出会いをよく引き合いに出した」と言っている。[1] マクマレーは自分が主宰する小さい記念セミナーでは評判のよい講師であり、啓発的な教師だった。しかし私の同級生の中には、うぬぼれや黒白をつけたがる若者らしさから、マクマレーの哲学体系には首尾一貫性がないと評する者もいて、数年後にそれがギフォード講義として出版されたときには、私も同じように考える一人になった。

最近著したマクマレーの伝記の中で、ジョン・コステロはこう言っている。「優秀な学生たち――なかでも後に著名な神学者となるジョン・ヒックや、他のすこぶる有能な学生たちの間で――は非常に懐疑的で、マクマレーの議論が曖昧模糊としていて捉えどころがなく、要点を突きとめようにも突きとめられないと見ていた[2]」。後に、マクマレーのギフォード講義第一巻『作用主体としての自己[3]』に対する私の論評を引用して、コステロは次のように言っている。

ジョン・ヒックは、マクマレーが「何を言おうとしているか」わからないとでも言いたげに、マクマレーの論文を切り貼りし、しかも戯画風に注釈して、あえて業績の判断には触れないでいる。これは、かつての学生――記録からしても、マクマレーの文体あるいは観点を高く評価した者のようには見えないことは認めるとしても――からの、ほとんど無礼にもあたる軽視である。[4]

自分の論評を再読してみると、確かにそれは評価ではなく批判であることは認めなくてはならないが、それが「ほとんど無礼にもあたる軽視である」とは思わない。それは私なりに考え抜いた判断であり、コステロが早期に報告しているとおり、今でもそう考えている。

『スコットランド神学ジャーナル』誌に書いた比較的長文の論評の中で、私はこう書き始めた。

　これは論評するのが難しい仕事である。重要であることは明らかなのだが、それでも不思議なことに実態からかけ離れて、捉えどころがない感じがする。……マクマレー教授の初期の出版物になじんでいる者は、教授が独自に築いた立場からものを書いていることを疑わない。……多くの者が心に抱いたにちがいない期待は、プロの哲学者たちが取り組んでいる多くの専門的な問題に、教授の洞察を関連づけることにより、今や教授がその独自な洞察を発揮されるだろうということだった。おそらくそのような期待は見当違いなのだろう。マクマレー教授の立場はあまりにも革命的なので、現代の哲学的議論への貢献というにはとても収まりきらない……。[5]

論評の残りの大部分は、その書物についての拡大された（「切り貼り」ではなく）要約であるが、露骨に言うなら、その書物で行われている論証は、マクマレー自身のあの全体的な、しかもいっそう多くの言葉で展開する注釈のようには、印象深く響いてこない。しかしコステロは他の哲学的論評者たちを引用して、こう締めくくっている。「ルーズな言葉でルーズに思考することというのは、彼らの最も辛辣な判断だった」[6]。この言葉は、私の見解をさらに率直に言い換えたものだった。

　それでも私は、ジョン・マクマレーが人生を本質的に自分のものと見て、互いにみな支えあって生きていると強調したことに、感謝の念を抱いている。「社会というようなものは存在しない」と放言したマーガレット・サッチャーの言葉とはまったく裏腹なので、トニー・ブレアが衝撃を覚えたのはまさしくこの点なのだろう。私もきわめて保守的で宗教的な養育を受けたので、マクマレーには共感するが、彼はそうした養育を乗り越えるために、後にキリスト教社会主義者になり、また晩年はクエーカーに加わって、制度化されたキリスト教とは一線を画した。それでも今日の私たちにとっては、彼が初期に著したそれほど哲学的でない書物の方が、ギフォード講義よりも有益だと、私は考えたい。

戦争は、四年制の最初の一、二、三年を終えた多くの学生に足止めを食わせたが、一九四五年には全員が戻ってきた。その中には、後に学問分野で成功を収めることになる非凡な人々が含まれていた。ジム・ワイトは聖アンドリュース大学神学部の学部長になった。ジム・バーは旧約聖書の指導的な学者になり、オクスフォードとヴァンダービルトで教えている。ジム・トランス（スコットランド神学を何世代にもわたり支配してきたトランス族――「不幸にも」、とは私の意見であるが――の出身）はアバディーンで教養学の教授になった。イアン・ピット＝ワトソンは、スコットランドで牧師職を立派に務めた後、パサデナのフラー神学校で説教学の教授になった。ケン・ランキンはカナダのヴィクトリア大学で哲学教授・学部長になった。ロン・マレーは法廷弁護士、勅撰弁護士、リース選出の労働党下院議員、一九七〇年代スコットランド労働党内閣の法務長官、枢密顧問官、そして最終的にはマレー卿として、エディンバラ高等法院の上訴判事になった。こうした人々全員とは、今でも折に触れ、さまざまな方法で、交流を続けている。

ケンプ・スミスに話を戻す。私はスミスの、とてつもなく理路整然とした精神に感銘を受けた。彼は観念論哲学の最後の一人であり、カント、ヒューム、デカルトの解釈の重鎮だった。スミスによる『純粋理性批判』の訳は、今でも広く用いられている。けれども、かつては主流だった彼の『カント注釈書』は、今では新しいものに取って代わられている。デカルトに関する研究も影響力を持った。ヒュームに関する著作はヒューム研究に革命をもたらした。スミスとは親交を続けたので、私は彼からの手書きの手紙をたくさん持っている。どれもクモ脚のような字で、ほとんど判読不能だ。彼はいつも私を励ましてくれた。

スミスのおかげで、私はカントの計り知れない重要性を知った。特にそれは、直接には経験できない「実在そのもの」と、私たち自身の心の営みによって形成され、私たち人間の独自な意識によって捉えられる「実在」との間の、決定的な区別に関することだった。ブライアン・マギーが「哲学史における唯一最大の功績は、カントが本体的なものと現象的なものを明確に区別したことだと私は主張する」[7]と言うとき、私はマギーに同意する。また次の点でもマギーに同意する。「世界の主要な宗教の中心的教義を理解する者は、この考えを理解することが困難だと思ってはならない」。つまり、「実在は、起こり得るどの経験とも無関係に、存在する」[8]し、また「超越的世界の存在は、経験的世界ではない実在の一部である」[9]（マギー自身は無神論者であるが、彼が拒絶する神の概念は、私もまた拒絶する概念だ）。

心を認識過程の中心に据えるというカントの「コペルニクス的転回」は、とても意義深いことのように思えたので、エディンバラでの最後の一年は、ほとんど第一批判書の詳しい研究に費やした。今日、私が「批判的実在論」と言っているもの――世界はある、確かに世界は私たちから独立してそこに存在するが、その存在を知ることができるのは、人間の知覚器官と概念体系によって備えられる形式においてのみであるという考え――は、カントから得た。

哲学上の「コペルニクス的転回」を決定づけたのはまさしくカントだったが、基本的着想はカントが最初ではなかった。少なくともロックの思想には含まれていたし、私としてはトマス・アクィナスの素晴らしい初期の言明、「知られるものは知るものの様式にしたがって知られる」[10]を、とりわけ大事にしている。カント的な言い方をすると、私たちは世界をあるがままに、私たち観察者から独立して、直接に体験することはできない。ただ体験することができるのは、世界の現象的な現われだけなのだ。後になって私が宗教的体験に結びつけたのは、この区別だった。私が「実在者」と呼ぶ超越的な神的実在――人間の視点からすればカテゴリーを超え出ている（言葉にならない）が、人間によって築き上げられた神の形象として体験されている――と、そしてさまざまに異なる宗教において崇敬されている非人格的絶対者との間を、私は明確に区別した。

カント自身は本体と現象の区別を宗教に結びつけなかったが、この区別はカントが解決しなかった問題、つまり因果関係それ自体が現象の一側面であるとき、いかにして本体的実在が現象的実在の原因であると言えるのかという問題を、事実上、解決できる。というのも、もし私たちがすべての偉大な世界宗教の持つ神秘的要素とともに、本体的な神的実在に類似または連続する私たち自身の人間本性に霊的側面があるとするならば、その場合、因果関係は自我中心の視点を超克した段階においてのみ、したがって私たち自身の最も深い人間本性を開示した段階においてのみ、参入することになる。このことは当然、超越的な神的実在の普遍的現臨に呼応する。

2　「福音会」と哲学の勉強

一九四一年から四二年にかけて、エディンバラ大学ですごした最初の年、私は「福音会」の熱心な会員だった。講演会や祈禱会にはすべて出席し、王立病院では病室訪問を行ない、その雰囲気にどっぷり浸かっていた。三年後に戻ってきたとき、再び入会はしたが、ほどなく自分が、聖書中心の原理主義とは歩調が合わなくなっていることに気づいた。戦時中のより広い経験から、ものの見方がより主体的になり、さらに哲学的な訓練を積むことにより、人を困らせるような質問をするようになっていた。

当時の「福音会」は、聖書は霊感によって書かれたものでまちがいないとする信条を基本にしていた。しかし、例えばヨシュア記一〇章一三節にあるように、太陽がおよそ丸一日動かずにいたという記述を、どう解釈すればいいのか。現代の天文学の知識に照らせば、時速約千マイルの早さで回っている地球が、突然回転をやめたと言わなくてはならないだろう。まじめに考えれば、これはまったく荒唐無稽で信じられないことだ。また、生物進化論は二千五百年ほど前に書かれた旧約聖書の「創世記」に反するというだけで、きっぱりと否定していいのだろうか。さらに、人類の大部分を地獄に突き落として永遠の苦しみに定めることが、本当に限りない愛の表われなのだろうか。あれこれの聖書の内容には矛盾がいっぱいあるではないか、等々。

原理主義的福音主義が考えている世界から一歩外に出れば、このような考えは奇怪で信じられないものばかりだ。しかし内部に留まれば、こうした疑問はうとましく、腹立たしいものだ。学生と学部を指導する者の側には、こうした疑問に向き合う気運がまったくないことに、私は気づいた。つまり、こうした疑問は危険で、私たちをそそのかして逆戻りさせるような道を、悪魔に明け渡すようなものだと、彼らは思ったようだ。そこで私は「福音会」を去ったが、その後も長年、私は自分のことを、非常に保守的なキリスト教徒だと見なし続けている。

哲学の勉強は順調に進んだ。思うに、真の哲学者は作られるのではなく、生まれるものだ。そして私は、自分が生まれながらの哲学者だと思っている。生まれながらの哲学者は、通常大きくて重要な問題を扱う。ところが作られた哲学者は、往々にしてひどく瑣末な問題に固執する。彼らは途方もなく聡明かもしれないが、宇宙と宇宙における私たち人間の地位についての理解には、何ら寄与しない。つまりは、そういうことなのだ。

スコットランドの大学は、イングランドの三年制と違って、四年制の仕組みを取っている。ところが三年の終わりに、私は自分の力が知りたくて、最終試験を受けてみた。学部の教授たちは私の答案を読んで、首席が授与されるだろうと言ってくれた。それで私は、翌年には優等賞がもらえると確信した。その年の数カ月を、私はチェスター近郊のハワーデンにあるセント・デイニオルズ・ライブラリーですごした。このライブラリーはグラッドストーンの遺産の寄贈によるもので、主としてカント研究をする学者のための宿舎つき図書館として続いている（当時の館長はきわめて個性的なアレック・ヴィトラーだった）。そして最終試験がめぐってきたとき、私は本当に首席となり、加えて上級哲学メダルとヴァンス・ダンロップ奨学金を得たが、奨学金の方は辞退した。ほかにもっと価値の高い奨学金をもらったからだ。それはオクスフォードのオリエル・コレッジに入れる第一回キャンベル＝フレイザー奨学金だった。この奨学金は哲学と古典学に向かう新卒者に用意されたもので、二年間を快適にすごすために充分なものだった。実は、その年は哲学の受賞候補者が二人しかいなかった。ともに首席をとったロン・マレーと私だった。マレーは法律家の道を選んだ――哲学に興味を持ち続けながらも、法律の分野で目ざましい成功を収めた。

私が二度目の婚約をしそうになったのは、エディンバラでだった。相手はアメリカ人の大学院生で、アメリカに帰国するとすぐ誰かと結婚した。何年かしてから、妻のヘーゼルと私がヴァージニア大学を訪れたとき、大学の近くでバーバラとその夫に会ったが、二人ともその大学で哲学を教えていた。私たち四人は何の後悔をすることもなく、その出会いを楽しんだ。

3　オクスフォードの孤高の人

こうして私は、一九四八年にエディンバラ大学を卒業し、次の二年間をオリエルですごした。オクスフォード哲学は、当時ギルバート・ライルによって治められており、一九四九年出版の彼の『心の概念』（坂本百大他訳、みすず書房、一九八七）が、その後数年間、議論の中心になっていた。彼はまた「カテゴリー誤認」の考えを導入し、さらに哲学雑誌『マインド』の編集をしたり、アメリカの哲学博士（Ph. D）に基づく、新たな二年課程の哲学士（B. Phil.）――論文を書くだけでなく、セミナーで学ぶこともする――を設定したりして、哲学に重要な貢献をした。私と同世代で哲学を学ぶオクスフォードの院生は、ほとんどこの「哲学士」を取った。私は心中ひそかに、「信仰と信念の関係」という論文テーマをもってオクスフォードに来たのだが、ライルとその門人たちは、そのような問題には関心がなかった。実は、私はエディンバラで、さらにはもっと早くから、信仰というテーマを心中に抱え込んでいた。

オリエル・コレッジの哲学の学監であるリチャード・ロビンソンは、オクスフォードで最高の認識論の学者は、ニュー・コレッジのウィケアム講座担当の論理学教授、H・H・プライスだと教えてくれた。プライスは『オクスフォード哲学必携』の中で、「はにかみ屋で世事を遠ざける人物、学閥や学群に属さず、弟子を求めない」と記述されている。プライスは本当に孤高の人で、ライルの研究や言語分析哲学者たちの研究を全般的によく知っていたが、自分自身の研究課題だけを推し進めていた。

プライスに会うためにニュー・コレッジに行ったが、最初ぎょっとさせられた。鷹のような顔立ち、ぐいと曲がったパイプ、どこかそっけなく漫然とした風采から、シャーロック・ホームズのように見えた。しかし見かけのそっけなさははにかみで、すぐに打ち解け、うまくやっていけることがわかった。プライスは、博士課程のわが指導教授として申し分なかった。論文の草稿を書いてはそれを教授に送ったものだ。そして一週間くらい後には教授の古めかしい車でドライブに出かけ、田園地帯を散歩したものだ。

教授はエキセントリックな信念を持っていた。あえて理由は聞かなかったが、ハンドブレーキをかけたままで車を離れてはいけないというのだ。だから、いつもできるだけ平らな場所を見つけて車を停め、それから二人で各車輪にくさびとなる石を押し込んだ。教授は小鳥のことをとてもよく知っていて、いつも双眼鏡を持ち歩いていた。教授との散歩はパブに行き着いて終わりとなり、そこで軽食をとるのだが、そのとき教授は、自分のポケットから私のタイプ原稿を取り出し、情け容赦なく批評を始めるのだった。しかし同時に、私を励ます意味で真剣に批評に取り組み、私が原稿を持ち帰って、もっとよいものに書き直せるようにしてくれるのだった。

二年目の終わりには論文が完成し、提出できるようになっていた。論文はその年の遅い時期に、オースチン・ファラーとイアン・クロンビーによって審査された。日記にはこうある。

口頭試問ではとても気まずい思いをした。ファラーは明らかに強く、私の信仰論に難色を示した。クロンビーもそうだったが、いくらか好意的だった。二人の質問は私の信仰論に集中し、他の部分には一切触れなかった。これはおそらく良い兆候なのだろう。しかし、うまくは答えられなかった。混乱してしまって、まずい姿を見せてしまった。結果については二人から何の示唆ももらえなかったが、最後には、確実にだめだと感じた。ひどくがっかりして、落ち込んでしまった。今の感じでは、どうやら落っこちそうな感じだ。まあ、一週間もすればわかる。

しかし部屋を出るとき、クロンビーが微笑んでくれたこともはっきりと憶えている。そして一週間後、プライスから手紙が届いた。試験官から学位審査委員会に好意的な報告があり、これを審査委員会は受け入れた。「おめでとう」という手紙だった。私は自分の信仰論がナンセンスではなかったかという不安を抱きかけていたが、これは杞憂でしかなかったようだ。とはいえ、口頭試問のあと自分の論文を読み返したとき、本当にこう書いた。「内容がいかに乏しいものであるかがわかってショックだ。思ったほどうまくは書けていない。これでは誰にも読んでほしくない。これでももしも学位がもらえるなら、果報者だ」。それから数カ月後、「今日、正式にヒック博士になった。この称号をもらって、自分がいっぺんに白髪まじりの老人になってしまい、自分が自分でなくなってしまったような気分にさせられる」。

それから五十年近くたった今、またあの論文の数箇所を読み返し、口頭試問のあの経験を振り返ることがあるが、今だったらためらわずにパスすると考えるだろう。どうしてあのとき、あんなに否定的に感じたのかさっぱりわからない。もっとも無理強いして、今これを誰かに読んでもらおうと勧めはしない。あの信仰論の着想は、後に『信仰と知識』という著書の中で、いっそううまく提示できた。

プライスとは晩年まで連絡が取れて、イギリスでもアメリカでもときどき顔を合わせた。もちろん手紙のやりとりも続けた。しかし最後は、アルツハイマー病で悲劇的な黒雲におおわれ、ついには霧散した。

ニュー・コレッジにいくつか部屋を持ちつつ、さらにプライス――いつしかヘンリーと親しく呼ぶようになっていた――は、オクスフォード郊外のヘディントン・ヒルに広い大きな古屋敷を持っていて、定年後はその屋敷で妹と一緒に暮らしていた。屋敷はグライダーの模型――ヘンリーはグライダーの免許を持っていて、以前は操縦もした――とフクロウの人形でいっぱいだった。一度私が新しいフクロウを送ったとき、彼は次のような返事をくれた。

とても素晴らしい真鍮のフクロウをありがとう。フクロウはいまマントルピースの上にあって、とても威風堂々としているよ。顔つきはいくぶんメランコリックで、秘密を山ほど隠しているようだ。しかし、それがフクロウの顔というものだろう。全部でおよそ五十羽という君の推定は、他の権威筋から出されたフクロウの数と一致する。だが、人口に関する問題と同じで、それはいくぶんか定義の問題でもある。もし三羽のフクロウの絵があるとして、君はこれを一つと数えるかね、それとも三つと数えるかね。

私は、細かい筆遣いで端正に書かれたプライスの手紙をたくさん持っている。手紙は愉快なものばかりで、中には興味深い哲学論議だけでなく、ローマ時代への関心を思わせる気まぐれな評言も含まれている。例えばロサンゼルスのカリフォルニア大学の客員教授だったとき、私にこんな手紙をくれた。

カリフォルニアで暮らすことは、セプティムス・セウェルス治世下の北アフリカで暮らすようなものだと判断した。そのころの北アフリカは人口が多くて繁栄し、潅漑が行き届いていた。あるいは、有徳で人柄が良かったゴルディアヌス三世の治世下で暮らすことにも似ている。

ヘンリーの死後、遺言管理者は、超心理学に関する彼の論文を一巻にまとめて出版しようとしたがうまくいかなかった。しかしそれから何年か後に、フランク・ディレーによる見事な編集で、そのような一巻がマクミランの哲学・宗教双書――編集主幹はこの私――の一冊として出版された。(11) この書物は、超心理学のことを中心としたヘンリーの最後の小品、『宗教哲学論集』（一九七二）よりも、はるかによくできている。超心理学はヘンリーが本気で興味を抱いたものであり、私自身も興味をかきたてられて、「心霊研究協会」なるものに入会することにもなった。この協会は非常に立派な団体で、研究内容を出版し、インチキを暴き、またプライスやC・D・ブロードといった著名な人々による哲学研究のフォーラムを開いている。

一度ヘンリーがケンブリッジを訪ねてくれたとき、イーリー大聖堂の見学に案内したことがある。その帰りの車の中で、ヘンリーは最近の――一九六五年の――鮮やかな宗教体験のことを話してくれた。自分が神の現臨に触れたというのだ。私がその体験を書き残してほしいと頼むと、ヘンリーは文書にして、それを何人かの友人に配った。ただし自分が生きている間は、けっしてこれを出版しないとの約束だった。それで、ここでは本人の言葉ではなく、私の要約した言葉で内容を紹介しよう。

ある日曜日の朝、遅めの朝食をとった後、ヘンリーは、自分がいつになく静かで穏やかな気持ちになっていることに気づいた。そしてなぜか居間に向かう気持ちになった。居間には中央にライティングボード付きの椅子があり、それが火の気のない暖炉に向いていた。それから徐々に、ゆっくりとわかり始めてきたことは、部屋に何者かがいるということだった。場所は自分の右手前方、およそ二ヤードのところと、かなり正確にわかった。視覚や聴覚の感受的幻覚は何もなく、見るものも聞くものもなかった。彼は少しも不安を感じなかった。そしてその体験自体が非常に興味深かったので、そのときどんな驚きも感じなかった。それはちょうど、まだ一度も会ったことのない何者かの訪問を受けたかのようだった。それから二人は会話を始めたが、それは彼を含む人類全体に向けられた神の愛について、まったく「思い」を通い合わせることで進められた。例えば神が私たちを愛すると言うとき、これはただ紋切り調子で信心深い言葉を口にすることではなく、文字どおりに受け取るべきだ。私たちが誰かを愛するとき、私たちはその人が好きで、いとしいのだ。それと同じように、神はヘンリーが好きで、ヘンリーは神にとっていとしい存在だ、と言われたという。

ヘンリーはその来訪者の人格に強烈な印象を受けた。その者はとても善く、とても賢く、心底からわかってくれて、自分に対し最も親切に対処してくれるように感じられた。ヘンリーには、その「会話」がどのくらい続いたのかわからなかったが、振り返ってみると、およそ十五分くらいだったろうか。しかし徐々に、来訪者と「思い」を通い合わせることから、自分が話した内容についての個人的な瞑想へと移行し、それからしばらくすると、そこにはもう来訪者はいないことに気づいた。その感銘は一日中続き、その日はまちがいなく「わが生涯の至福の日だ」と、ヘンリーは言った。その幸福感は普通にいう日常の幸福とは違っていて、より静かで、より深く、彼の人格の根底にまで届くものだった。彼は「喜び」という言葉のほうが、もっとふさわしいと思った。

来訪者は何者だったのだろう。ヘンリーは、百パーセント自分と同じ有限な個人だと信じた。もしも自分が中世に生きる人間だったら、これは自分の守護天使だと思ったことだろう、とヘンリーは考えた。いずれにしても、その者はヘンリーがそれまでに迎えた人の中で、いちばん歓迎すべき訪問者だった。イーリーからケンブリッジへ帰る車の中で、ヘンリーがこうしたことを全部話してくれたとき、「それはとてもラッキーでしたね」と答えるのが精いっぱいだった。というのも、わずかであれ直接の宗教体験は、これに関する図書館全体の書物にも勝るからだ。私自身の宗教認識論の言葉で言えば、彼は実在者あるいは究極者の普遍的存在に向かう開放の、まれな瞬間を経験したことになる。つまり心に備わる独自の形式にしたがって、その存在を鮮やかに体験したことになる。

オクスフォードでは多くの友人を得た。スタン・ブース＝クリボーンとは、オリエルで部屋が同じ階だった。彼は後にグレート・セント・メアリーの副牧師、さらにはマンチェスターの主教にまでなった。当時すでに、私は彼が主教になることをいみじくも言い得たし、職務に害されず清廉であったことに驚きはなかった。後に有名な無神論哲学者になったトニー・フルーは、クライスト・チャーチで研究していたが、彼とはしょっちゅう顔を合わせ、ときには二つの大陸について論争することもあった。ある年の夏、オリエルのジェフ・ペイマンとは、私とシャーリーを含めて三人でヨーロッパ縦断のキャンプ旅行に出かけ、受難劇を見るためにオーバーアマガウに立ち寄ったことがある。

エリック・トムはライルが設定した新たな「哲学士」を取る一人だった。エリックに初めて会ったのはハル大学で、そのとき彼は大学図書館で働いていた。彼にはうまく警告できなかったのだが、きっと悲惨なものになると友人たちがみな心配する結婚を、彼はした。それでも彼は、マイナスを大きなプラスに変える一人娘を得た。私がオリエルにいたとき、エリックと奥さんはオクスフォード郊外の川の近くにある屋敷裏のところで、トレーラー・ハウスに住んでいた。それで住所は「ランズベリー夫人宅の裏」だった。エリックは鋭い論理学者で、後にグラスゴー大学の講師になった。しかしほとんど出版物を出さず、大学での地位も上がらなかった。彼は奥さんと別れ、その後、別の誰かと結婚したか同棲したかで、うまくいくようになった。

私はC・S・ルイスが司会をするソクラテス・クラブに定期的に出席した。ルイスはすぐれた司会者で、いつも議論の流れをうまくつくった。さらに政治団体や学生クラブにも顔を出した。学生クラブには、当時最高の政治家たちが定期的に訪れた。ひところはクレメント・アトリー、ジョージ・ブラウン、ハーバート・モリスン、アーネスト・ベバン、スタッフォード・クリップス、ハロルド・ウィルソンらの演説を聴いた。

しかし、じかに聴いた中で最も印象に残る政治演説家は、アナイリン・ベバンだった。彼は急進的な社会主義者で、国民医療制度の創設者であり、演説はエディンバラの総選挙集会で聴いた。選挙戦の長い一日の終わりに他の集会から駆けつけて来たが、個性からにじみ出るストレートなエネルギーは、即座にあの大きなアッシャー・ホールいっぱいに広がった。彼は滑らかなウェールズなまりの声で演説したが、それはよく聴き取れて、しかもただ情熱だけでなく、楽しさにも満ちていた。反対者たちからは辛辣で冷酷な男と見なされていたが、トーリー党に対する彼の率直な論評は、事実、上質なユーモアにくるまれていた。

ウィンストン・チャーチルも壇上では偉大な演説家だったが、スタイルはまったく違っていた。チャーチルの演説はワイヤレス（当時ラジオのことをこう呼んでいた）で聴いただけだが、国民に向けたチャーチルの演説、とりわけ一九四〇年と一九四一年の演説は、非常に力強く、まぎれもなく歴史的な出来事だった。演説は直接には国の精神に影響し、またそれゆえ、間接には戦争の全経過に影響を与えるものだった。こういう人物の声が聞けて、私はとても嬉しく思っている。私が唯一個人的に知っている大物政治家はクレア・ショートだが、現在、労働党政権の国際開発大臣だ。彼女については後に述べる。

注

(1) James Naughtie, *The Rivals*, London : Fourth Estate, 2001, p. 18–19.
(2) John E. Costello, *John Macmurray : A Biography*, Edinburgh : Floris Books, 2002, p. 309.
(3) John Macmurray, *The Self as Agent*, London : Faber & Faber, 1957.
(4) Costello, *John Macmurray*, p. 331.
(5) *Scottish Journal of Theology*, vol. 12 (1959), p. 193.
(6) Costello, *John Macmurray*, p. 331.
(7) Bryan Magee, *Confessions of a Philosopher*, London : Phoenix, 1997, p. 243.
(8) 同書 p. 189.
(9) 同書 p. 195.
(10) Thomas Aquinas, *Summa Theologica*, II/II, Q. 1, art. 2.
(11) *Philosophical Interactions with Parapsychology : The Major Writings of H.H. Price on Parapsychology and Survival*, edited by Frank B. Dilley, London : Macmillan, and New York : St Martin's Press, 1995.

第8章　神学的訓練の日々

1　ウェストミンスター神学院

新たに回心したキリスト教徒として、私は教会の仕事に生涯を捧げるのが当然だと思うようになった。そこでイギリスの長老派教会――後に、統一改革派教会を形成するため、イングランドとウェールズの合同会衆派教会に統合された――の牧師志願者となった。長老派教会を選んだのは、たんにそこに福音派の友人たちがいたからだ。長老派教会は比較的小さな宗派（例えばメソジスト派よりもはるかに小さく）、牧師の養成機関も、ケンブリッジにウェストミンスター神学院が一つあるだけだった。それも大学の一部としてではなく、ケンブリッジの地にあったので、そこの大学の神学部を利用させてもらっていた。

一九五〇年から一九五三年まで私がいたときには、H・H・ファーマーがウェストミンスター神学院の教授であると同時に、ケンブリッジ大学のノリス・ハルズ講座担当教授でもあった。神学院に関連した最も重要な神学者は、ジョン・オーマン（きわめて独創的で感化力の大きな二冊の著書『恩寵と個性』『自然と超自然』、ほか多数の著者）だったが、すでに数年前に亡くなっていた。その後継者がファーマーだった。ファーマーの同僚には旧約聖書のW・A・L・エルムズリー、新約聖書のJ・Y・キャンベル、教会史のロイ・ホワイトホーンがいた。ファーマーは一流の学者で、エルムズリーは感動的な旧約聖書の教師、キャンベルは明晰このうえない新約聖書の教師だった。またホワイトホーンは担当教科にあまり興味が持てず、教会史家としてはうだつが上がらなかったが、エキュメニカル（教会一致）に向けた議論の場（ある時期、彼は議長の役を引き受けていた）では、私たちの教会を代表する真に重要で影響力を持った教会政治家だった。[1] 彼はとても親切な人でもあった。

あるとき私は彼をひどくからかったのではないかと気に病んでいる。私は中世の哲学運動を「パンディキュリズム」――形而上学的な命題はみな価値判断であると信奉する主義（これは私の言い得るかぎりでは、無意味）――とかってに呼ぶことにして、教室で、パンディキュリズムが宗教改革者に何か影響を与えたかどうか、彼に質問した。その質問は覚えておいてあとで返答する、と彼は言った。もちろん学内の耳目をひくことになり、年に一度の「歌うセレモニー」で、新人の「歌い手」であるシード・ベル（後にカナダのカルガリーで牧師になり、そこで一、二度再会した）が、このことを新博士たちを歌い上げる彼の「抒情詩」の中に詠み込んだ。

名簿の最初はヒック君がいいと思う。
心はきれいな人だと皆にわかっているが、
出だしがとてもまずかった。
温和で無邪気な顔立ちだが、
出どころは「違う場所」だった。

あれやこれやといっぱい読んで、
論文もどきにまとめ上げた。
知っていることは何もかも残さず書いたが、
ギリシア語、ヘブライ語には役立たなかった。
哲学課程を経たことは何とも恐るべき遺産、
以来、次々と異端の輪を広げていった。
もっとも名高く、まったく馬鹿げているのは、
言わずと知れた、あの「パンディキュリズム」のお説。
些細なエピソードは数々あるが、それでも君は私の仲間、
博士号を授かったジョン君を祝って、
敬意を払いたまえ、新博士たち、うまくやれ、
そして、ヒック博士に脱帽せよ。

学院長のウェイリー（エルムズリー）は愛すべき人柄で、旧約聖書の預言者たちを生き生きと語ることができる天才だった。それに加えて、基本的なヘブライ語のニュアンスを説明するのがとてもうまかったので、私はヘブライ語学習をうまくやりおおせることができた。というのも、私（や、たいていの人）がする程度の学習量では、翻訳や注解なしですませるわけにいかなかったし、また翻訳や注解なしに原典に当たろうものなら、きっと大変なまちがいをしてしまっていたはずだ。これは「生物《なまもの》知り、堀へはまる」の好例だろう。ウェストミンスターでの第一学期中頃のことを、日記で振り返ってみると、

まだ日課がまともにこなせるところまでいっていない。どうもヘブライ語が思いどおりにいかないので厄介だ。もうすぐ二十九歳になろうとする門外漢には、ヘブライ語は難しい。とりわけ、ヘブライ語を勉強したところで使うことはあるまいと思ってみたり、いますぐやりたいこと、できることの妨げになる、と思ってみたりする場合はなおさらだ。ヘブライ語はまったく骨が折れるし、いらいらさせられる。とにかく時間がかかる。まともにやろうとすればなおさらだ。それで心惹かれる新約学や教会史——教会史の教え方には問題があったが——の研究に打ち込むとき、悪賢さが浮かんでくる。ええい、神学なんかほうっておいて、哲学の最近の研究でも続けようか。

幸いにも、エルムズリー自身は、皆がみなヘブライ語をしなければならないと考えてはいなかったようだ。明らかに、エルムズリー学院長は一九四二年のある全学集会で、いたずらっぽく、そして挑発的に、ヘブライ語やギリシア語の必要性を疑問視する発言を行った。そして退任までの数年間に、どの学生からも学習を免除する理由——視力の先天的不適合とか、眼精疲労とかいう身体的理由——をすぐさま見つけた[2]。エルムズリーの、私の考えからすれば、大いに合理的な判断から恩恵をこうむり、私は心から喜んだ。

当時、ウェストミンスター神学院は、イギリスで一年をすごすアメリカ人学生を何人か受け入れていて、満員だった。アメリカ人学生がいることで、学内はより活気にあふれていた。私たちは皆、イギリス英語とアメリカ英語の違いに慣れる必要が生じた。例えば、学内の調理師は可憐でチャーミングなローナという若い女性だったが、ときどき私たちとテニスをした。ある日のこと、私はローナと組んでダブルスの試合をすることになった。相手はアメリカ人のチャックと別の誰かだった。チャックの支度が全然できていなかったので、チャックに「君が来るまで、ローナと私は先に行って打ち合いをしているよ」と言った。アメリカ英語がわかる人なら、なぜチャックがあれほど驚いた顔をしたかがわかるはずだ。(「打ち合う」の 'knock up' は、アメリカの俗語では「(女を) はらませる」の意味がある。)

このことを思い出すたびに、イギリスからアメリカへの、あるいはその逆への推薦状を書く場合、本当に注意しなければならないと思う。例えば、アメリカ英語で使う「quite」(She is quite good in epistemology.［彼女は認識論がたいへんよくできる］) は、通常「very」(たいへんよくできる) の意味だが、イギリス英語では通常「not very」(あまりよくできない) の意味になる。

神学院の在籍者が皆、イギリスの長老派教会の牧師志願者に限られていたとするなら、このように満員になるはずもなかった。私の学年では三人だけだった。そのうちの一人、ジョフは、はじめ無所属だったが、後に全面的に正統派になった。もう一人、ゴードンは、はじめ大層な正統派だったが、後に有名な急進派に転向した。それは私についても言えることだった。なかには神学院に住み込んでいる大学院生もいたが、彼らはニュージーランド、オーストラリア、カナダ、スウェーデンからの留学生で、もっぱらケンブリッジ大学の研究生だった。スウェーデン人はクリスター・シュテンダールで、彼とは交流を続けている。クリスターは新約聖書学の重鎮となり、ユダヤ教とキリスト教の宗教対話にも大いに関わりを持っている。そして私がインガソール記念講演をしたとき、彼はハーバード大学神学部の学部長を務めていた。

2　ケンブリッジの講義

神学院に在籍中、ケンブリッジ大学のジョン・ウィズダムやC・D・ブロードの講義にも出席した。ウィズダムはウィトゲンシュタインに最も近しかった門人の一人で、一学期に形而上学と哲学的心理学の二つの講義を担当していた。とはいえ、どちらも内容に違いはなく、月曜の講義、木曜の講義に分かれているだけだった。ジョンはウィトゲンシュタインの身振りをまねて考え込んだり、頭を抱えてうめいたり、ひらめきを求めて天井を仰いだりした。講義に筋書きはまったくなく、準備もなかった。ああでもない、こうでもないと、退屈な言葉を聞かされているうちに、二、三週間に一度、たいていは一つの文でしかないが、ぽろりと言葉が出る。それがまた聞き逃せない言葉で、思考を大いに刺激するものだから、もっと聞きたくなって教室に通いつめる、という具合だった。なかでも、いまだに私が大切にしている言葉は、「形而上学をすることはジグソーパズルの中でパズル絵の断片をうまく見つけるようなものだ」というものだ。これはウィトゲンシュタインの「何かを何かとして見る」という議論のすばらしい応用で、私には宗教的経験及び宗教的信仰の本質に関する手がかりとなった。

後にウィズダムから受け取った何通かの手紙の一つに、こう書かれている。

　「宗教的信仰の本質」に関する論文を受け取りました、有り難うございます。[この論文は一九五三年開催の第十一回国際哲学会のために書いたもの。] 限られた紙面によくまとまっていると思います。第三節の内容に反対するわけではありません。しかし、もちろん、「後ろにある」「解釈する」「意味する」などの言葉は、遍在するエネルギーというモデルとは対照的に、いずれも舞台裏に何者かが潜んでいるという古いモデルを思い起こさせます。どんなときにもエネルギーは本当に部分的にしか現われません――目には見えず、耳にも聞こえない――しかし、その現われからその存在を推論することは、言うまでもないことですが、水が運ぶ流れの動きや、水が回す水車の動きに水の現われを見て、そこから水の存在を推論することとは、深く異なります。霊を風にたとえる古い比喩はまことに優れていると、新たに実感されるかもしれません。けれども子どもは、母親が、流れ行く雲を舞い散る木の葉に結びつけ、顔にあたる感覚に結びつけて説明するまでは、風の存在を知りません。何も動くものがなくて、何も感じるものもないところで、風の存在について述べることは馬鹿げています。とはいえ、私たちが存在せず、あるいは私たちが感覚を持ち得ないとしたら、風は存在しないことになる、ということでもありません。

私はヘンリー・プライスに紹介されて、キングス・コレッジの研究室にR・B・ブレイスウェイトを訪ねたこともある。

信仰の本質、その他について、ブレイスウェイトと語り合うこと一時間余、最も楽しく有益な時間を過ごした。彼はソファに横になり、身振り手振りを交えて話したが、文の形で言い切ることがなかった。とても愉快で、多弁家。自分のことを「クリスチャン」と称しているが、その根拠は不可解極まりない。論理実証主義者なので、神の実在を信じていない（あるいは信じていなくもない）。十年前にキングス・コレッジのチャペルで洗礼を受けたとき、使徒信条を言わずに済ました。魂の不死については何の興味も抱いていない。しかし生活は順調で、話し上手だった。

後年、私がケンブリッジで講師をするようになってから、彼とも何度か手紙のやりとりをした。が、どんなに面白い内容であったかを知るためには、いま私に思い出せることよりも、その前後関係についてより多くを思い出すようにしなくてはならないだろう。そういうわけで、ある日の手紙を見ると、ブレイスウェイトは次のように言っている。

八月の末ごろ［一九六三年］、原初的本質に関する着想が浮かんで大いに興奮しました。それ以来ずっとそのことを考えています。「着想」というのは次のようなものです。私のとった行動の結果が、部分的に私の力を超えるような何らかの要因によって左右されるとき、私が依拠する行動の諸原理の中に、この要因を一般的なものと見るか、それとも人知を超えたものと見るかを識別する標準があるかどうか、ということです。これは直ちに、次の疑問に結びつきます。君が（あるいはほかの誰でもよいが）私の行動に関与する別要因である場合、君のことをたんなる機械でしかないと思えば、私の行動の諸原理はそれまでのものとは異なるものになるかどうか。自分では、そのような標準は見出していると思っていますが、これはたいへん微妙なので、本当に正しくこれを捉えているかどうかは確かではありません（これをモラル・サイエンス・クラブの初会合の場で出してみたところ、手厳しく受け止められましたが、それほど悪くもありませんでした）。興味をお持ちでしたら、夕食に来られたときにでも、もっと詳しくお話ししましょう（この議論の結末は、まだ有神論には結びつけていません）。

ただ残念なことに、その着想が何であったのか、いま私には思い出せない。また別の手紙の中で、彼はこう述べている。「ドロシー・エメットのパーティの席上で、君に神学部のことをがみがみ話してすまなかった。マッキノンは変わり者で、彼の見方をなにもかも神学部のせいにしたのは私のまちがいだった」。しかし何が争点だったのか、ここでもよく思い出せない。けれども、確かにマッキノンは誰もが認める変わり者だった。彼については第12章でさらに述べる。

オックスフォードとケンブリッジで知り合いになった人々のことでは、イアン・ラムゼーにも触れないわけにはいかない。ラムゼーはオックスフォードで、キリスト教宗教哲学のノロス講座担当教授だった。それは私がオリエル校にいたときのことではなく――そのときはL・W・グレンステッドがその講座の担当教授だった――、さらにその後のことだ。ラムゼーを知る人が皆そうだったように、私もラムゼーが好きで、彼から受ける励ましを有り難く思っていた。国際哲学会のために準備したあの論文に関して、ラムゼーはこう言った。「(美的、倫理的、宗教的という) レベル段階と「(経験の) トータルな解釈」という議論は、見事に的を射た内容だと思います。この議論の全体について、遅くとも八月には機会を設けて、共に語り合うことができればと思っています」。

後に、ラムゼーがダラムの主教になり、私がバーミンガムの教授になったとき、ラムゼーは次のように言ってきた。「「永遠なるもの」の概念について、何か役立ちそうなことを助言できればと思っています。「地獄」に関するあの論文記事から、私はどんなにたくさんのことを学ばせてもらったことか、お察しのとおりです。そして、こういうことを言うのは、あなたの論文のことをお聞きするまで待つのが当然でしょうが、あえて言わせてもらうなら、私たちの間では「万人救済説」は、完全に意見が一致していると思います」。

私が初めてヘーゼルに会ったのはウェストミンスター神学院にいるときだった。ヘーゼルは、オックスフォードのSCM（学生キリスト教運動）の指導者グループの一員だった。この団体は、今では親睦団体になっている。私自身はSCMの役員ではなかったが、何人かの知り合いがいて、グループに加わるよう誘われていた。私はヘーゼルにひとめ惚れした。少し後の日記で、「生涯で初めて、完全に、そして輝かしい気持ちで、恋をしている」と書いている。二年後、私たちはベルフォード教会で結婚式を挙げた。私はほんの少し前に、その教会の牧師として就任していた。私たち二人の愛は、妻ヘーゼルが死ぬまでの四十四年間、常に広がり、深まった。

3　H・H・ファーマーのギフォード講義

ウェストミンスターで最後となる年に、大学は宗教哲学の講師を募集する広告を出した。ファーマーはこれに応募するよう励ましてくれた。ファーマーの教え子のうちでもう一人、私よりも年長で、すでにスコットランドで教鞭をとっていたジョージ・ギャロウェイもこれに応募した。何年も後のことになるが、神学会のその年の会長として、私はジョージを年次総会の講演者——その年はブリストルで開かれた——として紹介した。また、その学会の初回がどれほど衝撃的な状況であったか、そして今はどんなに穏やかな気持ちでそれを思い返すことができるか、などを話した。そのジョージと私が同じ職に応募したのだ。面接を終え、落ち着かない気持ちで結果を待っていると、ドアが開いて選考委員の一人が現われた。そして手招きした——先に面接をすませた第三の人物を。それはハワード・ルートだった。

委員会が望んでいたのは、宗教哲学における伝統的なテーマばかりでなく、他の宗教にも興味を広げて、その言語までも学ぼうとする人物だった。その当時、私は他の宗教に興味を持っていなかったので、正直にそう言った——後になって、他の宗教には強烈な興味をもつようになったのだが。ハワードは他の宗教について学ぶつもりがあると言ったが、実際には全然しなかった。彼はもっぱらアングリカンの神学委員会の人間となり、ローマとの討論に活躍し、第二バチカン公会議にアングリカンを代表して出席した。ハワードは自信満々の洗練されたオックスブリッジ・タイプの青年だった。これにひきかえ、ジョージと私は垢抜けしない田舎者だった。

しかし振り返ってみると、講師の職が得られなかったことは、私にとって幸いだった。なぜなら、もしもその職を得ていれば、おそらくは残された経歴のすべてを教職に費やし、実際には得られた広くて変化に富んだ経験を、得られずに終わっていたであろうからだ。失敗がかならずしも悪いとはかぎらない。事実、自分の応募した職が得られなかったたびに、私は後になって、得られなかったことを幸いに思ったものだ。唯一の例外は、バーミンガムのH・G・ウッド講座のポストだった。それ以外で私が得た教師の職は、どれも皆、応募しないで得た職だった。

ファーマーが退職したとき、彼は、私がその後を継ぐことを望んでいた。そのとき、私はプリンストン神学校にいた。ウェストミンスターのポストは応募によるのではなく、長老会の指名によるものだった。それで私はどんな手続きも踏まなかったし、指名されたかどうかさえも知らずにいる。教会の総書記――好人物であるが、もともと学者ではなかった――が指名された。そのとき、特に失望はしなかった。そして振り返ってみれば、これも偶然による失敗の、もう一つの例だと思う。ウェストミンスター神学院は、当時私がいたプリンストン神学校に比べると、まことに規模の小さいものだった。そして、後にバーミンガムに行ったとき、私の興味は、伝統的な聖職を望む人々の訓練の域を超えて、はるかに先を行くものとなった。

ファーマーは立派な人物で、これまでに聴いた最高の二人の説教者のうちの一人で、もう一人はラインホールド・ニーバーだった。ファーマーは盛時に、オーマンの伝統を受け継ぐ重要な研究をした。彼の『世界と神』（一九三六）は、私の考えでは、今も読むに値する書物だ。二年をかけてグラスゴーで行った彼のギフォード講義では、宗教と諸宗教に関するキリスト教的解釈を扱い、これを『啓示と宗教』（一九五四）の第一集として出版した。当時、私はベルフォードにいて、彼のためにその校正刷りを読んだ一人だった。ファーマーの先学、ジョン・オーマンは、宗教についての広い解釈を作り上げた、最初のイギリス神学者の一人だった。しかしオーマンが広くグローバルな宗教理解を示したのに対して、ファーマーのほうは定義上、その理解を有神論のさまざまな形態に限定した。「どんな形態にも見られる宗教の本質は、人格としての究極者に対する応答である[3]」とファーマーは述べた。これが彼の明確な出発点だった。有神論の枠内に限って、「キリスト教の啓示と信仰を通して、宗教の規範的概念が与えられる[4]」と主張した。したがって他の宗教は、キリスト教にどこまで似ているか似ていないかの程度によって、ランクをきめることができた。

仏教は有神論ではないので、当初から除外された。というのも「神による人格的活動という考えが明らかに拒絶され、否定されるところでは、もはや原初的、生命的、創造的本質における宗教との接点は、何もないと想定せざるをえない[5]」からだ。それで、仏教についてオーマンのほうはある程度論じたが、ファーマーはほとんど何も言わなかった。しかし残念なことに、これがもとで、すべてのテーマに対するファーマーの扱いは、後にまったく時代遅れのものとされてしまった。というのも、有神論に限定された宗教の定義は、宗教史家や宗教哲学者には一般に放棄されているからだ。現在では、さまざまな形態の仏教、とりわけ禅仏教、チベット仏教、上座部仏教に、キリスト教側からの興味が多く集まっている。そして、有神論の見方からすれば全面的にまちがっているはずの宗教が、おそらくはキリスト教の生活にも劣らない人間生活において、どのように実を結ぶことができるのか、これを説明することが、キリスト教の神学者の責務となっている。

オーマンのグローバルな視野から離脱したファーマーの立場は、一九三八年、マドラス近郊のタンバランで開催された国際宣教師会に出席することで、強化された。この会議はヘンドリック・クレーマーの強い影響下にあり、彼の『非キリスト教世界におけるキリスト教の使信《メッセージ》』（一九三八）は、この会議のために書かれた。ファーマーは心底からクレーマーの路線を受け入れた。が、それ自体はカール・バルトから深く影響を受けたものだった。会議に関する報告の中で、ファーマーは次のように述べた。

ますますはっきりしてきたことは、偉大なる非キリスト教的諸宗教が……どれも皆、極めて現実的な意味においてまちがっているということだ。つまり「全部」が、総体としてまちがっている――偶然に、個別に正しいことがあっても、全部がまちがっているに相違ない。キリストから離れ、キリストを持たないからだ。人間の状況を取り巻く絶対的に基本的な問題を、未解決のままにしているからだ。別の土台に建てられ、別の中心に仕組まれているから、非キリスト教的諸宗教は根源的に、また総体的に異なっている。キリスト教が正しいなら、他の諸宗教は皆、根源的で全体的なしかたでまちがっているに相違ない。(6)

ファーマーは他の信仰のうちに見られる偶然の正しさについて語ってはいたが、私の知るかぎり、書物のなかの文字を越えて、人々のなかに見る生きた精神に触れるような、信心深い人々との真の出会いはなかった。

ギフォード講義の第一集を出版した後、ファーマーは第二集の出版を断念した。第一集のレベルに達していないことに気づいたからだ。彼は、自分が書いたものは全部出版するなどとは思ってもみなかった――本当に謙虚で、まことに聡明な批判的判断力の持ち主だった。もしもギフォード講義をするようになったら、と私に話してくれたことがある――まだウェストミンスターの学生のときだったので、私には大いに励みとなった――そのときは全精力を第一集にかけるべきで、第二集のことはあまり気にかけないほうがいい、と言った。

明らかに、彼にはこの事態が生じていたのだ（私がエディンバラでギフォード講義をしたときまでには、講義期間が一年に短縮されていて、ファーマーが味わったようなディレンマに直面することはなかった）。

ファーマーはもともと退職後に、出版に向くものを第二集で取り上げるつもりだったが、とりかかってからすぐに、この企画は見込みがないと判断した。これはファーマーが知的情熱を失ったからではない。退職後も別の著書『和解の言葉』（一九六六）をはじめ、いくつかの小品をものしている。理由はギフォード講義の第二集の企画と内容の質に、自信が持てなくなったからだった。とはいえ、ほぼ五十年後の一九九八年、ファーマーが亡くなってから何年も経ってからだが、クリストファー・パートリッジが家族の許可を得て、ギフォード講義の第二集を出版した。パートリッジ自身、こう言っている。「時がたつにしがって、［ファーマーは］資料にとても不満を感じるようなり、事実上、これを出版のために見直すという考えを放棄した。彼の講義録を読むときには、この点に留意しなければならない。これがその不満を感じさせた資料である」(7)。

私は新たに出版された講義録と、パートリッジ自身の著書『H・H・ファーマーによる神学的宗教解釈―ペルソナリズムに立つ諸宗教の神学に向けて―』（一九八八）を読んだ。ギフォード講義第二集の弱点のいくつかを指摘することにより、また第二集の出版をもってファーマー自身の判断と願いをくつがえすことが正しかったかどうかを問うことにより、再吟味するためだった。しかしこの二冊は非常に高価――五九・九五ポンド（九九・九五ドル）と六九・九五ポンド（一〇九・九五ドル）――だったので、多くの人には、あるいは図書館でさえも、おいそれとは購入できる書物ではなかった。とはいえ、二十世紀のイギリス神学史を研究する者には、大いに利用してもらいたい書物である。

一九五一年の元旦、私は自問した。

私が見たいと願う年、西暦二〇〇〇年の世界はどのようなものだろうか。これから先の五十年、私自身はどうすることを望んだらいいのだろうか。結婚して家庭を築くこと、教会の牧師になること、おそらくは神学を教える者になること。何冊か書物も著したい——信仰の哲学、戦争にからむ道徳問題、説教集、非キリスト教徒に対する一般向けのキリスト教信仰の解説と擁護。それから今日の教会が直面している諸問題についての著書。

こうした書物のうちの最初のものは著した。しかし残りは「未踏の道」にある。とはいえ、意外性がなかったら、人生は面白みがないだろう。

注

（1）Michael Whitehorn, *Roy Whitehorn : A Servant of the Word*, 1991（私家版）参照。
（2）W. N. Leak, *Westminster College in the Life of the Church*, London : Presbyterian Historical Society, 1959, p. 3.
（3）H. H. Farmer, *The World and God*, London : Nisber, 1936, p. 28.
（4）H. H. Farmer, *Revelation and Religion*, London : Nisber, 1954, p. 35.
（5）同書 p. 30.
（6）パートリッジによる引用。C. H. Partridge in *H.H. Farmer's Theological Interpretation of Religion*, New York, and Lampeter : Edwin Mellon Press, 1998, p. 3.
（7）Introduction to H. H. Farmer, *Reconciliation and Religion : Some Aspects of Christianity as a Reconciling Faith*, New York and Lampeter : Edwin Mellon Press, 1998, p. xvi.

第9章　ベルフォードでの牧師生活

1　小さな村でのハネムーン

ベルフォードはノーザンバーランド州に属する村で、スコットランドとの国境の町ベリック・オン・ツイードの、南約十五マイルのところにある。一九五三年八月の初め、私はベルフォード長老教会の牧師に就任し、同じ月の終わりにヘーゼルと私は、その教会で結婚式を挙げた。教会員たちは心から歓迎し祝ってくれた。私たち二人はインスブルックに近い村で、オーストリアの山並み、澄んだ空気、陽の光、食べ物、休養といったものを楽しみながら、ハネムーンをすごした。

その頃、私は活字になった自分の論文を、同じテーマで著作していたインスブルック在住のカトリック哲学者、イヴォ・ホリューバーに送っていた。それで、もし会えるなら、彼に会ってみようと思った。戸口に出たのは奥さんで、「ホリューバーはいまフンガーベルクの山頂で読書していますが、山頂までは登山鉄道がありますよ」と教えてくれた。山頂に行ってみると、彼は木の下でうたた寝をしていたが、大喜びで私たちを迎えてくれた。それからインスブルックの町中を案内してくれた。それ以来、ホリューバーとは緊密に連絡を取り交わしてきた。

もっともホリューバーは保守的なカトリックだったので、後に私の宗教多元主義やキリスト論の考えには同調できなくなった。それで何度か批判的な論文を書いて出版したが、最後の著書『前終末論としての哲学』の第三版には、私の宗教多元主義に対する批判的な一章が含まれている。そこには次のように書かれている。「わが生涯の最後の書物を親愛なる友ジョン・ヒックに捧げる。神の恵みがあらんことを。君の親友インスブルックのイヴォ。二〇〇〇年九月三十日」。

ベルフォードに話を戻すと、当時は幹線道路A1グレート・ノース・ロード――「グレート」とはとても言いがたかった――が村を通っていた。現在、A1はベルフォードから数マイル離れた東側を走っていて、ベルフォードは当時よりさらに僻地となった。しかし周辺の景観はすばらしく、西には最高級の羊毛を誇るチェビオット丘陵、東にはホーリー島やバンバラ城の浮かぶ海が見渡せる。

一九五〇年代の初期になって、やっとこの地域は社会的にビクトリア王朝時代から抜け出た状況だった。村人たちは、村全体が領主の所有だった時代のことをよく覚えていた。かつて領主は、今は無人のベルフォードホールに住んでいて、騎馬で村を通るときには男は脱帽、女はひざをかがめてお辞儀をするという礼を受けたという。後に、このホールは近くの石切り場の持ち主であるマクラーレン氏に買い取られた。この人物は豪放磊落《らいらく》でありながら、人なつこい性格の持ち主だった。教会はこのマクラーレン氏から、牧師館の庭にするための土地を少々購入したが、垣根を作るときに十八インチばかり余分に失敬した。これに気づいたマクラーレン氏は騒ぎ立てたものの、最終的には礼儀正しくそのままに事を収めてくれた。

ベルフォード地域には他のどこにもない独特な訛りがあり、また村人も多くは、北はベリックから先、南はアニックから先には出たことがなかった。電気は最近になって、やっと地域の大部分に引かれたのであって、大きな農家のいくつかはまだ自家発電機を備えていた。私たちがベルフォード村に住んでいたころ、農場で働く人はまだ「作男」と呼ばれ、毎年市場に集まって年間契約で雇われていた。こうした人たちは農場の長屋で暮らしたので、再雇用されなければ、仕事と同時に住まいも失うことになった。当時、農家は景気のいい状況にあったので、大農家は自分の息子たちのために他の農場を買収することができた。土地を治めていたのは農民たちだった。

教会と牧師館は大通りを離れた路地の上手にあった。[1] 教会は飾り気のない四角い建物で、中には黒っぽい木製の長椅子と、常時二階席が使われていた時代の造りである高い説教壇があった。私がこの地を離れるまでに、説教壇は切って低くし、木の椅子には光が届くようにすることができた。隣りはファーガソン記念ホールで、これも四角い建物だった。ここには、私がこの地を離れるまでに、男子用と女子用のトイレを設置することができた。

教会の反対側が牧師館だった。これはなかなかよい家である。正面の扉をくぐって中に入ると――当時そこにはいろいろなものが置かれていた――左手に書斎、右手に客間、その先にはほどよいサイズの居間がある。その奥に台所があり、小さい中庭に出るドアがついている。私たち夫婦が来たころは、まだ石炭の直火で料理しなければならず、その火で隣りのオーブンも温めていた。火を焚くことで、恐ろしいほどたくさんの石炭が使われたが、ほどなく教会は何人かの有力な婦人たちの要求を聞き入れて、リーバーンストーブを設置した。家の暖房は部屋ごとに石炭の火を用いた。居間と書斎にはストーブの通風調節口があり、夜中はいぶされ、朝にまた回復した。石炭を小屋から何杯もバケツで運び、灰をきれいに掃除し、火をくべ、こぼれた屑をきれいにするという作業に、一日のうちの大事な時間が取られた。二階に寝室が二部屋と浴室があった。浴室には、洗濯物から水を絞りとる手回し脱水装置のついた旧式の洗濯機があった。週に一度、村の婦人がヘーゼルのところに来て、一週間の洗濯物を手伝ってくれた。洗い終わった洗濯物は中庭に干した。冬の期間、屋根裏にある水槽には、水が凍らないようにオイルランプを灯し続けた。

とても幸いなことに、そのころグラン（私の母の母）が一人住まいの家をあきらめて、アソール・ハウスで面倒を見てもらうことになり、そこに持ち込めない家具は全部譲ってもらえることになった。もちろん新品ではなかったが、事実上、家具一式が手に入ることになった。

いちばん近いお隣りさんは、村に二人いるお医者さんの一人、デーヴィド・マクドナルドで、広い庭つきの大きな家に住んでいた。デーヴィドは当時六十代のはじめで、教会の書記さん、つまり指導的な平信徒だった。デーヴィドは治安判事でもあったが、自分の患者に判決を下すことがないよう、けっして法廷の席には座らなかった。彼は地域の人々やその歴史についてすばらしい蘊蓄《うんちく》があり、自分が生まれ、また自分の父が開業したベルフォードの地に、心身ともに捧げていた。彼は、例えばホーリー島民や彼らの迷信について話をするのが好きだった――例えば島民は「豚」という言葉をけっして使わず、豚のことはいつも「お品」と言う、と教えてくれた。彼は地域のみんなを知っており、みんなも彼を知っていて、尊敬していた。まことに彼は本当の牧師といった感じだった。というのも、彼は多くの人の出産を助け、日常の暮らしを通して人々を知り、彼らの暮らし方や考え方を理解していたからだ。

当時のベルフォードのように何の変哲もない小さな村では、完全にその村の人となるまでには、何年もそこに住み続けなくてはならなかった。私は新参者として受け入れられ、十分に好かれていたのは確かで、ヘーゼルと私がベルフォードにいた短い間、教会の集まりは盛大だった。とはいえ、人々が内々の家庭問題を相談しに行く先は、きまってデーヴィド医師だった。デーヴィドはまた、アナイリン・ベバンが国民健康保険を制度化する間、医師協議委員会にも尽力した。デーヴィドの兄弟で、この地域のもう一人の医者だったウィリー医師も、皆から同じくらい好かれていた。デーヴィドは南の方を、ウィリーは北の方を担当していた。

私がここに来たとき、ここでは誰も医者と学者のドクターの違いを理解しないだろうから、私は自分をドクター・ヒックではなく、ミスター・ヒックと名乗ったほうがいいだろうと提案した。デーヴィドは承知してくれた。ちなみにデーヴィド自身、農村地域の小児衛生の研究で医学の学位（MD）を持っていた。

私の前任者は海軍中佐を退役したあと聖職に就き、ベルフォードに二十年間いた。この人物は牧師であると同時に保守党の地方評議員も務め、地域の生活の一部になりきっていた。次のような逸話がある。あるとき赤ん坊に洗礼を授けるために、親が住んでいる家に行った（私は会衆を前にして教会で洗礼を授けることを主張して、この習慣を終わりにした）。そのとき父親の帰宅が遅れ、長いこと待たされてすっかり「ご機嫌斜め」になっていた牧師は、父親が戸口から入ってきたとたんに、赤ん坊をぐいと父親の腕の中に押しやり、水鉢と思ったところに指を浸し、赤ん坊の額に軽くはたいた――彼が指を浸したのは、こともあろうにインク壷だったという。彼はおよそ七十歳になるまで務めたが、人々はそのころにはもう人事異動の心がまえができていた。どうみても長く居すぎた人物のあとに着任することは、私の立場からすると、大いに助かることだった。

当時ノーザンバーランド州は、まだかなり長老派の強い地域だった。私は、地区教会主催の休戦記念日特別合同礼拝で説教したが、その全内容が『ベリック・ジャーナル』誌に掲載されたことは、社会に占める教会の地位を物語っている。かつてベルフォードには、アングリカンの地区教会と小さいメソジスト教会のほかに、長老派の教会が三つあった。私の前任者と地区教会のハーバート・ペスル牧師との間柄は、明らかに疎遠だった。私は、世界の教会一致などという大げさな展望は全然持っていなかったが、キリスト教の教会一致という運動には強い関心を抱いていた。それでペスル氏と、それから多少ではあるが、小さくてやや自衛的なメソジストのグループとも、親しい関係を築いた。こうしたことは全体的に機が熟していたので、村では暖かく歓迎された。

ペスルは独身で、衰退した大きな牧師館の中で妹の世話を受けていた。彼は敬虔な信仰深い牧師だったが、かなり内気でつきあいも狭く、会衆も少なかった。あるとき彼に、私たちの教会で説教するよう頼んだことがある。彼は来たが、自分よりもっと歯切れのよい語り方をする弟に説教を頼んだ。また彼は地区教会で説教するよう、私に頼みに来ることもあった。私たちは、世界教会協議会主催のエバンストン大会についての会合やその他の催し物について、牧師館で何度か話し合い、たいがいは対立することなく仲間意識を培った。

私たちがアメリカに旅立つとき、ペスル氏は親切にも私のことを地方紙にこう伝えてくれた。「彼はとても慎み深くて、自分の博識をけっして表には出さなかった。そしてキリスト教世界の一致のことを気遣い、祈りにふれても行動においても私たちがもっと近づき合えるように、ベルフォードでその端緒を開いてくれたことを、教会関係者はとりわけ感謝の念をもって記憶にとどめるだろう」。ハーバート・ペスルが死んだとき、彼の妹が挨拶に添えて、ペスルの写真を送ってくれた。

名簿上は二百九十六人の信徒を擁するベルフォード教会は、当時としては、この宗派の地方教会では最も大きかった。信徒のほとんどはベルフォードを中心に、十マイルほど広がった地域の農場に住んでいた。農家を除いては、ほとんど誰も車を持っておらず、日曜以外に集会はほとんどなかった。二回の日曜礼拝を除くと、私の仕事はおもに外に出かけ、農民の住まいや農場を訪ねることだった。村には電話がそれほど多くなかったので、電話の応対で邪魔されることはなかった。

2　牧師の日常

生活のリズムは、今日見られる牧師のものとはまったく違っていた。午前中は書斎にこもり、二つの説教を書き上げた。その他の礼拝の準備が終わると、残った午前中の時間は、オックスフォードに提出した論文を一冊の書物に仕上げる作業に充てることができた。当初は説教の準備にずいぶん時間がかかったが、じきにそれも早く書けるようになり、着想もよいと思うようになった。最初は手書きで、あとからタイプで打ったが、年間九十ほどの新しい説教を作らなくてはならなかった。説教は聖書を題材にして、田舎の会衆に向けられたものだが、その中に十分な教育を受けた者はいなかった。今でもこのときの説教を持っている。あれから五十年くらいたっているが、最近一つ二つ読み返してみた。今ならもっと違ったふうに説教するだろうが、当時としてはなかなかのできばえであったと思う。

昼食の後は外出した。はじめは自転車だったが、やがて中古車に乗り換えた。ニューカッスルで買い求めたものだが、ナンバープレートの文字にちなんで「シン」と名づけた。シンは発車するときに、たいへんな勢いで前座席のハンドルを震わせた。だからエンジンがかかると、揺れ動くハンドルで腕をへし折られないよう、大急ぎで身を引かなくてはならなかった。冬の間は点灯したオイルランプをエンジンの脇に置いて、エンジンが冷えすぎないようにした。今ではこれは大変なことのように聞こえるだろうが、当時としては必要なことだった。また車内にヒーターがなかったので、寒いさなかに出かけるときはひざ掛けをして、その下に点灯したオイルランプを置いた。

着任早々、教会オルガニストのトミー・プリングルから古い印刷機を借りて、教会月報を発行しはじめた。トミーは村に一軒、それから海岸沿いの住宅地にもう一軒、洋服店を所有していた。月報は教会に興味を持ってもらうのに役立った。このように描くと、牧師生活はかなり暇そうに映るが、実際はとても忙しかったことが、私たちの共同日記から思い出される。

二年半の間に、教会の集まりはよくなった。そして私の後任者もよくやったが、これはノーザンバーランド州全域に見られる、教会の長期的衰退の中での一瞬の輝きでしかなかった。この地方にも農業機械が導入されて働き手の需要は少なくなり、都市部への移動が始まっていた。また、もちろん国全体を通してみても、教会の営みはすでに衰退期に入っており、これが今なお続いている。現在、ベルフォードは兼任牧師による地方教会の一つで、あの牧師館はもう牧師館ではなくなっている。

ベリックの長老会には何人かのすばらしい人物がいた。牧師が見つからない間、ベルフォードの面倒を見ていた教会総会議長はデーヴィド・ホルト・ロバーツで、ベリックにある大きな教会の牧師だった。ロバーツ夫妻とは、私たち二人は親友になった。もう一人の牧師として、この地域の小さな教会で長年勤め、定年を間近に控えたパンチさん（と私たちが呼び習わしていた人物）がいた。この人は崩れかけた牧師館の台所に住んでいた。私がいたときの最初の一年間は、ギルバート・ポーティアスという人が長老会の総会議長をしていたが、この人は優れた人で、当時モラル・リアーマメント（ＭＲ）の運動にとても熱心だった。ギルバートはポンコツ車に悩まされていて、坂を下ることでエンジンの発車ができるよう、いつも車を丘の上にとめていた。しかしそれでもエンジンがかからないことがあった。あるとき長老会の会合で誰かがギルバートに、二日後の会合にはかならず出席されますね、と念を押したとき、「イエース。もしもその間、エンジンをかけっぱなしにしておけばね」と答えたという。

牧師の基本給は年俸三〇〇ポンドで、裕福な教会ではさらに五〇ポンドの上積みがあった。私が就任したとき、ベルフォードはそうしてくれたが、前任者にはそうする必要がなかった。というのも、前任者は海軍年金を受けていて、かなりよい暮らしをしていたにちがいないからだ。しかし私たち夫婦は年に三五〇ポンド、日割りにしても一ポンドに満たなかった。人から聞いたところでは、これは農場の世話役か親方の給料とほぼ同じ――もちろん牧師には無償の住宅がついていた――だった。それでも当時の一日一ポンドは、今日よりはるかにたくさんの買い物ができた。だいたい週に一、二回は肉を食べた。朝食のコーヒーを新しくするのは一日おきで、翌日は出がらしを利用した。月曜は牧師の休日なので、朝食には特別に村の店で買った新しいロールパンが添えられた。衣類を買うことはまれで、ぜいたく品はほとんど買わなかった。それでも毎年夏には一週間ほどオーストリアで休暇をとるだけの蓄えができた。ヘーゼルは注意深くて、とてもお金の使い方が上手だった。とはいえ、こうした切りつめた生活であっても、本当に貧乏だと感じたことはなかった。今日では、そんな所得では貧乏を感じることだろう。もっとも今の牧師の給料は、当時に比べれば、実質的にかなり向上している。

一年ほどたったころ、ヘーゼルはダッチェス校というアーニックの女子中学校で週に三日教えることになった。大勢のベルフォードの子どもたちと一緒に、毎朝ヘーゼルはバスで学校に通った。ベルフォードには中学校はなかった。日記の冒頭にヘーゼルはこう書いている。「ダッチェス校はとても良い学校だ。とても良いので、したいと思う以上のことをしなくてはならない。進学課程の仕事が多い。宗教改革は難解だというかたちで書かれたカトリックびいきの教科書。フランス革命に関する特別課題」。ヘーゼルが働くことでわが家の収入はかなり増えたが、それも長女のエレノアを身ごもるまでのことだった。学校側は、妊娠した教師の姿を女子生徒に見せるのはショックを与えることになるだろうと考えた。

教会の会計は、おとなしくてシャイで親切な、アウチェスター農場のトス・ハンター（いつも略してトスと署名していた）が係りだった。そのトスから聞いた最も激しい口調は、誰か別の人がしばらくのあいだ会計をしなくてはならない時があり、そのあとトスがそれを見直したとき、「アブクみたいにめちゃめちゃだ」という言い回しだった。監査はジェームズ・ヘンダーソンが担当した。ヘンダーソン夫妻は田舎の平屋建てに住んでいたが、夫妻もまた私たちによくしてくれた。ジェームズはほとんどの農家の会計の面倒を見ていた。彼から聞いた話では、農家の皆はすべての書類を旅行かばんの中に突っ込んでおいて、一年の終わりになると仕訳てくれと言ってよこす。皆にとっては銀行預金の残高が、暮らし向きを判断する唯一の方法だったという。

3　妻との共同日記から

結婚したとき、共同日記をつけることにした。それぞれ（二人のきまりでは）一日交代で書くのだが、しだいにヘーゼルは、自分の分を私に任せるようになった。今でもそのときの分厚い日記帳が残っているが、手にとると革の装丁が剝がれるほどだ。日記には「内々の」言葉がたくさん使われている。例えばヘーゼルの「切り込み道具」とは、あたりをドライブしたとき道端に見つけた草花を採集する、小さな移植ごてと熊手のことだ。「安楽チャペル」とはトイレのこと。説教や書き物の章に「やきもきする」とは、もう一度見直して手直しすることだ。こうしたわかりにくい言葉は抜きにして、ベルフォードですごしたかぐわしい生活の一端を紹介することにしよう。日記は私の書き出しで始まる。

一九五三年九月二十五日。昨日は「ペスルとプリングルの日」だった。地区牧師をお茶に招いた。彼が本来の客だったが、そうでない者たちは生垣を「お尻に敷いて」いた。ウーラー出身のパン屋で小型車のオースチン7を私に買わせようとしているデーヴィドソン、ジャングルの穴掘りをするご老体、それからカービィさんと一緒に来たトミー・プリングルたちだった。あとの二人は昼食後のコーヒーを飲むために立ち寄ったのだが、聖歌隊や音楽のこと、それに写真やオーストリアのことなど、いろいろかってなおしゃべりをした。その後、皆で教会堂に行き、聖餐式用の台が手に入ったら聖歌隊をどのように座らせるか、案を五つ六つ検討した。皆が帰るとすぐに、高齢のペスルがお茶に来た。興味を持ってもらえそうな話題をいくつか出してみたが、どれも空振りに終わった。……今日、ヘーゼルは居間の掃除をし、私は聖餐式の説教を半分書き、それからボーイズ・スミスの学位論文――こちらに来てから初めて読む哲学的な文献――に目を通した。別にこれという新しい内容は何もなかった。私は駅のジョージ・トムソン宅を訪ねた。トムソンは私を隣人に会わせてくれたが、その前に、彼はまずきれいなシャツ（襟なし）と室内スリッパに替え、「ちゃんとした身なり」に整えなくてはならなかった。

日記の中に出てくる「ご老体」とは教会の墓守りのこと。彼は数年前まで聖書の頒布者で、宗教の小冊子などを売り歩きながら地区を回っていた。いつも自転車に寄りかかって歩いていたが、自転車には一度も乗ったことがなかった。彼は自分が知っている信徒を、「立派な出席者」と「立派な支持者」に区別していた。ある日、彼は空を見上げて、「支え続けるために自分は時間のすべてを捧げ尽くします」と明言していたのを、私は思い出す。それからベルフォードでよく使われる別の言い回しに、「ほぼ、ほとんど」というのがあった。

一九五三年十月六日、火曜日。ジョン記す。ヘーゼルの書く番なのだが、そうせずにカーテンを縫うと言い張る。一週間を振り返ってみると、毎日多くのことが、あまりにも多くのことが起こる。中でも、日曜日は忙しい一日だった。午前はハインドマーシュさんの赤ん坊の洗礼。午後五時半に集会、（マックとヘンダーソンとトム・ハンターが後部にいて）ジャネット・ヒートリーの「信仰告白」を聞き、異動によって転入を希望する者、全部で六人と会う。その後、私が執り行うはじめての聖餐式礼拝。集会は能率よく、練習も十分になされていた。とてもすばらしい会衆、百七十四人の会員に五人の訪問客、二十七年間で最大の聖餐式礼拝。その後、ただちに教会員による集会。

一九五三年十月八日、木曜日。ヘーゼル記す。来客がなく、実り多い一日。ジョンは午前中、説教づくり。私には煙突掃除の日、うえっ！　もっと大まかにやっておけば、もっとずっと早く終わったのに。ベルフォードのお店には物がなくて頭にくる。今日の昼食はいつもよりは時間どおり。午後、ジョンはお茶の時間まで書斎に籠もりきり（何をしているのかしら）。お茶を終えると、今度は私がジョンの代わりに説教を立案……メモ。ジョンは道徳居士にはなれないだろう。

一九五三年十月十一日、日曜日。ジョン記す。金曜日にパンチさんと一緒にホーリー島へ出かけた。収穫感謝の礼拝のためだった。島の旧式タクシーに乗って、ビール海岸からホーリー島に渡った。タクシーの中では飛行機の中にいるような音がした。島では地区教会を見て、リンズファーンのあたりをぶらついた。そこでは他のどこよりも強烈な時代感覚を感じさせられた。城を見てまわった。城は魅惑的で、まだ人が住んでいるかのようだった。四百年前の四本柱ベッド、剣を納める完璧な戸棚があった。礼拝では人々は、心から喜び楽しみながら賛美歌を歌った。ロブスターを買って帰宅した。ところが夜の間に、猫か何かがそれをくすねて台所の外に持ち出し、かじってしまった。その週の肉も一緒にやられてしまった。先週から初めて家計簿をつけているが、合計が五ポンド八シリング六ペンスになるのを見て仰天した。

一九五三年十月十九日、月曜日。ヘーゼル記す。無数の人々とすごした一日。日曜日の収穫感謝祭を引きずり、ここで飲み明かした若者たちの二日酔いで始まった。ジョンは朝七時四十五分というあきれた時間まで起きていた。牛乳をきらしていたので、コーヒーは九時十五分にそれが届くまでお預けだった。コーヒーを飲み終わると同時にヘンダーソンが来た。昼食時にはシド・ベルズ一家が立ち寄った。ベリック何とかという曲者《くせもの》がジョンに車を売りつけようとしたが、パーボイ一家［パーヴィス家の人］によって食い止められた。婦人部会が開かれた――あまり知性的とはいえない四十人ほどの婦人たちが集まったが、たいして面白くもなかった。それでも現委員会を変更することは明らかに誤りとなるだろう。現委員たちは、今後選ばれる誰よりも大いに優れている。（以下、ジョン記す）ヘーゼルは婦人部会を立派に主宰した。六十人の婦人の出席があった［！］。夕刻の収穫感謝の礼拝には百十人もの出席者があって、二階席を使わなくてはならなかった。礼拝後、およそ二十五人の三十歳以下の人々を牧師館に迎えて、今後の討論グループの持ち方について議論した。若者たちに有利にことを決めていくのはいい考えだ。

一九五三年十一月二日、月曜日。ヘーゼル記す。きのうの日曜日は、夕礼拝後に行われる信徒懇親会の最終回。大いに満足。でも、あの人たちはいつもすし詰めになって座ろうとする。夜十一時にジョンは退役軍人への説教を頼まれていた。そんな遅い時間に頼まれて迷惑だったが、ジョンはあらかじめ用意していた。……ハッピー［土地の猫］がねずみを五匹捕まえた。

一九五三年十一月八日、日曜日。ジョン記す。月曜日、「若い婦人たち」の集会。そしてファーマー夫人［近隣のチャットンの牧師であり、H・H・ファーマーの兄弟であるL・J・ファーマーの奥方］が夕食会に出席。「若い婦人たち」の集まりに、およそ五十人の若くない婦人たちが出席……。今日は出席率がいい、朝は四十四人、夕方は六十五人。今週のおかしかったこと。ジョンはアティ夫人を訪問しようとして違う家に入り、三十分ばかりその家の人と話をした。ジョンはその家が訪問するはずの家でなかったことも、出てきた相手が違うことも、お互いに気づかないままだった。

少し日記を離れてみよう。ある日、この地域の保守党議長が私に会いに来て、公に知らせることなく党に寄付をすることが可能であると説明した。私たち夫婦はどちらも労働党の支持者だと言うと、彼にはショックだったようだ。それでも、夫妻は後に私たちを夕食に招待してくれた。とても親切だった。それ以後、私たちは何度か彼らの家を訪問した。

ベルフォードには老人ホームがあり、私は週に一度訪問した。何度か行き来した後、礼拝を挙げるのではなく、これを祈りに縮めて、代わりにジョージとウィードン・グロススミス兄弟の古典コミック、『誰のでもない日記』を読むことにした。これは老人たちが若かった頃の、イングランドの生活についてのものだった。とても好評を博した。簡単で短いジョークに皆は大笑いし、また真剣さを装った部分で、皆はとても真顔になった。教会の礼拝よりも笑い声のほうが、皆のために大いに役立ったと思う。

いつもは教会に来られない親の子どものために、私は郵便による日曜学校を実施したが、これはチャットンのL・J・ファーマーの考えをいただいたものだ。これはなかなか有効だった。アングリカンの親もこれを聞いて、一、二の家族が加わってくれた。

牧師館に泊まる客もたくさんいた。親戚の者、ウェストミンスター神学院の学友たち（今や各地で牧師になっている）、そしてピーター・ヒース。彼は私がエディンバラで学生だったとき、そこの哲学の講師であり、以来ずっと親交を続けていた。後にはアメリカで、もっと頻繁につきあった。彼は結婚祝いに銅製の石炭入れをくれたが、現在は居間の屑物入れになっている。結婚祝いにもらったものの中で、今も手元に残っているのが、イェソップ教授からの一対のみごとな銀のロウソク立てで、これは今でも食堂のサイドボードにしまってある。

一九五三年十二月二十六日、日曜日。ジョン記す。自分の家ですごす初めてのクリスマス。とてもすばらしく、思い出深いもの。……先週の金曜日、ジョン・マレイ［ウェストミンスター神学院で一緒だったニュージーランドの留学生で、帰郷してから成功を収めた牧師］がケンブリッジから訪ねて来てくれた。土曜日に皆で男声聖歌隊を聞きに行った。これは村の企画として上出来だった。翌朝、ジョン・マレイは「嘆願」と題し、［神学院を代表して］説教をした。その日の夜には八つの聖書読誦（それぞれ違う人が読誦した）と、クリスマス・キャロルをした。大成功だった。約百八十人が参加してくれた。その後、二十一人の青年会の面々が牧師館に集まり、ジョン・マレイからニュージーランドの話を聞いた。ジョージ・パーブスが写真クラブを立ち上げはじめた。先々週の何日だったか、チャーリー・ディクソンが居間の床を塗ってくれた。……先週は豪華な料理と盛りつけ。ドアの鈴。ヒイラギ。赤いロウソク。数え切れないほどのクリスマス・カード。プレゼント用のファッジとハッカクリームづくり。クリスマス・イブには、ベルフォードの三つの教会が合同で行うクリスマス・キャロルの夕べに出かけた。寒かったが、大成功。クリスマスの当日は朝寝坊。本物のコーヒーが付いたコンチネンタル・ブレックファスト。その後、ジョンは書斎を塗装。その間にヘーゼルは素敵なクリスマス・ディナーを料理した。トマトスープ、ベーコンや詰め物をしたチキン、ローストしたジャガイモ、それに野菜料理。ジョン・マレイが持ってきてくれた白ワイン。ラムバターで作ったクリスマス・プディング。食事の後は肘掛け椅子に深々と沈み込んだ。その夜、ラウンドスウェイツがポンチを飲みに来た。最高級のクリスマス・デー。しなかったことは礼拝だけ……。

一九五四年一月十日、日曜日。ジョン記す。ハリー・グルンターが聖歌隊の練習には来るが、礼拝のとき聖歌隊席に座るのを避ける。……穏やかな冬の日が続く。台所の窓越しに見る木々は、だいぶ前から葉を落としたままだ。野に牛ではなく、羊がいる。カブの根を食べる。せんだって、野原に見慣れない動物を見かける。モグラかな。今日は棚を塗った。

一九五四年一月十九日、火曜日。ジョン記す。昨夜は満月。今夜は何もしないことにして、ミドルトン方面へ向かう道路沿いに、月夜と星明かりを求めて散歩した。美しい夜。先週木曜日にベルフォードで、戦後初の夜会があった。大盛況だった。食糧要請に対するすばらしい反応、ほとんどすべての家族から寄付が集まった。約二百五十人が参加。ホルト・ロバーツとジョン・ハッカーが立派に演説した。ホルト・ロバーツは始終みんなを笑わせた。また合唱隊と外国の歌手たちがよく歌った。今朝はウィトゲンシュタインとポール・ティリッヒを読んだ。三回ほどテフランプ［電話のこと］があり、また新聞記者によっても中断される。今や週に三回は朝に読書——、最近では書きものをするようにもなる。大変けっこう。［ヘンリー］プライスの新刊『信仰』を読んだ。とてもよく書けている。そして今はウィトゲンシュタインの遺著『哲学探究』を読んでいる最中だ。なじみの概念とそれを表現する方法をマッチさせること——このことがどれほどこの書物（タイプ打ちのまま長い間ケンブリッジで回し読みされた）を浸透させ、影響力を持つものにさせたかを物語っている。思いがけないところを照らす光と、その側面を照らす光に満ち溢れた書物。ティリッヒの『組織神学』とは似ても似つかない。

一九五四年一月二十三日、土曜日。ヘーゼル記す。ジョンとのトラブルはジョンが理性的すぎるからだ――日常生活には場違いな原理原則。水曜日は仕事のない一日だった。ベリックで買い物をする。悲しいことに、皆に知られ始めてきたことを感じる。別のカフェを探して、そのことはもう考えないことにした。カーテンの吊り棒をおおう飾りのペルメットを注文。木曜日はステンヒスさんとお茶、クランフォードの優しいエコー。……ジョンは書斎の本棚を塗った。

一九五四年二月十四日、日曜日。ヘーゼル記す。先週木曜日の朝、デーヴィド・マクドナルドが心臓と血管の合併症で重態、危篤だとさえ聞いて衝撃を受けた。それ以来、ずっと危険な状態にある。奥さんのダフニは誰にも来てほしくないようだ。今夕、ジェームズ［息子さん］がやってきて、父は確実に快方に向かっていると知らせてくれた。皆は大いに安心した。

一九五四年三月十四日、日曜日。ジョン記す。演劇。ここ二カ月にわたり、週一回ずつ練習を重ねてきたものだ。最後に練習したのは水曜日。よいできで、驚くほどだ。キャストは全員で約二十名（私の演じる二つの端役を含む）。演出はバーン夫人［フェナム・ル・ムーア農場のフレッドとグラハム・バーンとは親友だった］。カラフルな衣装と背景。だが、今夜のできは悪かった（観客は気づかなかったかもしれないが）。ターマ・リーがイエスの弟子であるペテロを認めて駆け寄るところで、ペテロ役のジョージ・パーブスが舞台にいなかった。それからターマとヘレン・アンダーソンが別の場面で入場しそこなった。そこで、その場面の半分が省略されてしまった。それから、オルガンの脇にいたトミーが独唱者の歌のリストをなくしたので、使徒たちをてんてこ舞いさせてしまった。けれども、皆はまちがいなく次回も舞台に立ちたがるだろう。……「農家の皆さんは羊が子を産み始めるときのことをどうやって知るのですか」というヘーゼルの無邪気な質問が地域に知れ渡り、有名なジョークになった。

一九五四年十二月十二日、日曜日。ジョン記す。先週月曜日の夜、大農場で干草の山が七つ燃え落ちた。マーガレットは故意に火がつけられたと言う。他の原因は、干草があまりにも湿ったまま積み上げられたので自然に発熱したという。これに対してハリー・ウッド［羊飼い］は、その場合くすぶることはあっても燃え上がることはないと評した。そして半世紀も前のこと、チェビオット丘陵を経巡る放浪者がいたことを話してくれた。彼らはよく知られた連中で、一定のルートを回り、ニュースを運んできたり、一人暮しの羊飼いの仲間になったりするので、歓迎されたそうだ。その中に年老いたフランス人がいて、毎年決まった時期にこの地区にやってきて、彼の肝いりでダンスが行われたという。それは「フレンチ舞踏会」と呼ばれたそうだ。

一九五四年十二月三十一日、金曜日。ヘーゼル記す。

証明書
本証紙は、牧師のジョン・ハワード・ヒック博士が
シャツたたみ技術の試験に
合格したことを

証するものである。
ただし襟なしシャツに限る。
（署名）J・ヘーゼル・ヒック
一九五四年大晦日

一九五五年三月二十一日、月曜日。ジョン記す。春分の日。雪の舞いで祝福される。この日はヘーゼルの誕生日でもある。愉快な黒白のファスポット［今はこれが何であったか思い出せない］、アイロンをかけなくてもいい寝巻、香水、コーヒー缶や桃缶やらがいっぱい詰まった大きな箱、小さなソックス（赤ん坊のためかと思ったが、伸びてヘーゼルの足にぴったりのようだ）、それからエレガントな手袋かけを取り出す。

この二カ月はいろいろなことが起きた。ヘーゼルは身重で、出産は六月中旬の予定だ。ハリー・ウッド夫妻とダグラス・タリーが皆、発作に見舞われた。ジャック・ウッドは一週間前に急死した。葬式はウッドの家ではできなかった［慣習上］ので、ペスルが親切にも教区教会を使わせてくれた。信徒会も一週間前にこれを了承してくれた。トミー・プリングルが電子オルガン購入の運動を始めた。

最後に、

一九五五年七月十七日、日曜日。ジョン記す。エレノア［六月二十一日出生］はどんどん大きくなる。あたりを見回し、世の中に興味を持つようになってきた。これまでいつも夜は眠らず、日中庭に出した乳母車の中でぐっすり眠る。暑い夏だ。ヘーゼルは赤ん坊のことを本当によく世話しているが、私のほうはまだ扱い方がわからず、おっかなびっくりだ。

さて、日記を離れるが、どんな親も、最初の子の誕生がどれほど感動的で嬉しいものかを知っている。責任重大な新しい生活の始まりだ。エレはまああ、ただまあまあだけの「いい赤ん坊」だった。日中ぜんぜん眠らない日があった。そういうときは車に乗せなくてはならなかった。車のがたごという動きでエレは寝ついた。けれども家に戻ると、また泣き出した。

一九五四年のいつだったか、コーネル大学の哲学部から誘いがあって、その年の秋学期から、助教授として宗教哲学を教える仕事をしないかといってきた。オックスフォードのプライスたちが、私を推薦したにちがいない。最終の招聘状は一九五四年のクリスマスの日に届いた。私はベルフォードをあたふたと引き払うことにならないよう、開講を一九五五年九月から翌年一月までとするよう、延期を申し入れた。私たち夫婦の間で、行くことに決めるのに時間はそう長くかからなかった。ベルフォードではとても楽しくすごしたし、ここを離れるのはいろんな意味で残念だった。二人の生涯ですばらしい期間だった。

しかしその一方で、この誘いは学問の世界に踏み込む絶好の機会だった。ベルフォードに長くいればいるほど、こうした機会が得られることは少なくなるだろう。この場所に、例えば十年間も住みついてしまえば、たとえ私の論文「信仰と知識」が一冊の書物になって出版されたとしても、学問的にはさびついたものとしか思われなくなるだろう。いや、イギリスの出版社をいくつかあたってみたが、うまくいかなかった。このことは出版社の目を惹くことが、なんと運まかせの仕事であるかを物語っている。というのも、この書物は一九五七年にコーネル大学出版局から出され、それ以来ずっと影響力を持っているからだ。

その後何年もたって、一九八三年に、娘のエレを連れて「ルーツ」を探る旅行に出た。ベルフォードのブルーベルで数日すごし、たくさんの人を訪問した。ある日のこと、農場を訪ねて小屋の戸をノックすると、婦人が戸を開け、「おはようさん、ミスター・ヒック」と、ついこの一、二週間だけ私が留守していたかのように、気さくに挨拶してくれた。そして実に、日記や昔の説教、印刷された集会メモ、あるいは古い写真を頼りにこの章を書いていると、ついそのような気がしてくるのである。

注

（1）会衆の歴史は一七九三年に始まるが、この地域を知る者にとってはすこぶる興味深い。この歴史はデーヴィド・クラーク師が書き留めている。David Clarke, *The History of Belford United Reformed Church*, 1776-1976.

第10章　コーネル大学の哲学者たち

1　ウィトゲンシュタイン研究の中軸

アメリカで働くためにはそれなりのビザの取得が必要だったので、私たち家族全員——妻のヘーゼルと生後三カ月のエレノアと私——はロンドンに行かなくてはならなかった。ロンドンでは大きな星条旗を背に、厳しい表情の大柄な女性領事から面接を受け、共産主義者でないことを誓わされた。ちょうどそのとき赤ん坊のエレがゲップをして、ヘーゼルと私が共に心の中で思っていたことを代弁してくれた。時代はアイゼンハワーが大統領で、マッカーシー議員による赤狩りが盛んな頃だった。

一九五六年一月、私たち家族はクイーン・エリザベス号に乗船し、ニューヨークへ向けて出航した。ニューヨークではウェストミンスター神学院にいたアメリカ人の一人、チャック・シュワルツの出迎えを受けた。チャックはその後、間もなくしてコーネル大学のすぐ近くにある小さな町の長老派教会の牧師になったので、それ以後もずっと交流を続けた。つい二年ほど前も、チャックがイギリスを旅行したときに、私の住むバーミンガムを訪ねてくれた。私たち家族は夜行列車でイサカまで行ったが、そこでは長老派教会の牧師たちが出迎えてくれた。私たちは牧師の家に招かれ、すばらしい朝食をご馳走になった。その地方は深い雪で覆われ、戸外には見慣れない鮮紅色の大きなコマドリがいた。家の中は贅沢なほど暖かだった。私たちは新世界に来たのだ。

遠い日のことを思い出すよりも、記録に残された印象を紹介する方がいいだろう。カーボン紙でとった手紙の写し、妻が書いたか私が書いたか今ではもうわからないが、毎年書き送った数々のクリスマス・レターの中から、いくつか引用することにしよう。合衆国への新参者としてまず驚いたことの一つは、どこにでも広告が溢れかえっていることだった。例えば、ある銘柄のタバコの包みを「開き蓋」の箱にしたからといって、これを大衆への一大セールスポイントとして、何百万ドルの多額の費用を広告にかけるのは馬鹿げたことのように思えた。またふだんの会話ではお金が一番の話題となるような、物質中心主義の蔓延する文化の中に置かれているように思えた。しかし別の面では、この社会は皆が親切で、紹介がなくても自由に話ができ、階級の区別もなく、すぐに名前で親しく呼び合うことができた――もっとも、この社会的平等の裏には、とてつもなく大きな貧富の差が隠されていたのだが……。

コーネル大学は、一八六二年、ニューヨーク州北部に位置するイサカにランド・グラント・カレッジとして創設された私立大学だが、一八六八年にエズラ・コーネルの寄付を受けて総合大学となった。この大学はアメリカで最も美しいキャンパスの一つで、五つのフィンガー・レイクの一つであるカユガ湖を見下ろす丘の上にある。世俗の教育施設として設立され、初代学長は、名著『キリスト教国における科学と神学の闘争史』（一八九六）を著したアンドリュー・ホワイトだった。コーネル大学は、国内で初めて女子学生を受け入れるなど、概して学問的に自由な校風だった。学生数はおよそ一万で、当時のイギリスの基準からすれば大きいが、数あるアメリカの大学と比べれば小さい方だった。教育の質は高く、ハーバード、イエール、ペンシルベニア、プリンストン、コロンビア、ブラウン、ダートマスと並んで、名門アイビー・リーグ校の一員だった。

一九五六年には、応募者のわずか二四パーセントしか入学できなかったという。当時、学内では四〇〇万ドルをかけて新しい校舎を建設中という、裕福な大学でもあった。年間の学費は一一〇〇ドル——今ではもっと高いかもしれない——だったため、裕福な家庭の子女が集まっていた。学生はほとんど寮生活をしていた。寮の建物は長年使われて古かったが、さまざまなタイプがあって、寮費の高いもの、安いもの、スポーツ向きのもの、勉学向きのもの、ユダヤ人向けのものまであった。

この大学の今の学生たちは皆、驚くほど生き生きとしていて活発だ。けれども、そこには残念ながら、画一性（変わり者がいない）と知的従順さ（異端児がいない）しか見られない。学生はイギリスよりも、全体的にずっと華やかだ——色とりどりの明るいセーター、生きのよいスラング、大型の高速車など。しかし多くの者が見事なまでに、一定のパターンに画一化されている。そしてこの画一化されたパターンの中で、自分の出世のことには関心を寄せても、自分の国や広く世界の状況などには一向に関心を示さない。

赴任するとすぐに、私たち家族は、この大学と哲学部から、心暖かく親切に迎えられていることがわかった。西も東もわからずにあわただしくすごした最初の一、二カ月間、ジョンは大学での教育指導に関していろいろな助けを受けた。ヘーゼルは教授の奥さん連中から赤ちゃん用品を貸してもらい、買い物にも連れていってもらった。ジョンの先輩格にあたる同僚たちの親切さには手抜かりがなく、またこの場所の知的雰囲気、とりわけ哲学部（セイジ・スクール）の知的雰囲気には刺激がいっぱいだ。

私たちが初めてここに来ることを決めたとき、このコーネルが、ウィトゲンシュタイン研究ではアメリカ屈指の研究センターを擁し、国内で最も強力な哲学部の一つであることを知らなかった。ウィトゲンシュタインは一九五一年、亡くなる少し前にここに足跡を遺していた。研究の中心となる二人の人物は、マックス・ブラックとノーマン・マルコムだった。マックスは研究対象が限られてはいるものの、私が出会った人物の中では、最も有能で明晰な頭脳を持つ一人だった。彼は体系家ではなく、その著述のほとんどが論文で、後に論文集が著書となった。中心となる研究対象は言語学で、意味・規則・メタファーというような、古典的テーマを取り上げて著述した。彼は初期ウィトゲンシュタインの論理学研究に関する専門家だった。

一方、ノーマンのほうは後期ウィトゲンシュタイン研究の権威だった。ノーマンは大学院生のとき、イギリスのケンブリッジで、ウィトゲンシュタインとG・E・ムーアに師事した。この二人は真理の探究に情熱を燃やすことを除いては、あらゆる点で異なっていたが、ノーマンはこの二人から深く影響を受けた。マックスが話し方においても書き方においても、いつも的確で明晰であったのに対して、ノーマンのほうは議論において思索的で説明調、そしてああでもないこうでもないと大きく迷いながら、ときどき癇癪を起こすというタイプだった。とはいえ、ノーマンの著述は素晴らしく明快だ。私は何度かマックスとノーマンの院生セミナーに出席した。またウィトゲンシュタイン研究のもう一人の偉大な権威者であり、文字どおりの代弁者でもある、フィンランド出身のフォン・ライト客員教授のセミナーにも出席した。

助教授たちの中に、後に『正義論』（一九七一）で有名になったジョン・ロールズがいた。一九五〇年代には、すでにこの課題に取り組んでいた。それからロジャーズ・オルブリットンがいた。今はもう所在はわからないが、ほかに講師が何人かいた。彼らは地位の最も低い大学教員だった。当時の卒業生の中にはシドニー・シューメイカー、キース・レーラーなど、後に有名になった者がいる。

このように、そこには哲学議論のすこぶる強くて活発な気風があった。宗教哲学を教えていて、私がその後を継いだ先任の教授はE・A・バートだった。バートは『近代科学の形而上学的基礎』の著者で、後には世界の宗教についても著述した。彼自身、半ば仏教徒だった。当時の私は保守的なキリスト教徒で、彼の幅広い見識には心を閉ざしていたが、彼はとても大きな助けとなってくれた。今日では、私はバートの見解に多大の類似性を有している。私たちが生き、かつ学んでいるのは幸いなことだ。

初めて宗教哲学の講義をするため大教室へ入ったとき、私は三百人を超える学生と向き合って教壇に立った――バートの置き土産だ。最初の一、二週間、学生たちが熱心に聞いてくれるのをうれしく思った――やがて、イギリスふうのアクセントを、学生たちは面白がっていることがわかりはじめた。とはいえ、それが珍しくなった後も、学生たちは授業に出席してくれた。私には院生の助手が一人いたが、この助手と二人で約十五週間続く学期中に、三百人を超す学生のレポートを何回か読まなくてはならなかった。すべてのレポートをまともに読むことはできないので、数名のものを読み、後は標準曲線に基づいて成績をばらつかせ、全員を合格させることにした。これは非常にショッキングなことだった。しかし講義の合間には、次の講義の準備をしなくてはならなかった。

ほかに哲学古典の入門コースを受け持ったので、ヒュームの『自然宗教との対話』、ホッブスの『市民論』、バークレーの『三つの対話』、あるいは年によってはプラトンの『対話篇』の縮小版、ミルの『功利主義』、バークレーの著作などを準備した。三十人ほどのクラスで議論ができるように選んだ秀作ばかりだ。後半の学期にはこうした入門コースを二つと、選択コースのキリスト教神学を受け持った。神学のコースには、はじめ百六十人ほどの受講者があり、翌年には二百人ほどに膨れ上がった。その後、キリスト教倫理のコースも持つようになったが、これには特に興味を抱く学生たちが集まった。ある春学期、「宗教哲学の諸問題」と題する専門コースを開いて、現代哲学者たちの論文を扱ったが、ここには主として院生たちが集まった。このコースはセミナー形式で、議論を中心に進めたが、学生たちにはもちろんのこと、私にとっても非常に有益だったと思う。

学部の授業は月、水、金の三日だった。最初の学期は負担が少なかったが、それ以降は、車に乗って十分でキャンパスに駆けつけ、九時に始まる哲学古典のクラスをこなし、十分の休憩を取ってから、上級問題を扱うクラス、もしくはキリスト教倫理のクラスを受け持った。十一時から十二時の間にコーヒーを飲み、同僚とおしゃべりをし、キャンパス新聞を読み、それから、学期によって違いはあるが、十二時に始まる宗教哲学か、キリスト教神学の大講義のためにノートの下調べをした。木曜日の午後は、大人数のコースに出席する学生の中から、特に希望する者を集めて行うディスカッション・グループを受け持った。そのほかに、学生がどんなことでも相談に立ち寄れるオフィス・アワーを週に三時間設けた。

金曜日には午前の授業が終わると、それぞれ自分のサンドイッチとコーヒーを用意して、学部の会合に出席した。ゴールドウィン・スミス・ホールの二階の小さな一室に、講師たちに混じって、ブラックとマルコムの時代が到来する以前から居残っている、高齢で終身雇用の教授が一人いた。学部の指導的立場にある者たちから（哲学者に値しないと）軽蔑され、ほとんど無視され、学部の会合にも出席していなかった。私は、ときに彼とおしゃべりするため二階のその部屋に立ち寄ることがあった。彼は、何年か前に論理学の本を書いたが出版には至らず、それ以来、専門的に名もない者のままにされている、と話した。彼についての学部の判断は正しかったが、それでもやはり、彼はとても気の毒な人だったと、今でも思う。

コーネルでの三年半の間に、私はウィトゲンシュタインやムーアについて、また教え方について、実に多くのことを学んだ。また、ここでの哲学会や、少人数の純粋に教授連からなる討論グループでの論証の厳格な基準というものを、改めて認識させられた。ただ話題の多くが、実は私にはひどく瑣末なものに思われた。焦点はいつも重箱の隅をつつくようなものであり、私（とバート）を除いては、伝統的に哲学が扱ってきた大きな問題には誰も興味を示さなかった。私はウィトゲンシュタイン的思考の世界にはけっして引き込まれないようにして、思想の主流派からは独立性を堅持し、オックスフォードのプライス教授に見ていた広範な知的興味を保持した。

コーネルにずっと居続けたいとは思わなかったし、また学部もそれを望んではいなかったようだ。が、当初三年の契約期間も終わりに近づいた頃、ひとまず終身雇用の準教授に応募してみることにした。すると、私がウィトゲンシュタイン集団の中に入ってくるかどうかを見るため、さらに一学期間の在職が延長された。しかしこの時点で、私はもっと広い集まりで自分が活動できることを、周囲に知らせはじめた。その後の動向については後述する。

長老派教会は私が牧師だと知っていたので、私たち家族を暖かく迎えてくれた。到着時に出迎えてくれただけでなく、最初の一学期間、宣教師館を使わせてくれた。キャンパス脇の便利なキャサリン通り一一四番地だった。この建物は宮殿のように暖かく、私たちにはとても居心地がよかった。春が来ると、家族で戸外を散策した。ある日のこと、

湖畔で家族一緒に昼食をすませ、果樹園に立ち寄った。摘み取られたサクランボのほぼ半値でサクランボ狩りができた。一三ポンド摘んだ。種を取り、今はビン詰めにしてある。それから、別の果樹園に立ち寄り、季節が終わる前の最後のイチゴ狩りをした。マイヤーズ婦人が、アメリカ産のイチゴはイギリス産のものより品が劣ると言ってくれたが、それは本当だった。摘んだイチゴは、去年の夏ベルフォードで栽培したものに比べて、大きさは四分の一ぐらいしかなく、味も全然よくなかった。

我が家の赤ん坊は好きなだけ歩けるようになった。とはいっても、まだまだ不安定で、ときどき突然座

りこむ。二階へはかなり早く上がることができるが、下りるのはゆっくりだ。階下には一緒に遊ぶのが大好きな子どものいる、新しい家族が住んでいる。……赤ん坊は床に立てかけてある鏡を見つけ、自分に笑いかけるためその場に行きたがる。今夜は家族で外食したが、エレノアは一つ一つのテーブルを巡って、みんなに笑みを振る舞った。おつきあいの出来のほどは上々だ。

町には長老派の教会は一つしかないが、千八百人の教会員がいて、信じられないくらいに、またどうかと思うくらい賑わいを見せている。牧師は三人（キャンパス内の長老派牧師は含めない）、フルタイムの牧師夫人が三人、フルタイムの教会書記が一人、有給のオルガニストが二人、大人の聖歌隊が二組、有給の聖歌隊指揮者が二人いる。幸いにもオルガンは一台しかない。というのも、説教中を除いて、絶えず演奏されるからだ。「黙禱」中、思い入れたっぷりに、それでも神聖な思いへと誘うチャイムが、背後でずっと鳴り響いている。それを聞かされていると、すぐにも止めてもらいたいと思う気持ちと、同時にベルフォードの会衆の敬虔な雰囲気に対する憧れが湧いてくる。

朝の礼拝は九時半と十一時の二回、同じ内容で行われ、どちらも通常、満席になる。その後の時間は、青年会やほかのさまざまな教会活動に使われる。いわゆる「教会学校」と言われているものは、公立学校では宗教教育が行われないため、大変まじめに行われている。イギリスと違って、ここでは住民の大部分が教会出席者で、しかもそのほとんどが、子どもたちを教会学校に連れて来る。我が家のエレノアは、母親たちが当番制で預かってくれる教会の保育園で、心ゆくまで楽しんでいる。家族そろって教会に行くことができるのは、大きな恵みだと思う。アメリカ合衆国はいま宗教ブームを経験しつつある。教会員となり、教会に出席することがファッションになっている。これは、一部分は宗教的、一部分は社会的現象、一部分はキリスト教的、一部分はアメリカ的だ……。

長老派の集まりの中ではよく知られている主任牧師のドッズ博士は、私たちに大変よくしてくれた。けれども彼の説教は神学的内容に欠けていた。説教壇からは、気配りの行き届いた心理的なカウンセリングがなされていた。しかしアメリカの長老制の内部で通達されている主要な代案は、これよりずっと悪く、後にプリンストン大学で経験したように、耐えられないくらい右傾化した原理主義だった。

2　アメリカ式生活

イサカは緯度がローマとほぼ同じだ。夏は猛暑で、時には三十二度を超えることがある。冬は猛烈に寒く、車を埋めてしまうほどの深い雪がよく降る。しかし素晴らしい春と、輝かしい秋がある。木々はイギリスよりも色彩豊かだ。周辺の田舎の風景はとても美しい。カユガ湖畔でピクニック、湖で水泳、田舎めぐりのドライブ、冬にはそり遊び（トボガン）ができた。

二人目の赤ん坊のマークが生まれる頃に、初めて家を購入した。小さな木造の家（アメリカの家はほとんどが木造）で、イースト・リンカーン通り三〇五番地にあり、町中だが、キャンパスのある丘のふもとに近かった。階段を登ると玄関で、そこから小さな居間に通じていた。廊下を進むと小さな二つの寝室、小さな食堂、風呂場、台所、小さなヤード（イギリス英語ではガーデン）へと通じていた。狭い階段を上ると屋根裏部屋があり、そこを二つに分けて、片方を私の書斎にした。床の格子から熱風が噴き出てくるセントラル・ヒーティングは、思いがけないぜいたくだった。また、何かと役立つ地下の娯楽室、それにポンティアックを入れる車庫もあった。

家は一万ドルだったが、ハットン・ブッシェルにいるマーグ伯母（マージョリー）に頼んで、必要な頭金を支払うことができた。マーグ伯母の夫、父マークの兄にあたるノーマンは、伯母に終生暮らせる資産を残したが、ノーマンとマージョリーの間には子どもがなかったので、伯母の死後はペムとシャーリーと私の三人に財産が分与されることになっていた。伯母は、そこから得られる利息分を伯母の存命中は支払い続けるという条件で、遺産相続分を私が前もって受け取ることを認めてくれた。残額分は家を抵当に、銀行ローンを組んだ。ドルで受け取る私の給与は、およそ一〇〇〇ポンド（ベルフォールドでは三五〇ポンド）に相当したが、何もかもが高かったので、借金せずには家などとても持てなかった。そして家具も調度品も何一つないままに生活が始まった。

> 一九五六年八月九日。見てのとおり、今、新しい家にいる。私たちは「やり遂げた」のだ。そして火曜日に引っ越しをし、片付けごとを続けている。ここ二日間、ヘーゼルはキャサリン通りのアパートの掃除に余念がない。私のほうは表玄関と階段のペンキ塗りをしたり、芝を刈ったり、庭の外に幼児が出ないようフェンスをめぐらしたりしている。家は夫婦の名義になっている。ローンを組んだ銀行には月五六ドルの支払い。内二〇ドルが利子、三六ドルが借金の返済。利率は五パーセント。さらに銀行には、市と州への種々の税金として月額二二ドルを支払う。

どうにかこうにかやって行ける程度の暮らし向きだが、時には周辺の村の長老派教会や会衆派教会で礼拝を執り行ったり、コーネル大学の夏季学校で教えたり、ヘーゼルがパートの仕事を見つけたりして、臨時の収入があった。こうした収入の中から、「それまではほとんど何もなかった家具を買い揃えていった。カーテン、調理用具、自動洗濯機、居間の絨毯、それからテレビも。大概は中古品だったが……」。このとき買ったテレビが最初のテレビだった。当時、番組は三十分もので、いつもコマーシャルが入り、実際には中味のないものを見せられた。特に覚えている番組は「ガンスモーク」で、保安官ディロン、副保安官チェスター、医者のアダムス先生、酒場の女キティ、それに悪漢どもが登場していた。

それはそれとして、アメリカのテレビは、BBCから輸入される公共の放映番組を別にすれば、どれもこれも人間性に対する犯罪だった。

アメリカに赴任してから一年後に、二人目の子、マークが誕生した。

顔かたちは、マークとエレノアは似ているが、マークのほうが体重は重い。発達面ではやや遅れていて、エレノアよりおとなしい。二人とも今のところは順調で、仲がいい。エレノアのおしゃべりは止まらず、マークはそのおしゃべりをほれぼれした様子で聞いている。エレノアはいつも自分のそばにマークを座らせたがるので、今ではマークはベビーサークルを不要と考えている。エレノアは「自分の弟」がすることを、何でも声を挙げて喜んでいる。ジョンはおとぎ話の最後に一行、言葉をはさむ。いま読んで聞かせているのは『三人姉妹の物語』――まんまるのグロブラ、ぺちゃんこのグラディス、いつも優しくて美しいシンデレラ。幸いにも、子どもたちは新しい話ではなく、同じ話を繰り返し聞きたがる。

ヘーゼルのフルタイムの仕事［何であったか今では思い出せない］が終わった。一週間ほど休んでから、今度は大学の管理棟でパートタイムの仕事を始める。パート代は少々高め。卒業生から大学への寄付金を集める組織で働くようだ。金持ちの卒業生を選んで略歴を作成し、趣味や関心事を探し出す。そうすれば、例えばある億万長者がテニス好きだとわかれば、その億万長者にホーマー・Z・ルンプルマイヤー記念テニスコートへの寄付を願い出ることができる。

最近、ベルフォードから私たち家族のところに何通か懐かしい手紙が届いている。道路に水があふれているのを見て、タリーばあさんがびっくり仰天したとか、アメリカへ手紙を出すのがどれほど大変なことであるかとか、ハンターの奥さんが新車を買ったが、ガレージから出すことができなくて、バスに乗るようにしているとか、いろいろのことが書かれている。

私たちのアクセントは明らかにイギリス調だが、お金に余裕があるかぎり、食生活はアメリカふうに変えるようにした。ここではだいたいの人がイギリス人より早起きだ。お昼はスープとサンドイッチだけの軽い食事だが、夕食は大御馳走だ。私たち家族のお昼はいつも標準の十二時より遅くなるが、それはジョンが十二時までに学校から戻れないことが多いからだ。ジョンはかならずしも喜んで食べるわけではないけれど、夕食にはたいていサラダがつく。アメリカ人の家庭の食卓では、夕食の後でもデザートなしですませることが多いが、ジョンと子どもたちは、むろんそのような習慣にはだまされたような気分になってい る……。

私たち家族は、現在、どちらかというと安物を使って生活している。大学の先生方から受けた親切には、いつかお返しをしなくてはならないと思っているが、プラスチック製でなく陶器の皿をもう少し買い揃え、食堂にももう少しましな家具を備えるまでは、そのお返しを先送りせざるを得ない。水曜日と木曜日には、隔週ごとに、ジョンの学生たちが我が家に集まる。これまでに十二人から二十五人の学生が来て、床に座ったりしたが、それ以外の日にも少人数が集まる。こういうときには学生のことがよくわかる。

今夜はイギリス人で哲学専攻の哀れな院生が来た。この院生はアメリカ式の生活にどうしてもなじむことができず、アメリカのどんなものよりオックスフォードのほうが優れていると言って、オックスフォードのことばかりノスタルジックに話した。この院生は、オックスフォード大学のいろんな人からジョンのことを聞きつけて、ジョンに好感を抱いているようだが、ジョンがこのアメリカで生活を大いに楽しんでいることについては許せないと思っているようだ。

ショッピングのときは、いまだに巨大なスーパーマーケットの中でとまどいを感じてしまう。食物はいつも衛生的に包まれている。野菜は土を落としてプラスチックの袋に入れ、冷蔵ショーケースの中で売られている。この方法は乱雑を防ぐ点では素晴らしいが、風味の点では、畑からじか穫りの泥まみれの野菜とは比べものにならない。りんごは大学の果樹園から直接に買えて、とても美味しい。また酪農部からは、料理に役立つ手軽な代用品として、脱脂粉乳も買える。ミルクは試しに大学農場から取り寄せている。配達されるミルクよりもかなり安いが、少々面倒だ。夏の間は、この辺りに亜熱帯産の果物が出回るので、大いに食べて楽しんだ。

コーネル滞在中に、二人の著名な学者が大学を訪れた。一人は国内で最もよく知られた二人の神学者の一人、ポール・ティリッヒで、もう一人はラインホールド・ニーバーだった。ティリッヒは二週間の連続講義をするために訪れた。その少し前、私は「スコットランド神学ジャーナル」誌にティリッヒ『組織神学』第一巻の書評——全体に好意的な書評——を寄稿していたので、その見本刷りを進呈した。それでティリッヒは会ってみようと思ったようだ。ホテルで会い、そのときに好物と聞いた白ワインでも飲みながら、今夜わが家でゆっくり話しませんかとお誘いすると、彼は快諾してくれた。そこでワインを買い、ホテルから我が家にお連れした。

私が次々と要点をついた質問をすると、ティリッヒは、質問者の意図を自分の体系の中に包摂していく独自のしかたで、十二分に答えてくれた。ティリッヒには印象深い存在感があった。思想家として大胆で独創的だった。この夜をティリッヒと共にすごせたのは、名誉なことだった。

後年、ティリッヒがプリンストン神学校を訪れたとき、教授陣の中で彼が知っているのは私だけだったので、再び親しく話をすることができた。ティリッヒの複雑な神学体系を私は取り込まなかったが、彼こそ可能性の新たな範囲を押し広げ、それによって全体的に前向きな影響を与えていく中心勢力だと、私は理解した。しかし残念ながら、そうした点は今日見すごされている。晩年、ティリッヒは日本を訪れ、京都で禅の哲学者たちと幅広く対話し、自分の考えの可能性をいっそう根源的な範囲にまで押し進めた。事実、ティリッヒは公開の最終講義の一つの中で、自分にもう一度時間が与えられるなら、自分の全体系を多‐信仰の基盤に立って再考するだろうと語った。当時ティリッヒは、この点では私のはるか先にいたが、それ以来、少なくともこの問題に関しては、私はティリッヒに追いついている。

ほかにも、学者としてはイエール大学のキリスト教思想史の教授、ロバート・カルハウンが訪れた。カルハウンの講義は有名だった。あまり出版物はなかったが、彼の講義は録音されていた。そうした講義テープを著書にするために、研究休暇中だった。彼の研究室には録音再生機、タイプライター、録音機などがあったが、講義する義務はなかった。とはいえ、私の授業の一つで、親切にも彼は話をしてくれた。

ここでカルハウンのことに触れるのは、彼が学者としては私とまったく異なるが、賞賛に値するタイプを代表しているからだ。彼は聡明な即興の話し手で、ノートがなくても講義ができ、また同じ思想を何度でも違った方法で表現することができた。つまり、基本的には同じ内容の講義を何回しても、そのつど新鮮な語り口で講義ができたのだ。それが彼を、これほどまでに輝かしく、また影響力を持った教師にしたのだ。ところが、これがベストという、一つの特定の言い方に仕上げることができなかった。いつも次には何か別のことが付け加えられたり、新しい切り口で語られたりした。そのため、キリスト教思想の起源と発展をテーマに、紀元後一年から著述を始めても、学期の終わりには紀元前五五年に立ち戻ってしまい、意図した著書は完成しなかった。それに比べると、即興能力のない私のような者たちは、満足できる言葉を一生懸命探し、見つかればそれにしがみつき、それをもとに出版にまでこぎつける。とどのつまりは、私のような者はおそらく出版しすぎることになり、そうでない者は出版が少なすぎることになる。

哲学者や神学者の個人的な心理状態は、相当程度、思考のあり方に影響を与えているにちがいない、と私は確信する。例えば、私は秩序と明晰さを好み、混沌や曖昧、不明瞭さを嫌う。整理するのはかなりうまいほうで、やりかけの仕事でごったがえしているよりは、むしろ机の上に何もない状態のほうが好きだ。だから私は、形而上学的な思弁から体系的な世界像を創り上げ、自分の頭の中の世界を整理しようとしているのかもしれない。

もっと一般的な言い方をすれば、体系的な思想家は生活の別の面でも、一般にもっと整然としているのだろうか。たしかに、精緻で秩序立った哲学的体系家のカントは、見事なまでに整然としていた。しかし体系的に考えない思想家は、一般に整然としてはおらず、その日常生活までもがだらしないと言えるだろうか。私にはわからない。いずれにせよ、そうした関連性があるとしても、どちらの場合の成果も無ではないと知ることが重要だ。このことは、異なる思考方法を持つ人には異なる知的仕事が求められるということを意味する。しかしこの主題全体にはさらなる検討が必要だ。

イサカでの生活が終わりに近づいたとき、三番目の子が生まれた。

この子が誰に似ているかはまだ決めかねるが、名前はピーター・ペントランドとしている。この子はエレノアとマークから熱烈に歓迎されている。二人は母親がお乳を飲ませている間も両脇から離れず、抱っこする順番を待っている。上の二人は古い部族の洞窟人間の再来ではないかと思えるほどだ。騒々しく、薄汚れていて、はしゃぎまわって、とくに「バン、バン」と大声で叫んで追いかけ合い、電車の音を上手にまねて電車ごっこをしたりするのが好きだ。マークはほぼ二歳だが、三歳半のエレノアと背丈はほぼ同じだ。ともかく二人は格好の争い相手だ。たまに二人が文明時代人になるのは、来客によい印象を与えようとするときだ。エレノアは着るものにとてもうるさい。毎朝駆け下りて来るなり、「今日はかわいい服を着られるの」と尋ねる。もちろん子どもたちには、アメリカ英語の言葉遣いとアクセントが身についている。

3 『信仰と知識』の出版と反響

私は自分の「信仰と知識」の完成原稿を持って来ていた。この原稿は、イギリスの出版社から何度も――正確な回数は覚えていない――断られたものであるが、今回はコーネル大学出版会に持ち込んだ。出版会はこれを匿名の査読者にまわしていたが、それが学部長のスチュワート・ブラウンだと、私には容易に推定できた。ブラウンは、最初の二章、知識に関する章と信仰に関する章を削除するなら大丈夫だと推薦してくれた。そのとき私は削除に同意せず、出版部長にセカンド・オピニオンを求めるように要請した。これに応じてくれたのが、プリンストン大学の宗教哲学の教授ジョージ・トマスで、彼は強力にあと押ししてくれた。そこで一九五七年、原稿どおりに出版された。

ところが九年後、第二版の準備をした折に、当初の二つの章は結局、削除することにした。その部分に関わるところはほかにもあったし、またいくつか新しい章を付け加えたいとも思ったので、削除は全く問題にならなかった。もっとも、本書を哲学部から遠ざける目的で、悪意に満ちた書評を哲学部編纂の『フィロソフィカル・レビュー』誌に評した書評者を除けば、本書は最初の形のままでも十分に受け入れられていた。

それはさておき、本書は好評を博し、かなり広く読まれて、すぐに増刷が必要になり、さらには第二版や改訂版が必要になった。最後の増刷版は初版から三十一年後の一九八八年、マクミラン社から出版された。また、その間（一九七八年）には、コリンズ・ファウント・ペーパーバックの廉価版が出ている。この版の文体はどちらかと言えばファーマーふうで、後に出版した著書と比べると、やや古めかしい。その趣の一端をお目にかけよう。

私たちは、物であれ人であれ、世界内の対象を、私たち自身の経験を通してか、あるいは経験内の証拠に基づいた推論を通してか、によって意識するようになる。通常の宗教信者［現在、私が直接的な宗教信者と呼んでいる者］が伝える神意識は、前者のたぐいである。彼［ここで彼というのは、まだ包括的な言語になる前だったからだ］は神が存在することを推論したのではなく、生ける存在［あるいは、より適切には、生ける現存］として神が彼の経験の中に参入してきたと告白する。彼は、自分が神の経験として描く何ものかを享受していると主張する。しかし通常の［直接的な］信者は神意識を、経験するどの対象からも孤立して存在するとは言わない。彼の神意識は、物的・社会的環境に関する彼の意識の停止を含意しない。それは信者の心を占有し、その正常な知覚野を消し去ってしまうような、孤高の栄光に輝く神のビジョンではない。

彼は物的・社会的環境の中で、またそれを通して出会う神の把握を主張する。彼は人や物の世界の関わりの中でなぜか神と関わり、また神も彼に関わっていることを知る。日常生活の一瞬一瞬が、彼にはさまざまな度合いにおいて宗教的意味を持っている、あるいは持っているかもしれない。……私はこの宗教的主張によって要請されるような「媒介的」知識が……私たちの認知経験に共通する、また容認されている特徴であることを、さまざまな分野で示そうと試みている。そのためには人間経験の基本的性格、私が「意味」と呼ぶものについて、同時にまた、それが把握されるときの相関的な精神活動、つまり私が「解釈」と呼ぶものについて学ばなくてはならない。解釈は人間の思考によって認識される三つの主要な存在の様式、ないしは意味の道理——つまり自然にあるもの、人間的なもの、神的なもの——のそれぞれに関連して成立する。そして自分自身をそれぞれに適切に関連づけるためには、解釈という原初的で証拠の立てられない行為が必要となる。これが神に向けられたとき、その解釈の行為が、伝統的に「信仰」と言われてきたのである。

そこで私は、宗教的知識の対象がユニークであっても、基本となるその認識論的パターンは、すべて私たちの知っているものであることを示そうと試みている。……物的世界、つまり自然が持っている私たちにとっての意味は、私たちがその特性や「法則」を学びとらなくてはならない対象的環境であり、また生き延びようとするなら、私たちが絶えずそれに向けて正しい関係を保たなければならない対象的環境であるという意味である。

人間世界、つまり人が持っている私たちにとっての意味は、私たちがそこにおいて責任を負う行為の主体であり、道徳的義務に服する関係領域であるという意味である。この道徳的意味の世界は、いわば自然世界に重なり合っている。そのため自分自身をこの道徳的世界に関連づけることは、自分自身を自然世界に関連づけることと別のことではなく、むしろそのように関連づけようとする特定の態度なのである。そして同様に、自分自身を神的なもの、つまり神に関連づけるいっそう究極的に重大な態度は、自然および倫理の世界内へと自分自身を向けることと別のことではない。逆に、そうすることにより、自分自身をその方向に向けていく方法へと導かれる（還元されるのではなく）のである。

この本では、「終末論的検証」の概念や「何かを何かとして経験する」（これは第二版の中で）の概念も紹介した。これらについてはその後、数多くの論文が書かれている。さらにキリスト教信仰を気質の側面から論じようとするキリスト教倫理の概念（これも同様に第二版の中で）も紹介した。

哲学に通じた読者であれば、『信仰と知識』の中に、エディンバラ大学のケンプ・スミスから受け継いだカントの影響、H・H・ファーマーから受け継いだジョン・オーマンの影響、特にオーマンの『自然と超自然』（一九三一）の影響を見て取ることができるだろう。そのほかに、自然にあるもの、倫理的なもの、神的なものの区別に関しては、エディンバラ大学のジョン・マクマレーからの影響、それから（第二版の中では）ジョン・ウィズダムから受け継いだ、ウィトゲンシュタインの「何かを何かとして見る」の議論の影響も見て取れるだろう。私たちは誰一人として――カントやウィトゲンシュタインのような人は別として――、自分が思っているほどに独創性があるわけではない。私たちはある時代をある場所で生き、その時代とその場所から自己形成の影響を受ける。だから自分が持ち得たと思う独創性も、大方はこうした影響をうまく利用したにすぎない。また今後、何年間も自分が及ぼす影響も、弟子を得たからできるのではなく、後代に、誰か別の思想の中に新しい方法で取り上げられるような考えを提唱することによってできるのだ。

イースト・リンカーン通りの小さな屋根裏部屋の書斎で、一枚がたぶん二フィートもあるようなゲラ刷りの校正をしていたとき、それ以降の書物の組み校正刷り（ゲラ刷りではなくなった）では二度と遭遇することのない奇妙な現象に出会った。二つの連続した行が、同じ単語で始まったり終わったりするということが異常なほど多かった。これは変則的なことに思えたし、それを避けるためには言葉遣いを変えなければならないと、いつも感じていた。

私は今でも、この最初の著書に愛着を覚えている。ウィリアム・オールストンがこの著書から強い影響を受けたと聞いたときは、とりわけ嬉しかった。人の業績を認めることは、当人の名声を認めるのと同じ価値がある。オールストンは私と同世代で、現代アメリカの著名な宗教哲学者たちを全世代にわたって教育し、強い影響力を持つ人物だ。そして学問の方法が基本的にわかり合えることと、何年にもわたってつきあいが続いていることに、とても感謝している。彼とは『信仰と知識』の出版直後、ミネソタ大学で開催された学会で初めて会った。そして互いに共通点がたくさんあることを知った。そのときのことをオールストンはこう述べている。

その頃、学問の階梯では、私のほうがジョンより少し先にいたが、哲学的神学の思想では、彼のほうが私より何光年も先にいることが、あの著書から明々白々になった。……初版から、あの著書は私に深い印象を与えた。なによりも、神信仰が生き生きと立派に形成されるなら、それは人生における神の現存と活動の経験に依拠する、という要点の主張が私には印象に残る。(1)

そしてオールストンは、彼の最高傑作『神を知覚する』の中で、自分の考えが「ジョン・ヒックの『信仰と知識』に見られる問題の扱い方に強く影響を受けている」(2)と重ねて述べている。とはいえ、オールストンと私とでは、彼のほうがその神学において、はるかに正統的である点で異なっている。この点に関連して私は、オールストンが「(彼の) 立場上もっとも困難な問題」[3]として受け止めているもの、つまり宗教の多様性の問題に対する彼の応答を批判したことがある。

経験を基盤とする彼の宗教的信念の擁護論は、キリスト教徒の信念の場合と同様に、ムスリム、ユダヤ教徒、ヒンドゥー教徒、仏教徒の信念にも当てはまる。したがって、キリスト教徒の信念を真とし、それ以外の信念を偽とすると主張するなら、キリスト教徒の信念とそれ以外の信念との間には非両立が生じるから、オールストンの言っていることは、宗教的経験は偽なる信念を生み出すという一般法則に対して、キリスト教の信念体系だけが唯一の例外に当たるという問題を提議したことになる、と私は指摘した。[4] オールストンは懸命に自分の擁護に努めた。ごく最近では、私の『宗教哲学における対話』に寄稿して、自分の立場を擁護した。[5] この問題では隔たりがあるが、だからといって私たちの基本的な認識論的理解に、あるいは私たち相互の尊敬と友情にはいささかも影響しない。

コーネル滞在中に出版したものの中で、多少なりとも意味あるものをもう一つだけ挙げるならば、それは『スコットランド神学ジャーナル』誌に掲載した論文だ。[6] この中で私はスコットランドの神学者、ドナルド・ベイリーの名著『キリストにおける神』に見られるキリスト論が、正統的なカルケドン信条から遊離していると批判した。しかし後に、神学上のUターンをする中で、私はベイリーに同意するようになった。彼が提示した「恩寵の逆説」は伝統的正統主義に沿うものだと彼は信じて疑わなかったが、その見解こそ伝統的正統主義からの根本的な遊離であるという私の指摘は正しかったと思う。しかし私も同様に、この根本的な遊離が正しい動きだと考えるようになった。もっとも当時の私の論文は、まだキリスト教信仰の伝統的正統主義を表明していた。

イギリスに比べると、アメリカの学界は新しい才能を認めたり、新しい考えに関心を寄せたりすることがはるかに早い。イギリスでは、最初の書物を出版したばかりの若手研究者がすぐに知られるようになったり、二年くらいの間に学会に受け入れられるようなことはなかった。しかしアメリカでは、国がもっと大きいにもかかわらず、私はすぐにニューヨークのアメリカ神学会に加わるよう招かれた。ちなみに、年長の多くの著名人たち——ティリッヒやニーバー兄弟たち——がその学会の会員だった。私はロチェスター大学、ウェルズ大学、コルゲート・ロチェスター神学校、バサール大学、ミネソタ大学などでの講演に招かれた。またマックギル大学やユニオン神学校でも講演に招かれた。そのほかにも数多くの会議で講演した。

一九五六年、ファーマーはニューヨークのユニオン神学校が私に注目している旨の手紙をくれた。

近いうちに君が神学校の仕事に就くことを大いに期待しています。コーネルでキリスト教の仕事をする機会は非常に素晴らしく、君がその機会をとらえて十分活躍されることはまちがいないのですが、将来の牧師を育てることは、特にアメリカでは、戦略上さらに重要です。本当にやりがいのある仕事の機会があまりにも早いうちに来て、君がコーネルとの関わりで板ばさみにならないよう願っています。それはそれとして、私自身が望んでいることは、アメリカの神学校との契約が早く来るなら、早く来て、それが遅くならないことです。そうすれば、こちらの空きを埋める候補として君を外し、これから先、指名する［ウェストミンスター神学院におけるファーマーの後継者として］必要がなくなるからです。

ファーマーの予言どおり、ニューヨークのユニオン神学校から講演と礼拝説教の依頼があり、そこの教授たちによる面接調査があった。私は、学長のヘンリー・ヴァン・デューセン博士の豪華なアパートに数日滞在し、ラインホールド・ニーバーの講義に出席し——ティリッヒはすでにハーバードに移っていた——、ニーバーの同僚たちといろいろ会話し、また議論もした。ユニオンでは、とりわけダニエル・ウィリアムズに代表されるプロセス神学が強かったが、そのプロセス神学のことを私が一度も耳にしたことがないと知って、彼らは当惑するよりも、むしろ面白がっていたようだ。しかし私に対する彼らの関心は、私が熱心なキリスト教徒でありながら、分析哲学の流れに身を置く代表者の一人である点だった。

ことが順当に進んで、私は助教授のポストを与えられたが、給与は準教授のものだった。そこで私は交渉した。準教授の給与がもらえるなら、私の地位は準教授ではないのかと……。これに対する回答は、助教授としての試用期間がなければ、準教授としてやっていく終身在職権は与えられないという、これまた納得のいく回答だった。

このときだったか、あるいはニューヨークに出張した別のときだったかに、ヘーゼルからもらった手紙を今も大事に持っている。

あなたに何事かが起こることを無心に待ち続けているのですが、主は何のしるしも与えてはくれません。それで私は、何のしるしも前触れも受けないままに、まあ、これまでどおり元気にしていましょうと言うことにします。……頭を使ったり、人より抜きん出たり、働きすぎたり、神経をすり減らしたり、そんな合間にも息抜きの時間は大事になさいますように。……ポスティとエレノアはどちらも少ししかお通じがありません。何てことでしょう。赤ちゃん［マーク］は、このごろ昼間はご機嫌斜めです。たぶん暑さのせいでしょう。「良い赤ちゃん」であるためには、夜のお通じだけじゃなく、昼間の努力も大事だと思うのですが……。今日、エレノアは何度もバスケットを手にとって、「ヨーク」に旅立つまねをしました。……愛するジョン、とても寂しいです。お帰りを待ち焦がれています。永遠の愛を込めて。ヘーゼル。

もしも本当にユニオンへ行くことを望んでいたなら、私は彼らの申し出を受け入れていたかもしれない。しかしことが進行している間に、二つの別の誘いが舞い込んできた。まずモントリオールのマックギル大学から、講演の依頼と面談の申し入れがあった。私はティリッヒの体系と古代グノーシス主義の相似性について語り、合わせてその含意についても語った。ティリッヒには分が悪かった。しかし教授の何人かの反応は、それだけにグノーシス主義のほうに分がよかった。今の私なら、自分自身よりも教授側のほうに傾きたい気持ちになる。しかし、それにもかかわらず、私にはジョージ・ケアードがオックスフォードへ移るということで空きになるポストへの要請があった。世界宗教研究所の創設者であるウィルフレッド・カントウェル・スミスに初めて会ったのは、マックギル大学を訪ねたこのときだった。後に、彼はよき助言者であり友人となってくれた。彼については後述する。

マックギル大学と競って、次にプリンストン神学校も私に関心を示した。当時の学長ジョン・マッケイは退職前の最後の年にあったが、彼は長老派の大物で、私に訪問を促した。マッケイは（通常いわれている）人情の厚い親分肌の学識ある学長という世代の、最後の人物のようだった。たいがいは口頭で物事の処理をした。神学校のある教員は、マッケイが口約束した昇進がいつまでも果たされないという苦情を、学術認定機関に申し立てた。そのため、マッケイと神学校は適切な書面による契約がないことに関して調査を受けていた。よくは覚えていないが、私の場合は契約書をもらっていたように思う。マッケイからは最初、準教授という話だったが、次にはエミール・カイエの後任として、キリスト教哲学のスチュアート講座担当教授という話に格上げされた。

こうした交渉のすべてから、私が自分の才能についてかなり明るい見通しを持っていたことは明らかだ。自分の専門分野の同世代にも、また指導的立場にある先輩にも多く会った。そして感じたことは——正当だったか正当でなかったかは別として——先輩たちにははるかに偉大な学識と経験があり、また若手にはかなりの将来性が見込めたが、分析的で構築的な思考の面では、誰一人として私と違っていたり、私より上に立つ者はいなかった。

プリンストン神学校は、神学に関して私が健全で保守的であると見なし、事実私もそう思っていた。そうでなければ、ユニオンかマックギルをためらわずに選んでいただろう。自由な思想家には、両校のほうがはるかにすぐれた環境だったからだ。ところが、ほどなくして、私がそれほど保守的でないことが明らかとなった。しかしこの神学校は、長老派ではアメリカ最大の、また一流の学者を擁する指導的神学校だった。プリンストンは大きな総合大学と優れた学校をいくつも抱える、非常に魅力的な町だった。またこの神学校からの受け入れ条件も申し分なかった——それで私たち家族は、そちらに赴いた。

注

（1）Arvind Sharma, ed., *God, Truth and Reality : Essays in Honour of John Hick*, London : Macmillan, 1993, pp. 24-25.
（2）William Alston, *Perceiving God*, Ithaca and London : Cornell University Press, 1991, p. xi.
（3）同書 p. 255.
（4）John Hick, 'The Epistemological Challenge of Religious Pluralism', *Faith and Philosophy*, July 1997, and reprinted in my *Dialogues in the Philosophy of Religion*, London : Palgrave Press, 2001.
（5）William Alston, 'Response' in ibid.
（6）John Hick, 'The Christology of D.M. Baillie', the *Scottish Journal of Theology*, March 1958.

第11章　異端者にされた事件

1　プリンストンでの暮しと仕事

一九五九年夏、私たちはイサカからプリンストンに移った。プリンストンでは神学校が、ストックトン通り六〇番地にある、古い赤レンガ造りのそびえ立つような家を用意してくれた。向かいはニュージャージー州知事の官舎だった。家は十六室あり、バスルームも六つ付いていて、キャンパスの中央ボイラー室から地下に引いた温水パイプで暖房されていた。

大きくて心地よい書斎がジョンのおもな仕事場だ。子どもたちは来客を楽しみにしている。よく来客ごっこをして遊んでいるが、ときには言われたとおりにドアをあけて、本当の来客を迎え入れる。エレノアはもう四歳半で、幼稚園に通っている。「ミドルネームはなんていうの」と聞かれたから、「エレノア・バブルガム・ヒック」と答えたというような、冗談まじりの話を外で覚えるようになってきた。マークは少しやんちゃで、そろそろ三歳。ピーターはちょうど一歳だ。その「少しやんちゃ」な坊やのほうはとても活発だ。先日のこと、図書館から非難めいた電話があり、「小さな坊やが、きれいな芝生の庭に立っている木を鋸で切っていますよ」と伝えてきた。これは地下室から鋸を持ち出したマークのしわざだった。さらにマークはその日の昼近く、図書館からよく見えるその庭の木をトイレ代わりに使って、ギョッとして見守る図書館の人たちをふんだりけったりの目にあわせた。

郊外にはサイダー（アップル・ジュースのこと）をつくる工場があった。私たちはリンゴがつぶされ、ジュースが機械の中から流れてきて、クォート瓶（〇・九五リットル）に詰められていくのを見学した。その瓶を買って帰り、家で飲んでみたが、実においしかった。そのほか、アイスクリーム工場やパーラーもあって、いろいろな味のする素敵な飲み物を味わった。

降誕節のロウソクに火をともす頃になると、エレノアはクリスマスが来ることに夢中になり、さっそく、「クリスマス・イブは、坊やたちを呼んで、お人形さんやクマさんたちと一緒にお部屋でパーティをするの。ごちそうを用意して、コカ・コーラを飲むの」と皆に知らせた。「それでは本物のコーラを用意してあげましょう」というと、エレノアは大はしゃぎした——おおかたの子どもたちのパーティのように、本物のコーラは想像するだけのものと思っていたことは明らかだ。彼女はマークと一緒に部屋に駆け込み、ペーパーナプキンやオモチャのお皿を並べて、クリスマス・イブの準備をした。ガムやコカ・コーラのようなものは、子どもたちの頭の中では珍品で、魅力の元になっていた。だから、そういうもの（特にガムのようなもの）を珍しいものにしておけばおくほど、それはますますいいことだった。……食習慣はなかなか直らず、家族生活の中ではそれが大事なこととして記憶されている——我が家の発見はアメリカのパンケーキだった。それはスコットランドのパンケーキかドロップ・スコーンのようだが、二、三枚積み重ねて「厚く」し、メープル・シロップをかけて朝食にするところが違う。

プリンストン神学校は当時、創立百四十八年を迎えて、五百人の学生を擁し、アメリカ長老教会では最大の神学校だった。三年間の神学士（BD）課程には各学年百名ずつが在籍し、神学修士（Th. M）課程には約百名、約二十五名全員が女性の宗教教育学修士（MRE）課程、約二十五名が神学博士（Th. D）課程、あとは種々の特殊課程の履修者だった。学生は二十七カ国から来ていて、長老派は言うまでもないが、他の宗派はルター派、バプテスト派、エピスコパル派、メソジスト派、組合派、ギリシア正教にまで及んだ。

五十人以上の教授陣がいて、中でも最も直接の私の同僚は、スコットランド出身のジョージ・ヘンドリーと、季刊誌『セオロジー・トゥデー』の編集担当のヒュー・カーだった。彼らに対して支配的な影響力を持っていたのは、膨大な『教会教義学』を発刊し続けたカール・バルトだった。バルトが神学校を訪れ、彼が講演するのを聞いた後で、初めて私は「椎間板ヘルニヤ」の兆候を感じたので、私はこの病気をバルトのせいにした（その後もっと悪くなったが、三年後に手術を受けて成功した）。それから、神学校には二人の著名な新約学者がいた。一人はドイツ出身のオットー・パイパー、それにブルース・メッツガーだった。どちらも非常に保守派だった――ただオットーのほうには急進的な傾向がみられなくもなかった。ほかにもいろいろな人がいて、それぞれの分野でよく知られていた。

神学校の中でいちばん親しくしたのは、キリスト教教理史の教授エド・ドーウィで、彼にはカルヴァンに関するすばらしい著著があった。当時、さらに別のスイス宗教改革者についても書いていたが、残念なことに、その完成をみる前にパーキンソン病で退職してしまった。また、大学の宗教学部のジョージ・トマス、哲学部のグレゴリー・ヴラストスとウォルター・カウフマンとも知り合いになった。ウォルターのほうは戦闘的な無神論者で、ニーチェ研究の権威（彼のニーチェ理解で私の理解は変えられた）であり、また『ある異端者の信仰』の著者でもあった。ウォルターとは折り合いがよく、彼の授業で私が話したり、私の授業で彼が話したりした。

私は神学校に所属するキリスト教哲学の教授だった。しかしキリスト教哲学というような研究テーマはないことを、私は就任講演で説明しなくてはならなかった。たしかに、キリスト教哲学者はいる。けれども、キリスト教哲学はない。私が実際に教えたのは宗教哲学で、あとはときどき悪の問題やポール・ティリッヒの思想を取り上げてゼミを行った。それ以来、教え子の何人かが研究職に就いている。その中に、クレアモントでのよき友人で、現在、マッケナ大学の哲学の教授をしているスティーブン・デーヴィスがいる。彼の場合、ずっと保守的な福音派だが、政治的には右翼ではないという点で変わっている。彼については再び22章で述べる。

フィラデルフィアの哲学研究会で研究発表をしたのは、私がまだ神学校で教えているときだった。その研究会には、スワースモア大学のエリザベス・ビアズリーとモンロー・ビアズリー夫妻が出席していた。夫妻は教科書の大手出版社であるプレンティス・ホールから委託を受けて、哲学の全分野をカバーする新シリーズ――哲学の基礎シリーズ――を編纂していた。シリーズには、それぞれの分野を代表する学者からの権威ある序文が寄せられるものの、各著者はそれぞれ独自の視点から書いてもよいことになっていた。たいていの分野には、明らかにトップレベルの学者の名前が掲げられていた。認識論のロドリック・チゾルム、政治哲学のヨエル・ファインバーグ、倫理学のウィリアム・フランケナ、科学哲学のカール・ヘンペル、言語哲学のウィリアム・オールストン（すでに著名だった）、形而上学のリチャード・テーラー、論理哲学のウィラード・ヴァン・オーマン・クワインだった。

しかし宗教哲学では、当時これに並ぶ学者はいなかった。古参の番人——例えばポール・ティリッヒ、チャールズ・ハーツホーン、ポール・ワイス、ブラント・ブランシャードといった人——はいたが、新しい「分析的」伝統の内には、秀でた学者がいなかった。そのため出版社はリスクを負わなくてはならなかったが、幸運にも、そのリスクの対象が私に決まった。私にはいちばん書きやすい書物だった。というのも、自分が述べたいと思う内容にはすでに十分な時間がかけてあって、そのテーマについても、すでに私は教えていたからだ。そこで一気に、ひと夏で書き上げた。プレンティス・ホールは出版に極めて慎重だった。最終的に上梓する前に、前刷り版を作り、いくつかの大学で試し、私も自分の神学校で試した。

この書物はシリーズの最初に出されたものだが、英語版は四〇万部ほど売れて、私が書いたものの中ではいちばん多く愛読される著書になった。あるときには、年に一万ドルを優に越える印税が入ってきて、そのお金で子どもたちの教育費をまかなうことができた。そのため第二版では、「エレノア、マーク、ピーター、マイケルのために。この小著が彼らの教育の一助になればと願いつつ」との言葉を献辞にした。この書物はすぐに多くの外国語（中国語では二〇万部）に翻訳された。絶えず発展して姿を変えるテーマの変化に応じて、私はおよそ十年ごとに改訂版を出した。初版からおよそ四十年たった今日でも、第四版が息づいている。

同じテーマを扱った読本、『古典から現代に至るまでの宗教哲学読本』（一九六四、一九七〇、一九九〇）も、今なお売れている。プリンストン在職中に学術会議を開き、そのときの発表論文を編集して、『信仰と哲学者たち』（一九六四）として出版した。論文の寄稿者にはヘンリー・プライス（当時、カリフォルニア大学バークレー校を訪問中だった）、チャールズ・ハーツホーン、ウィリアム・オールストン、アラスデア・マッキンタイア、ノリス・クラーク、リチャード・ブラント、ブラント・ブランシャード、アルビン・プランティンガ、カイ・ニールセンといった面々で、多くは当時、すでにアメリカの宗教哲学者として有名だったり、新進気鋭の学者だったりした。

一九六一年三月二十一日。先週月曜日はニューヨークに行き、(ウィーンふうのレストランで)ポール・エドワーズ(ニューヨーク大学の哲学教授で戦闘的な無神論者)に会って、彼が編集している三七五万語の『哲学百科事典』について話し合った。百科事典の編集にはたくさんの問題があることをよく了解しているようだ。私も編集委員の一人で、「信仰」「啓示」「悪」「目的論的論証」「オーマン」「テナント」といった項目を担当し、だいたい二万三〇〇〇語程度を執筆することになっている。最初の原稿を送ったところで、ポールの編集助手がつまらないことで文体上の助言をしてきた。私がポールに文句を言うと、ポールは「無視してくれ」といって、すぐにその厄介者を解雇してしまった。その後、ポールは、別の誰かが書いた「存在論的論証」の原稿に満足できず、「簡潔な注釈でいいから付けてくれないか」と私に頼んできたので、そのとおりにした(『百科事典』全八巻は一九六七年に出版され、一世代後に次のものに代わるまで標準的な事典として利用された)。

金曜日にリチャード・ロビンソン(オックスフォード大学オリエル校哲学部の学部長で、当時プリンストン高等研究所にいた)と昼食をしたが、彼はその後すぐにイギリスに戻った。私がリチャードの辛辣な書評のことを話題にしたところ、彼は「すでに名前が知られていながら、芳しくない研究しかできていない人を叩いて、研究水準を少しなりとも引き上げる手伝いをしているだけだ」と言った。

ストックトン通り六〇番地で二年間すごした後、私たちは中心街にも神学校にも歩いて行ける距離で、しかも心地よい並木道のホーソーン通り二七七番地にある家を買った。この家はアメリカで最も普通に見かけられる木造二階家で、二区画分の広さがあり、大きな庭に木もたくさん植わっていた。一階の片隅には建て増しの部屋があり、そこが私の書斎になった。また、家とガレージの間にはバスルーム付きの離れがあったが、これは生物学専攻のドイツ人研究生に貸した。この研究生はブリキ製の水槽に小さなワニを飼っていて、つきまとう子どもたちを興奮させた。裏庭には虫よけの網を張ったテラスがあり、暗くなるとホタルが楽しめた。また、子どもたちは両親が起きる前にここに下りてきて、朝食用のコーンフレークを自分で用意して食べた。

ヘーゼルは聖歌隊で合唱を大いに楽しんだ。が、私のほうは、音楽はからきしダメだった。そこで家族は、新しいLP盤がかけられる性能のいいレコード・プレイヤーを買い込んだ。私が聴いて初めて感動した曲は、ぴったりの、ドボルザークの交響曲「新世界」だった。

日記より――。先週はファーマーがずっと我が家に滞在していた。旅行と講演で多忙な六カ月の最中にあって、やや年寄りっぽく、疲れているようにも見えた。しかし、いつものユーモアを絶やさず、謙虚で、物の見方が深くキリスト教的だった。彼は大学のほうで二回、こちらの神学校では一回講演し、それぞれの場所で教授たちと昼食を共にし、働きすぎになることもなく、おおむね良い一週間を過ごした。

2　処女降誕説をめぐって

しかしプリンストン時代の最大の出来事は、思い起こせば実にばかばかしいことだったが、あの「処女マリアに関する事件」だった。これは二十世紀より十九世紀の半ばに当てはまるような、実に時代錯誤的な事件だった。アメリカの長老主義に光を当てながら話を進めていくうちに、徐々に明らかになることだが、アメリカの長老主義というのは、私の見るところ、あの時から今になっても、ほとんど神学的に前進していない。

長老派の牧師が新しい任地に着くと、だいたい自動的に、その地域の会衆に対し権威を持っている牧師たちや古手の信徒たちからなる地域長老会に、加入の申し込みをする。私もベリック長老会からニュー・ブランズウイック長老会宛の推薦状を持って、加入の申し込みをした。ところが、たまたまこの申し込みを受け取ったのが、委員会の議長で、『キリストの処女降誕』（一九三〇）の著者J・グレシャム・メーチェンの弟子でもある、石頭のクライド・ヘンリー（「クライド」には石頭という意味がある）だった。メーチェンは、プリンストン神学校（十九世紀の校長の中には、自分の統治下ではいかなる新思想も生じなかったと自慢する者がいた）よりもさらに保守的だったので、一九二九年ここを飛び出し、自分自身の神学校ともいえるウェストミンスター神学院を創立したくらいだ。

私が委員会に出頭すると、クライド・ヘンリーは自分の権利を行使して、私に質問をしてきた。それは、私の立場からみて、ウェストミンスター信仰告白（一六四七年）の中には何か相容れない事項があるかどうか、というものだった。私は実際にこの信仰告白を読んでいて、神学的にはかなり保守的だと思う反面、完全に時代遅れだとも思っていた。私は創世記の最初の二章――世界が六日間で創造されたこと、アダムとイブがエデンの園で禁断の木の実を食べたこと――に対する逐語解釈について、意見を述べた。それから天国行きと地獄行きに分けて考える二重予定説と、さらにイエスの処女降誕についても意見を述べた。処女降誕は否定しないが、肯定もしない。また、受肉の教義が中心であることは認めるが、処女降誕が受肉の教義に不可欠であるとは見なさない。このように述べた。その後、長老会が二度ほど開かれ、私が述べたことについての是非が論じられたようだ。二度目の長老会の席では発言を求められ、私は次のような、概してすこぶる正統的な神学を披瀝した。

では、特に主の処女降誕について一言お話しさせていただきます。私のなすがままに許されたとしても、このことについては付け加えてお話しすることは何もありません――この点においては、ここにご出席の牧師の皆さん方がご存知のとおり、私もまた新約聖書の主だった記者たちの例に従っています。つまりパウロ、ヨハネ、マルコ、ペテロ、ヤコブ、ユダ、こうした人々の全員が、受肉の言《ことば》としてキリストを信じてはいますが、この中の誰一人として、処女降誕という考えを述べている者はいません。そこで、この点では私もこうした人々に従うことで満足しています。

しかし、あえてこの点について何かお話しするとすれば、それは端的に、私が処女降誕を肯定していないということです。それは私の個人的な信仰の中で、何の役割も果たしていません。だからといって、私は何もそれが不可能であるとか、真理でないかもしれないなどと言っているわけではありません。また、それを肯定する人々と言い争うつもりも毛頭ありません。ただ自分はこれを肯定できないでいるだけです。

長老会会員の大部分が、これで十分だと見なしていたことは明らかだ。後で、私が三人称で書いた説明を引用すると、「会場で長時間の論議があった。その後、強く肯定的な投票。彼は順当に長老会の会員として受け入れられた(1)」。

しかしながら、クライド・ヘンリーと他の何人かは、長老会の決定に反対して異議申し立てをし、さらに上級の権威であるニュージャージーのシノッド（教会会議）に上訴した。そして神学校の皆が驚いたことに、その上訴が支持され、私を受け入れるとした長老会の先の決定が撤回されたのだった。シノッドの書記長によれば、長老会の決定が覆された場合、私の教授職は剝奪されるという。というのも、神学校の教授はみな、合同長老教会の牧師でなくてはならなかったからだ。そこで、これに対抗する異議申し立てが、ほぼ一年後の五月に開催される予定の、教会の最上級の集会である年次総会に対して、ただちに行われた。

新聞社が電話で意見を求めてくるとわかっていたので、私は文章を用意しておいた。それが「ニューヨーク・タイムズ」紙に掲載され、その後、他の新聞にも掲載された。内容は次のとおり――、

係争中の神学的問いは、長老教会の全牧師が、キリストの誕生に関する生物学的奇蹟を肯定しなくてはならないか、それとも牧師のうちのある者には、それが不確かであるという理由から、これが二次的問題であるかどうか、ということである。私は中心的なキリスト教の受肉信仰と、神学的に周辺的な処女降誕物語とを区別している。私は、この問題が教会の年次総会で最終的に決定されるときには、より広い見解のほうが優勢になると予想している。

この「ヒック事件」は、国内の新聞紙上で広く報道された。

年次総会への上訴文は、ベンジャミン・アンダーソンほか数名が署名した。ベンは、私たち家族が以前しばらくのあいだ所属していたウィザースプーン教会の牧師で、第一長老教会の自己満足的な裕福さには全く毒されていないと感じる好人物だった。ウィザースプーン教会は一八三七年に建立された教会だが、もとは奴隷の教会で、黒人牧師が率いる黒人会衆が多数派を占めた教会だ。今では白人の家族が何組か所属し、私たち家族は二番目に所属した家族だった。その教会での礼拝はまことに実のあるもので、そこには畏敬の雰囲気がみなぎっていた。ヘーゼルも私もそれを経験した。ベンは立派な牧師で、よい友人でもあった。

神学校の校長ジム・マコードは、はじめは慎重だったが、すぐに長老会や私の側について、シノッドには反

対する立場を取ってくれた。神学校側も、概して私の支持にまわってくれたといえるだろう。その中の幾人かは衷心から私を支援してくれたし、他の人もそうだった。私の日記から――、

昨日の教授会で、ジム・マコード校長がこう言った。「ニュー・ブランズウイック長老会の会員は、全員が四月十八日の集会に出席されることを願っております。この集会では、神学校にとって重大な事項が決定されようとしています。また教会にとっても重大な事項が決定されようとしています。当日、授業のある人は休講にしてください。この集会が優先するからです」。お見事、校長！

百人からの学生が署名入りの手紙を送ってくれて、その全員が処女降誕について同意しているわけではないが、処女降誕を肯定しないからといって私が除け者にされるべきではないという点では、みんなが同意してくれた。

事柄の決着は教会総会までお預けとなったが、年があけると百通以上の手紙が届いた。何通かは著名な教会人や神学者からのもので、支援や励ましを与えてくれた。その中には、当時ニューヨークのユニオン神学校の学部長だったジョン・ベネット、プリンストン神学校の前校長で、私を任命してくれたジョン・マッケイ、著名な神学者で、当時レバノンのベイルートを訪れていて、かの地の新聞が私の事件の報道でもちきりだと伝え、私に賛成すると表明してきたネルス・フェレ、カリフォルニアの聖公会主教で、上訴が却下されれば「君を喜んで迎えたい」と伝えてきたジェームズ・パイク、ニューヨークのゼネラル神学校で、リベラルな聖公会神学者としても有名なノーマン・ピッティンジャー、こういった人たちが含まれていた。

ピッティンジャーとは、後に彼がイギリスのケンブリッジに引退したときに知り合うことになったが、私を

異端呼ばわりする非難に対して、彼が次のように応答しているところが面白い。「私は根拠のない疑惑を否定する。また、根拠のない疑惑を言い立てる者を無視する」。別の人の手紙には、「似非《えせ》批評家による批評を許すな」というモットーが添えられていた。さらに別の人からは、もし神学校を離れなくてはならなくなったら、是非ともテキサスのトリニティ大学においでください、という誘いもあった。

もちろん、戦闘的な原理主義者からの手紙もあった。お前は地獄の鼓動だとか、「命には重々気をつけな」といった警告などもあった。ほかにもいくぶんか穏やかなものがあった。「あなたは神の言《ことば》から離れておいでです。ですから、このこととは矛盾しているほうがいいと思います。もし処女降誕を否定なさるなら、後に何が残るというのでしょうか。無神論者になるしかないでしょう」。中でも最も下品な手紙の何通かは、心の陶器（クラック・ポット）に留め置いた。

しかし地域長老会の意見が、すぐさまクライド・ヘンリーとその一派に対抗しはじめた。

長老会以来、三人の興味深い訪問者があった。最初の人は、当初「私の受け入れに反対して」異議申し立てを支持すると表明したグッド牧師で、エド・ドーウィと話し合った結果、自分の名前は取り下げたいと言ってきた。それ以来、彼はこの件に関して、謄写版刷りのすばらしい手紙をずっと送り続けてくれた。次に、シノッドの書記長ラッセル・アーニック師が来て、私が処女降誕を「奥義」として受け入れるという言明をするかどうか、もしそうするなら異議申し立てを取り下げてもいい、と打診してきた。私は丁重に「ノー」と答えた。それから今日、長老会の席ではグッド牧師に倣って発言していたプレーンフィールドの牧師（名前は伏せる）が来て、彼もまた自分の名前を取り下げるつもりだと言った。楽隊車が行列の先頭を切るのとは正反対のことが起こっているようだ。

年次総会への上訴では、長老教会の平信徒で判事のジェームズ・H・タネル、神学校の教会史の教授リファーツ・レッチャー、その他一人か二人の牧師が考えを述べることになっていた。私には上訴が成功することがわかっていた。というのは、ある日、校長のジム・マコードと二人で校長室にいたとき、マコードは、合同長老教会の有力な代表幹事ユージン・カーソン・ブレイクと電話で、上訴を提議するときの戦略について話し合っていたからだ。ブレイクの考えは明白で、事件を手続き上の問題として収拾し、教会の分裂だけは避けようとしていた。それで私もブレイクが成功するだろうと確信していた。

しかし、結果が予測できるようになる前でさえ、この件はそれほど心配する必要もないことだと、私は思っていた。というのも、こんなことが問題になるのは実にばかげたことだ、と思うようになったからだ。また、もし神学校を去らなければならないとしても、アメリカかイギリスのどこか別のところに行くことができるだろうと、内心ひそかに信じていたからだ。

予期したとおり、結果は教会側に優勢となった。一九六二年五月、デンバーで開かれた年次総会の司法委員会は、ニュージャージーのシノッドに対抗してベンジャミンJ・アンダーソンほかの名前で出された、私たちの訴状を受け取った。三人称で書いた私の説明を引用すると——、

こうして年次総会にまで持ち出されたこの問題は、教会規則の枝状にある教会憲法上の問題で、これは牧師たちの教義的信条を扱う部分だった。二派に分かれた解釈の相違は明白に評定された。まず、シノッドの司法委員会のほうは、一九一〇年と一九二五年の間に開かれた年次総会の宣言や決定を指摘し、そこでは処女降誕の教義が、長老教会の教義体系に「本質的かつ必然的なもの」と明示されており、これらの信

条宣言は今日なお有効であると主張した。これに対して他方の側は、一九二七年の年次総会において任命された特別委員会の所見を指摘した。この委員会の任務は、シノッドが拠りどころにしている一九一〇年から一九二五年の間の、その同じ決定から生じた深刻な食い違いや苦い論争を解消することだった。その所見の中には、同委員会が当該教義を本質的かつ必然的であると認めることに難色を示し、さらに、牧師志願者の神学的資質に関する教会憲法下での判断は、各長老教会の責任に委ねるとある。そこで同委員会の報告を採択した一九二七年の年次総会の決議は、それ以前からある諸決議にとって代わり、以来長年にわたり、その総会決議のもとで教会の平和は維持されてきた。このことが論じられ、さらにこの見解の有効性と実効性が確認されると、一九六二年の年次総会は「寛容の原則は、それが正しく思念され、公明正大に適用されるとき、我が教会憲法に述べられているどの教義にも劣らず、真の意味において、教会憲法の大事な一部分を成す」という特別委員会の声明を再認識した。(2)

この判断は、法的にも神学的にも正しいことは明白だと思う。同時に司法委員会は、弁護士にだけ関心を持たれる類の、シノッドが犯した手続き上のまちがいをいくつか指摘した。結果的には、私自身は、疑問の余地もなく神学校の教授の地位にとどまった。そして教会全体としては、クライド・ヘンリーのような人物が、按《あん》手《しゅ》（聖職授任）を受けようとする学生に対して、実際には抱いてもいない信念を告白させようと圧力をかけることは、一段と難しくなった。こうして首尾は上々だった。しかし原理主義者の仲間内では、これは決して許すことも、忘れることもできない出来事になった。そして何年か後、私がクレアモントに赴いたとき、彼らはとうとう復讐の機会を得たのだった——この件については第23章で述べる。

事態が終息したとき、ウェイリー——いまはウェストミンスター神学院の校長職から退任している——から、とてもすばらしい手紙が届いた。そこにはこう書いてあった。「原理主義者（つまり、ノアより古い時代の原始人）たちに、君はロバートソン・スミス役を振り当てられてしまったね。テレビをつけ、現代の知識に生きる無数の人々の考え方を許すはずの聖書やキリスト教に対して、あのばか者どもはどんなに大きな損害を与えたことか……」。他方で、「ばか者ども」と称されたうちの一人が、神学校にこう書いてよこした。「私たちの教会の基準から外れたこの傾向を元に戻さなければ、プリンストン神学校のおびただしい数にのぼる同窓生たち一同は、神学校の役目はもう終わったと見切りをつけるだろう」。それでクライド・ヘンリーは、一二ページにものぼる冊子『ヒック事件の反省』を出して、次のように言明した。

> 歴史上はじめて教会は、人間の言葉が神の言《ことば》に勝ると事実上認めることにより、異端に通じる道を意図的に選び取った。教会は公式に、自らが異端を歓待するものであることを、そして誤りを真理と同列に並べるものであることを宣言した。

今日でも、こういう考え方をする人々が教会の中にはたくさんいる。その数は、比率で見ても絶対数で見ても、イギリス内よりもアメリカ内のほうに多い。

そうでない私たちのほうは、もちろんこれとは反対に、長老教会が現在の世界で信頼されうる方向に、小さな一歩を踏み出したと考えた。しかし、年次総会にまで持ち込まれるほどの重大問題において、異端呼ばわりされたのは興味深い経験だった。私がもし今回のことを基本的にばかげたことと見ていなかったなら、おそらく、それは気がもめる心配な経験となっていただろう。しかし、一世代も二世代も周囲の情勢から取り残されていながら、それでも適合性を持たせようとする教会の姑息な手立ては、哀れとも滑稽とも見ることができるが、知的あるいは道徳的に真剣であるとは、とうてい見なすことはできない。

しかしアメリカには、今なお「ボーン・アゲーン・クリスチャン」（また生まれてきたらキリスト教徒になるという人）が無数にいる。こういう人たちは、原理主義的なテレビ伝道師の呼びかけにすぐに応じ、神学的にも政治的にも右寄りの考え方をしている。またこうした人たちに対しては、イエスの奇蹟的な存在に関する歴史性などという問題は、簡単に、宗教的な生と死の事柄として片づけてしまうことができるのだ。

注

（1）'Theological Table-Talk' in *Theology Today*, October 1962, p. 410.

（2）同書 pp. 410-411.

第12章　再びケンブリッジへ

1　『悪と愛の神』

ケンブリッジ大学で神学の講義をする予定だと話したとき、同僚の大部分はイギリスの大学制度のことを全く知らないので、私がアメリカの講師と同じレベルにまで下がるのだと思った。つまり、最も低い常勤の講師よりさらに低い、通常は非常勤の講師と同じ地位に就くものと考えたようだ。オックスフォードやケンブリッジでは、著名な学者であっても教授になるのではなく、大学講師やフェロー（特別研究員）になる場合が珍しくない、ということを彼らは知らなかった。というのも、イギリスでは教授のポストが限られていて、教授の交代は現職教授の引退をまって初めて可能になるからだ。

例えば、バートランド・ラッセルはイギリスでは一度も教授になったことはなく、『数学原理』や『プリンキピア・マテマティカ』第一巻の出版ですでに有名になっていたときも、ケンブリッジの講師だった。同様に著名な歴史家A・J・P・テイラーも、オックスフォードでは講師だった。実際にケンブリッジやオックスフォードには講師がたくさんいて、彼らは秀才の同僚や第一級の学生たちに囲まれて心地よくフェローの身分を味わいながら、そこにとどまることを好み、バーミンガム大学のようないわゆる「赤レンガ大学」に教授のポストを求めようとはしなかった。とはいえ、縁あって私はバーミンガム大学に行くことになった。

アメリカの神学校からイギリスのケンブリッジに移ったのは、悪に関する哲学的・神学的問題について論文を書き上げるということで、一九六三年から六四年のグッゲンハイム奨学金を得たことがきっかけだった。さらに神学校からもらった六カ月間の有給研究休暇があり、奨学金の支給期間に加えて、その前後の二度の夏をケンブリッジで過ごすことができた。また同年には、ゴンビル・アンド・キーズ・コレッジでS・A・クック準特別研究員にも任じられた。ハンチンドン通りに素敵な家を借り、子どもたちは優秀なニューナム・クロフト小学校に通った。キーズ・コレッジでは、(大学図書館に近い) 新館に研究室を与えられ、そこで毎日研究を続けた。家からは、ふつう半時間ほどの道のりを歩いて通った。

コレッジからは一日一食を無料で提供されていたので、たいていは川向こうにある本館のキーズ棟のシニア・コモン・ルームで昼食をとった。しかし、たまにはホールで夕食をとることもあった。昼食は盛りだくさんだったが、セルフ・サービスで、格式ばらずに気軽に食べることができた。夕食は正装で、ガウンを着用しなくてはならなかった。初めにシェリー酒が出て、次はホールのハイ・テーブルまで進み、ラテン語で食前の感謝をささげ、ワイン付きの豪華な食事を給仕してもらい、その後、再びコモン・ルームでコーヒーやポートワインなどが振る舞われた。

終身の特別研究員たちは親しみやすくておもしろい人々だったが、その中の何人かは見かけ上、極端に保守的だった。しかしチャペルの首席チャプレンは、後にバーミンガムの主教となったヒュー・モンテフィオーレだった。彼とは今でも親しくつきあっている (彼は自伝の中で、自分が担当していた学部学生の数人に私が宗教哲学の論文指導——ケンブリッジ方式の個人指導——をして、自分を補佐してくれたとまちがって記憶している。[1] 実際には、キーズ滞在中は著作だけに専念していて、教えてはいなかった）。室長、つまりシニア・コモン・ルームの室長は、魅力的で感じのいいジョセフ・ニーダムだった。彼は社会学者で、宗教的には過激論者、同時にＦＲＳ（王立学会員）で、長年にわたる膨大な著作『中国科学の歴史』の著者でもあった。学長は物理学者のネビル・モット卿で、キャベンディッシュ研究所の所長を兼ねていた。

当時、ヘーゼルは他の研究者の妻たちと同じように、大学生活からは締め出されていたのではないかと思う。キーズ以外では研究はいつも家でしていたが、その年は家ではしなかったので、ヘーゼルはまったく一人ぼっちだった。とはいえ、彼女は古典をその町の学校で教えていたし、とてもかわいいドイツ人女子のオペア（家事を手伝いながら語学を学ぶ者）が一緒だった。当時、海外からのオペアがイギリスに来て、ホームステイしながら英語の勉強に通い、さらに家事や子どもの面倒までみてくれた。今ではあまり見かけなくなり、たぶんもう全くいないかもしれない。私が覚えているのは、ある晩、一階の窓からこそ泥が侵入するような物音に起こされたことだ。しかし、それはヒルダが鍵をなくし、学部のボーイ・フレンドの手をかりて、窓から部屋に戻ろうとしているだけだとわかった。

大学図書館は資料の宝庫だった。私は、学期が始まる前の夏をアウグスティヌスについて読んだり書いたりしてすごし、その年のうちに『悪と愛の神』という題名を考えるところまで煮詰まった書物の、第三章と第四章を書き上げた。ちなみにこの題名は、アメリカへの帰路、クイーン・メリー号の同乗者から示唆されたものだった。ケンブリッジのダウンサイド大修道院とセント・エドマンド・ホールに所属し、私より一世代上のイルテッド・トレソワン師と知り合いになった。彼は四〜五世紀の聖アウグスティヌスに関する私の見解に対し、有益な批評をしてくれたし、また私が著書を出版した後は、その内容をあれこれ論評する記事を書き、これに私も返答したが、どれも丁重なものばかりだった。

セント・エドマンド・ホールで知り合ったもう一人のカトリック教徒は、私よりも二世代上（とも思える）のマーク・ポンティフェス師だった。ある日の日記――「きのう、老ポンティフェス師とお茶を飲んだ。師の所見は興味深く、しかも正しかった。つまり、人は宗教を変えることがあっても、哲学を変えることはめったにない」。

アウグスティヌスの絶大な影響は、十八世紀以降ずっと続く攻撃にさらされるまで、カトリックの伝統内のみならず宗教改革の伝統内においても、西洋の、つまりラテン世界の正統キリスト教の主要路線を成してきた。そして実際、今なおその多くは、教義上、原理主義的な陣営内では規範であり続けている。道徳上の悪は反抗的な天使の堕落に起因し、地上ではアダムとイブの堕落に結実し、それに続くすべての世代は、生まれながらにして原罪を受け継いでいる。また「自然の悪」（疾病、地震、洪水、旱魃など）は堕落に対する罰であり、堕落した天使たちは、自然の秩序の中に大混乱をもたらすことが許されてきた。

しかし、アウグスティヌスが新プラトン主義から受け継いだテーマには、あらゆる種類の悪は善の欠如であるという形而上学的な位置づけがあった。悪はそれ自体で実在するのではなく、何らかの善いものが悪いものになっていく――ちょうど盲目が肯定的なものでなく否定的なものであるように、つまり目はそれ自身で善いものなのに、その適切な働きが欠けていく――ということだった。だから、悪は神が創造したものではない。それゆえ神に悪の責任はない。こういう基本的な考え方が、二十世紀になるとカール・バルトにより、新たな方法で取り上げられた。彼は悪に関する理論の中で、悪を「虚無」として、また無・否定的なもの・否定として論じた。

このすべてが千年以上にもわたり、西洋のキリスト教的想像力を支配し、強力で印象深く、また影響力を持った理論だとしても、私にはそのすべてが誤りであるように思えた。善の欠如として悪を説明しても、結局は擁護できないし、また、より現代的なバルトの解釈も、内部では不整合をきたしているということを、私は哲学的な土俵に立って論じた。つまり堕罪は歴史的現実ではなく、神話物語であり、また自然の悪も人間の堕落に対する罰として神が認めたものであるはずはない。なにしろ現在、それはホモ・サピエンスが出現する数百万年も前からずっと存在してきていることを、私たちは知っているからだ。また、何か特定の悪い行為ということとは関係なしに、ただ人間であるということだけで「罪あり」と断定する原罪の教えは、暗くて破壊的な想像力の一断片でしかない。

そして、より根本的には、完全に善なる創造が悪に向かうとする基本的な考えに、自己矛盾がある。なぜなら、完全に善なる被造者は悪に向かうこともできようが、けっしてそうはしないはずだ。したがって、この考えは「無からの」悪の自己創造というに等しいことになる。自分を除く他の一切の創造主は、創造内における悪の出現ということも含め、究極的に、創造と発展に対して責任を負わなくてはならない。『悪と愛の神』の中では、特にこのことは追求しなかったが、原罪という考えを退けようとする点では、私たちは伝統的な救済論の全体像、すなわち堕落に起因する無限の悪は、これを解消するために十字架上で科刑されたキリストの無限の犠牲を必要とするという、その全体像を退ける作業の途上にある。

二世紀の聖イレナエウスはこれと大きく異なる神学を遺した、という事実の発見により、さらに良い代案が指摘されることになった。アウグスティヌスよりずっと以前に、イレナエウスをはじめとしてギリシア語を話す初期の教会教父たち（アレキサンドリアのクレメンスのように）は、悪の問題に対して、より確かなアプローチのできる基礎研究を残した。イレナエウスによると、人は最終的に完全な存在として造られたのではなく、やがては神が意図したとおりのものになる可能性を秘めた、未熟な被造者として造られた。堕落はアウグスティヌスが考えたような宇宙的大災難ではなく、道徳的にいまだ子どもの被造者が犯した無理もない過ちだった。

イレナエウスの言い方にならえば、はじめに人は、神に「かたどられたもの」として造られたが、やがては神に「似たもの」にならなくてはならなかった。人はすでに創造の第一段階において、知的で、基本的に倫理的な動物であり、生まれながらに神の存在に応答する能力を備えていた。そして創造の第二段階においては、自分の生を取り巻く状況に思いのままに応答しつつ、「神の子ら」に成らなくてはならなかった。

イレナエウスは、特にこの考えを悪の問題に適用しなかったが、私がその適用を行って、結果を「イレナエウスの神義論」と名づけた。そうすることで、すでに一般的なアプローチとして近代の自由神学内ではなじみになっている考えに対し、立派な歴史的系統と守護聖人を付与した。理想的な状態は、遠い過去の中で私たちの後方にあるのではなく、遠い未来の中で私たちの前方にある。また、いま生きている生命の意味を原罪から受けとめるのではなく、究極的な無限の善に向かう長い旅路の一部として受けとめる。そしてこの創造的な過程は、大多数の者がこの生のうちにはゴールに達しないことは明々白々なので、いま生きている地上の生命は、いっそうはるかに大きな存在の小さな一部にすぎないという宗教の主張を、真面目に受けとめなくてはならない。

この考えをさらに推し進めて、私はこの道徳的・霊的な成長は天国では起こりえないと論じた。天国には問題も挑戦も危険も後退も、真の災難や悲劇の可能性もないからだ。逆に、創造の第二段階が生じる環境は、基本的に、この現世のようなものではなかろうかと考えて、仮想的考察を試みた。つまり、もしも私たちの行為が誰の害にもならないとしたら、悪い行為といわれるものはないはずだ。したがって、正しい行為というものもないし、それゆえに道徳的な選択というものもないはずだ——と考えて、この主題を生のさまざまに異なる局面に展開してみた。生の厳しい局面というものは、私たちが善をなすよう特別に仕組まれているとか、善を「呼び起こす」ためにあるとか、そういうものではなく、究極的には、長い目で見れば、時の偶然の中で起こるすべてのことは、結局、私たち一人一人が「天の御国《みくに》」に達するための特別な、時には非常に困難な道のりの途上にあったと判明するものなのだ。というのは、現在起きていることの意味は、後になってそこから生じるものに依存しているからだ。人間存在には「魂の形成」（キーツの言葉）という特質が備わっていることを、今は知ることができないが、まちがいなくそのような生き方をせざるを得ないという事実こそが、人間存在における魂の形成という可能性の様相なのだ。同様に、人間が引き起こすものであれ、自然の成り行きで生じるものであれ、悪の量と強度が、人間の魂の形成に必要と思われるよりもいっそう多くて激しいことから、宗教的信仰心を持つ者にとって悪の存在は神秘でしかありえないという事実は、繰り返して言うが、この世での魂の形成のために必要な様相なのだ。[2]

以上はもちろん、『悪と愛の神』[3]に見られるさまざまな議論をかなり縮めた内容だ。本書はロンドンのマクミラン社とアメリカのハーパー・アンド・ロウ社から、一九六六年（改訂版は一九七七年）に刊行されたが、白熱した評論のゆえに大歓迎を受けた。その後も広く読まれたのは、一九六八年、コリンズ社のフォンタナ文庫として安価なペーパーバックになったからだ。さらに本書は一九七九年、新しい判型になって出回り、一九八五年にはマクミラン社からハードカバーとペーパーバックの両方で再版され、二〇〇一年には増刷された。フォンタナ版との関連で言うと、私はプリシラ・コリンズ女史と何度か有益な打ち合わせをした。彼女は私の著書『信仰と知識』を、後には『神と諸信仰の世界』をフォンタナ文庫の判型にして、廉価で求めやすくしてくれた。マクミラン社で大いに気が合った人物は、定年までつきあいのあったティム・ファーミロウだった。彼は気さくで、目端がよく利き、才能のすべてを出版の仕事に捧げた人だった。

『イーゴール』（Egol は『悪と愛の神』*Evil and the God of Love* の省略形）は、私の学生たちの間で知られるようになるにつれ、書物や論文の中での格好の議論の的となった。バリー・ホイットニーの『神義論――悪の問題に関する文献注釈、一九六〇年―一九九〇年』[4]の中には、「ヒックのイレナエウス神義論」に二六ページをさいた箇所と、六十六の項目（いくつかの批判的な論文に対する私からの応答も含めて）があり、さらにその後も、かなり多くの項目が出てきている。私は『信仰と知識』や『宗教の哲学』（そして、さらに二冊の読本、『神の存在』と『宗教哲学における古典から現代に至るまでの読本』）によって、すでに宗教の哲学マップに載っていたが、『悪と愛の神』によって神学マップにも載るようになった。本書はリベラルなキリスト教徒の視点から書かれており、大西洋の両側にある主流の神学団体から歓迎された。私は今も『悪と愛の神』を「真の神話」[5]として、これまでとは異なった、そしてより広い文脈に位置づけており、今なお本書の基本的示唆は健全なものだと思っている。

神学者たちとは別に哲学者たち、特にアメリカの哲学者たちの間で、悪の問題への関心は、ここ二十数年の間、アルビン・プランティンガらの研究によって大きく展開している。しかしその研究は、神と悪とが共存しうるとする論理的可能性に向けての意欲的な議論になっていない。議論は人間の自由意志に起因する道徳上の悪に限定され、可能世界と超世界の堕落という概念を使っている。この概念に従えば、人間はどの可能世界においても道徳上の悪を選択することが、論理的に可能となる。この前提に立てば、神は道徳上の悪がない世界を創造することはできなかったということになり、それゆえ神は悪に対して責任もなければ、また神の善はいかにしても減じることはないということになる。神といえども、論理的に不可能なことはなしえない。そこで、人間の自由は予測できないのであるから、神にとっても悪のない世界を創造することは論理的に不可能ということになる。他方、自然が引き起こす悪の問題のほうは後回しにされるか、または堕天使の無節操な邪悪さに起因するものとして、道徳上の悪の問題の中に包摂されている。プランティンガの理論（以上の要約よりもはるかに複雑な形式を取っている）は論理的に鮮やかではあるが、私の考えでは、現に悪のすさまじい問題に直面し、単に論理的な可能性だけではすまされないとする者には、ほとんど役に立たない。私は『イーゴール』の第二版に新しい章を追加して、この点を批判した。

『イーゴール』はグッゲンハイム助成金による研究休暇の十五カ月間に、ケンブリッジでほぼ完全に執筆し終えた。それだけでなく、その間、以前よりもっと真剣に学術ドイツ語に取り組み、書物や論文を翻訳なしの原文で読むだけの十分な力をつけた。プリンストン神学校では、ドイツ語はラテン語に代わる言語、そしてそれ以前はギリシア語に代わる聖なる言語だった。何かをドイツ語で言えば、英語で言ったときよりもはるかに印象的で、はるかに正しいように聞こえた。そして支配的な神学は、カール・バルトの神学だった。

もっとも、私がドイツ語読みの学者に匹敵していたとはとても言えないが、それでもドイツ語というのは、正確な意味を伝えることが困難な、漠とした曖昧な表明には助けになる言語であることがよくわかった。それで神学の世界の同僚たちは、不明確で理解しがたいことを、あたかも深遠なことのように思い違いをしているのではないかと思うようになった。それと比べると、英語のほうは、そしてフランス語もそうだが、知的明晰さを奨励しているように私には思われた。実際、いまだに私は、このおそらくは不埒な偏見を抱いたままでいる。しかし、そう考えているのは私だけではないことがわかった。ブライアン・マギーは、次のように述べている。

とはいえ、いわゆる大陸哲学で幅を利かせている伝統は、フィヒテ、シェリング、ヘーゲルによって築かれた伝統である。何か重要なことを主張する者の場合でも、不明確さが幅を利かせる。主張する中身が何もない者には、それは煙幕の役をなし、その煙幕の背後から自分の出世を図る。(6)

2 美しいケンブリッジの魅力

研究休暇が終わる頃、宗教哲学の大学講師職に空きができ、ファーマーと、そして親切にもその科目の担当講師の一人であるジョージ・ウッズが、私に応募するよう勧めてくれた。それで少し考えてから、応募することにした。ヘーゼルは賛成ではなかったが、反対もしなかった。イギリスにはもう戻らないものと、ヘーゼルはいつも半ば諦めの気持ちになっていた。けれどもそれは、後にアメリカに戻り、クレアモントでとても幸せな生活をすごす期間までのことだった。ことは順当に進み、私は任命されたので、さっそくジム・マコードに電報を打ち、次の学期は神学校に戻るが、それ以後はケンブリッジに向かうと知らせた。この知らせに神学校の教授たちは肝をつぶしたようだ。あの処女降誕をめぐる論争のせいで私が離れるものと思っていた人たちが、あちらこちらにいたようだが、これは当たっていなかった――あの論争は、私には基本的にどうでもいいバカバカしいことだった。本当のところは、ケンブリッジの秀でた同僚、学生、学校、それに私たち二人の家族に近いこともふくめて、美しいケンブリッジの魅力に取りつかれたからだった。

それで、私たち家族は秋学期には神学校に帰ったが、その年の暮れにはケンブリッジに戻った。ホーソーン通りにあった家はすぐに売れたが、五年以上もたつというのに価値がかなり上がっていた。アメリカを離れるにあたって私がよく覚えているのは、クイーン・エリザベス号に乗船するのにエド・ドーウィがニューヨークまで車で送ってくれて、私があわててポーターにチップを一〇〇ドル渡してしまったのを、後でエドが取り戻してくれたことだ。イギリスではマイケル・バワーズが港に出迎えてくれて、ケンブリッジまで車で送ってくれた。ケンブリッジでは、キーズ所有の古い大きな建物の一つのフラットを使わせてもらったが、それは町の中心のハーベイ通りにあって便利だった。子どもたちは学校に行くようになり、ヘーゼルはいつものように首尾よく職を見つけて、古典を教えることになった。

私は、当時も往時もずっとセント・ジョーンズ通りにあった神学部で、デカルトの『省察』、バークレーの『対話』、ヒュームの『対話』などの哲学古典を入門コースで教え、さらに通常は二つのグループ、あるいはせいぜい三つのグループを同時に指導しながら、上級コースで宗教哲学を教えた。学部生は、私がこれまでに教えた中で最も優秀だった。これらのコースはケンブリッジに特有のトライポス（優等卒業試験）のためのものだったが、夏学期には私の意のままになるコースを設定し、「局面、外観、何かを何かとして経験する」という主題を選んで講義した。これは多くの大学院生たちを引きつけた。

今はもうそういうことはなくなったが、当時は大学講師のすべてがフェローというわけではなかった。また、私がフェローになるなどということはほとんど不可能だった。というのも、神学の講師はほとんどの場合、講師であると同時にチャペルの首席チャプレン（牧師職とは異なる学術的なポスト）に選任され、したがってイギリス国教会で按手礼を受けた者でなくてはならなかったからだ。だからハワード・ルートとジョージ・ウッズは、どちらもチャペルの首席の職にあった。

とはいえ、ケンブリッジでの最後の任期の時、つまり私がバーミンガム大学のH・G・ウッド講座担当教授の職に応募していたとき、カトリックのセント・エドマンド・ホールが、私にフェローになるようにと招聘してくれた。さりげなく理由の説明があり、大学院生になろうと出願してくる学生の採否を決める委員会の長になる者が、神学部の中にいてくれると大いに助かるということだった。ケンブリッジに留まることになった場合を考え、この申し出を受けてよいものかどうか、私は判断しかねた。セント・エドマンド・ホールには、かつてイルテッド・トレソワン師の客人として訪ねたことがあるが、もう一度客人として、今度は皆が私をフェローとして招聘しようと考えていた時期に訪ねてみた。どの人もみな親切で、それぞれの担当科目では優れていることがわかった。とはいえ、学生の大半はカトリックの司祭になるために来ていたので、私がはたして適任かどうかには、まったく確信が持てなかった。

当時、神学部の教授陣は歴史の原動力ともいえるものだった。欽定（君主の命による選定）教授は、急進的な新約聖書学者のデニス・ナイナムだった。ナイナムは当初から良き援助者、支持者だったが、いまでもよい友人だ。モーリス・ワイルズは、後にオックスフォードの欽定教授となった人物だが、当時は同僚の講師だった。ドン・キューピットは、当時エマヌエル・コレッジのチャペルの首席で、まだ講師ではなかった。この三人とは、後に『神の受肉神話』の共同執筆者として親密な仲になったが、この執筆に関しては20章で詳論する。ジョージ・ウッズは堅実で思慮深かったが、刺激的な人物ではなかった。チャールズ・モールは、敬愛すべき保守的な新約聖書学者だった。ジョフリー・ランプはイーリー講座担当教授で、新約聖書学者だったが、かなり強烈な正統派に見えたので、彼が述べる内容には誰も異議を唱える者はいなかった。けれども彼の霊的キリスト論は、実は非常に急進的だった——まさにそうだったので、後に私はこれに賛成するようになった。ジョン・ボーカーは講師だったが、後にジョン・ロビンソン（『神への誠実』で有名）の後を継いで、トリニティ・コレッジの学生監になった。スティーブン・サイクス（後にイーリーの大主教になった）はセント・ジョン・コレッジの学生監だった。デニス・ナイナム、モーリス・ワイルズ、ドン・キューピット、ジョン・ボーカーとは何年も親交が続いた。

ファーマーの後を継いでノリス＝ハルズ講座担当教授になったのが、ドナルド・マッキノンだった。彼は大変な博学で、フランス、ドイツは言うに及ばず、ギリシア、ラテンの古典学者でもあり、アリストテレスとカントについては権威だった。しかし洞察力には富むものの、混沌とした思想家でもあった。また変わり者としても広く知られていて、たくさんのエピソードがあるが、その多くは本当だった。ここでは、私が請け合うことのできるちょっとした出来事のいくつかに触れてみたい。

初めて彼に会ったのは、私がエディンバラ大学の学生のころだったが、彼はそのとき哲学会で研究発表をした。肘掛け椅子に座って始めたが、終わったときには靴の片方を手に持って、椅子の肘かけに掛けていた。背広はしわくちゃ、汗はびっしょりかいていた。これはまだましなほうだった。教授会の最中に彼は決まって手紙を書き、ブーツの音をギュウギュウさせながら部屋を出て、使いの者に投函させた。あるとき私は彼の左側に座っていたが、彼は例のごとく手紙を書いていた。その宛て主が自分の右手に座っているのに、それを投函するために出て行った。彼はよく安全カミソリの刃を取り出して、エンピツの芯の長さが三センチかそれ以上の長さになるまで削っていた。目の当たりにする者は皆ぞっとしたのだが、彼はときどき、何か考えごとをしていてカミソリの刃を口の中に入れることがあった。しかし、それで怪我をしたのは見たことがなかった。議論に参加しているようには見えなかったが、実際には彼は、少なくともときには、耳を傾けていたようだ。まったく予期しないときに口を挟み、至極当然なことを言うのだった。講義では、いつも強い調子で、何か深遠で重大なことを言っているように思われたが、ただ何について言っているのか、また先に言ったことと今言ったこととがどのように関連するのか、理解することはしばしば困難だった。彼は一つの主題の周りを巡りはするが、結局何の結論にも到達せずに終わってしまう思想家だった。

実際、この種の思想家にとっては、何らかの結論に達することは皮相的で、未熟なことに思えるのだろう。彼らは正しいのかもしれない。しかし読者あるいは傾聴者は、分析し批判するためであれ、同意するためであれ、あるいは改良するためであれ、何ものも排除はしない。ところが、同じような考えをしても、別の人たちは、この私よりもっとはるかに多くのためになることを、彼ならできると思っていた。私自身を含めて、それとは別の立場をとる人たちは明確さを求めて苦闘し、吟味したり批判したりすることのできる首尾一貫した仮説を目指すのだが、それは結果的に、その仮説が発展し、強化され、あるいは排除されて、より良い仮説が提示されることになるのだ。私はいつも明確さを追求してきた。それが一因となって、私が書いたものが議論や批判の的となったのだと思う。また、たとえ私の示唆した内容がまったくのまちがいであるとわかったとしても、私の書いたものが宗教哲学や神学の分野で継続的な議論や研究を喚起することに、少なからず役立ってきていると自負している。

Dソサイエティ（存在しないトライポス科目の名をとって命名されたものと思われる）は、宗教哲学のシニア・ディスカッション・グループのことだが、この会はドナルド・マッキノンの家で開かれ、そこにはドナルド、ハワード・ルート（ウェストミンスター滞在中に私も応募した講師職に任命された人物）、ジョージ・ウッズ（私と一緒に同じ科目を担当するもう一人の講師）、大学院生が一人か二人、それに訪問者などが含まれていた。こうした人物の中に、私も当時は名前を知らなかったのだが、太りすぎでタバコをとぎれることなく吸い続け、手に震えのあるアメリカ人がいた。後でわかったのだが、彼はカリフォルニアのジェームズ・パイク主教だった。彼はリベラル派として知られていたが、教会からは敵意を持たれて酷評され、最後はパレスチナの砂漠で、自分の車の中で孤独死した。

ハーヴィー通りのフラットに住んだ後、病院のそばのヒルズ通りにある素適な家を購入した。日記には、庭でくつろぐ一時《ひととき》についての、いつものメモが残っている。「曇りの一日に続く完璧な夕刻——澄んで明るく、暖かく、いつまでも続くように思えた。庭に腰掛けていると、目に入るものはほとんど自然のものばかり——大空、草木、花、そして鳥の歌声」。別の箇所では、「完璧な夏の一日——太陽をいっぱいに浴びて時を過ごす、長生きにはうってつけ」。さらに「暮れなずむ日照りの暑い毎日。庭にて。空には薄絹の雲がぼんやりと透けて骸骨のように見える。あたり一帯に鳥のさえずり」。

ケンブリッジの住人が皆そうするように、私たち家族も、通常はどこへ行くにも自転車を使った。しかし週に一度は、早朝から車を使って、家族全員で市営プールに行き、帰りにはホグ・ペプ・ショップに立ち寄り、新聞や甘いお菓子を買った。またグランチェスターの果樹園まで川沿いを歩いて行くのは、お気に入りの遠足だった。果樹園ではお昼を食べたり、お茶を飲んだりした。ときには家族でケンブリッジの田舎をドライブし、かつては毛織物業の中心として栄えた昔ながらの懐かしい村を見てまわった。家族はセント・コロンバ長老教会に所属し、私はそこの長老を務めた。

ケンブリッジですごした数年の間、私は労働党に加わった。そして私が研究でオックスフォードのセント・ジョーンズ通りにいたとき、夫人と一緒にすぐお隣りに住んでいたロバート・デーヴィスが、次の国会議員総選挙の候補者になったことがわかり、驚くと同時にうれしく思った。当時、彼はバークレーに関する論文を書いていた。私は彼のために、またたび彼と一緒に、選挙運動をした。そして九九一票という僅差で彼が選出されたときには、得票数を監視する党の投票検査員だった。党員グループの誰かが赤旗を歌い始め、皆がそれに加わろうとしたが、すぐにだれも歌詞を知らないことがわかって、代わりに心からの拍手をおくった。議会で多数派の労働党は納得の九十七議席を得た。私は一度ロバートの客人として下院を尋ね、ロバートが議会で質問に立ったのを聞いた。ロバートは補足質問をすることが、ときにはどれほど難しいことかを説明してくれた。というのも、最初の質問に対する答弁がしばしば早口の低い声で、しかもほとんど聞こえないぐらいに読み上げられるからだという。後方に座る一般議員は極度の不満がたまり、まったくもって残念なことに深刻な心臓発作に襲われて、次の選挙を待たずに死ぬこともあるそうだ。

私の初めの任期は三年間だった。その後、六十七歳で退職するまで、終身雇用の任期が続くことになった。

しかし三年目の年に、ニニアン・スマートがバーミンガム大学のH・G・ウッド講座担当教授を離れ、ランカスター大学に国内で初の宗教研究の学部を創設することになった。私はその空席に応募した。同じ年に、すでにノッティンガム大学の神学部に応募していたが、面接に行ったとき、私が採用されることはないとすぐにわかった。というのも、任命委員会の外部顧問が伝統的な聖書学者で、同じ分野の学者を任命するだろうし、実際にそうしたからだ。ノッティンガム大学の副総長は、その代わりとして哲学教授になるつもりはないか打診してきた。というのも、ロナルド・ヘップバーンがエディンバラ大学に移籍することになっていたからだ。私は断った——宗教哲学の分野に特にとどまりたいと思ったし、それに小さなノッティンガム大学の学部内では、この分野に不足があると思ったからだ。しかしバーミンガム大学のポストは、少なくとも十五年後に私がそこを離れるまで、希望どおりの宗教哲学だった。そして私はそのポストに任命された。それで新たに、また長くて忙しい人生の第一章が始まったのだ。

注

（1）Hugh Montefiore, *Oh God, What Next ?* An Autobiography, London : Hopper & Stoughton, 1995, p. 89.
（2）かなり重要なこの点については、特に私の友人で哲学者のウィリアム・ロー（William Rowe）との間で、相当の議論のやり取りをした主題である。次の書を参照されたい。Harold Hewett, ed., *Problems in the Philosophy of Religion*, London : Macmillan, 1991, chap. 5.
（3）これを短縮した論文は、次の書物に収録されている。Stephan Davis, ed., *Encountering Evil*, Louisville and London : Westminster John Knox Press, revised edition, 2001.
（4）Barry Whitney, *Thedicy : An Annoted Bibliography on the Problem of Evil 1960–1990*, New York and London : Garland Publishing, 1993.
（5）次の著書の補遺を参照されたい。*An Interpretation of Religion*, the appendix on ‘Theodicy as mythology’.
（6）Bryan Magee, *Confessions of a Philosopher*, London : Phoenix, 1998. p. 468.

第13章　バーミンガム大学を選ぶ

1　大学の特色と同僚たち

バーミンガム大学で、H・G・ウッド神学講座担当の終身雇用ポストを最初に保有していたニニアン・スマートが、そのポストに就いている間、それは明確に宗教哲学に当てられた、イギリスで数少ない講座の一つだった。同様の講座はほかに、オックスフォード、ケンブリッジ、ロンドンにあるだけだった。そこでニニアンがランカスターに異動したとき、私はバーミンガムのこのポストに応募した。というのも、当時私は講師職(たとえケンブリッジ大学のポストであっても)から、自分自身の展開しつつある研究内容の追求を可能してくれる教授職という、いっそう大きな自由への異動を望んだからだ。

私はこのポストに指名され、一九六七年度の学年暦のスタートを切った。私たちは広い庭のついた大きな家を購入した。それはキャンパスから一マイル離れたアーサー・ロード七〇番地、学生会館がいくつもあって景色の美しいヴェイルを過ぎたところの、心地よい散歩道の途中にあった。

私の日記には、五月のある日曜日、わが家の庭における、朝のごくありふれた時間の思い出が記録されている。「庭に腰を下ろす。太陽、青空、咲き乱れるラッパ水仙、芝生の上で静かにきらめく朝露、無数の小鳥たちのさえずり、通りの向こうの教会の鐘……。私には教会の鐘の音が信仰の響きに聞こえる。何と素晴らしい教会への案内だろうか」。

私たちはここでもまた、オペアや下宿生のために、何年も自宅を開放することになった。私たちはとりわけ留学生に住んでほしいと望んだ。それは子どもたちに広い世界を知らせたいと思ったためでもある。最初の下宿生はジャマイカ出身のロイドだった。彼は私の家族ととても気が合ったせいか、学部の三年と修士課程の二年、通算すると五年もの長い間、下宿していた。現在はジャマイカのキングストンで、経営とシステム・コンサルタントのトップとして活躍している。それからイギリスで医師となったパンジャブ出身のシーバ、そして同じくインドであるが、パンジャブとは別の地域出身のプラカッシュだ。二人とも数年間下宿した。彼らは毎日の朝食と日曜のランチを、私たちと一緒にした。他の食事は外で摂った。私たちは彼らとの時間を大いに楽しんだし、彼らも私たちとの時間を楽しんだと思う。

バーミンガム大学は、主として自然科学系の世俗的な大学だ。しかし一九四〇年、カドベリー基金からの寄付によるエドワード・カドベリー講座の設置をもって、神学部が創設された。後にこの講座のための財政的責任は、そのほとんどが大学に引き継がれることになった。初代の教授はクエーカーの神学者H・G・ウッドだった。ウッド教授は当時の、あるいは実際に今日のいくつかの学派にさえ根強く残っているイギリス神学の常識を、はるかに凌ぐ広大な構想を持っていた。彼は就任記念講演の中で、偉大な世界宗教のそれぞれが、大学で講義されるような時代が来ることを待ち望んでいると述べた。H・G・ウッド教授と同様、ニニアンや私もまた、彼の六年間の、あるいは私自身の十五年間の在職期間を通して、バーミンガム大学の神学部をそういった方向へ進めようと試みたが、成功しなかった。私たちの同僚は、実行すべき使命があるときはいつも伝統的・聖書的・歴史的な枠組みの中で、それを果たすことに固執していた。

セリー・オーク・コレッジズでうまく運営されている「イスラームおよびクリスチャン・ムスリム・リレーション研究センター」が、バーミンガム大学の神学部によって周辺的に利用され始めたのは、かなり後になってからだ。ほかに「ユダヤ教研究センター」も利用されたが、これは財政的な支援不足により破綻し、短命に終わった。しかし再び、ずっと後になってからのことであるが、セリー・オーク・コレッジズ（宣教師養成コレッジを除いて）はバーミンガム大学のセリー・オーク・キャンパスとなり、現在に至っている。先の「イスラーム研究センター」は神学部の一部となり、ほかに「アジア諸宗教研究センター」が新たに設立された。そして「グローバル倫理」「ユダヤ教と諸宗教間の関係」「諸宗教間の関係そのもの」という三つの講座が（外部の基金によって）新たに創設された。このことは学生の要求に応えて、伝統的に純粋なキリスト教学・聖書学から、宗教学というより広い学部へと変わろうとする、国内の傾向を反映している。

当時の学部の方針は、学部長のゴードン・デーヴィスによって決定されていた。それは旧約・新約の聖書研究ならびに教父学を中核とし、これにダン・ハーディの担当する十九世紀と二十世紀の神学が加わった。私は必修であるキリスト教倫理学も教えていたが、宗教哲学は、選択科目という周辺的な位置しか占めていなかった。後にこの科目を、当時クィーンズ神学院の学院長であったジョン・ハプグッドと分担で受け持つことになり、私が倫理学の理論を、彼が道徳の特殊問題を扱った。ジョンはダラムに移り、主教の中でも最も教養があって聡明な者として主教座に就いた。後にヨークの大主教になったが、あまりにもリベラルであったため、マーガレット・サッチャーによってカンタベリーの大主教に任命されることはなかった。ジョンが去った後は、アンソニー・バードと私とで倫理学の科目を分担した。アンソニーはジョンの後任としてクィーンズ神学院の学院長に就任したが、ジョンとは違って、革新的な医学博士だった。

私がバーミンガムに着任した直後に学生運動の嵐が大学を襲った。この嵐はすでにアメリカを席捲し、次にはイギリスをも巻き込みつつあった。二年目は大学の副総長であったロバート・エイケン卿の退職の年だった。エイケン卿は魅力的で聡明な人物であり、主として関心を予算に向けなくてはならない、新しい世代の非情な経営者が登場する前の、高い文化的教養を身につけた古いタイプの最後の副総長の一人だった。教授全員が構成員となっている評議員会の席で、エイケン卿の明快で気品のある報告を聞くのはいつも楽しみだった。新しく副総長に就任したロバート・ハンター博士（後にサーの称号を、さらにロードの称号を得ることになる）は、学生たちに対して断固たる姿勢で臨む決意をし、新たにセキュリティ・スタッフを雇い、総じて強硬な方策をとった。暴動を起こした学生たちが大学のグレート・ホールを占拠し、副総長のいるオフィスを包囲したことがある。ハンター博士が護衛されつつ、興奮した学生たちがびっしりと詰まったグレート・ホールに現われると、すぐさまマイクが博士の前に置かれて、論戦が繰り広げられた。博士は、当然ながらこの屈辱に心底憤ってしまい、学生たちとさらに敵対することになってしまった。

私を含む一部の教員は、学生たちによるこの暴動は基本的に害のないものであり、副総長が最初から強硬な姿勢で臨んだことが、逆効果になってしまったと考えていた。また学生たちは、大学の諸委員会にもっと自分たちの代表を出せるよう要求していたが、この要求が通ればすぐに興味をなくし、この運動に精力を注ぐのをやめるだろうと、私たちは意地悪く考えていた――結局その通りになった。とはいえ、当時のほとんどの学生にとって、これは自分たちの力量を超えるもっと大きな運動の渦中に巻き込まれるという、生まれて初めての機会であり、おそらく貴重な経験になったにちがいない。何の声明も出さないまま、私たちは占拠されたグレート・ホールにときおり出入りし、議論に耳を傾け、学生たちと自由に談笑していればいいという気分になっていた。

同僚の中でも、ゴードンはまさしく「絶対的な権威をもって」君臨した最後の学部長だった。ゴードンは教父学の研究者で、典礼や教会建築の分野でも、第一人者としての権威を誇っていた。彼はこの分野の常勤講師の一人であるギルバート・コープとともに、典礼や教会建築を研究するための研究所を学部内に創設した。ゴードンとは最初はうまくいったが、ある時点から、彼ははっきり私に敵対する態度を取るようになった。しかし、これが理由で私が六十歳早々にバーミンガムを退き、カリフォルニアに移ったわけではない――これについては第22章をご覧いただきたい。残念なことに、H・G・ウッド講座はそれ以後「凍結」――十三年もの間――されてしまった。

この講座は、中世キリスト教神秘主義の偉大な権威であるデニス・ターナーが任命されて復活した。彼はしっかりした哲学の教養を身につけていたにもかかわらず、宗教哲学は教えなかった。レックス・アンブラーが、哲学的神学という隣接科目の授業を一つ受け持っていたのを除けば、宗教哲学は、やはり学部内では周辺的な地位にとどまった。デニスは三年後にケンブリッジに移った。その後任にはとても愉快で快活なドイツ人神学者、マークス・ヴィンツェントが就いた。彼は基本的には教父学の研究者であって、学部が宗教哲学を専攻する大学院生を、すでに何人か受け入れているにもかかわらず、やはり宗教哲学は教えていない。バーミンガムは、結局、私が一九八二年に退職して以来、特にこの分野の研究者たちに魅力のある中心地となっていない。

神学部の他のメンバーの中には、今日でもよき友人であるレックス・アンブラーが含まれていた。彼は何年も前から健康上の問題を抱えていたため、早めに退職したが、その後はクエーカーの思想家（「神学者」ではない。フレンド派ではこの言葉は一般的でない）として、才能を十分に発揮できる新しい役割を見出している。レックスは初期クエーカーの実践について興味深い新研究をうち出し、講話と手引きつき瞑想を組み合わせることにより、これを現代的な形で再生できないかと模索している。テープで聞く講話は価値あるものとわかったが、手引きつき瞑想のほうは、それに従ってやってはみたものの、どうもよくわからない。

この瞑想は自己治癒という心理療法の一形式を取っている。瞑想の中では誰か他の人との苦しい人間関係に向き合わされ、さらにこれを外から客観的に見るようにしむけられ、こうしてそこから解き放たれる。この同じフォーマットが、他の不安や恐れ、偏見などにも適用される。これはそれ自体で価値ある心理療法になりうるし、またある人には宗教的瞑想に至るための有益な準備になりうることは疑いない。しかしこの瞑想は確かに自我を癒し、浄化し、そして究極的には自我を超越させるが、その心理療法的な諸効果は（私の考えでは）超越的なもの・神的なもの・実在するものへの開放というその中心的目標よりも、むしろ副産物である。

実際にレックスも、クエーカーのねらいと仏教の禅との間には、いくつかの興味深い類似があると指摘してはいるが、彼の教える心理療法的な瞑想の類は、座禅や止観行《しかんぎょう》のような仏教の瞑想とは根本的に異なっている。つまり仏教の瞑想では、個人の問題を解決するために、それらの問題を心に満たすのではなく、仏教徒が「涅槃」「空性」「遍満する仏性」とさまざまに呼んでいる究極的実在へと開放されるために、日常のすべての関心事から離れて心を空にするのである。とはいえ、レックスはクエーカー派のグループの中に彼独自の思想を広めるため、いくつかの国で、フレンド派の人々のためのワークショップを指導するなど、精力的に活動している。

ちなみに私がフレンド派に属さない者として（クエーカーの近所の集会には出席しているが）、クエーカーのことに口をはさむのは、もとより自分のためではない。ヒュー・マクリードは、数カ国の都市の宗教を比較研究した重要な著書で知られる人物だが、彼もまた友人で、フレンド派に属する人でもある。またダン・ハーディーは極めてイギリス的なアメリカ人だが、彼は自分でも他者に明確に伝えることが困難だと思う洞察を持っていた。しかしこのことは、彼がダラムの名誉あるヴァン・ミルダート講座に選任され、さらにプリンストン神学校付属の神学研究所の有力理事となることの妨げにはならなかった。プリンストンを退職してイギリスに戻ってからも、彼は神学研究の学会で指導的な役割を果たした。私はかつて（一九七五年から一年間）この学会の会長を務めたが、その当時はもっと開かれていた。しかしその後は極端に保守的になってしまい、リベラルな会員の多くが離れてしまった。ダンは自分の娘婿であるデーヴィド・フォードのいるケンブリッジに落ち着いた。

デーヴィドはバーミンガムの神学部にも在籍したことがあるが、現在はケンブリッジの神学欽定教授として、重要な指導的役割を果たしている。彼は学部の発展に努め、立派な新校舎に移転を実現し、インド学のヒンドゥジャー研究所のような、いくつかの新しい事業を発足させた。なお、この研究所には別の親しい友人であるジュリアス・リップナーが、最初の所長に就任している。デーヴィドは自分の著述活動とは別に、義父であるダンとの協同執筆の活動にも取り組んでいた。そこで彼は、ダンのやや未完成な洞察を明確にし、それを拡大するという作業に携わった。一方ダンのほうも、後にそれとは別に自分の著作を発表していった。ダンの立派な人格的資質やデーヴィドの偉大な知的能力には脱帽するほかないが、私自身は、彼らが展開する類の神学は、伝統的なキリスト教概念を新たに精緻にしたにすぎず、それは縮小の一途を辿る教会世界内で役立つものでしかないと見ている。

現代のイギリス（そしてまたドイツ）における実に多くの神学が、相も変わらず内向きで、伝統的な「教会教義学」をただ引き継いでいるだけである。教会内では、イギリスの社会や世界で起きているさまざまな問題の解決に向けて、今日大きな関心と努力が払われている。しかし神学それ自体は、基本的に数世紀前から変わっていない。たしかに、外に目を向けている神学者もいる。彼らは世俗主義の現実と取り組み、フェミニズムの洞察を取り上げ、近代科学の挑戦に向き合っている。とくに後者の領域では、実に多くの素晴らしい成果が上げられている。しかしキリスト教は偉大な世界信仰の一つにすぎず、歴史を通観し、世界を見渡してみても、キリスト教が、他のすべての宗教伝統を霊的・知的・道徳的に凌駕している——キリスト教神学は暗にこう主張している——ようには思えない。

ところが、この事実から生じるいろいろな問題に、表面的ではなく、もっと深い次元で向き合ってきた者はほとんどいない。それゆえ、頭の先までは教会の砂地にすっぽり埋まっていない神学者は、キリスト教独自の優越性を納得させる事例を挙げるか、もしくはそうした優越性を誤って含意している教義の再考を促す準備をしなくてはならない。これを行っている者はまだほんの少数派にすぎない——グラスゴー大学のペリー・シュミット＝ロイケル教授がその急先鋒であるが、イギリスで、彼一人というわけではない。アメリカにも何人かいる。またインド、スリランカ、日本などの神学者の中にも、この問題に踏み込もうとする者の数は増えつつある。さらに、これと並行する興味深い動きが、イスラーム、ユダヤ教、ヒンドゥー教、仏教のうちにも現われている。

学部にはほかにも、著名なメンバーであるフランシス・ヤングがいた。彼女は教父学と新約学を教えていた。彼女については『受肉神話』との関係のところで、さらに述べることにする。また同じく同僚であったジョン・イートンは、類がないほど思いやりがあり、学識も極めて深く、しかも驚くほど心の開けた旧約聖書学者だった——「驚くほど」というのは、だいたい旧約聖書学者には、彼らが対象にしている古代テキスト以外には何も見えないことがしばしばだからだ。デニス・ニュートンは宗教社会学を教えるために招聘されたが、病気で苦しみ、早いうちに退職した。今は退職後の生活を大いに謳歌している。

カドベリー基金による新事業着手金の援助によって、宣教学の講座が設置され、スイス出身のウォルター・ホレンウェーガーが初代教授として任命された。彼はペンテコステ主義に関する研究の世界的権威であり、彼自身もまた、かつてはペンテコステ派の信徒だった。宣教学は、この講座設置の目的からすれば、教会による世界宣教の歴史や福音宣教の方法を明らかにするというより、むしろキリスト教と世界の関係という、さらに大切な事柄に向けられていた。ウォルターのもとには、イギリスの博士号を取得するために、アフリカやアジアの教会から派遣された多くの留学生が集まった。彼らは広範囲にわたるさまざまな主題について研究をしていたが、それらはたいてい、派遣先の母教会と関係する主題だった。ウォルターはいつも学生たちに、ドイツ語による高水準の注釈を参照するよう力説していたが、彼自身は直接的言明よりも、むしろ物語や演劇を用いて極めて自然に自己を表現するような、非常に繊細で創造力に富む人物だった。

とはいえ、正直に告白すれば、私はアフリカのコンゴ地域に展開されたキンバングの教会運動のような興味深い情報を別にすれば、彼からあまり多くを学ぶことはできなかった。しかし、ウォルターの独創的な神学的著述スタイルが、私に賛否の判断のできるものとは大いに異なっていたため、『受肉神話』の共著者に私が誤って彼を誘った——これは私の責任である——ことで、私たちは不幸にも不和になってしまった。彼は他のメンバーには全く受け入れがたいものを著していたのだが、私が彼の論文を却下した際、私が彼の期待に背いたのは、共著者グループの中のオックスフォード・ケンブリッジのメンバーたち（デニス・ナイナム、モーリス・ワイルズ、レスリー・ホールデン、ドン・キューピット）の圧力に屈したからだ、と感じたようだ。しかし実際は、私もこのグループの意見に全く賛成だったし、バーミンガムの他の同僚たち（フランシス・ヤングとマイケル・ゴールダー）も同じ意見だった。

ウォルターの論文は、私たちの企画した書物とはどうしても相容れなかった。しかしこのことを彼に伝えて、彼の気を悪くしたくはなかった。そのため、彼とはしばらく疎遠にした時期がある。けれども数週間後、私がウォルター夫妻の自宅を訪問すると、彼のキリスト教的な慈愛の精神が私たちのわだかまりを解消し、和解へと導いてくれた。彼はおそらく私から不当に排斥されたと思っていたはずであるが、それにも関わらず、寛大に私を赦してくれた。ウォルターの後釜となった私の親友のウェルナー・ウストーフは、同僚としてはるかに役立つことがわかった。ウェルナーは著しく挑戦的な洞察力をもった人物で、また極めて面白く、刺激的で、革新的な思想家である。

学部の「牧会学」の研究部門は、当初ボブ・ランボーンの指導下にあったが、これをマイケル・ウィルソンが引き継ぎ、最近まで牧師養成プログラムとして成果を上げていた。開講当初はボブ・ランボーンが指導し、これをマイケル・ウィルソンが引き継いだ。私はとりわけマイケルとは親交があった。彼だけでなく、奥さんとも親しい間柄で、とくに彼が退職した直後に、二人の乗った自動車がほぼ致命的な事故を起こしたときには、かなり頻繁に彼らを見舞った。晩年、マイケルは頸椎の癌を患ったが、正看護婦の資格をもっていた妻のジーンによる看護を受けて、類いまれな勇気と明朗さをもって、死に至るまでその痛みに耐えた。

カドベリー基金はキリスト教だけでなく、広く世界の宗教に視野を広げるよう奨励していた。そしてこの基金は、私の促しもあって、三年後には大学側が引き継ぐという条件で、インドの諸宗教に関する講座開設のための資金提供を申し出てくれた。ちょうどこのとき、私はインドに出発する予定になっており、この機会を利用して、講座を担当するのにふさわしいインド人の候補者を見つけ出すつもりだった。サンチーニケタンでスーシャンタ・セン博士を見つけ、最初の一年間をお願いした。

スーシャンタがインドに戻ると、後任として、ロンドン大学のハウェル・ルイスの下で哲学博士を取得した、ジュリアス・リップナーに引き継いでもらった。しかし年度の途中で、ケンブリッジ大学がインド宗教の講座を新たに開設したため、ジュリアスはそちらに招聘されることになった。私たちは何年にもわたって親交を保ち、ジュリアスとアニタの家で幾度もインド料理を楽しく味わわせてもらった。スーシャンタとジュリアスは、おもにヒンドゥー教について教えたが、三年目の担当者に任じられたクリス・グドムンセンは仏教徒で、おもに仏教について教えた。しかし大学はこの講座を三年間でやめてしまった。そのためこの講座のことは、ごく最近まで単なる短いエピソードにとどまっていた。

何人かの例外はあるものの、かつての学部生のアカデミックな質は並程度だった。しかし学部生よりも院生のほうが多くなっている今日とは対照的に、当時の院生の数はほんのわずかだった。在職中、私のもとには三人の優秀な院生がいた。その一人はポール・バダムで、彼の学位論文は『死後の生命に関するキリスト教の信仰』と題して出版され、現在はランペーターのウェールズ大学で教授をしている。この大学の宗教学部は小さかったが、ポールの尽力で大きいものに発展し、成功をおさめている。

二人目のウイリアム・レイン・クレイグ（ビルと呼ばれていた）は非常にエネルギッシュで、聡明なアメリカ人だった。彼の大部の学位論文は『プラトンからライプニッツまでの宇宙論』と『イスラームにおけるカラーム派の宇宙論』という二巻に分けて出版されている。ビルは福音主義者で、後に「キリストのためのキャンパス・クルセード」という運動に尽力した。そして――否、しかし――ビルは宇宙論や「中間知」（すべての可能な環境のもとで人の誰もが行う行為を神は知る、とされる「知」）および、その他の主題に関する第一級の哲学論文も書いていた。その中には、たとえ福音が届けられてもそれを拒んで受け入れない人々が、キリスト教の外部には無数に存在することを、神はその神的中間知ゆえに知っているので、彼らが救いを得ないまま放っておかれることも不当ではないという、私にはすこぶる恐ろしく思われる理論も含まれている。しかしながら、こうした極端な彼の神学的保守主義は、宇宙論的論証に関する彼の純粋に哲学的な著作に影響を与えるものではなかった。また、その後アメリカで時折り会った際にも仲よくできて、彼の神学的保守主義がこれを妨げることはなかった。

三人目はアラン・キートリーである。彼の学位論文は『ウィトゲンシュタイン・文法・神』（一九七六）（星川啓慈訳、法藏館、一九八九）として出版された。アランは禅の実践者となり、また第六形態のコレッジで宗教学の教師として成功した。なおこのコレッジには、私も何度か講演のために訪れた。

2 「オープン・エンド」のディスカッション

私には、ディスカッションはいつも大きな意味をもっていた。たぐい稀な哲学的天才たち――カントのような――であれば、他者から批判を受けるという恩恵がなくても、自分たちの研究を十分成し遂げることができるだろう。だが、私はそのために、バーミンガムに着任すると、すぐに「オープン・エンド」という小さなディスカッション・グループを立ち上げた。私たちは月に一度、夕刻になるとメンバーの誰かの家に集まり、コーヒーを飲んでから、誰かが自分の論文を読み上げ、そのあと長々と議論した。その後はチーズやフルーツをつまみながらワインを飲んでアカデミックな雑談をし、たいていほとんど深夜まで家には帰らなかった。この集まりは今でも続いている。参加するメンバーは、無論、何年も続けているうちに次々と入れ替わり、今では発足当初からのメンバーは、マイケル・ゴールダーと私だけになってしまった。

残念なことに、この集まり自体の記録はまったく残していないが、それでも日記には、ときどきグループのことを書き留めてきた。例えば「昨夜ここで開いたオープン・エンドは実に素晴らしかった。ティム・ムーア（哲学部所属）が神の働きに関する論文を読んでくれた」といった具合に。特に忘れがたいのは、一九七八年四月二十四日の記念すべき百回目のとき、出席したメンバー全員で、教職員食堂の「スタッフ・ハウス」のメニューに記念のサインをしたことだ。そこにはレックス・アンブラー、アラン・キートリー、ジョン・ヒック、ジョン・ハル、クリス・グドムンセン、ダン・ハーディ、ハリー・ストープス＝ロウ、マイケル・ゴールダー、デーヴィド・フォード、とある。

一時期、二、三回のミーティングで、当時ニュースで騒がれたトリノの聖骸布の問題に議論が集中した。デーヴィド・フォードは、聖骸布に正しくイエスの姿が写し取られていると信じていたが、他のメンバーはこれを信じていなかった。反対にマイケル・ゴールダーは、それがいかにして偽造され得たかを示す実験さえ行った（その後一九八八年、放射性炭素年代測定法によって聖骸布が紀元一世紀のものでなく、中世に作られたものであることが証明されたが、それにもかかわらず今なお帰依者がいる）。しかし、ふだんは実に幅広い領域から、非常に興味深いトピックが取り上げられ、実りある議論になることもしばしばだった。オープン・エンドは、心地よい肘掛け椅子やソファなどに腰を下ろし、個人的にも皆よい関係にある人々の間で、うちとけた雰囲気で行われた。そのためアカデミックな論戦とは全く違った、協力的な学究の場となった。

最近のトピックスの中には次のようなものがある。マイケル・ゴールダー「(彼によれば、消えつつある)宗教の未来」「実在のイエス」。ウェルナー・ウストーフ「ドイツ宣教師会とナチズムの緊密な関係」。マリウス・フェルダーホーフ「ウィトゲンシュタイン派の宗教理解」。マークス・ヴィンツェント「ナチズムから亡命したドイツ人研究者」「神を忘れよ」と題された彼の挑発的な就任講義の予行。私自身の「自然主義」「脳と宗教体験」「神とは誰、あるいは何であるか」。スティーブン・パティソン「恥の概念」。マイケル・スネープ「十七世紀の民俗宗教」（ドイツ人メンバーが二人とも、ナチズムによる神学的インパクトに魅せられている点が興味深い）。

オープン・エンドの初期の数年間は、ハリー・ストープス＝ロウの闘争的な無神論に対応する議論に、多くの時間が充てられた。ハリーのことは、私たちがともに大学院生であった頃から知っていた。彼はケンブリッジに在籍していた。当時は論争の的とされた産児制限の有名な擁護者であり、いくつかの国では現在も続けられている避妊のための専門クリニックの創設者でもあるマリー・ストープスは、彼の母親である。ハリーはまちがいなく、生まれつき第一級の精神を与えられた人間であり、何年にもわたって、オープン・エンドの極めてエネルギッシュなメンバーだった。集まりの翌日にはぎっしり文字の詰まった長い手紙をよこし、迅速な返答を期待していた。ハリーがオープン・エンドに顔を出していた頃と、彼がヒューマニストの代表として、宗教教育に関する新たな公認指導要領の作成に関わっていた時期とは、奇しくも重なっている。これについては次章で詳しく述べる。

回数を重ねるにつれて、私たちは皆、ハリーの送ってくる手紙につきあうことがいかに無益で、時間の無駄で、きりのない行為であるかを悟り、返事をするのをやめてしまった。ハリーの方も、やがてオープン・エンドが自分の関心を満たしてくれないことがわかると、当然のことながら来なくなった。その後ハリーは、もてあましたエネルギーを、一方ではヒューマニスト倫理財団を設立するための何年にも及ぶ試みに、他方ではイギリスのヒューマニスト協会の事務局の運営に、注いでいた。前者の事業では、彼は一人で働いている。しかしながら、私の見たところ彼は、ヒューマニストの同僚たちの批判的な意見なしですませることのできる極めて少数の人間の一人、というわけではない。私とハリーとの関係は、個人的には親しい間柄のままであったし、マイケルも彼と非常に親しくしており、彼はハリーに感化されて、キリスト教からヒューマニズムに転向したと言えるかもしれない（傍点によって疑問を表現したつもりだが、この疑問はマイケルがキリスト教的有神論を否定したということに関するものではなく、むしろこのことに対するハリーの影響の度合いに関するものである）。

私とマイケルとは、二人がバーミンガムに着任した当初から、（一つ二つのちょっとしたいざこざはあったが）ずっと暖かい友情を培ってきた。私たちはかなり頻繁に大学で一緒に昼食をとり、さまざまな話題について互いに会話を楽しんできた。マイケルは、イートンやオックスフォードで古典の教養を身につけた第一級の精神の持ち主であり、教養も関心も非常に幅広く、たまに辛辣なスピーチをすることもあるが、根はおだやかな気質の持ち主である。新約聖書学の分野で、また近年では旧約聖書学の分野でも——これは稀な成功である——卓越した研究者となり、国際的に尊敬されるようになった。そして彼は、自分の新しい理論に向けられる既成の聖書学の権威からの反対を、徐々に克服していった。香港のユニオン神学院の学院長時代を含め、アングリカンの司祭を永年務めてきたマイケルだったが、彼の内面では徐々に懐疑の念が強まっていった。そして、大学の公開講座部の専任講師として（後に教授に昇格した）バーミンガムに赴任してから十五年を経た一九八一年、ついに自分自身が無神論者であることを宣言して、アングリカンの聖職を放棄した。(1)

マイケルはしばしば、オックスフォード時代の恩師であったオースティン・ファラーの「血の通った」有神論を、話題として持ち出すことがあった。この理論は、私たちと神との関係が人間同士の友情に似たものであるとし、私たちは神の意志を傾聴することによって、神がどのようなものであるかを見出すことができると考える。神はこの世界で働きをなし、ときには私たちの祈りに応える。ただし神の働きは、目に見える仕方で自然法則を破るようなものではない。ファラーは、こうした巧みな哲学的論証によってその信仰を支えてきたのだが、マイケルは次第にファラーの論証を不十分なものと考えるようになった。これについては私自身も彼を教唆した。

私は、彼が無神論者になったことに驚きはしなかった。というのも、私には長い間、彼のキリスト教信仰が、不確かな土台——教会の教えや哲学的論証——の上に成り立っているように思われたからだ。そこには直接的な宗教体験の要素は何もなかった。とはいえ、同様のことは彼に限らず、多くの教会関係者にも当てはまるだろう。そして、もしも彼が、この因習的な「教会教《チャーチアニティ》」の不適切さに気づかないままでいたならば、おそらく教会世界の内部で十分に満足してやって行けたはずである。そうではあるが、逆説的に彼は、キリスト教正統主義の神への信仰を持たずにいる（この傾向はイギリス教会のリベラルなグループの中で、ますます強く見受けられるようになってきている）という委細を除けば、相変わらずあらゆる点で、アングリカンの典型的な信徒にとどまっている。ちなみに彼が無神論を公言したからと言って、私たちとの友情が霧散したわけではないことを付け加えておこう。

しかし彼の宗教観に対する私の根本的な批判は、それが彼の幼少期の擬人論的で干渉主義的な神に対する、根拠の十分な、エレガントに表現された拒絶の域にとどまっているという点にある。他方、私自身の立場に対するマイケルの批判は、さまざまに異なる宗教が説くさまざまな神像や非人格的な「絶対者」といった、私たち人間の宗教的概念を通して明らかにされる究極的・超カテゴリー的な実在を主張するために、擬人論的な神性に対する信仰を超え出ようとする際に、私が信仰可能でも有益でもありえないほど漠然とした何ものかのうちに逃げ込んでしまっている、というものである。マイケルと私のこのような違いの背後にあるのは、人間の宗教体験が全面的に投影であるわけではなく、同時にそれは、程度はさまざまではあるが、実在に対するある種の応答でもあるとする私の基本的確信と、人間の宗教体験はすべて純粋に想像的な投影でしかないとする、マイケルの確固たる自然主義的仮定との間にある対立点だ。

私たちは、当時マイケルの担当で有名になっていた、大学の土曜公開講座の一つで討論を行い、その成果を共著『なぜ神を信じるか』（一九八三）として出版した。マイケルについては、さらにもう一つ述べておきたいことがある。彼は二年前にほぼ致命的な事故に遭い、片方の失明を伴う深刻なダメージを受けたが、その後、再び従来と変わらない活動的で生産的な生活に復帰する決心をした。彼のそうした勇気を、私は大いに賞賛する。

　ジョン・ハルもバーミンガム大学のよき友人だ。四十歳の頃、宗教教育の講師をしていた頃に目が見えなくなってしまった。[2] しかし、この事態に対する彼の対処の仕方には驚くべきものがある。彼はさまざまな電子的視覚補助器を開発し、それを用いて研究を続け、ついには教授になり、学部長にまでなった。そして講演のために世界中を旅行している。公開講演では、聴衆との結びつきは、目の見えるたいていの講演者の場合よりも優れている。彼は魅力的で独創的な思想家であり、刺激的な洞察に富んだ人物だ。彼もまた、私が大学でいつも一緒に昼食をとる友人の一人だ。

3　道を選ぶということ

　バーミンガムで職に就いている間に、私はさまざまな場所で多くの講演をし、多くの会議に出席した。例えば一九七七年から七九年にかけて——この間の断続的な日記が手元にある——ケンブリッジ、ウプサラ、ロンドン、マンチェスター、ガーナ、スターリング、トロント、ハーバード、サンフランシスコ、ロサンゼルス、グラスゴー、ベルファースト、コルレイン、ダブリン、オープンユニヴァーシティ、シェフィールドで講演し、バーミンガムではロシアの「科学的無神論者たち」との会議を主催した。これらすべての中で、少なくとも次の出来事はここで語る価値がある。

　一九七七年、ヨーロッパ最古の大学の一つであるスウェーデンのウプサラ大学は創立五百周年を祝い、多くの研究者に名誉学位を授与した。私も同大学の神学部に招かれ、その学位を授与された。数日間にわたって種々の行事が行われたが、その中には私の公開講演も含まれていた。実に感動的だったのは学位授与式だ。スウェーデン国王をはじめ政府の要人たちが何人も臨席し、大講堂の外では祝砲が上げられるなか、学位を授与される研究者たちは皆、学位を象徴する金の指輪を受け取って国王の前でお辞儀をした。私はスウェーデンの博士帽も受け取った。今もこれを持っているが、被ってみようとは夢にも思わない。

神学部門で学位を授与されたもう一人は、イランのムスリムの主要な学者であるフセイン・サイイド・ナスルだった。彼は、イラン国王によって西洋に派遣された文化大使と見なされていた。当時イランでは、国王に対する圧力――これが国王の政権を覆す一九七九年のイラン革命につながった――がしだいに強まりつつある時期だった。ウプサラには、イラン国王の独裁政権から逃れてきた多くの政治亡命者たちが、学生として在籍していた。彼らはナスルに対する名誉学位の授与が、政治的に容認することのできない行為であると抗議していたが、この点では私も同感だった。過激なデモ行動の起きる可能性があったため、警備は厳重だった。私たちはナスルと同じホテル、同じ廊下の並びの部屋に宿泊していたが、夜になるとナスルの部屋のドアの前には武装した護衛が立っていたし、学位授与式の際にいた何人かの学生らしきいでたちの案内係も、実は武装した私服警官だった。私は行列の際、フセイン・ナスルと並んで歩くことになっていたが、それ以外に彼と接触することはなかった。もしも誰かがナスルの射殺を企てているならば、うまく狙いを定めてくれるようにと願ったものだ。外ではデモがあったようだが、式典自体は平穏に執り行われた。

数年後、フセイン・ナスルはイランの政治活動から離れ、アメリカに渡って教鞭を執ることになった。それで彼とは、アメリカのいくつかの会議で再会した。またバーミンガムのカドベリー寄付講座で講義をしたときにも、彼と会った。そのとき、私たち二人は一緒に、ランカスター大学に在籍するトルコ人の大学院生と対談を行った。この院生は宗教間の関わりについて、私たち二人の立場を比較研究する論文を書いていた。[3] フセイン・ナスルはスーフィー学者であるが、私たち二人の理解は、どの世界信仰も同一の究極的な神的実在に至るための異なった道である、と考える点では一致していた。

しかし私のほうは、ここには各宗教の信仰体系に対して意味の含みがあるにちがいないと考えていた。つまり、どの信仰体系にも独自の優越性を誇示する伝統的な主張があるから、これを通そうとする教義を捨て去るか、あるいは再解釈することによって、そのような主張を濾過すべきだという意味の含みがあるという考えだ。ところが、ナスルのほうはこの考えを否定して、それぞれの信仰体系はそのまま維持されるべきだと考える。だから彼は、私が「三位一体」や「受肉」という伝統的な教義を肯定すべきだと考える。この後者の「受肉」の教義のゆえに、世界の諸宗教の中でも唯一キリスト教だけが、人となった神によって創始された宗教だ、と主張することになるにもかかわらず、である。したがって私たち二人は、この点で互いに同意できないでいる。ただし、ナスルがカドベリー講義で語った基本的信念——神の恵みは、山の斜面を水が流れ落ちるとき、その異なる斜面の異なる形状によって異なるあり方をすることに喩えられる——には、私たちは互いに一致している。ちなみにトルコの若い世代のムスリム研究者の間では、宗教の多元性に関する諸問題、並びにその扱い方に関する私の諸提言への関心が高まりつつあるようだ。

一九六八年、イアン・ラムゼーがダラムの主教に就任するため、オックスフォードの宗教哲学講座であるノロス講座を辞めることになった。そこで私は、このポストに応募した。私は結局採用されず、オックスフォードの哲学者バージル・ミッチェルが、このポストに就くことになった。これは素晴らしい人事であって、私も含めてほかの誰も異議を唱えることはできなかった。ノロス講座のポストに採用されなかったことは、あまり大きな驚きでも、あまり大きな失望でもなかった。一九七七年、私は、ハウェル・ルイスの退職に伴って空席になる、ロンドンのキングス・コレッジの講座に就任してはどうかという打診を受けた。一九七七年一月の日記。

ロンドンの公募が出た。そしてハウェルから電話があって、応募の決心がついたかどうか問い合わせてきた。彼は自分の後任人事に関心を持ちすぎる。しかし私を後任に据えたいと望んでくれているようだから、私は文句を言ってはならない立場の人間であると思う。……〔二月十三日〕キングス・コレッジのポストのことは自然に解決した。スタントンを初めて訪れた際〔ケンブリッジでスタントン講義を行うためだった〕、私はドナルド〔マッキノン〕と話をした。そのとき彼は、一九七七年から七八年の年度の終わりに退職するとはっきり言った。そうであれば、ロンドンのポストを当てにすることはない——ハウェルにはとても申し訳ないことだが。……ロンドンに住むことは妻のヘーゼルも望んでいないし、キングス・コレッジの内部も混乱しているようだ。それにこちらの授業との関係も続けながら、一、二年、行ったり来たりの生活も望ましいことではない——お金もかかるし、疲れるだろう。むしろケンブリッジのほうに賭けてみよう。……〔二月二十六日〕火曜日にロンドンのリベラル・クラブでヒュー・ペリー・オーウェンと昼食をとった。そのとき彼から、学長や学部長や選考委員会のメンバーたちも——と彼が言った——キングス・コレッジの講座への招きに、私がどう応じるだろうか知りたがっていると聞かされた。私はその考えのないことを伝えた。……〔三月三日〕ロンドンに行く。レディ・コリンズを訪ね、『神と諸信仰の世界』のフォンタナ版の表紙を確認した。ナショナル・ポートレート・ギャラリーで昼食をすませた後、少しうとうとした。外は激しい雨。その後、キングス・コレッジに向かい、そこでアップルトン主教が議長を務める諸信仰世界協議会のかなり大勢の聴衆の前で、第二回ヤングハズバンド・レクチャーを行った。その後、招かれてキングス・コレッジの学長と会い、グラスを交わした。学長は講座のポストを提供してくれたが、私はこれを丁重に断った。しかし、懇請されたことは嬉しかった。

すでに述べたように、私は翌年一九七八年、ドナルドの後任として、ケンブリッジのノリス＝ハルズ講座のポストに応募するつもりだったし、現にそうした。しかしタイミングが悪かった。というのも、その前年に出版した『受肉神話』が、ケンブリッジの主流を占める伝統的正統主義者たちを激怒させていたからだ。しかし、またひょっとすると、これがゆえに任命されていたかもしれない――これは単なる憶測でしかないが……。結局、ケンブリッジのほうは聡明で鋭敏な神学者のニコラス・ラッシュが任命された。彼はすでにケンブリッジのセント・エドマンド・ホールのフェローだったが、宗教哲学者ではなかった。私の日記（一九七八年二月二十日）には、「この失望感を解消するのに数分もかからなかったことには、われながら驚いた」とある。

振り返ってみると、オックスフォードとケンブリッジのポストに就く二つのチャンスを逃したことになるが、私はまったく意に介しなかった。もともと確実性は大きくなかった。というのも、当時オックスフォードとケンブリッジの選考者たちは候補者たちを面接せず、個人的な知識や評判に頼り、しかもたいていは内部の指名で人事は終わっていた――少なくとも七〇年代はそうだった――からだ。もしもどちらかの場所に落ち着いていたら、私自身のより広い関心を追求するうえで、絶えず困難な課題に直面することになっていただろうし、また私の研究課題をやすやすと受け入れてくれたカリフォルニアでの数年も、逃していたにちがいない。

さらに言えば、極東の仏教との出会いもなかっただろうし、クレアモントで得た着想を発展させて、『宗教の解釈』の中でそれを具体化させることもなかっただろう。そして結果的には、一方で、私は多くの大学院生を引きつけて離さない世界のトップレベルの大学の一つとも、関係することはなかったが、他方で、当時は堅固なアングリカンの支配下にあったオックスフォードやケンブリッジの伝統主義から、全く自由にできた。だからこそ、私は自分自身の研究課題を追求することができた。結局、私はよい取り引きをしたことになると思っている。

バーミンガムのカリキュラムでは、宗教哲学は周辺的な位置づけをされていたので、私の授業義務はあまり厳しいものではなかった。ただ、個別指導では時間を浪費した。というのも、私の個別指導はケンブリッジのときのように一人か二人ではなく、六、七人ほどいたからで、あまり役に立つものではなかった（後にこの個人指導はやめにした）。

大学には月、水、金に出向き、午前中は講義、昼食はスタッフ・ハウスでとり、それから研究室に戻ってドアに鍵をかけ、ソファの上で「十分間」休みをとり、それから午後、個別指導にあたった。この「十分間」というのは家族の間でよく知られているように、昼食後のシエスタのことだ。それは文字どおりの十分間ではなく、通常の日常的な時間で言えば、実際にはしばしば一時間か、あるいは今日ではそれ以上になることもあるような、観念的な「十分間」のことだ。もちろん、いつでもこうした時間を持つことができたわけではないが、たいてい私は仕事のある日に、こういう時間を予定に組み込んでいた。そうすることはとてもためになったと思っている。それは身体の自然なリズムと調和しているし、まあ、その正当性をあえて説明する必要もないだろう。でも、そうする必要を感じる人にはウィンストン・チャーチルの言葉を推奨したい（これは私が同意しうる彼のポリシーのうちの、数少ないものの一つだ）。

> 昼食と夕食の間に少し寝なくてはならない、それも中途半端ではいけない。着ているものを脱ぎ、ベッドに入りなさい。私は常にそうしている。昼間に寝るからといって、そのぶん自分の仕事を怠けたと考えてはならない。それは想像力を欠く人々の愚かな思い込みである。あなたはもっと多くの仕事をなしとげることができるだろう。(4)

そういえば何年か前、九十代後半に達したチャールズ・ハーツホーン（その後、百一歳で亡くなった）と、ある会議で一緒になった。その折り朝食の席で、長生きの秘訣を尋ねたことがある。彼は「毎日、昼食の後にシエスタをとる」と答えた。

一九七七年二月二十六日の日記。

忙しい一週間だった。日曜日はゴールダーの家でオープン・エンド。デーヴィド・フォードが、現代フランスのある哲学者について報告した。私たちの何人かには、この哲学者の観念が我慢ならないほど印象主義的で、レトリカルに思えた。この日はいつになく激しい意見の対立が生じた。月曜日は夕刻に、神学思想入門の講義をとっている二十五人の学生を教えた。……ケンブリッジでスタントン講義を行ってから、ロンドンに戻り、タヴィストック・ホテルに泊まって、翌朝八時四十分の電車でバーミンガムに戻り、キリスト教倫理のクラスで人種問題の講義をした。その後、例の「十分間」のために自宅に戻り、午後は車を走らせてマンチェスターへ行き、神学会で死後の生命に関する論文を口頭発表した――楽しい食事と議論ができた。その夜はリークスに泊まり、翌朝は、AFFORの事務所で国民戦線の文書の校正に間に合うようバーミンガムに戻り、その後、セント・フランシス・ホールでのランチ・ミーティングで、キリストと世界宗教について話をした。午後はカドベリー講座委員会に出席し、続いて儀礼と倫理に関する連続二回の研究所主催の講演会初回を担当した。……明日は車でケンブリッジに行き、グレート・セント・マリー教会で説教。火曜日のスタントン講義を終えるまで、そこに滞在する予定。

バーミンガムでの十五年の間に数々の著書を出版した。『核心におけるキリスト教』（後の版では改題『キリスト教の核心』、さらに改題『第二のキリスト教』（邦訳『もうひとつのキリスト教』間瀬啓允・渡部信訳、日本基督教団出版局、一九八九））、『神の存在証明』、『神と諸信仰の世界』、『死と永遠の生命』、『神は多くの名前をもつ』（間瀬啓允訳、岩波書店、一九八六）、『宗教多元主義の諸問題』（邦訳『宗教多元主義』間瀬啓允訳、法藏館、一九九〇）、それからマイケル・ゴールダーとの共著『なぜ神を信じるか』、そして編著『受肉神話』である。また、このほかにも多くの論文や書評を執筆した。さらに大学の仕事とは別に、人種問題に関する仕事や地域連携の仕事にも深く関わった。次に続く三章では、このことについて述べる。さらに続く章では、二回の長期にわたるインド訪問と、一度のスリランカ訪問について述べる。

注

（1）この全貌に関するマイケルの説明については、次に掲げる共著の中で彼が執筆した第一章を参照されたい。*Why Believe in God ?*, London : SCM Press, 1983, reissued in 1994.
（2）次に掲げる彼の著書を参照。*On Sight and Insight : A Journey into the World of Blindness*, Oxford : Oneworld, 1997.
（3）Adnan Aslan, *Religious Pluralism in Christian and Islamic Philosophy : The Thought of John Hick and Seyyed Hossein Nasr*, Richmond : Curzon Press, 1998.
（4）次の書物に引用されている。Martin Gilbert, *Never Despair : Winston Churchill 1945–1965*, London : Heinemann, 1988, p. 225.

第14章　「多 - 信仰」のための仕事

1　民族混合の街

一九六七年にバーミンガムに到着した直後から、私は、カリブ海（当時はまだ西インド諸島と呼ばれていた）地域からの移民、および一九七一年に東パキスタンがバングラデシュとして独立したことに伴うインドとパキスタンからの移民によって生じた、この街の民族混合状態に興味を抱くようになった。最大の民族集団はアフリカ系カリブ人で、たいていはペンテコステ派のキリスト教徒だった。キリスト教以外のおもな集団はムスリム、シーク教徒、ヒンドゥー教徒コミュニティで、これは今も変わっていないが、現在では仏教、道教、ジャイナ教、バハイ教の信徒コミュニティも加わっている。また小規模ながら長い伝統をもつユダヤ教のコミュニティが、すでに存在していた。ただしマンチェスターやロンドンへの移住に伴い、現在のユダヤ教のコミュニティは徐々に縮小しつつある。

バーミンガムには、クエーカー教徒のコビン・バロー（労働党議員出身の前市長）を委員長とする公的機関として、地域交流委員会（CRC）があった。同委員会の卓越した専従事務官ピーター・ハチンソンは、当時、設置予定だった新しい宗教教育専門委員会の長を私に要請してきた。この専門委員会の第一回会合は、一九六九年三月に市会議事堂の大会議室で開かれ、イスラーム、シーク教、ヒンドゥー教の各コミュニティの代表者が招集された。その後、時をおかずにシンガーズ・ヒル・ユダヤ会衆の主任ラビ、シドニー・ゴールドと、シャーリーにある路傍聖母会の著名なカトリック司祭、パトリック・オマホニーの二人が、母体であるCRCの重要メンバーでアングリカンの主教区付き人種問題担当牧師、キャノン・レオナルド・シフと共に加わった。

私は、できるだけ多く専門委員会の人と親しくなることが重要と考え、キリスト教であるなしに関わらず、どんな信仰からの招待にも応じた。日記には、先の第一回会合直後に、ヒンドゥー教徒たちが使っているハンズワースの建物内で行われた、ラーマ・ナウミ（ラーマチャンドラ顕現）の祭りに出向いたことが記されている。このヒンドゥー教徒たちは、当時、空家も同然だった長老派の教会を買い取る手続きの最中だった。その後、買い取られた教会は、ヴィシュヌ崇拝者とシヴァ崇拝者の両方に仕える彩色豊かな寺院へと変身した。後には、この寺院で行われたディワーリ（灯明の祭）の祝いにも出向いた。

またムスリムたちと共に祈り、話し合うために、当時アストンにあった建物の二階の小さな一室にあった、イスラーム文化センターにも出向いた。またこのセンターで開かれたワリマ（結婚披露宴）にも出向いた。この披露宴では地元の小学校長とも出会った。その学校では、披露宴の主役であるアブドゥル・アジズが、ムスリムの子どもたちの宗教指導（RI）に当たっていた（このときにはまだ宗教教育（RE）が始められる以前であり、現在の宗教学習（RS）が実施されるずっと以前のことである）。そこではパキスタンの高等弁務補佐官とも出会った。

さらにはスメジックのハイ・ストリートにあるかつての教会、今は改装されてシーク教寺院になっている場所で開かれた、シーク教の海外教師会にも出向いた。その後、タウンホールで開かれたグル・ナーナク生誕五百年祭の壮大な祝典にも参加した。私は下手なパンジャブ語の発音で短いスピーチを行い（原稿は当時、私たちのところに下宿していた留学生のセヴァ・シン・リアルに書いてもらった）、さらにはアングリカンの主教、カトリック教会の大司教、バーミンガム教会協議会の議長らによるメッセージのお膳立てもした。

何年かにわたり婚礼や葬儀、ディワーリの祝い、晩餐会、過ぎ越しの夜の祭りであるセデルなど、あらゆる種類の集まりに出向いた。二十年後、クレアモントからバーミンガムに戻ったときには、妻のヘーゼルは、アジア人女性たちのために第二言語である英語の家庭教師を始め、同時に彼女自身はウルドゥー語の学習を始めた。おかげで私たちは互いの家に食事に招き合うことにより、アジア人家族たちとの交流も深まった。

キリスト教の教会と同様に、モスクやシナゴーグ、シーク教寺院やヒンドゥー教寺院で時間を過ごすようになって、私はとても重要なことに気づきはじめた。一方では、宗教の外観はみなそれぞれ異なる。例えば、ヒンドゥー教の寺院では光景・音・匂い・色彩はみなインドのものであり、（かつて訪れたことのある）あのインドへ引き戻されたような錯覚に陥る。また外観のみならず言語や概念、聖典や伝統なども、みな違って独特である。しかし、さらに深いレベルで見れば、このように異なるすべての礼拝場所で、本質上、明らかに同じことが行われているように、この私には思われたのだ。すなわち、高度に発展した古来の伝統に守られつつ善男善女がその場に参集し、その伝統ゆえに参集した善男善女は、彼らの生命を真に生かすことを要求する高次の神的実在に向かって、彼らの精神と心を「高みへ」と開くことができるのである。ヘブライの預言者の言葉でいえば、「正義を行い、慈しみを愛し、へりくだって神と共に歩む」ように、彼らは召し出されているのだ。この基本的な段階ではどの宗教もすべて一致する。私の好きなイスラーム神秘主義の詩人ルーミーの言葉でいえば、「ランプは違えど、光は同じ。光は彼方から来る」のである。

この洞察を共有できる人の中にパトリック・オマホニー神父がいて、私は神父と友人になった。私は神父を高く評価し、何年か後に、彼が癌で早すぎる死を迎えるまで、しばしば食事を共にした。外見的には見劣りのするこの小柄なカトリック司祭は、実のところ、私の知るうちでは素晴らしい働きをした人物の一人だった。神父は人への奉仕に全身全霊を捧げた。教会の信徒を育成し、この世を見張る者へと教導した。教会建築（神父の指導による）と典礼とが、共にこの世界との関わりを表現している。信徒たちは、年に二五万ポンド相当の医薬品をカルカッタへ（これらの医薬品は救世軍の士官によって分配された）、それからアフリカ各地へと送っていた。教会は、医療援助物資の集配センターの役割を果たしていたのだ。医療品の多くはバーミンガム在住の医師たちからのもので、製薬会社から得た試供品の寄贈によるものだった。

神父はアムネスティ・インターナショナルの活動にも積極的に携わり、武器製造業などの企業やアパルトヘイトへの影響を調べ上げ、大司教区に対し南アフリカからの投資の引き上げを行わせた。またそのほかにもいくつかの分野で、持ち前の指導力を発揮した。同じように長年の友人になったのは、かつてインドで宣教師を務め、ガンジーの信奉者となり、一時はネルーの秘書をも務めたことのあるレオナルド・シフだった。またキリスト教以外の信仰を代表する専門委員の何人かとも親しくなった。ダーシャン・シン・ボガル（バーミンガムCRCの後の副委員長）、バシル・アワン、バシル・ワライクとは、AFFOR（詳細は後述する）で共に働くことになった。

私たちが公文書や新聞社への投稿、あるいは市議会当局者たちとの会合を通して表明していた、市当局への提言の主意は、地域教育局（LEA）所轄の学校における宗教教育プログラムに、新たな宗教コミュニティに関する規定を設けることだった。そして私たちは、最終的にバーミンガム市の新学習指導要領になるような型を提案した。一九四四年の教育法の下、宗教指導――後の宗教教育、今日では一般に宗教学習といわれる――は、地域教育局によって採択された公認学習指導要領に従って行われていた。ただし当時はバーミンガムも含め、公認の学習指導要領はすべて、キリスト教中心の伝統的な聖書学習を主体に構成されていた。カトリックとユダヤ教の学校は古くから存在していたが、かなりの人数にのぼるムスリムやシーク教、ヒンドゥー教の子どもたちの存在は、考慮されていなかった。

私たちは既存の法的枠組みの範囲内で、これらの子どもたちのニーズに応える道を探らなければならなかった。いくつかの学校では特定の宗教グループに分けて、そのRIの授業および場合によってはチャペル集会も、キリスト教以外の各信仰の代表者たちに任せるという、適用拡大の方法をとっていた。もっともこれはその場しのぎのもので、ニーズのごく一部を満たすものにすぎなかった。それでも私たちは、これに対する教育局長の追認を求め、さらにこのような活動を拡げるために、キリスト教以外の他の宗教コミュニティ内で、ふさわしい教員のめぼしをつけていた。しかし、あらゆる役人の常で、教育局長も当初はすこぶる慎重かつ消極的だった。そこで私たちの代表が、彼に会いに出向いた。後日、私たちが彼に言われたのは、彼にはいかなる指令も出せないが、善意と個人的な結びつきを基盤にして行われることであるなら進めてもかまわない、ということだった。言葉を換えて言えば、それは現に行われていることの適用拡大の黙認だった。

もっとも国全体の教育界では、ニニアン・スマートとSHAP会議の主導により、新たなRE開始に向けての教育改革の気運が盛り上がりつつあった。次に起こったことは、制服着用の運転手が運転するバーミンガム市紋章付きの大きな公用車に乗って、教育局長補佐のC・C・ティップル氏がアーサー・ロード二〇番地にやってきたことだ。教育委員会は新学習指導要領の作成をおおむね決定していた。そして彼は、ムスリム、シーク教徒、ヒンドゥー教徒、ユダヤ教徒、カトリック教徒を、それぞれ一人ずつ委員に加えることを望んでおり、その作業を監督する調整委員会の委員長役を私に依頼してきた。私は、キリスト教以外の信徒代表も計画通り委員に加わること、およびその代表者を誰にするかは私の提案によること、という条件付きで、これを受諾した。その後、ことのすべてを確認するために、私は教育局長のK・ブルックスバンク氏およびティップル氏と、大学で昼食を共にした。機はいよいよ熟した。新学習指導要領作成のための審議会の発足に伴い、私たちがこれまで地域交流専門委員会内で行ってきた仕事は、この新しい審議会に引き継がれ、地域交流専門委員会は、宗教文化専門委員会へと改組されることになった。

2 「多 - 信仰」のための新学習指導要領

一九四四年の教育法に基づき、新学習指導要領を作成するための法令審議会は、それぞれ教員の代表、地域教育局の代表、イギリス国教会の代表、他の諸教会の代表からなる、計四つのグループによって構成されなくてはならなかった。その結果、ある種の法的擬制によって、キリスト教以外の委員たちは、最後にあげたグループに含められることになった。その頃のバーミンガム市議会は保守党が多数派を占めていた。一九七〇年三月の第一回会合は、(ティップル氏の意を受けた) 保守党長老議員を議長として開催された。私と他の委員が「多 - 信仰」の指導要領が必要であることと、その必要性は教会その他の宗教組織の活動を学校へと広げるためではなく、純粋に教育上のニーズによるものであることを強調した。そこで新学習指導要領は、「多 - 信仰」を考慮すべきこと、さらには世俗的な世界観をも勘案すべきことで合意された。

次に四十名ほどの審議会の委員は、異なる年齢層に対する学習指導要領作成のためのいくつかの作業部会に組み入れられた。これらの作業部会の仕事を、私が委員長を務める小さな中央委員会がコーディネートして、最終的に簡潔な公的学習指導要領と、かなり大部の教師向けハンドブックの二つを作成することになった。学齢の低い子どもたちの段階では、教えるということを主たるテーマとしなければならなかった。高い学齢の生徒たちに対する基本原則は、各人が一つの宗教（普通は自分自身の宗教）を主専攻とし、それ以外にもう一つかそれ以上の宗教を副専攻にすること、ただしキリスト教に関しては、イギリス史に必須の宗教として、かならずこれを主専攻ないし副専攻のいずれかにしなければならないこととした。さらに私たちは、諸宗教と同じように、共産主義やヒューマニズムのような世俗的信仰についての学習も、そこに含めた。

それぞれの会合が完全に軌道に乗った頃、豊富な教育経験をもつRE教員のセシル・ナイト（後に多民族混合の大きな学校の校長になった）が、このプロジェクトの専従として赴任してきた。すべての作業が完了するまでには、数え切れないほどの会合が重ねられ、ほぼ五年の歳月が費やされた。私は、調整委員会の定例運営会議や、市の教育委員会の委員との会合を重ねると共に、作業部会の会合の多くにも出席した。それらすべての記憶をよみがえらせてくれる議事録、草稿、通信文書などは、今も山積みとなっている。そのようなわけで、私たちが作業に着手したのは、保守党が市議会与党のときだったが、学習指導要領の改訂案が公表されたのは、労働党が与党となっていた数年後の市議会においてであった。改訂案はそのまま採択された。

何人かの保守党員やアングリカン主教が、共産主義やヒューマニズムは「生に対する非宗教的姿勢」（ハリー・ストープス＝ロウが作った表現）であるとして、これらを今日の全体的な状況の一部として学習指導要領に含めることに、激しく反対した。これをめぐっては、市議会においても報道関係者の間においても、かなりの騒動があった。イギリス国教会の諸原則に従う全国宗教教育推進協会は、新学習指導要領案を違法と宣言し、そのため教育局長は、市の顧問弁護士に意見を求めた。この異議申し立ての審理期間中、改訂学習指導要領の出版は差し止められた。顧問弁護士は、改訂学習指導要領の提出形式が、オックスフォード英語辞典（OED）の辞書的定義による学習指導要領の形式を取ってはいないものの、この定義に合致するものとして拡大解釈することは可能であると述べた。彼はキリスト教以外の宗教を教えることが含まれることにも、また宗教を学ぶうえで役立つ限り、「生に対する非宗教的姿勢」に関する学習が導入されることにも、何ら反対する理由を見出さなかった。そこで学習指導要領の改訂を法的に認めさせるための小委員会の設置が合意された。

結果は一九七四年十一月に最終合意に至った。

午前十時三十分、新学習指導要領審議会開始。モイラ・シモンズ［労働党市議］が議長。全員出席。教育局長が法的取組の状況を報告……。その折、ドーズ議員（保守党）が「生に対する非宗教的姿勢」に関する問題を提起し、わけても共産主義は学習指導要領から除外すべきであると主張。私たちのうちから数人が発言し、偉大なる世俗的信仰についての学習は、今日の宗教的状況を理解するうえで大いに助けになるものであるから、新学習指導要領には含められるべきだと力説した。ドーズは「非宗教的姿勢」への言及の削除を正式に提議し、シドニー・ゴールドがこれを支持した。この二人が当該提議に対する賛成票を、それ以外の全員が反対票を投じた。その後、非宗教的姿勢についての学習も加えるという原則を含め、一九七〇年当初の会合において容認された諸原則の再確認が提議された。これは、ドーズの反対とシドニーの棄権を除く全員の賛成票をもって可決された。このように論争と議論を尽くした結果、この問題点はほぼ全会一致で解決した。この会合はモイラの賢明な議事進行の下で大成功を収めた。会合前の週末には、モイラが明確な計画をもち、自分の果たすべき役割を理解しているかどうか、私には少々不安だった。けれども彼女は自分の為すべきことを正確に捉え、実に効果的にそれを成し遂げた。

もう一人の市会議員、シーラ・ライト（後に労働党国会議員となる）にも大いに助けられた。

一九七五年二月十四日。市会議事堂で行われた新学習指導要領審議会の最終会合は劇的ではあったが、実に満足のいくものだった。アングリカンのグループから提出された二つの小さな修正案が承認された後、私たちは四つの委員会に分かれた。自由教会、アングリカン、教員のそれぞれの委員会は、この学習指導要領を全会一致で可決。またLEA委員会も三対一の多数決で可決した。反対の一票は長老議員シドニー・ドーズのものだった。さらに市議会の財務および総務委員会で学習指導要領の改訂が受理されるのを待って、次の金曜日に記者会見を開催することが決定された。しかしドーズが、学習指導要領の改訂に対する批判を直ちに公表したいと考えていると述べたため、記者会見は火曜日に前倒しとなった。記者会見は私が司会で、各委員会から二名の委員が出席することになった。しかし教育局長からは、記者会見を次の金曜日まで待たずに早めることには承服しがたい、という通達があった。そこで私たちは、カーズ・レインでの記者会見開催に向けての準備と、新学習指導要領およびその内容解説の複写を、私的に進める手配を行った（そのため昨夜はずいぶん電話をかけた）。日曜日の「バーミンガム・ポスト」紙には「論争中のRI学習指導要領に大きな信任票」という、私たちを勇気づけるような見出しが載り、先の審議会後にジョン・ハルが記し、ピーター・デーヴィスが新聞社へ手渡した意見書の内容の一部を含む記事が掲載された。

一九七五年三月十四日。ケンブリッジにて（第一期のスタントン最終講義のため当所に出向いていた）。「ガーディアン」紙で、学習指導要領の改訂がバーミンガム市の教育委員会によって昨日採択された旨を読む……。政治的、宗教的折衝に費やした一年間を含む計五年間の仕事が、これでやっと終わった。バーミンガムのヒューマニストたち（あるいはむしろ彼らをハリーが利用していると言うべきか）は、新学習指導要領があまりに宗教的すぎると批判し、これを違法として――ひどい誤解だと私は思うが――粉砕することを望んでいる。[後日、五月八日、ハリー・ストープス＝ロウと「和解のコーヒー」を交わす。新学習指導要領に反対するヒューマニストたちの法的行動はほのめかされてはいたものの、今後、実行に移されることはないだろうと推察される。]あの保守党員たちは、共産主義がバーミンガムの学校に強引にねじ込んできたと、今でも不平を言っている。しかし新学習指導要領は印刷され、ただちに使用される段階になっているようだ。数年後、あの大騒ぎは何だったのかと、人々は不審に思うことだろう。

採択されるまでの長い過程において、私は「バーミンガム・ポスト」紙に宛て何度も手紙を書かなくてはならなかった。例えば、次のような手紙だ。

バーミンガムの新たな宗教教育指導要領に関する記事が貴紙のコラムに連載されたことで、ある種の神話が創られてしまいましたが、それが事実であると誤解されるようになる前に、その誤りが暴かれなければなりません。それは、ハンドブックに共産主義に関する項目が含まれることになったのは、教育的な判断というよりむしろ政治的な判断の結果であって、共産党員あるいは他の左翼勢力が法令審議会に不当に押しつけたものだという神話です。この神話には一片の真理すらも含まれていません。地域の学識経験者、RE教員、全教会の公式代表、教育や神学の専門家、地域教育局のメンバーたちによって構成されるこの審議会には、共産主義者やその同調者は一人も含まれていません。一九七四年二月の総選挙の時期からは、不幸にも政治色をもって論じられるようになりましたが、それ以前、もちろんそれ以後にも、この新たな学習指導要領を関係者一同、純粋に教育上のこととして捉えてきました。たまたま教育委員会と市議会内で労働党が多数を占める時期に、審議会がその作業を完了して報告を行いましたが、そもそもこの審議会は、保守党多数期の教育委員会および市議会の下で招集されたものです。新学習指導要領によって「いくつかの信仰」と「他の主要なイデオロギー」を、キリスト教と同様に扱おうとする基本的な決定は、保守党の長老議員を議長とする、一九七〇年六月の正規の会合である審議会において採択されたものです……。法令審議会が一九七〇年に採択したこれらの原則は、すでに有能なRE教員たちが何年にもわたって行ってきた、現場の教育に基づくものです。この新たな学習指導要領が重要な進展を示しているのは、何か新しい提案をするという意味ではなく、大半の教員がすでに長いあいだ教育上望ましいと考え、多くの場合、すでに長いあいだ実践してきたことに対する法的認証を与える、という意味においてです……。

私たちの新学習指導要領は、「多 - 信仰」を認める宗教教育へと向かう全国的な動きの一端だった。この学習指導要領改訂の全過程を通じて、当時、大学で宗教教育の講師（現在は教授）をしていたジョン・ハルが重要な力となった。宗教教育とその諸問題に関しては、言うまでもなく彼のほうがはるかに精通しており、教育の重要な側面に関して、かつての宗教的教化から今日のREへと向かう流れを作った先駆者だった。全国的には、ニニアン・スマートが共同議長を務めるSHAP作業部会により、この展開は先導されていた。

私は、共産主義とヒューマニズムに関する教えを教育内容に含めることを、強く支持していたが、そのこと以上に新学習指導要領においては、「多 - 信仰」的な基本的性格が受け入れられるよう腐心していた。前者を疑問とする攻撃は、保守党員たちの注意を、後者の問題から逸らす避雷針の役割を果たしてくれた。

学習指導要領の改訂が採択されるとすぐに、ハンドブックと一緒に八千部が、バーミンガム市内の学校に配布された。当初の意図どおり、学習指導要領は現場の指導実態に照らし、REに関する常設顧問審議会（SACRE）――私も一時期その委員だった――によって、継続的に改訂されていった。今日ではREないしRS

の専任教員は、事実上、全員が「多‐信仰」を教育する訓練を受けている。しかし現在、直面している主要な問題はその教育内容にあるのではなく、その内容をきちんと教えられる有資格教員の不足にある。

その間に、CRCの宗教文化専門委員会は別の問題へと視点を移し、その作業を継続していた。その第一が、特有の文化的あるいは宗教的背景をもつアジア人の患者が抱える、病院での問題だった。私たちは看護婦や医師、病院管理者たちと何度も会合をもち、食事のことや言葉の壁、出生や死亡に関する特有の信念や慣習、さまざまに異なる信仰の聖職者たちによる病院訪問、アジア人女性の男性医師に対する態度、アジア人男性の女性医師に対する態度、などの問題を題材に議論を重ねた。この結果をもとに、病院管理者・看護婦・医師の手引きとして小冊子を作成し、一万五千部ほど配布した。

私たちが扱った別の問題の中には、ウィンソン・グリーン地方刑務所におけるアジア人処遇問題も含まれていた。私たちはこの刑務所の長官と面談した（外部から人を招いて委員会が会う場合、私は事前にその人たちと食事をした。これはしばしば話し合いを進めるうえでの潤滑油となった）。さらに、次のような問題についても話し合いを行った。学校における性教育の問題、スカートではなくズボンの着用を求めるムスリム看護婦たちの制服の問題、オートバイを運転するシーク教徒のヘルメット着用の問題——代わりにターバンを巻くことが事実上許可された——、地域の宗教放送局におけるキリスト教以外の信仰のための放送の提供、また最終的には取り下げられたが、遺体を棺に収めないというムスリムの慣習を容認する要求。その他の問題として、ムスリムが食する食肉（ハラル・ミート）のための処理を行う諸条件もあったが、これにはしばしば改善が必要とされた。このように数多くの議論が交わされた。一九七三年七月、当時、地域交流委員会の事務官だったトラクソン氏に宛てた私の手紙からは、地域交流委員会に対する私の報告が検閲され、その中の言明が削除されたことを知って、私がひどく当惑したことがわかる。

このような問題に関してＣＲＣが効果的な「圧力団体」を構成するためには、より積極的なアプローチが必要でしょう……。確かに私は地方行政監査局長によるバーミンガム市訪問に関して、局長の使った言葉尻を取り上げていました……。私が書いたものの削除は……私には無断で、おそらく波風を立てないために行われたのでしょう……。検閲されることをありがたく思っていないこと、このようなことは二度としてほしくないと思っていることを、ご承知おき下さるように。

この小さな事件は、バーミンガムの公的機関であるＣＲＣの体制的な視点と、自立団体ではるかに活動的なＡＦＦＯＲとの相違を鮮明にしている（ＡＦＦＯＲの詳細については次章で述べる）。とはいうものの、私たちの宗教文化専門委員会が実に多くの有益な仕事をしたのは事実である。ただし、すべての課題をやり遂げたわけではなかったが。

また、私はバーミンガム諸信仰間協議会の創設を提案し、これが一九七五年一月に創設された。初代議長には私が選出され、当初の構成員である五つの信仰、すなわちヒンドゥー教、キリスト教、イスラーム、ユダヤ教、シーク教の代表が出席して、グラハム通りにあるシーク教寺院で初会合を開いた。私は今も、その会合のメモを持っている。そこには「それぞれの信仰を順に説明するため一連の会合を持つことで合意した」とある。その年の七月には、アーサー・ロード七〇番地の自宅の庭で、この協議会の委員のためのパーティを開いた。ローレンス・ブラウン主教夫妻を含め、多くの委員たちが出席した。

私の議長時代の協議会は、何度も有益な会合を持ったが、とりたてて活動的だったとは言い難い。その潜在力は未だ十分に発揮されてはいないが、それでも協議会が存続していることを、私は嬉しく思う。ともかくスタートしたのは一九七五年のことだった。私は、パキスタン人、バングラデシュ人、インド人、アラブ人、その他のムスリムたちが、中央モスクとして共用しようと構想していたベルグレイヴ・ロードにある建物の委譲についての議論にも、当初から関わった。協議会の現議長は、七〇年代にムスリム看護婦の制服問題で協働したナシーム博士である。バーミンガムのムスリム・コミュニティが、博士のような優れた人物を指導者に持てるのは幸いなことだ。

このように六〇年代後半から七〇年代は、私にとって多忙な時期だった。学習指導要領の改訂作業の委員長、諸信仰間協議会の議長、SACREやラジオ・バーミンガムの宗教顧問委員会の仕事、クィーンズ神学院の理事、セリー・オーク・コレッジズの評議員、同時に大学での教育と研究、そして中でも最も多くの時間をさいて生産的な仕事ができたのは、AFFORの議長職だった。これについては次章で詳細に述べる。これらすべてのことで家族に負担がかかったのでなければよいが、と案じる。会合とはいえ、頻繁に夜遅くまで家を空けたことは、妻のヘーゼルに好ましいことではなかったであろう。

もっとも妻のほうも、キリスト教とは異なる他の信仰に生きる人々と、友だちになることを楽しんでいた。子どもたちにとっても、異なる信仰や文化、肌の色の違う人々を親しく我が家に迎え入れることによって、別の側面から得るものがあったのではないかと察する。

第15章「すべての信仰は人類全体のために」

1 反アパルトヘイトのデモ

一九七〇年、アパルトヘイト体制下の南アフリカから、白人だけのクリケットチームが訪英することになった。これに対しピーター・ヘインらが指導する反対運動が起こり、国中に広まった。このクリケット・ツアーを受け入れれば、アパルトヘイト政権に暗黙の承認を与えることになる。この政権はあらゆる抵抗運動を黙殺し、またネルソン・マンデラ氏をロベン島に投獄して、確固たるその基盤を残忍極まる暴力をもって樹立していた。

一連の試合日程のうち、一試合がバーミンガムのエッジバーストン・クリケット場で行われる予定になっていた。それまで私は、若手ビジネスマンのジョン・プラマーのことを全く知らなかったのであるが、彼が非常に活動的でカリスマ性を持った男であることがわかった。プラマーは大学のカトリック礼拝堂に全宗派の信徒たちを集め、試合開催反対のデモを行うための会合を開いた。後から考えると、プラマーが最初から教会をあてにしていたことが不思議でならない。というのも、私の理解では、彼がスターリン主義とは一線を画すトロツキー派のマルクス主義者だったからだ。それはともかくとして、彼の呼びかけは成功し、間もなくほかの人々も加わった。

町の中心からクリケット場までデモ行進することが決まった。アパルトヘイトに関する情報を満載したプラマーのパンフレット、「時は満ちた」が広く配られた。アングリカンの主教は聖職者たちに、このデモ行進を支持するよう呼びかけた。学生の案内係を雇って警察とも連絡をとり、三月二十五日金曜日の大規模デモに向けてあらゆる準備が整えられた。試合が行われる三月二十七日の日曜日の、二日前だった（土曜日にデモ行進をするのは避けた。ユダヤ教の代表団が参加できなくなるといけないからだ）。

四十二人の地域の教会指導者たち——私をはじめとして、ゴードン・デーヴィス、ハンズワース・メソジスト・コレッジの学長レズリー・ミトン、クイーンズ神学院の学長ジョン・ハプグッド、セントピーターズ・コレッジ学長のチャールズ・バックマスター、レオナード・シフ等々、ただしアングリカンの主教やカトリックの大司教たちは含まれていない——が、カントリー・クリケット・クラブに対して、「エッジバーストンにおける南アフリカとの試合に反対する抗議書」を送りつけた。クラブの幹事は、試合をボイコットするより試合を行って、南アフリカに何らかの影響を与える方がよいと回答してきた。そして「ブリトン人は南アフリカを後押しする」という名の団体からの手紙を同封することで、クラブの真意を明らかにした。その手紙には、二つの世界大戦で南アフリカはイギリスのために戦ったこと、多くの人がこの試合を見たいと望んでいること、アパルトヘイトの根幹は歴史の彼方にあり、現在の南アフリカ人が生み出したものではないこと、またデモは必ず暴力沙汰にまで及ぶことが述べられていた。

「イブニングメール」紙は、この試合のために八日間で千五百人による警備が必要となり、その費用のほとんどは地元納税者の負担によるところが大きい、という衝撃的なニュースを報道した。市議会の保守党党首は

「試合が中止されるべきだとは思わないが、暴力に訴える脅しだけは国家的規模で非難されるべきである。」と述べた。私は生まれて初めて、匿名の人種差別主義者たちからの手紙をたくさん受け取った。そのほとんどが、暗に脅しを含むものだった。

有色人種は母なる自然に見限られていることを知らないのか。有色人種は自然淘汰の法によって絶滅する運命にあるのだ。有色人種は、自分の国では自分の力で生き延びられない。だから、忌むべき疫病の如くに世界中に散らばって、身体にとりつく寄生虫のように白人社会に巣食っているのだ。今日はナチの犯罪者が裁かれているが、明日裁かれるのは白人の裏切り者たちのほうだ。

五月「私がデモ行進の支持を提議したカース・レーン教会での集会のこと。デモ行進は賛成四十二、反対六、棄権十四で可決。しかしアパルトヘイト以外の悪についてはどうなのか。南アフリカを非難する前に、ロンドンにおける淫らな演劇を阻止すべきではないのか。こうしたネガティブなムード強し」。

国中に広まった抗議がもとで、白人だけの南アフリカチームのツアーは、訪英予定の直前に中止された。ジョン・プラマーは組織の継続を提案し、その組織を「すべての信仰は人類全体のため」（All Faiths for One Race＝ＡＦＦＯＲ）と称することにした（後に組織が定着したとき、この名称は保守的なキリスト教評論家により、「一つの信仰は人類全体のため」（One faith for all races）と言い換えられた）。

中止になったクリケット試合に対する抗議ではなく、町の住民がよりよい関係を築くためのデモを行うことが決まった。私たちの小さいグループ、ジョン・プラマーと彼のパートナーのシルビア、レオナード・シフ、ダーシャン・シン・ボーゲル、ナシーム博士、そして私は、報道機関と会見して、新しい組織の誕生を発表した。この組織には、後に次の人々も加わった。バシア・アワンとバシア・ワライチ（ムスリム）、シドニー・ゴールド（ユダヤ教徒）、ベン・シャルマ（ヒンドゥー教徒）、その他である。

長老教会の指導的立場にあるエリック・フェン（現在私が住んでいるオーク・ツリー・レーン一四四番地に住んでいた）は、アングリカンの主教とローマ・カトリックの大司教、それに自由教会協議会議長としての自分自身が、揃ってデモに参加すべきだと考えていた。けれども参加したのは、結局、彼一人だった。救世軍の楽隊はロンドンからの命令で参加を取り止めた。それでもデモ行進は大成功だった。

約九百人が四分の一マイルもの行列を作り、ブルリング・ショッピングセンターから街の中心をまわって、大聖堂の構内までねり歩いた。横断幕には「すべての信仰は人類全体のため」「イスラームの教えは人類和合」等々と大書されていた。非キリスト教徒の移民たちもちらほら参加していた。短いスピーチが（予定通りに短くはなかったが）大聖堂の外で行われた。大聖堂主任のシンカー主教、サント・シン・シャター（彼のほかにもシーク教徒の公式代表がいたが、自分もシーク教徒の代表だと主張していた）、バシア・アワン、リチャード・ワイト（ローマ・カトリックの信徒代表）、スピードウェル通りにあるモスクのバシア・ワライチ、エリック・フェン（自由教会代表）、セン博士とベン・シャルマ（ヒンドゥー教代表）、エリック・タッカー（クエーカー教徒）、メハール・シン（スメズウック地域のシーク教寺院長）、ルーベン・ブルックス（ユダヤ教代表）、アストンの主教等々によるスピーチだった。集会を取り巻く連中の中から敵意ある叫びをあげた男を除けば、敵意の兆候はほかに全くなかった。叫んだ男はマイクにたどり着けず、途中であきらめた。最後に歌が歌われた。西インド諸島出身のグループ、シーク教徒のグループ、ベン・シャルマ、抗議の歌を歌った少女たちによるものだった。

最後の集会では人があふれ出たほどだったが、イベントは全体として大成功を納め、以後継続して行われるべき活動の、よき第一歩であることが証明された。

2　AFFORの活動

続く十五年間、AFFORはおびただしい量の仕事をこなしたが、ここでは自分が直接関わった部分についてだけ書き記すことにする。活動の全期間を通じて、AFFORは次々と仲間に加わってくれる同志たちの、ここでは言葉に言い尽くせないほどの献身と熱意に全面的に支えられていた。またAFFORの活動が可能になったのは、公益の精神を持つ慈善団体からの助成金のおかげだ。わずかの基本給で雇われていた人を除いては、ほかにだれも報酬を受けた者はいなかった。雇われていた人にしても、そのほとんどが有資格者で、ほかで働けばいくらでも稼ぐことのできる人たちだった。多くの仲間が講演の最中や紙面上で、隠れた人種差別主義者から攻め立てられた。暴力的な人種差別主義者のグループから身体に危害を加えられた者もいた。

デモ行進の後も、ジョン・プラマーは活動を続けた。今日的な言い方では、プロの活動家としてと言うべきか。とにかく彼は、どちらも有期ではあるが更新可能な助成金を拠出している、バロウ基金とエドワード・カドベリー基金に応募するなどした。その後の数年間で、私のほうもカドベリー事務所で働くアンソニー・ウィルソンと懇意になった。彼の支援と経験豊かなアドバイス、また彼の妻アンのアドバイスは、AFFOR成功の重要な要素となった。カドベリー基金からの助成で、私たちは常勤の役員を雇うことができた。最初はジョンと秘書だった。

ジョンは私が知る優れた人物の中でも、特に抜きん出ていた。非常に聡明で才能があり、かなり左寄りの視点からではあったが、社会正義に完全に傾倒しており、非常に有能で、多くのよい成果をあげた。ジョンのそれまでの経歴は謎に包まれていた。その昔は極右の人間で、劇的な転向をとげたと言う人もいたが、彼は過去について語りたがらなかったし、私も全貌を探り出すようなことはしなかった。しかし彼こそがAFFORの創始者である。ジョンがいなければ、そもそもAFFORは存在しなかったし、彼の強力な指導がなくては、その後の発展も繁栄もなかったであろう。

しかしそうする中で、ジョンは地元の警察本部を含めて多くの敵を作ってしまった。私たちは警察に対し、ジョンへの脅しに物申す公式の抗議文を提出したこともあったが、こうした場合によくあるように、この抗議文は内部調査にかけられ棄却された。ジョンは多くの公的機関で人気があるとは言えなかった。地域交流委員会の長であるコービン・バロウですら、当時の地域交流担当官であったジョン・トラクソンを伴って、自分の属するクラブの昼食に私を招き、AFFORの、特にジョンの活動範囲を定めて、その活動を制限しようとまで企図した。トラクソンは、強硬すぎるやり方は逆効果を生むことがあると考えていた。この点について、私は何の同意も示さなかった。別の機会には、ジョンが「多くの人の気持ちを害しすぎているのではないか」とも聞かれたが、私はそうは思わなかった。ジョンは、害されて当然である人の気持ちだけを害したまでのことだった。

というのも、当時広まっていたイギリス国内の人種差別に対しては、教会も政府も共にその姿勢が慎重に過ぎて、全くと言っていいほど無力であり、例えばジョン・プラマーのような人に示されるような、妥協を許さない挑戦が必要とされていたからだ。AFFORは、その後、ある公的人物によって「問題を起こすことを目的とする、怒れる若い男子のグループ」として潰された。全員が男子ではなく、男子と同じぐらい女子もいたし、私自身を含めて中年者もいた。しかし私たちが怒っていたのは事実である。人種差別に対しての怒りである。しかしまた、AFFORはかなりの専門性をもって、また正確な一次情報に基づいて仕事をしていたことも事実である。

私は、AFFORの運営委員会の議長を数年間務めた。その後はクイーンズ神学院講師のトレバー・ロウに引き継いでもらったが、彼は社会的公正の主張を深く信じていた。さらに後を継いだのは、才気ある管理者アーサー・マクヒューで、市の教育部門に勤めていた。その次は経験豊かな会社経営者ボン・バートレットで、本当によくAFFORの仕事に打ち込んでくれた。私が緑豊かな白人地域のエッジバーストンに住んでいた間、ジョン・プラマーとその後の役員たち、ジョフリー・ウィルキンス、クレア・ショート、デーヴィド・ジェニングス、マリリン・フィリップス＝ベル、アニル・ブハラは、混乱と興奮の渦中にある多人種地区のハンズワースに住んでいた。

私自身の役割は、一部はAFFORの強力な活動支援者として多くの時間を割くことであり、また一部は政界と教会のパイプ役として働くことだった。AFFORが独立した活動を行うキャンペーン組織であったのに対して、地域交流委員会は、私が議長をしていた宗教文化部会を含めて、政府がスポンサーになっていた。バーミンガムの地域交流委員会は極力、論争を避けようとした。またそうすることは、ある程度正しいことだった。その反面、AFFORは論争を避ける必要がなかったし、また一般にはびこる考えに対して挑戦することも厭わなかった。

私たちは建物の二階にすこぶる簡素な事務所を構えていた。もともとはハンズワースのヒースフィールド通り一六五番地にあったが、後にロゼルズ近隣のフィンチ通り一番地、ロゼルズ社会開発センター内に移った。事務所を構える前はヒンドゥー寺院やシーク教寺院、あるいはブルリングにある聖マーティン教会の聖具室、イギリス領事館の事務所、ボーンヴィルのクエーカー集会所等々、いろいろな場所で会合を開いていた。

委員会にはキリスト教徒、ユダヤ教徒、ムスリム、シーク教徒、ヒンドゥー教徒、マルクス主義者、ヒューマニストが含まれていた。主要メンバーの一人はリチャード・ホワイトであるが、彼はカトリック信者の弁護士で、法学担当の大学講師でもあった。真にすばらしい人物で、私たちのかけがえのない法律上の相談相手だった。後に大法官の弁護士としてロンドンに移ったが、AFFORの後任には、同僚の法学講師フィリップ・モレルを送り込んでくれた。他の主要メンバーはクイーンズ神学院のトレバー・ロウであるが、実はこの人物がAFFORという名前を考え出してくれたのだった。ほかにもアーサー・マクヒューがいる。地に足のついた押しのきく性格で、逆説的ではあるが、この男は神秘家であり、詩人でもあった。

他の仲間はランジット・ソンディであるが、アニタ・ブハラの名でBBC放送ではよく知られている妻のアニタと共に今日までよき友である。ランジットはアジア・リソース・センターを立ち上げてこれを成功させたが、最近では全国人種平等委員会の副議長を務め、政府機関のさまざまな委員を歴任し、さらにはBBC総裁、NHS（ナショナル・ヘルス・サービス）のハート・オブ・バーミンガム・プライマリーケア財団の会長も務めた。ランジットとアニタは二人とも超一流の人物だった。クリス・ウォダムは、シェイプ・ハウジング協会の役員としてたいそう価値ある経験を積んでいた。ディック・ノウルズ議員（後に市議会の労働党党首となり、その後叙位されリチャード卿として市長にまで上りつめた人物）は、AFFORの委員ではなかったが、いろいろな場面で大いに力になってくれた。ムスリムのメンバーの一人、バシア・ワライチはインド陸軍の士官だったが、イギリスに移民し、郵便局で長年勤めた。彼の息子の一人はオックスフォードに進学し、会計士になった。もう一人の息子はNHSの歯科医となり、娘は別の高度専門職の男性と結婚した。この家族はイギリスに移民することで、長期的に良い結果をもたらした好例である。

一九七二年、ＡＦＦＯＲ運営委員会にちょっとした事件が起こった。バシア・アワンが逮捕され、殺人未遂で起訴されたのだ。十七歳になるアワンの娘がパキスタンの若者と駆落ちをした。しかもこの場合、家の名誉に関するパサン族の掟では、相手の男の血を見ることになっている。バシアはわざと浅い傷ですむように若者を撃ち、警察に通報した。アワンがどんな人物であるかをよく承知していたので、私は、彼が本当に若者を殺そうとしたのではないことを察していた。すぐさま、ウィルソン・グリーン刑務所に彼を訪ねた。そして数カ月後の法廷で、私はレオナード・シフとともに被告の性格を証言する証人となった（シフのほうが私より上手にその役割を果たした）。裁判官は名誉に関する掟という説明を受諾し、加えてバシアにはほかに娘がいないという事実も踏まえたうえで、条件付きの釈放を認めた。

当時の私の日記——初期の事情聴取の後で保釈が認められなかったときに書かれたもの——によると、「事後の心地よい光景。アワンの息子たち、「被害者」、娘、事件担当の刑事、ウィルソン検事長、レオナード・シフ、村長、私、その他のパキスタン人……、まあ何と仲よく一同が裁判所のロビーでおしゃべりを楽しんでいることか」。

私たちが取り上げた最初の問題の一つは、ムスリム社会が直面している問題だった。それは一般の家屋を祈りの家とし、ムスリムの子どもたちにコーランを教える場とすることだった。イギリスに着いたばかりのとき、ムスリムたちは企画認可の手続きということについては全く知らず、市の企画調整担当官とは揉め事が絶えなかった。行政側はいくつかの家屋を閉鎖しようとした。その経緯を私は、一九七四年のＡＦＦＯＲニューズレターにこう報告した。

ムスリム社会の指導者たちと、市の担当者や議員たちと、何度も話し合いの場を設けた。ふさわしい建物を求めてスモール・ヒースやバルソール・ヒースの通りを歩き、市内のあちこちに点在する祈りの家を訪ねた。都市の企画専門家と何度も話し合った。法律相談の場も設けた……。そこで思い出すことが二つある。一つは、ある日の午後、ディック・ノウルズ議員とスピードウェル通りにあるモスクの礼拝に出席し、その後で集会の指導者たちと企画調整上の問題について話し合ったことだ。ディックは祈りの家に関する問題解決のために一年以上もの間、相当の時間とエネルギーを費やしてくれた。そのおかげで、これまでに達し得た解決は部分的であれ、彼の努力に負うところ大である。もう一つは、バシア・ワライチとファローキ導師と一緒に、スモール・ヒースの通りにある家々を訪ね歩き、近所の家がイスラームの礼拝場所として使われても近隣住民としては反対しない、という署名を集めたことである。別のイスラームとキリスト教の混成チームは、その通りのさらに奥まで署名集めに出かけていった。私たちは、有色人種や他宗教への偏見を持った人々と出会うのではないかと懸念していたが、実際にはそんなことは一度もなく、安堵した気持ちを抱いていた。二つの異なる通りで、二つの異なる祈りの家に関して、ほぼ百人近くのほとんどすべての人が、率直に人間的な対応をしてくれて、ムスリムたちがここで礼拝することには何の問題もないと言ってくれた。

ＡＦＦＯＲの何人かが市の企画調整委員会に出向いて、ムスリムたちには地区センターに共同の祈りの場所が必要であること、またそういう場所が市内のあちこちに必要であることを説明した。そのとき、役人のほうが議員より助けになることがわかった。この場合、市の企画担当官のほうは、私たちが見つけた候補物件について相談に乗ると言ってくれた。企画認可が下りたとき、夜間十一時から翌朝八時までは使用を禁じるという条項がついていた。

一九七五年七月二十八日、企画調整課の事務所で二時間にわたる会議。議長はJ・H・ソォートン議員。同席者はJ・M・ベイリー議員、地区の企画調整官C・W・ロジャー氏、それと議事録を取る係官。私は、地域交流委員会の副議長ダーシャン・ボーガル、バーミンガム・キリスト教協議会幹事のマイケル・ウォーターズとともに出席した。私たちのほうから口火を切るように言われたので、私はムスリムが早朝の祈りを許されるよう、条例の第二項に例外を認めるようにと要請した。実は、数としては少ないのであるが、この祈りの習慣を長年続けてきた者には、これが違法だからといって直ちに止めるわけにはいかなかった。ソォートン議員は、ムスリムたちが法を無視し、家を買ってモスクとして使用し、事後に企画認可を取り付けようとするやり方に不満であり、憤慨すると長々と述べた。つまり慣習法のいかなる変更にも反対であったのだが、早朝の祈りに関しては「反対しない」という但し書きがあったので、可能性が生まれた。ムスリムの小委員会を作り、市の企画調整担当と協議するという提案がなされた。ほとんど否定的な態度の中に、解決への糸口が見え始めた。

私たちはラムガリアのシーク教徒のグループも援助しようとした。彼らはエリムの信徒集団から、グラハム通りにある廃棄同然の教会の建物を買おうとしたが、教会側は買手が何者であるかを知って、契約を破棄しようとしていた。しかしシーク教寺院は設立され、素晴らしい開会式が行われた。市長も出席した。その場で、私たち数人にはシーク教の剣が贈られた。私に贈られた剣は、今も書斎のドアの上壁に掲げられている。

AFFORが広く知られるようになるにつれて、より多くの補助金が得られるようになり、活動を広げることができた。活動会員による少々の会費収入もあったが、その金額は十分というにはほど遠いものだった。アンソニー・ウィルソンによる支持のおかげで得ることのできたカドベリー基金が、いつも中心となってAFFORの財源を支えていたが、そのほかにも、フランスのテゼ共同体のクリストフ・フォン・ワッハター（彼はAFFORを訪問してくれたことがある）が代表を務める世界教会協議会（WCC）の社会《ソサイエティ》・開発《デベロップメント》・平和《ピース》委員会及び正義《ジャスティス》・平和《ピース》に関する教皇諮問委員会（略してSodepax——「洗剤の名前ではないが、覚えるには便利」）、それからウェイツ財団、イギリス教会協議会の人種関係部門、ジョセフ・ラウントリー財団、グルベンキアン財団、ヒルデン慈善基金——すべてが同時ではなかった——がAFFORを援助してくれた。それでも活動は常に拡大していたので、経済的にはいつも危機的状態に立たされていた。

しかし時がたつにつれて、私たちはもっと多くの人を雇うことができるようになった。また人数はその時々で違うが、学生ボランティアが活動のために時間を割いてくれた。フルタイムの最初の教育スタッフとなり、学校教師の集まりで、あるいは市の教育局の係官たちに、あるいは社会人のための識字教室などで話をすることになったのは、フィリップ・ナントンだった（後に彼は大学の地方自治体研究所の講師になった）。アニル・ブハラ（後のAFFOR役員）は研究者で、「エスニックの高齢者」のニーズについて、広範な事実に基づく報告書を作成した。その報告書は人種平等委員会の助成金で支えられており、後にアジア人高齢者のための保護収容施設を、ハンズワースに開設することになった。そのほかにも彼は、移民労働者を食いものにしている地元の労働搾取工場に関する報告書をまとめた。他の報告書では、地域における五歳以下の子どもによる深刻なニーズを取り上げ、これが「水曜日の子どもたち」として、地域交流委員会により出版された。五歳以下の千六百人の子どもに対して遊び場は三十あったが、私たちはその数をさらに増やすよう要求した。

AFFORはまた、大学から紹介された学生の手を借りて、ハンズワースの五千五百世帯あまりに配布されていたコミュニティ新聞、「空中ブランコ」紙の編集長の役割も果たした。他の調査分野では、別の人々がまとめて私たちが発行した報告書がいろいろある。「全貌を読み解く」――新聞の人種報道のすべて、「氷山の一角」――イギリス社会における組織化された人種差別主義の役割、トニー・ホールデンの「国民戦線に対して何をなすべきか」、ジョン・プラマーとジョフリー・ウィルキンスによる「人種差別運動――西ミッドランド一九七四年」、私自身の論考「国民戦線と国民党におけるネオ・ナチズム」、ケネス・リーチによる「一九七八年ブリック・レーンの出来事とその意義」、教師のための移民についての情報源として「今日、そして明日」、私の「今日のイギリスにおけるキリスト教と人種問題」および「アパルトヘイト概観」、クレア・ショートによって著され広く読まれた「トーキング・ブルース」等々がある。

ＡＦＦＯＲは、ランジット・ソンディと彼のチームが、ハンズワースのソーホー通りにアジア・リソース・センターを立ち上げる手助けをした。この活動にもカドベリー基金の支援を受けた。これは大成功をおさめて今も続いており、現在は市議会が支援している。訓練を受けた相談スタッフがいて、ウルドゥ語、パンジャブ語、ヒンディ語で、福祉国家の複雑な仕組みの中でどうやってゆけばよいか、個人はどのような権利を持っているか、どのように入国申請や異議申し立てをすればよいか、出生・死亡・結婚に関して法律はどうなっているか等々の相談に乗っている。また人々は、ムスリムもシーク教徒もヒンドゥー教徒も、受付時間中ならいつでもセンターを訪れて、自分たちの体験を通してお互いに助け合ったり話し合ったりした。しだいにアジア・リソース・センターは、ＡＦＦＯＲが担っていた社会福祉事業の役割を代行できるようになっていった。

ウェイツ財団の資金を得て、ＡＦＦＯＲはウェイツ図書館を作った。初代館長はカリブ人教師のアイヴァン・ヘンリーが務めた。この図書館は民族・人種・宗教問題の情報源として、ハンズワース地区に住む教師のみならず、次第に広域に住む教師たちによっても利用されるようになった。続いて発行された「バーミンガムのバベル」は、英語を母語としない人のニーズに関する報告書であり、私たちは通訳と翻訳の機関を作った。

そこには有資格のスタッフを置き、裁判所、社会事業、法律センター、保護観察サービス、病院、事務弁護士、入国請求法廷などに対する手数料を徴収することで、運営を維持した。

私たちは、神学教育機関における多宗教教育についての調査も行った。調査はデーヴィド・ジェニングスとケニス・クラックネルによって行われ、イギリス教会協議会の他信仰専門委員会の支援を受けた。調査の結果、実際にはそれまで、この分野では何もなされていなかったことが判明した。それで調査報告書には、適切にも「盲人を導く盲目の指導者たち」という表題がつけられた。今日この分野では、多くのことがなされている。しかし（私の意見では）まだ適切に熟考された神学の基礎は、欠如したままであると思う。

私たちは、移住してきた住民の要求や問題について話ができ、また異文化の研究もできる学校向けの、あるいは教会向けの講師を組織した。このようにして教会の指導者たちを覚醒させようとしたのだ。私たちは「人から人へ週間」のような公共のイベントを支援し、多‐信仰のグリーティング・カードを印刷し、販売した。ダーシャン・ボーゴルによるシーク教についてのパンフレットも作成した。それはシーク教徒の起源や歴史、信仰や実践を簡単に解説したものだった。他の信仰についても同様のパンフレットの作成を計画した。「権力・偏見・人々」という会議を組織した。ウルドゥ語、パンジャブ語、ヒンディ語による、公式の「逮捕のときの権利」カード発行のためにロビー活動も行った。ラジオ・バーミンガムに働きかけて、キリスト教以外の信仰にも焦点を当てた、特別なイベント放送を企画してもらった。それは一九七二年のバサキ記念日に、スミズウィック地区にあるシーク教寺院から行われた四十五分間の生放送に始まり、モスクからも同様の放送が行われた。さらにはイディ・アミン大統領に追放されてこの国に亡命してきたウガンダ系アジア人の受け入れ援助、一九七二年のバングラデシュ独立記念日祝賀行事準備の手助け、ロングブリッジ自動車工場の人種差別に関するプレス・リリースの発行等々、私たちは多くの活動を行った。

一九七五年から一九七六年の年次報告書には、「その他」の項目に、次のような記事がある。スワヒリ語で自由・独立を意味する「ウフル」への支援。ロゼル社会開発センターから独立した食品協同組合の運営。バーミンガム在住の黒人に対する人種差別攻撃事件の、件数増加に関する警察との協議。郵便局員の採用時における人種差別の有無に関する調査の小企画。五歳児以下を扱う保育士のための保育所と保育用バスの資金集め。そして多岐にわたる通常の、しかも時間のかかる相談業務の取り扱い件数と、数多の個人的問題への照会。

つまり公的機関に助けを求めても不十分な対応しかしてもらえず、人々は心が混乱し、失望し、怒りさえ感じていたのだ。多くのアジア人や黒人たちが受けられないままになっている社会サービスについての報告書、「セイフティ・ネットに握り潰されて」が早々に出されたのは、この経験に基づいていた。

AFFORは立派な仕事をたくさんしたと思う。当初は体制側の懐疑や反対に直面していたが、しだいに体制側から同意が得られるようになり、遂には支援を受けるまでになった。実にAFFORの活動は、当初からの自力によるものが、一九八〇年代には体制側から支援を受ける組織にまで変化し、(この間に体制側も相当な変化を遂げたのであるが)、ついにはAFFORそのものが存在しなくなるまでの成功を収めたのである。

第16章　人種差別と闘う

1　警察内部にはびこるカルチャー

新しい宗教共同体がさらにいくつも設立され、自立できるようになってくると、宗教上の問題はあまり目立たなくなってきた。そこでAFFORの活動の焦点は、もう一つの当初の課題である民族的少数者のニーズへと移っていった。私たちは、もちろん初めから人種差別に公然と反対してきた――これは南アフリカのクリケットチームのイギリス訪問に端を発する問題――のであり、また西ミッドランド地域で盛んに活動していた、人種差別主義政党の国民戦線と国民党とも敢然と闘ってきた。

一九七〇年代には人種差別がはびこり、さまざまな形でそれが顕在化した。規模は小さいが典型的な例をあげれば、「一九七二年十二月七日、バーシャル・ヒース地区のスピードウェル通り一八番地。カーリッド・マムード導師宅。同日の朝、通りに面した窓からレンガが投げ込まれ、マムード導師は手に重傷を負って入院した」。ステックフォード付近で、国民戦線が補欠選挙のデモ行進をしたとき、口々に叫んだスローガンは、「黒人ならば本国に送還せよ」、「黒人と隣人づきあいを望むならば、労働党に投票せよ」というものだった。

差し迫った問題は一九七一年に議会に提出された入国管理法案で、これには多くの問題点があった。私たちは西インド諸島常設協議会と協力して、ジョン・プラマー起草の「人種偏見を助長するには」と題するリーフレットを発行した。すでに一九六八年には、ウォルバーハンプトン近隣選出のイーノック・パウエル保守党下院議員による、有名な「血の河」と題する演説があった。その中で彼は、移民の流入が紛争の火種になり、(ラテン語で)「血が川になって流れる」のを私は予見する、と述べた。しかし現実には、例えば一九六四年のイギリスでは、移民として転入する者よりも転出する者の数の方が、六万人以上も上回っていた。翌一九六五年には七万四千人、一九六六年には八万二千人、一九六七年には八万四千人、一九六八年には五万六千人ほどの転出者があった。したがって、パウエルにとっての問題は明らかに数ではなく、肌の色だった。パウエルが人種差別の演説をするたびに、地元では暴力沙汰が生じ、「パキ・バッシング」(パキスタン人いじめ)が起こった。ネオ・ナチの国民戦線と国民党が活気づいて、大規模なデモが行われた。私たちは地元でロビー活動を行い、彼らが、バーミンガムのディグベスにある市議会保有の会館を借りようとする計画を、阻止することができた。

私たちはモーリス・ラドマーを支持して、人種差別主義者の活動を監視する雑誌『サーチライト』の発行を援助した。モーリスは労働組合の出身で、一九七〇年代に一年間、労働組合の合同組織であるバーミンガム労働協議会の議長を務めたこともあった。モーリスは勇敢な男で、人種差別主義者から嫌われ、また恐れられてもいた。モーリスの住所や電話番号は、必要最小限の者にしかわからないようにし、膨大な記録類は市内の安全な家に分散して保管した。しかし暴力的な人種差別主義者たちはモーリスの口を封じようとし、あるときはロンドンのデモ中、人種差別の暴力的なチンピラグループにモーリスを襲わせ、負傷させた。モーリスが亡くなってから数年たつが、イギリスにおける人種差別反対の戦いでは、モーリスは重要な人物として、その名はけっして忘れ去られることはない。

ジョン・プラマーは「ハランビー」（スワヒリ語で共同という意味）を設立するため、モーリス・アンドリュースが率いる黒人地域労働者組織と緊密な活動をした。黒人の少年が警察と問題を起こして家族から追い出されたり、見放されたりするケースが珍しくなかった。この状況は、夜露をしのぐ屋根さえあればよいというようなものではなかった。ハランビーはこうした要請に応え、また支援することを目的として、ハンズワース地区に最初の施設をオープンさせたが、すぐに満員になった。私はときおり自分のフォルクスワーゲン・キャラベットを走らせて、ハランビーの若者たちを、レディッチにあるブロックヒル少年鑑別所の友だちとの面会に連れて行った。

社会全体に広がる人種差別は、警察内部に凝縮した形で現われていた。地元警察との間で悶着があったときには、ＡＦＦＯＲは黒人の若者たちと一緒に行動した。もちろん警察官のすべてが人種的偏見を持っていたわけではなかったが、無視できないほど多くの警官が偏見を持っていた。私はたまにしか行かなかったが、ジョン・プラマーは、いつも裁判所に出かけて行って事件を傍聴した。その一つがデイブ・ブチェア事件だった。

デイブは、カドベリー基金の援助を受けながら働いている若手労働者だった。身長が優に一八〇センチを超えるがっしりした体つきで、いかにも警察が危険人物とマークしそうな黒人青年だった。しかし実際の彼は、友人が言っているように、優しい巨人だった。警察はデイブをとらえようとして、ある日、正当な理由もなくデイブを呼び止めた。身体検査をし、彼の車を調べ、道具箱の中から棍棒として使えそうな何かを見つけた。警察はデイブを逮捕して危険物所持の疑いで起訴し、デイブは裁判官と陪審員による裁きの場に立たされた。検察側には老練な法廷弁護士がついたが、弁護側は何とも頼りない法廷弁護士だった。しかしデイブは自分の力で裁判に勝利した。証言台に立ったデイブは、棍棒のようなものとされた道具の使い方を説明し、それはいつも調子のよくないエンジンを叩くためのものだと語った。一人の陪審員の表情からは、彼の車も同じような問題を抱えていることが明らかだった。さらにカドベリー基金のアンソニー・ウィルソンが提出した人物証明書も功を奏した。陪審員は合意に至らず、警察は控訴しなかった。

一九七二年、ジョン・プラマーは旧式のビクトリア法廷の大きなロビーにいた。二人の黒人が、保釈されたが、地元警察署へ毎日出頭しなければならないとされた審問を、傍聴したばかりだった。関係者が法廷を出て約二分後、審問を傍聴していた多数の友人や親戚の一団に、四人の警官が近づいて来た。警官は釈放された二人に話しかけ、二人をグループから引き離した。グループ内には憤りが高まってきていたが、激昂するほどではなかった。当事者の二人はどちらも怒っていたが、抵抗はしなかった。次の瞬間、警察犬を連れた大勢の警官がロビーになだれ込み、強制的にその一団を追い出しはじめた。犬は吠え続け、飛びかかり、多数の黒人を法廷の建物外へと追いやった。この最中、警察の麻薬班の一員がジョンにこう言った。「ご覧の通りだ。ソーンヒル通り（ハンズワース警察署がある）の用心棒が来てからはね」。

警察がとった行為は完全に違法であり、私たちは公式な抗議文を送った。そしてジョン・プラマーとリチャード・ホワイト、これに対する警視と主任警部との間で二時間にわたる話し合いが行われたが、警察側はその抗議文を取り下げさせることはできなかった。内務大臣で保守党政府の地域交流担当だったデーヴィド・レーン国会議員が、バーミンガムを訪れた。そして大臣と会見するために招待されたメンバーに、私も含まれていた。私は彼に一通の手紙を手渡した。それはリチャード・ホワイトによる草稿で、この一件の重要性について述べたものであり、内務省がこの件に注意を喚起することを求めたものだった。しばらくして、私たちは警察署長との話し合いに呼ばれた。

ジョン・プラマーとリチャード・ホワイトと私は、午前十時に、警察署長のデレック・カパー卿と警察署長代理のナイト氏（後のバーミンガム警察署長）[1]と会談した。用件は八月十八日の法廷ロビーで起きた一件への抗議だった。さまざまな角度から話し合った末、警察側は私たちの抗議を受け入れた。警察側は、もしもここにいる者のどちらかがその場の責任者だったならば、もっと違った行動をとっていただろうと述べ、事件当日は指示が誤って実行されたことを認めた。また、警察犬が使われるべきではなかったことも認めた。警察署長は、事件に関わった警官も参加する研修会の場で、今回の事件を事例として使うつもりだと述べた。しかし、この件を懲罰の対象とする根拠はなかった。警察側は今回の事件から学ぶところがあったが、警察の態度を早急に変えることは難しいとも述べた。また、偏見的な態度を取り続ける警官に対しては、勤務地の変更を命じるつもりだと言った。私たちはこの件に関わった警官が、今回のことを真摯に受け止め、警察署長の見解を疑問視せずに受け入れることの重要性を強調した。私は、署長と署長代理がこの会談で述べた内容を、書面にして送ってくれるように要請した。会談後、私たちは今回の抗議が結果的に建設的な目的のために役立ったと感じていた。

私たちは、カパーやナイトたちが人種差別に汚染されているとは感じなかったが、警察は独自の労働組合を持つ巨大組織であり、組織内にはびこるカルチャーの一部に、人種差別があることを知った。それから約三十年たった今もそれが変わっていないことは、一九九九年のマクファーソン・レポート（その第四六章第一段落）にも明らかだ。この報告書は、スティーブン・ローレンス殺人事件に対する警察の対応に関するもので、そこには、メトロポリタン警察が組織的な人種差別団体であると述べられている。

警察署長との会談は成功したかに見えたが、事は思ったような方向には進まなかった。署長からの書面をみると、署長が会談で列挙した建設的な諸点は一切含まれていなかった。署長は「捜査に関わった警官の報告書を調べた結果、八月十八日に二人の男性を逮捕した警官の判断を支持せざるを得ない」とし、「この件で警察犬は実際には使用されていないと聞いている」と書いてよこした。そればかりか、あの朝、警察がもっといい方法で事態に対処できたであろうこと、自分と警察署長代理がその場にいればもっと別の方法で対処したであろうこと、将来的には地域交流担当の警官を増員するつもりがあること、将来この件を警察官の研修会に含めて、この事件に関与した警官を参加させること、人種差別的態度を表わした警官は人種問題のあまりない地域に異動させること、などについては全然触れられていなかった。

私は再び苦情書（今回も草案はリチャード・ホワイトによる）を書いた。その中で失望感を表明し、もしも警察署長のこの手紙の内容が警察内部に広く行きわたるならば、事件の発端となった人種差別的態度を助長させる効果しかないだろうと述べた。この時点で、私たちが今回の件を国会審議に持ち込もうとしているという噂があったが、噂はそのままにしておいた。実際にそれが実行できるかどうか私にはわからないし、警察署長としても、それを国会審議に持ち込むのは避けたいことだった。

やがて警察署長から二度目の手紙が届き、その文面は、私たちが指摘したすべての点を認める内容となっていた。私は再び内務大臣に手紙を書いた。そして、そこに警察署長からの二度目の手紙の写しを同封し、警察署長の挙げた前向きの改善策が支持されることを期待した。しかし私は、本当のところはわからないが、警察署長の最初の手紙だけが地元の警察に行きわたり、二度目の手紙の内容は知らされなかったのではないか、との疑念をぬぐい去ることができなかった。

一九七三年、ハンズワース地区で警察権と地域交流に関するティーチインが開かれ、ニュー・トリニティ・ホールは聴衆でいっぱいになった。新任の警察署長代理とハンズワース警察の地域交流担当官、そしておもに黒人からなる大勢の聴衆だった。私は第一部の議長を務めた。第一部ではマイク・タウンゼント（社会事業部の上級地域係官）、モーリス・アンドリュー（黒人の地元労働者）、クリス・ウッド（上級保釈係官）、ガス・ジョン（『都市内部の人種』などの著者）、そしてモニカ・サベジが講演した。質疑応答はまばらだった。第二部では新任警察署長代理、ウィルソン主任警部、ジョン・プラマー、ジョン・ランバート（『犯罪・警察・人種関係』の著者）、そしてルディ・ナラヤン（議論好きのインド人法廷弁護士）が講演をした。警察署長代理は黒人聴衆からやじり倒され、警察は地域交流で問題があることをまちがいなく認識したにちがいない。大学の現代文化研究センターのスチュアート・ホールも、このイベントに参加してくれた。彼は警察の人種差別に強い懸念を抱き、幾度となくAFFORの活動を助けてくれた人物だ。

同じ年、ジョン・プラマーはウォルバーハンプトンで、コーン・ジョーダンが主導するイギリス国粋運動に対抗するデモ中に逮捕された。ジョンはイギリス国粋運動の行進に並んで歩き、人種差別反対のパンフレットを配っていたところ、数名の者が飛びかかって殴り、その場で全員が逮捕された。彼は治安妨害の罪で起訴されたが、ウォルバーハンプトンの法廷に出廷することを条件に保釈された。「次の水曜日、事務弁護士に代理人になってもらうことでジョン事件に注力する。有罪にならない可能性は高い。有罪判決が下れば、ジョンには不本意な「前科」が付くことになり、AFFORの支持者を怯えさせることになるだろう」。

私たちの何名かがジョンに付き添い、ウォルバーハンプトンの法廷に出向いた。その中には、私たちに賛同する事務弁護士であり、下級判事裁判所の熟練弁護士であるデーヴィド・モリス、下級判事裁判所で扱う事件の専門家であるリチャード・ホワイトや別の法学講師、それから経歴が「教授」だという謎めいた人物――警察や裁判所の役人は彼を法学教授だと思っていた――といった面々がいた。私たちが到着すると、警察はジョンに対し別の罪を追加していた。公開法廷で、警察が提出した証拠とジョンの証拠とは、真っ向から相容れないものだ。ジョンのすばらしい証言、デーヴィド・モリスは事件を見事に説明した。ひそひそ話をした後、三人の裁判官は両方の罪について無罪とし、（事務官の気には障ったようだが）費用負担も必要なし、という判決を下した。ウォルバーハンプトンの治安判事に関しては安心だが、警察の偽証には警戒を要する。

2　私の書いたパンフレット

一九七六年、クレア・ショートがAFFORの主事だったとき、私は「国民戦線と国民党のネオ・ナチズム―キリスト教徒への警告―」というパンフレットを書いた。これは地元の教会指導者たちに薦めてもらうためのものだったが、パンフレットに彼らの支持が得られなかったことは、嘆かわしいことだった。そのパンフレットの中で、私は、イギリスのネオ・ナチ指導者たちによる暴力的犯罪の前科を詳しく述べておいた。彼らは文字通りのネオ・ナチで、一九五〇年代のイギリス国民社会主義運動のメンバーであり、ヒトラーの誕生日を祝い、ナチ党の制服を着て、ナチ党の敬礼をしているところが写真に収められていた。彼らは「スピアヘッド」（急先鋒）という名の準軍事組織を作り、棍棒で武装していた。国民戦線の議長ジョン・ティンダルは、四回の有罪判決を受けており、そのうちの一回は火器と弾薬の違法所持で六カ月の禁固刑を言い渡されていた。国民戦線の活動指揮官マーティン・ウェブスターは二カ月の禁固刑、国民党のデニス・パインは三カ月の禁固刑を言い渡されていた。

彼らのプロパガンダはユダヤ人と黒人移民への憎悪に満ちていた。ユダヤ人や黒人たちを、この国の貧困と失業の原因だと決めつけ、黒人への攻撃、「パキ・バッシング」、ユダヤ教の会堂やイスラームのモスクへの攻撃を煽動し、偏見と恐怖をあおっていた。さらに失業と経済不況の最中、彼らは労働者階級の有権者を、人種差別主義者に仕立て上げようともしていたが、その成功率には憂慮すべきものがあった。一九七六年、レスター地区の補欠選挙で、国民戦線は二三パーセントの票を獲得し、ブラックバーン地区では、国民党が三八パーセントを獲得していた。私たちの多くは、教会がこれまでのように、ただ人種差別主義反対の一般的声明を出すだけでなく、特殊な運動をきっぱりと拒否し、強力に非難することが必要だと感じていた。

私のパンフレットが取り上げられ、AFFORの委員会内で多少の訂正が加えられた。元データの大部分を提供してくれたモーリス・ラドマーによって、事実調査が行われ、（そして私も研究者の習性から、市の資料室にある新聞記事でダブルチェックを行った）、さらに、「ガーディアン」紙の記者マーティン・ウォーカーと情報交換して、フィリップ・モレルによる法的観点からの確認を行った。クレアは、カドベリー基金から出版の資金が出るかどうか相談に行った。

私たちはアングリカンの主教、カトリックの大司教、自由教会協議会の当時のメソジスト教会議長にパンフレットのコピーを送り、このパンフレットを各教会に推薦する共同の序文に署名してくれるよう依頼した。メソジスト教会議長のクリス・ヒューズ＝スミスは、賛同を表明してくれた三名のうちの一人だった。アングリカンの大聖堂主席司祭だったバージル・モスは、主教に書簡を送って署名を進言し、主教もその案に関心を示しているようだった。その一方、カトリック大司教は非常に懐疑的だった。その後、主教は教区監督官、つまり法律顧問から署名しないようにと強く勧められた。教区監督官は一九七四年の犯罪者更正法を持ち出して、主教が署名する場合「すべての個人情報および個人の犯罪歴の削除を主張しなければならない」と助言した。

有罪判決について言及することは違法ではなかったが、問題はパンフレットおよびその序文の執筆者たちが、名誉毀損の罪に問われることはないかどうかということだった。法学部のフィリップ・モレルは、犯罪歴に言及することには何の問題もないことを保証してくれたが、私たちは弁護士の意見も聞いておくことにした。その弁護士はアレックス・リヨン国会議員で、クレアがよく知っていて、後に結婚した人物である。また彼は、内務省大臣としてこの法律を国会で審議した人物でもあったので、その法律の内容と解釈については専門家だった。彼は次のように書いてくれた。

名誉毀損に関して、民法にごく軽微な変更がありました。第八条は名誉毀損に関するものですが、第八条三項は、正当化の抗弁がなされたときに、悪意があるとの証明によって覆される場合を除いて、過去のすべての抗弁が適合することを明確に述べています。この変更によって、パンフレットに名前を連ねる人はだれであれ、あなたが個人的な利害から彼らを傷つけていると証明できないかぎり、過去の有罪判決に言及したことを理由に名誉毀損で訴えられることはありません。あなたの事例は名誉毀損に当たらないことは明らかです。よって、あなたが主張するように、彼らが有罪判決を受けたことが本当なら、名誉毀損になる可能性はありません。この文書の他の評言は名誉毀損に当たる可能性がありますが、私の見解では、その表現はすべて真実であり、言及は正当です。私は、このパンフレットから民法上の問題が起こることを心配する必要は、一切ないと思います。

私たちはこの手紙のコピーを主教に送った。しかし主教はなおもパンフレットの支持を拒み続け、かわりにパンフレットを二通り作ることを提案してきた。一つは有罪判決に言及しないもので、これなら教会指導者たちの支持が得られるだろうとし、もう一つはＡＦＦＯＲの名のもとに出すもので、これには有罪判決情報を含むとした。私たちはこの妥協案を拒否した。有罪判決は、ネオ・ナチ組織に対抗するために欠かせない情報だと感じたからだ。そして主教にとっての真の問題は、大主教にとっても同じだったのだが、法的な問題よりもむしろ教会内に、特に一般信徒の間に人種差別主義者がいるという事実であり、また指導層が公式に人種差別反対の立場を表明すれば、信徒の間に亀裂を生じさせることになるかもしれないし、そうなることのほうが、むしろ国民戦線や国民党に対する懸念よりもいっそう心配な問題だったからだ。

驚いたことに、レスリー・ニュービギンも彼らと同じ立場を取った。当時、彼は合同改革派教会の選出議長で、バーミンガムでは影響力を持つ、古参の教会人だった。彼は以前インドで宣教師をしており、南インド教会創設のユニオンの中で要職に就いていた。私が彼と最初に会ったのはマドラスで、そのとき彼は主教だった。私はベルフォードでの牧師時代に、彼の『南インド日記』を読んで、感動したものだ。その後、彼はバーミンガムのセリー・オーク・コレッジズで教えていた。

私は彼の神学が非常に保守的であることを承知していたが、社会的、政治的にはリベラルだと考えていた。しかしいかなる意味においても、またいかなる程度においても、彼が人種差別主義者でないことは確かだった。しかし教会という高次の見地から、またこの件に関するかぎりでは、教会の体制側に立ったのだった。彼は私に手紙をよこして、パンフレットは逆効果になるだろうという意見を述べた。その手紙のタイトルページには、サーモン控訴院裁判官からの引用があった。「この卑劣なネオ・ナチの群れは、国民戦線及び国民党なる名前を隠れ蓑にして、人種間の憎悪を煽ろうと企んでいる」。そしてレスリーは、次のように続けた。

これは、読めばすぐに個人攻撃の論評であることがわかり、読者に警戒感を抱かせます。バーミンガム教会協議会もイギリス国教会協議会も、当該段落が削除されるならば、喜んでこのパンフレットを支持するものと思われます……保守党内に人種差別主義が広がっているという、明らかな証拠があります。しかし国民戦線や国民党の指導層に向けて個人攻撃をしたところで、このことが暴露されることにはなりません。

これを読んで、国民戦線や国民党の指導者たちによる暴行記録の出版は、思いとどまることも止むなしと思う者もいるだろう。しかし、これは嘆かわしい判断ミスだという私の考えは変わらなかった。パンフレットの強力な支持者であるカドベリー基金のアンソニー・ウィルソンは、パンフレットを強力に支持し、地元の教会指導者たちとこれ以上無駄な時間を割かずに、私たちだけで出版に踏み切るようにとアドバイスしてくれた。そして、これは私たちの委員会の一致した見解でもあった。

私たちは、メソジスト教会の牧師で深く尊敬され、人種差別反対の姿勢でもよく知られ、またその年のメソジスト会議の会長でもあったコーン・モリス博士を頼ることにした。博士は同会議の会長として序文に署名するのであれば、教会の社会的責任部門の承認を受けなくてはならず時間もかかるが、個人として署名するのであれば、今すぐにでも喜んで署名すると言ってくれた。私は、もし国民戦線や国民党が名誉毀損で訴えるとしても、序文に署名した人は、序文の内容に対してのみ責任を問われることになると説明しておいた。それに対して博士はこう答えた。「国民戦線に属する者全員が私を訴えたとしても、そんなことに私はまったく動じない」。博士は自ら書いた序文を同封してくれたので、博士の序文は一九七七年発行のパンフレットの一部となった。

クレアは、たとえ国民戦線や国民党が訴え出たとしても、彼らは敗訴するだろうし、逆に訴えることによって、彼らの情報がより広く知られることになるだろうと指摘した。私たちは彼らが訴え出てくれることを望んだが、彼らも私たちと同様の法的アドバイスを受けたことは明らかで、訴え出なかった。私は「ウォリー・ウォグウォローパー」と名乗る人物から、「お前のような人種の裏切り者は、我らルイスハムのウォグ・キラーから土曜日は身を隠したほうがためになるぞ」という脅しの葉書を受け取った。（この時期に私を襲えば犯人が何者かはすぐにわかるので）、私はまともに取り合わなかったが、妻のヘーゼルのほうはそうはいかなかった。いずれにせよ、その日はアメリカに出張することになっていた。

しかし人種差別の運動家たちは、彼らが敵と見なす者の居場所はわかっているぞと知らせるのが好きだった。そうすれば相手が恐れをなすと思っていたからだ。パンフレット「ネオ・ナチズム」の発行は、戦略的にタイミングがよかったようだ。聖職者や一般信徒の多くが、人種差別の問題に何らかの指導力や励ましを待ち望んでいた時期だった。パンフレットは一万二〇〇〇部（サザークの主教マービン・ストックウッドへの五〇〇部を含む）も売れた。そして、このパンフレットをもとに多くの説教が行われた。

これらすべては国民戦線や国民党にかぎらず、もっと小さなグループや、イーノック・パウエルのような政治家を含む、人種差別主義者の活動に反対して高まったうねりの一部だった。一九七八年二月、新しく立ち上げられた反ナチス連盟の世話役のコーン・バーカーが、私に連盟のスポンサー役の一人になってくれないかと言ってきた——私の同僚で、バーミンガム大学の中世史家であるロドニー・ヒルトンから私のことを示唆されて、また私たちのパンフレット「ネオ・ナチズム」に促されて、私に役をお願いしたいと言ってきた——私は喜んで同意した。さらに翌年、「今日のイギリスにおけるキリスト教と人種」というＡＦＦＯＲのパンフレットを、私は書いた。新聞のいくつかに取り上げられると、これにも「多人種社会など、クソくらえだ……お前は、裏切り者だ……」という怒りを買うことになった。

どうして「イギリス人が」お前やお前らのような者に、この過剰人口の国をさらに過剰な人口の国にさせるものか……。お前ら一味は左翼の日雇い群衆で、人権擁護の名の下に騒ぎを起こしたいだけだ。お前らの言う人権というのは黒人の人種優遇のことだ。こいつらは、イギリスの古き良識や基準をぶち壊そうとしている。要するに、共産主義という名の雑種社会をでっち上げようとしているのだ。

このような手紙が、名前と住所を明記して送られてきた場合、それを無視するより返事を書いた方がよいと思った。そこで、例えば、

私の最近のパンフレット「今日のイギリスにおけるキリスト教と人種」に関してお便りをいただき有り難うございます。あなたは次のことにきっと同意されることと思います。あなたが歓迎するにしろ、しないにしろ、この国の黒人市民は、大部分がこの国から運命的に離れられない――彼らの四〇パーセント以上がこの国で生まれ、ほかに帰るべき母国はない――という事実です。ですから、彼らに対するあなたの憎悪と敵意が、新たな多元主義的イギリス社会の明るい未来を築くことに貢献するか、あるいはその明るい未来を阻むものになるのかということを、共に考えていただきたいのです。

ローレンス・ブラウンは、私が大学に来てから間もなくバーミンガムの主教になった人物だが、「ネオ・ナチズム」のパンフレットの支持を拒んだことを別にすれば、彼とはよい関係にあった。彼は「ニュー・イニシアティブ」計画に参加するよう、私を誘った。その計画名は、教区が福音の広がりを願うものであるとわかるよう、私が提案したものだった。私はこの計画のために、二つのリーフレットを書いた。一つは人種差別、もう一つは民族少数派の宗教共同体についてだった。またローレンスは、教区の牧師の会合で宗教間の問題に関

する講演をするよう招いてくれた。そして一部の牧師が異宗教のムスリムたちを“God's children”と呼ぶべきか、それとも“children of God”と呼ぶべきか、（そのどちらかは忘れてしまったが）地位の低いほうで呼ぶべきだなどと言い争っていたとき、「ばかばかしいことを言うな」と、彼はたしなめた。そして一九九四年、公然と入国管理法案に反対意見を述べた。彼は善良で分別ある人物だった。

パンフレット「ネオ・ナチズム」に関しては、思うに、彼は人種差別反対の強力なスタンスをとろうとする個人的な立場と、教会内に論争が起きるのではないかという懸念——教会指導者たちは教会内の論争だけは避けたいと思っていることがしばしばだった——との間で苦悩していた。とはいえ、振り返ってみると、あのパンフレットは、少なくともコーン・モリスの序文のおかげで、地元の教会指導者たちに頼った場合よりも広く配布された。しかし、それは一九七〇年代の終わりのことであり、人種的偏見と差別に対する諸教会の実際上の態度は、うれしいことに今ではすっかり変わってきている。

しかし、それでも残念なことに、国民全体としては、今日でも人種差別に対する態度は変わっていない。私たちの社会の中では、今やイギリス国民党というさらに立派に偽装した名の下で、また国民戦線はネオ・ナチの側面をあらわにして、「コンバット18」という暴力的なならず者グループと組んで、相も変わらず人種差別運動を活発に続けている。イギリス国民党は、貧困、失業、施設の不備などという、恵まれない地域の非常に現実的な問題にとびついて、これらすべてに対する人々の怒りを、実際には白人の隣人たち以上にさまざまな生活必需品の欠乏にあえいでいる、アジア人やアフリカ系カリブ人へ向けようとしている。『サーチライト』誌は人種差別主義者の活動を監視し続けており、また労働組合、政党、教会等々の幅広い人々の連携からなる反ナチス連盟は、人種差別主義者への組織的反対勢力となっている。

ピートは大マンチェスターに住み、二〇〇一年の地方議会選挙で驚くほど大量の票をイギリス国民党が獲得した場所の一つである、オルダムを含む地域で仕事（教育心理学者として）をしているが、彼は反ナチス連盟の活動的なメンバーだ。ピートは人種差別主義者に反対する勢力を組織して、平和的な多人種・多宗教の社会づくりに努めている人々を支援する仕事（国民戦線には暴力に走る者がいるため、時により危険が伴う仕事である）を行っている。実のところ、彼は一世代前に私たちがAFFORでしていたような仕事を、現在行っている。それはAFFORの会長というような、私がしていた荷の軽い仕事ではなく、ジョン・プラマーのような、もっと直接的な活動家の仕事だ。私は彼を非常に誇りに思っている。すべて価値と可能性に基づいて仕事をする彼の（キリスト教徒というよりマルクス主義者としての）献身ぶりは、自ら告白する信仰へと向かう教会人の献身を恥じ入らせるほどだ。ついでながら、彼にはまた、問題に直面する人々を真摯に理解することのできる、驚くべき能力があり、労働組合の世話役および交渉役として相当な技量と経験もある。

3　AFFORのメンバーたち

一世代前のバーミンガムに話を戻そう。ブラウン主教の後を継いだのはヒュー・モンテフィオーレだった。彼のことは、私が一年間そこで準特別研究員をしていたキーズ・コレッジの学部長だったころから知っていたし、その後、神学者と主教のロンドン合同年会である、「キャップス・アンド・マイターズ」の会合仲間としても知っていた。しかし後に、バーミンガムでは、ヒューは最初のうち、宗教間の問題では弱かったが、他の社会問題には強かった。しかし後に、AFFORへの資金を募るリーフレットには、彼の写真と署名入りの支持表明のメッセージが載るようになった。私たちはそれ以来互いに連絡を取り合い、ときには互いの書き物について意見を交換し合うようになった。私は長い間、ヒューを大いに尊敬し、ヒューとの友情を大切にしてきた。私たちはときおり長電話をした。互いに妻には先立たれていた。彼の妻は長く悲しいアルツハイマーの期間をもちこたえ、私の妻は強い脳卒中で突然逝った（このことは26章で詳しく述べる）。私たちはさまざまな時事問題や着想を、互いに話し合う仲間同士だ。ヒューも私も超心理学を真剣に取り上げ、何らかの再生を信じ合う数少ないキリスト教神学者だ。

ＡＦＦＯＲの男女各役員はそれぞれ自分自身の強調点を持っていた。ジョン・プラマーが大学で法律の学位を取るために離れ、その後、ロンドンの移民福祉共同委員会で働くことになったとき、ジョフリー・ウィルキンスがジョンの後を継いだ。ジョフリーは縮れ毛のペコンパタン靴の男として知られており、ケンブリッジ大学の古典学でトップの成績をとったソーシャルワーカーで、ほぼ毎日、「タイムズ」紙のクロスワードパズルを十五分で解くという人物だった。ジョフリーは、特にウガンダ大統領イディ・アミンによって国を追われてイギリスにやって来た、ウガンダのアジア人の問題に取り組んだ。

ジョフリーの後を継いだのはクレア・ショートだった。当時、クレアは地域のソーシャルワーカーで、後にレディウッドの国会議員となり、それから国際開発大臣として、トニー・ブレア労働党政権の閣僚になった。クレアは率直で平易な物の言い方をするので、国内に人気を博した。彼女はまちがいなく、ＡＦＦＯＲの役員の中で最も有名になった人物だ。クレアは移民問題に多くの時間を割き、ロビー活動とともに、多大の助けを必要とするケースワークに数多く取り組んだ。別の分野では『トーキング・ブルース』を著した。これはハンズワース地域でのインタビューに基づく、西インド諸島系の若者の警察制度に対する意見について書かれた研究で、広く読まれ、広範囲に影響を及ぼしたものだった（クレアについては、さらに第26章参照）。

それからデーヴィド・ジェニングスのことだが、彼は民族少数派の共同体のために積極的に活動したアングリカンの牧師で、後にレスターシャーで多忙な教区牧師として成功した。彼は「万能選手」だった。ＡＦＦＯ

Ｒのプログラム全体を開発し、ＣＡＲＡＦ（人種差別とファシズムに反対するキリスト教徒の会）を指導した。私がカリフォルニアに移ってからの一九八〇年代（ＡＦＦＯＲの会長として私の名前はまだ名簿には残されていた）には、社会サービスを受けられないでいたアジア人高齢者のために尽力したアニル・ブハラ、および以前に青年の雇用機会援助をする仕事に就いていたマリリン・フィリップス＝ベル、そして多人種を抱えた大規模なマウントプレザント総合中等学校の元校長、ベティ・ハンクスがいた。

一九八〇年代の半ばまでに、ＡＦＦＯＲは定評のある大きな機関になり、立派になりすぎる危険にまで直面するようになった。それ以降、この組織は解散することになったが、バーミンガムで、細心の注意を要する地域において、人々のために実によい仕事をたくさん果たした。

注

（1）そして翌年、私はある社交行事の集まりの場所で彼にばったり出会った。とても感じのいい老紳士になっていた。警察署でキャリアを積んで成功をおさめ、今では一代貴族の爵位を授与されている。

第17章　インドへの旅

1　マドラスでの国際セミナー

インドへの訪問は、四十八歳のときに初めて実現した。当時のイギリスで、キリスト教の信仰以外の世界宗教に関心を寄せていた宗教哲学者は、私のほかには二人だけだった。一人は私より年上のH・D・ルイス、もう一人は私より年下だが、インドについてはすでに深い知識を持つニニアン・スマートだった。

インドへの訪問は思いがけないチャンスから実現した。その始まりはロンドンで行われたある会議での食事の席上だった。私はキングス・コレッジのハイウェル・ルイスと、パルシー教哲学者で、スリ・オーロビンド（そのころ初めて彼の著作を読んだ）の信奉者であるイェハンギィー・チャップとの間に座っていて、ヒンドゥー教の再生の思想について議論していた。その中でハイウェルは、その年の冬にマドラスで開催される会議のことに触れ、それを待ち望んでいると語った。そのときチャップは、私もこの会議に招待してもらえるよう即座に申し入れをしてくれた。私もすかさずこれを受け入れた。この学術会議は、マドラス大学主催の「世界の哲学思想に関する国際セミナー」で、一九七〇年十二月の十日間にわたるものだった。私の旅費はイギリス文化振興会がすべて負担してくれた。以下は自宅に書き送った手紙にもとづいている。ただし、三十年も前のインド訪問記であり、それ以後インドも大きな発展を遂げていることを念頭に置いていただきたい。

午前四時半ボンベイに着陸。空港で最初に会った人物が誰であったかを当ててほしい。そう、ドクター・プレム（ＡＦＦＯＲのイベントに参加してくれたインド人の医師）だった。彼とは一、二週間ほど前に、バーミンガムで知り合ったばかりだった。それからＢＯＡＣのゲストとしてホテルに向かい、マドラス行きの飛行機の出発時間まで五時間、そこで休憩をとった。朝七時に目覚めたときには、まさしく暑い夏の一日の始まりだった。透き通った青空、光り輝く太陽、そびえる椰子の木々、色とりどりの鳥たちのさえずり、野外での朝食……。早朝にもかかわらず、「薄っぺら」な上着をとても重く感じた。いや、ますます重くなるのをずっと感じていた。

空港からホテルに向かうタクシーの中で見かけたもの――小さな掘っ立て小屋、道路を渡り歩く牛、ぼろをまとった物乞い。さらには砂ぼこり、混雑、犬、ニワトリ、牛、子ども、そして多様な人々。路上では車がキーキー、ブーブー、まるで人をひき殺さんばかりに走っている。歩行者はこうした車の前をするりと通り抜けて、奇蹟的に反対側に現われ出る。

後日パティアラで、ホストの専属運転手が病気になったため、代わりに運転してくれないかと頼まれて、私が運転するはめになった。しかしそれは恐ろしい体験だった。インドの運転手は路上を歩く群衆と、あたかもテレパシーでやりとりしているかのようだ。運転手がスピードを上げて運転すると、群衆はこれにピタリと呼吸を合わせて通り抜けていく。しかし私は、このテレパシーの仕組みの「枠外」にいた。私ができたことはのろのろ運転で、恐る恐る進んでいくことだけだった。

マドラスに到着すると、

空港ではイギリス文化振興会代表の出迎えを受け、ホテルまで送迎してもらえた。ホテルでは、南インド・キリスト教団マドラス駐在主教であるレスリー・ニュービギン師からの手紙が、私を待ち受けていた。彼とはインド滞在中、たびたび顔を合わせることになる。ホテルの部屋ではバルコニーに出て、日光浴を楽しんでいる。陽射しは、イギリスに比べればかなり暑い――事実、イギリスよりも暑いので、一度に長い時間はすごさない。ホテルは快適さと不便さとが入り混じっている。私の部屋は広くて、天井には大きな扇風機が取り付けてあり、バルコニーとバスルームが備え付けられ、一九二〇年代にイギリスから輸入したと思われる家具がいくつも置いてある。電灯は暗くて、ほとんど壊れかけているように見えるが、それでも部屋全体を万遍なく照らしている。ここは安い労働力が豊富に手に入る国なので、ホテルにはたくさんの使用人がいる。けれどもそのほとんどが、決まった仕事は持っていないようだ。呼ばれなければ、ぶらぶらしているだけだ。

残念なことに、セミナーに参加するインド人は皆、別のホテルに宿泊していて、このホテルにはヨーロッパ人とアメリカ人だけだ。食事も洋式だ。参加者が一同に集う食事は、大学での昼食のときだけとなる。セミナーはこの晩、とても形式的な開会式をもって始まり、それからは多忙なスケジュールで進行していく。毎朝九時から十二時半までセッション、昼食に続いて午後二時から四時半まで別のセッションが行われ、六時には夕刻のイベントがあって、その後に夕食が始まる。十日間の中で、私は発表とコメンテーター、セッションの司会と夕方六時の公開講演を行う（一日二日たってわかったのであるが、インド人参加者の多くが、昼寝《シエスタ》のために午後のセッションを欠席している。そこで私も、路上を行き交う三輪タクシーを使ってホテルに戻り、同じようにした）。セミナー閉会の翌日、イギリス文化振興会が、参加者を集めて公開のパネルディスカッションを主催する。パネラーの一人に私も含まれている。

今朝はシャツと薄手のズボンを買うために町に出かけた。狭い通りに居場所を定めて、金物や革製品を扱う職人たちが群がっている。そんな通りを面白く感じながら歩きまわった。ここは近代的な新しさと、伝統的な古さとが混在している町だ。ある小さな店などは、もぐりの接骨医者のようだった。昔の古い計量器もあれば、巨大な金属の鉢もある。また高貴な出ではないにしても、あらゆる装身具を身につけた華やかな人々もいる。

数日後のこと、

私はいまこの手紙を、セミナーの小難しい発表の最中に書いている。今朝のセッションは失礼して、先ほどここに戻ってきたところだ。マドラスの町は、私の目にはすべてが新しく、しかも驚くものばかりだったので、町の写真をたくさんほしいと思った。そこで私たち（イギリス文化振興会派遣の通訳と私）は朝市を散策し、三十六枚続きの写真――通りの光景や自転車タクシー等々――を買った。ついでに荘厳なヒンドゥー大寺院も訪ねた。そこでは神々や女神たちの像、神話のさまざまな場面を彫り付けた巨大な塔、内部神殿、祭礼の沐浴に用いる大きな池、無数の彫刻、金色の塗料や色彩が目に付いた。

マドラスの風景には常に人物が伴う。通りを行き交うのは大部分が男子だ――ほぼ九割を占めるだろう。

女子はひっそりと家の中で過ごし、男子が外のことを全部行う。その中には買物も含まれる。男子の服装は短い袖のシャツとドーティ（腰布）だが、これは単に幅の広い布をいろいろ工夫してまとっているだけだ。例えば、足首までロングスカートのように伸ばしたり、スコットランドのキルトスカートのように半分のところで折り重ねたり、足元まで折り目をつけて優美な波形をつくったりしている。この最後の工夫が、ベンガルスタイルとでも呼ぶものだと私は思う。男子の約七割がドーティを着ていて、残りの三割が洋式の服装だ。女子は、ヨーロッパ女性も含めて、皆サリーをまとっている。

国際セミナー自体はたいしたものではない。発表もそうレベルの高いものではない。発表に続いて十分ほどの二人のコメントがある。たいてい発表者は時間を超過し、そのためにディスカッションがほとんどできない。けれども、こうした状況はこの場に居合わせることにより、またセッション終了後の個人的な集まりにより、多分に埋め合わせがなされている。

さらに数日後のこと、

昨晩、「再生の問題——西洋のアプローチ」と題した公開講演を行った。この講演は極めて高い関心をもって迎えられ、聴衆を大いに興奮させたように思う。たくさんの質問があり、議論が続いた（司会者までが二十分にも及ぶ評言を述べていた）。それ以来、多くの人々が私を引き止めては、この問題について話し合おうとした。

後に私は、講演の司会をする際のインド方式なるものに慣れた。司会者は通常、基調講演の後、前もって用意した自分の考えを述べる。それは主題には合わせるが、もとの講演内容に触れる必要は必ずしもない。マドラスのセミナーの場合、司会者は異彩を放つ哲学者、T・M・P・マハーデーヴァンだった。彼はヨーロッパふうの私の解釈とは対照的に、インド人の観点から、正統派不二一元論の説明を行った（数年後の別の機会に、デリーで私が講演する際、インド最高裁判所長官が司会をしてくれた。私の講演が終わると、長官はやや長めではあったが、ヒンドゥー教の独自な形態に関して大変興味深い講演をした。当時はインディラ・ガンジーの政治体制下にあり、彼の立場は物議をかもして危険だというので、壇上の両脇には密かに護衛が配備されていた）。

ある日、バスでマハーバリプラムとカンチプラムを訪ねた。そこでカンチのシャンカラチャリアに拝謁した。彼はとても美しい容貌と知性とにより、輝いた眼をした老賢だ。彼は納屋のような粗末な部屋の中に入っていき、紐で結んで作った不安定な机に足を組んで座った。私たちはそれぞれ自己紹介し、その後で、通訳を交えて話し合った。なるほど、聖者にはちがいない。けれども、居並ぶ哲学者たちに伝えられるほどの興味深い、あるいは啓発的なことは何もなかった。シャンカラチャリアに会うことは、ヒンドゥーの言葉で「ダルシャン」、つまり「聖なる人物にまみえること」以上の体験を意味した。

セミナーの終わりが近づくにつれて、すべてが役立たない。注ぎ込むすべてが流れ出る。光が十分でない、あるいは適所にない。郵便葉書でもいい、何か買物をするとき、手の込んだ書類事務を要する。どの旅行にも、どんな準備にも、時間がよけいにかかる。車庫の戸口に意味のつかめない張り紙を見た。「許可があろうと進入禁止……。」「しかしながら」私だけでなく、外国からのどの訪問客も必ず共感するインドの強力な印象は、深い友情だ。インド人の哲学者だけでなく、皆が同じように友好的で、私たちをくつろいだ気分にしてくれる。通りを歩いていても、市場の雑踏の中にいても、人々――西洋から見ればぞっとするほどの極貧生活を強いられている人々――の眼差しは、腹立たしげでも、羨ましげでもなく、友好そのもののように見える。彼らは宗教的な風土の中で、穏やかに過ごしている。こうした風土を他人と共有したいと望みはしても、けっして西洋人を羨んだりはしない。事実、西洋人に比べてインド人のほうが、はるかにのんびりと豊かな表情をしている。

私はマドラスから、南方のポンディシェリーへと向かった。

バスでポンディに向かう。料金は一〇〇マイルにつき五ルピー。帰りは運転手付きの車で、スリ・オーロビンド・アシュラムから戻った。マドラスがイギリス系インドであるのに対して、ポンディシェリーはフランス系インドだ……。アシュラムには多言語をこなすハンガリー人がいて、彼が管理するヨーロッパ式のゲストハウスに滞在し、LPレコードでショパンやバッハの音楽を聴きながら食事をした。アシュラムのホストは、フランス語、英語、ドイツ語で話した。

バス教授（かつてダラム大学でサンスクリット語を教えていた）が、オーロビンド・アシュラムの周辺を案内してくれた。このときにはすでに引退していた哲学者たち、インドラ・センとH・N・バナージーの二人と、数回ではあるが興味深い会話をすることができた。とくにバナージーのほうは、前世の記憶をはっきりと持つ子どもとして有名な、シャンティ・デヴィを調査した委託研究グループに属していた。その研究では、子どもの前世記憶についての追跡調査を行い、実証的な成果をあげていた。けれどもバナージーによれば、その子どもの記憶を確証する報告書に署名はしたものの、それが再生の事例になるかどうかは定かでないということだ。アシュラムには、ヨーロッパやアメリカから多くの学生が来ている。彼らの目的は休暇を楽しむため（中には明らかに、半年ほど大学をドロップ・アウトしてきた者もいる）とか、あるいは「東洋の叡智」を求めてなど、さまざまだ。

次にバンガロールを訪ねた。バンガロールでは、ラッセル・チャンドランが学長を務める総合神学大学に滞在した。チャンドランとは以前、アメリカで知り合った。彼の自宅でクリスマスのディナーをご馳走になった。

私は大学構内の家に住む何人かのスタッフと一緒に、盛りだくさんの食事が並べられている部屋に案内された。出席者の半数がインド人で、あとの半数はイギリス人かアメリカ人だった。私が会った外国人のスタッフ（すべて宣教師会から派遣された人たち）は、見たところ大部分が、学者としては二流という感じで、それに比べるとインド人スタッフのほうが、まだましのように見えた。研究科長のジョン博士は、ハイデルベルク大学の旧約聖書学の学位を取得していて、学術的にかなり信用できるという印象を受ける。またデュライシンという名の神学の講師はユニークな発想を持ち、キリスト教神学のインド特有の展開ということについて熱心に思索している［この二人が神学者としてよく知られるようになったのは言うまでもない］。もちろん、ラッセル・チャンドランも聖職の指導者であり、知識人でもある。

隣接するキリスト教の宗教社会研究所にも立ち寄った。当時の所長はM・M・トーマスで、その後任はスタンレー・サマルサー――クレアモントのルビコン会議に出席した人物――だ。

2　内戦下のサンチーニケタン

一九七一年一月、バンガロールからカルカッタへ飛んだ。そこから列車で、サンチーニケタン（「平和の住居」という意味）へ向かった。この町からさらに一〇〇マイルほど北に行くと、ヴィスヴァバーラティという名の、一般教養の小さな大学がある。これは一九二一年に、ラビンドラナス・タゴールによって創設された大学だ。

サンチーニケタンは、どことなく牧歌的な雰囲気のある場所だ。自由に解き放たれた地方の大学という感じで、キャンパスは木々の緑に映え、あたり一面花が咲き乱れている。路地には牛車やバイクに乗った学生、自転車タクシーなどが行き交っている。ゲストハウスは一階建ての円形の建物で、来客用のダブルルームが六部屋ある。そこには円形の広いベランダがあって、大きな花で飾られている。それぞれの部屋には、天井に扇風機と照明器具が備えられ、ベッドには蚊帳が吊ってある。どの部屋にもバスルームがついていて、洗面所とトイレがある。シャワーはお湯が出ないので、お湯がほしいときにはバケツで運んできてもらう。ここでは水は煮沸してあっても、飲めば最初一日か二日、下痢に悩まされる。日中はイギリスの真夏日のように暑いが、夜には毛布が二枚いる。

インド人の肌の色は、黒から黄味がかった白までさまざまだが、これはカーストに関係があるようだ。肌の色が明るければ明るいほど階級が高く、暗ければ暗いほど階級が低くなる。ある日、部屋の掃除に来る男に、トイレも一緒に掃除するよう頼んだ。ところが、この男はトイレには手をつけないので、なぜかと尋ねると、別の掃除人が来るという。間もなく別の掃除人が現われ、トイレを掃除していった。ゲストハウスに宿泊しているインド人の教授によると、これがまさしくカーストの問題なのだという。部屋の掃除に来た男は、トイレを掃除するカーストとは違っていたのだ。

ゲストルームを去るとき、私はカーストの低いほうの男にチップを余分に渡した。

サンチーニケタンに来たのは、哲学高等研究所の客員教授として迎えられたためだ。この新しい建物の研究所は、まだ全部が完成しておらず、すでに壊された部分がまだ残っている。所長は、バーミンガムにも来たことのあるサントッシュ・セングプタで、

昨日はセングプタの家で楽しい夕べを過ごすことができた。セングプタの息子のマスター君が九歳の誕生日を迎えるというので、プレゼントを持って訪ねた。サントッシュは、古代ローマ人の着用するゆるやかな外衣を気持ちよさそうにまとっていた。茶の間にはベンガルの甘いお菓子と紅茶が用意されていた。夫人のほうは、サリーの折り目具合から見ただけでは不確かであるが、どうやらお腹に赤ちゃんがいるようだ。

ここでの宗教哲学の授業は最も嘆かわしい状態にある。今年の教科書として使われるのは、一九一二年

初版のホッキング著『人間経験における神の意味』で、絶望的に古すぎる。しかも二冊しかないので、当然のことながら、学生は自分で読むことができない。そのために授業をする者は、教科書の内容を学生たちに取り次ぐだけだ。これほど馬鹿げたことがあるだろうか。

教科書を丸ごと教えておしまいというのは、西洋的に言えば、中世ふうだ。学生たちは自分の頭で考えるよう教えられるのではなく、教師の言うことを逐一信じて、これを試験のためにせっせと覚えるだけなのだ。予定では、四週間の滞在期間中、週三回の授業を担当するはずだったが、実際にはほとんど毎週一、二回は休講するはめになった。というのも、宗教的な祭典とか、大学の理事の親戚が亡くなったとかの理由で、大学そのものが休校になったからだ。

ある日、私はトラベラーズ・チェックを現金に換えるために、旧式のライフル銃で武装したボディガードを伴って、銀行に出向いたことがある。身分証としてパスポートを持参していた。そこには、私の職業を証明して “Minister of Religion”（直訳すれば「宗教担当大臣」だが、実際は「聖職者」を意味する）と書かれていた。そのためか奥から支店長が現われて、深々とお辞儀をすると、「イギリス政府の要人にご来店賜りまことに光栄であります」と述べたのだ。そのとき、とっさの機知に富んでいたなら、「お静かに願いたい。今日は忍びの客ですからな」とでも答えていたかもしれないが、実のところは淡々と「公文書では聖職者は “Minister of Religion” と記載されるものなのです」と説明した。そのために、支店長の面目は丸つぶれになってしまった。

サンチーニケタンに滞在中、個々の哲学者とは有益な議論を多く交わした。インド旅行を通しての私の関心は、ヒンドゥーイズム（後にシークイズム）のことを、哲学的と通俗的の両方面からさらに深く学ぶことだった。周知のように、インド宗教にどこか単一的な統一性を持たせるように扱う英語の「イズム」は、西洋近代が輸出した概念だ。しかしながら現実には、伝統的な諸宗教とその運動とが無限に多様に広がり、交錯しあっている。しかも概して相互に完全で、寛容なのだ。多様な神々や女神たちを熱心に崇拝する信者たちの間には、真の神性をめぐっての口論などまったくない。なぜなら、神々や女神たちは皆、ブラフマンという神秘的で究極的な実在の顕現でもあるからだ。したがって「西洋」の一神教の見方とは全く異なる。

サンチーニケタンに滞在中、列車でビハール州のマガダ大学に行き、そこで講義をした。また、その途中でブッダガヤにも立ち寄った。

今朝、ホスト役のマシー教授（エディンバラ大学の卒業生）が迎えてくれた。ブッダガヤは仏教の最も大いなる聖地だ。ブッダはこの地の菩提樹の下で悟りを開いた。ここには、無数の彫刻で飾られ、七世紀に建立された巨大な仏教寺院がある。その隣りには、近年になって建立されたチベットの僧院と礼拝堂がある。僧院に安置されている多くの仏像は、朱色や金色できらびやかに彩られ、その顔面には、見る者を嘲弄するかのような微笑を浮かべている。仏壇の供物棚の上に多数の経典の巻物が供えられ、床には礼拝するときに用いる座布団が敷かれている。また礼拝のための巨大な梵鐘を備えた部屋もあった。これは高さ二五フィートくらいの金属でできたドラム缶のような円筒形で、礼拝の経文が書き巡らされている。巡礼者たちは底の辺りにあるハンドルを操作し、中心軸を動かして車を回転させるのだ。

次に、私たちは鮮やかに装飾されたタイの仏教寺院を訪れた。そこには大きな金色の仏像が安置されていた。翌日はナーランダ仏教僧院の遺跡を見学した。この僧院は、七世紀には一万人の学僧を抱えて隆盛を誇っていた。帰途は、インドでおそらく典型的とでもいうような鉄道の旅だった。列車に乗るため早朝五時三十分に起床。ところが列車の遅れで二時間も待たされた。列車の遅れは旅の終わりまで続き、乗り継ぎがうまくいかず、結局サンチーニケタンに戻ったのは夕方の六時だった。

妻のヘーゼルが二週間の予定でサンチーニケタンに来ることができた。初めの二日間はカルカッタで一緒に過ごした。そのときはゴルパークにあるラーマクリシュナ伝道文化研究所に滞在し、そこでも講演をした。私のメモには「二世代前にラーマクリシュナ自身が経験した清貧簡素と、今日の研究所を預かっているスワーミーの様式との対照は、イエスとローマ教皇との対比にも等しい」と書き留めてある。

当時のカルカッタは、インド極左勢力のナクサライトが起こした政治闘争のため情勢が不安定な状態にあり、大衆のデモ行進のために、いくつかの地区は封鎖されていた。北ではベンガル州で、南ではケーララ州で勢力を保持していたインド共産党員は、二つの共産党に分裂し、一方のマルキスト系の共産党は、ベンガル州のナクサバリという村で武装蜂起を開始した。この武装勢力がナクサライトであり、各地でさまざまな暴動を引き起こしていた。

ヘーゼルがインドに来たのはそういう情勢のときだった。サンチーニケタンでは二つの建物が焼き払われた。そのため副学長は武装したボディガードたちに護衛されていたのだが、大学の学籍係は刺殺され、さらに数台のトラックが炎上するという、悲惨な事件となってしまった。しばらくの間、ゲストハウスの周辺は兵士たちの駐留するテントが設置されていた。「カルカッタ・ステイツマン」紙の記事には、「攻撃のパターンはカルカッタでも他のどこでも同じだ。青年グループが大学を襲撃し、実験室に火を放ち、建物に損害を与え、ただちに逃げ去る」と書かれていた。さらに加えて「経済的には低迷の続く地域にありながら、年々裕福になっていくサンチーニケタンが、ほかの町の住民から反感を買うようになってきたのは当然のことだ、と一部の教員や職員たちが皮肉まじりに語っていた」とも書かれていた。これはまことに正鵠を得た分析だったと思う。サンチーニケタンは、かつてはタゴールの住む簡素なアシュラムにも似た場所だったが、今ではこの偉大な人物の記憶に頼りつつ暮らしを立てている。しかも哲学者たちは「哲学的に」騒ぎ立て、これを正常なことでもあるかのように続けている。

私たちは自転車タクシー（妻のヘーゼルは「乳母車」と評言した）に乗って、近くにあるボーレプーアという小さな町に、土産物を買いに行った。ヘーゼルは土産物を運ぶスーツケースまで買った。彼女がサンチーニケタンに滞在している間、大学では年次の評議会が行われ、この大学の卒業生である総長のインディラ・ガンジー首相が、二台の軍用ヘリに護衛されたヘリコプターに乗って来校した。評議会は厳重な警備の下、屋外のマンゴー林の中で行われた。印象的だったのは大学の役員たちの服装で、彼らが洋装のときは貧弱で品格がなかったが、儀式のためにベンガル衣装を身につけると、実に品格があって、豪華に見えたことだ。

ある日、私たちは学問の女神であるサラスワティーのプージャ（礼拝）に招待された。これはある哲学教授の家で催された。その家にはプージャ・ルーム（礼拝室）があった。招待された客は皆、学問を象徴する女神像を前に床に座った。学問を象徴する女神像は、塗装された木で作られていた。ヴェーダの詩句が詠唱され、それが終わると花束を女神に捧げた。その後、部屋を変えて食事にかかった。葉を縫い合わせて作った使い捨ての皿に料理が盛られ、それを床に座っていただいた。

3　ベナレスでの二週間

ヘーゼルがイギリスに戻ることになり、私がベナレスに向かうことになったそのときの出来事、ボンベイ行きの飛行機に乗るヘーゼルを見送るため空港に向かったが、その途中、ちょっと危険な警報や出来事に出くわした。私たちは英国文化振興会の職員と、カルカッタのホーロー駅で待ち合わせ、ダム空港まで連れて行ってもらった。運転手は、最近この道路で爆弾事件があり、そのために、もし危険を察知したらすぐさま引き返すよう命じられていると言った。しかし何事も起こらず、無事に空港まで行けた。空港で、ヘーゼルの乗る予定のボンベイ行きの飛行機二〇六便が、五時間遅れるという知らせを目にした。ここまで遅れると、ヘーゼルにはロンドン行きの飛行機への接続が難しくなる。けれどもこの知らせが、実は前日のものであって、今日は予定通りの運航であることがわかった。ヘーゼルはだいたい時間通りに出発することができた。そのあと私のほうは、ベナレス行きの飛行機が運休となり、明朝六時の便に予約し直さなければならないことがわかった。インド航空は「豪華《グランド》」と言うにふさわしいホテルを用意していた。翌日の早朝四時に起床し、四時四十分にインド航空の事務所にいたが、そこで言われたことは、予定便は十一時まで延期ということだった。そして実際に出発できたのは、結局十一時三十分の少し前ぐらいだった。

ベナレス（当時はこう呼ばれていたが、現在では現地の呼称が復興してバラナシーという）はヒンドゥー教の聖地だ。ここではベナレス・ヒンドゥー大学のキャンパスに滞在した。

キャンパスに着くと、宿泊をめぐって些細ないざこざがあった。最初の晩を過ごしたゲストハウスは、蛇口をひねるとお湯が出るという、インドにしては実に贅沢な設備を持っていた。しかしゲストハウスで一泊したあとは、用意された「アパート」に移らなければならないと言われた。ゲストハウスの利用は一晩か二晩という規則があるのだという。その「アパート」というのは地階にあって、もう何カ月も、あるいは何年も使われていなかったような、相当に不潔な二つの部屋から成っていた。部屋を掃除したとしても、不潔さと暗さは変わらないように思われた。ゲストハウスのほうは、その半分が未使用だった。そこで私は警告してきた事務官に向かって、「私がゲストハウスを提供されるにふさわしい人物である、と大学側が認める間は、ここに滞在したいと思う。そうでなければ、デリーに向かいたいと考えている」と説明した。翌朝、高等研究所の所長であるデーヴェラージャ博士が、この事務官から事情を聴きつけ、すぐさま副学長にかけあってくれた。副学長は、私がゲストハウスに宿泊するのは当然だとおっしゃったとか……。

そうこうしつつも、二週間の滞在はとても興味深いものだった。

ベナレス・ヒンドゥー大学のキャンパスはとても素晴らしい。直径一マイルほどの半円形をした敷地で、その中央には壮大な寺院があり、道路がその半円を囲んでいる。外側の道路に面して教職員の住居があり、内側の道路に面して学生寮や他の建物があり、さらに内側の道路に面して大きな建物が並んでいる。全体が広々と設計されており、建物はすべてイギリス植民地時代のインドを連想させる様式で、整然と並び、見事な装飾が施されている。キャンパスの創設は、神智学の指導者で、インドの独立に尽力したアニー・ベサントによる。キャンパス全体の構想と建設は一九一八年頃だ。キャンパス内には出店や小さな青空市場、医学部の付属病院、大きな運動場があった。

私はガイド付きのベナレス観光に参加した。朝六時三十分から船の旅が始まった。町の中心を流れる河の岸辺には、昔の王宮――いまは巡礼の宿として使われている――があった。インドの最も聖なる河ガンジスには、たくさんの人々が沐浴していた。沐浴はだいたい早朝の四時くらいから始まる。中には終日沐浴をしながら、詠唱と祈禱をしている人もたくさんいる。河畔で火葬が行われているところを通り過ぎた。死体は薪を積んだ台の上で焼かれる。焼き尽くされるまでに四時間ほどかかり、灰は河に流される。町中で、死者が花に覆われた担架に載せられ、河へと運ばれていくのを見た。それから、町の主だった寺院をいくつか回った。その中には、金張りの屋根の黄金寺院《ゴールデン・テンプル》や、二、三十匹もの猿が野放しにされている猿　寺《モンキー・テンプル》もあった。かつてその場所は森であったという。この寺に奉られているのはドゥルガー女神で、動物がいけにえとして捧げられているため、壁のあちこちには黒ずんだ血の色がついていた。町の中は、密集した狭い路地がたくさんあり、歩き回るといろいろと面白い。政情不安で緊張の続くカルカッタとはまるで違う。乗り物の便はもっぱら自転車タクシーだ。二輪の軽装馬車もある。重い荷物の運搬には、大きな革製ザックを左右に掛けたラクダが使われる。ラクダはとてもおっとりとした動物だ。大きな書店がたくさんある。もちろん、ヒンドゥー語で書かれた本が中心だ。

誰かが大学で、「ザ・パーティ」にはいつお会いになりますかと私に尋ねた。はじめは何のことかわからなくて当惑したが、正しく発音すれば「トリパティー」であることが分かった。トリパティーとは、このベナレス・ヒンドゥー大学で教える古参の哲学者の名前だ。トリパティー博士は、それこそザ・パーティと考えてもいいほどの実に楽しい人物で、非常に敬虔なヒンドゥー教徒でもある。毎朝四時に起きるとガンジスで沐浴し、朝食までの一時間ほどを祈禱と瞑想に集中する。会いたかったもう一人の人物はシャルマ博士だった。以前、お茶のもてなしを受けたことがあるが、シャルマ家は水牛を一頭飼っている。なるほどこの地域では、雌牛か水牛を飼っていないとミルクが手に入りにくい。売られているミルクは、水で薄められたものばかりだ。シャルマには二人の娘がいて、上は十四歳。そろそろ二人には見合い結婚をさせなくてはならない。この場合、相手は自分と同じカーストか、自分よりやや下のカーストでなくてはならない。しかも花嫁の父は、花婿の父親に二万ルピーを払わなくてはならない習慣があるという。とはいえ、彼には二人の息子がいるので、この二人が結婚すればその額は取り戻せるという。持参金付きの見合い結婚は、昔からずっと行われてきた制度で、なくなることはないだろうと彼は言っていた。

ある晩、シャルマとザ・パーティは私を誘い、月夜の光景を眺めるためにガンジスに舟を出した。古い宮殿の小尖塔や中尖塔、それにイスラーム寺院の光塔などが月光に照り出されて、それはまことに美しい光景だった。音楽と詠唱はまだ続いていた。私たちはこうした雰囲気をバックにして、ブラフマン（大我）やアートマン（小我）、カルマ（業）について議論した。それから河畔のいちばん大きなガートである、ダシャワマダ・ガートで舟を下り、町に出てコーヒーを飲み、キンマの葉を嚙んだ――口に入れるとしみのつくペースト生地を、キンマの葉に包んで嚙むというもの――。町はゆらぐ光と行き交う人でごった返していたが、その中で結婚式の行列と、観光客を背に載せてぶらぶら歩く象を見た。ある狭い路地では、雄牛が突進してきたので、皆が飛び上がって道を空けなくてはならなかった。二頭の雌牛を追いかけているのだ。

今朝は午前中、比較宗教の講義でキリスト教の話をしたり、学位論文のテーマのことで二人の大学院生の相談に乗ったりして、大学で過ごした。午後は芝生に座って（大学には本物の芝生が植えてある）、ザ・パーティ（トリパティー博士）とヒンドゥー教について話し合ったりした。夜はザ・パーティと一緒にシャルマの家に招かれ、夕食を共にした。シャルマの奥さんは英語が話せないせいか、ほとんど姿を現わさなかった。私たちは十四品にも及ぶ豪勢な食事を楽しみ、それから口を挟まずに、たくさんの宗教物語（例えば前世の記憶を持つ人の話など）をザ・パーティから聞いた。

ベナレスでの二週間で、実に多くのことを学んだ。その後、デリーに向かうことになった。デリーでは、アングリカンの修道士会であるケンブリッジ・ブラザーフッドの施設に滞在した。ここでは修道士たちがさまざまな活動を行っていて、私は何人かの修道士たちと有意義な会話をすることができた。また、ヒンドゥー・クリスチャンの出家修行者として知られるアブヒスヒクターナンダ・スワーミーも、ここに短期間滞在していたようで、その姿をちらりと見かけることがあった。

私はデリー大学でいくつかの講義と研究発表を行った。そこではマドラス、サンチーニケタン、ベナレス・ヒンドゥー大学のどこよりも深い印象を、哲学者たちから受けた。若手の哲学者の中にはオックスフォード大学の博士課程で学んだ者がいて、その才覚を保持していた。その中に、マハトマ・ガンジーの孫息子にあたるラムチャンドラ・ガンジーがいた。彼とは後に、深い親交を持つことになった。デリー近郊の都市アグラにも、標準的な観光旅行をした。タージ・マハルを初めて見たときの感動はけっして忘れないだろう。「タージ・マハルは聞きしにまさるものだった。これを初めて見る者はたいていその華麗な美しさに息を呑む。建物はまばゆいばかりの白大理石でできており、完璧なバランスを保っている。それは巨大な建物であるにもかかわらず、こざっぱりと優美に見える。美の粋を集めていながら、巧まない。全くもって完璧だ」。

インド再訪の機会はすぐにやって来た。一九七五年から七六年にかけて、デリー、カルカッタ、マドラスの順に、ティープ講演（宗教間対話のためにW・M・ティープ師によって開設された）をすることになった。このときデリーで、ラム（ラムチャンドラ）・ガンジーのことを深く知るようになった。彼は、デリーとオックスフォードの両大学から学位を取得した優秀な若手哲学者で、セント・ステファン大学で教えていた。何よりも彼の中には祖父の魂が息づいている。私はインドとアメリカの両方で、長年彼との接触を保ってきた。初対面のとき、彼はマハトマの孫の一人として知られることに当惑している様子だった。しかし後になって、祖父の記憶を真摯に受け止めるようになり、祖父の偉業を誇りに思うようになった。その後ラムは、ベンガルの聖者で一九五〇年に逝去したスリ・ラマナ・マハルシの信奉者になり、その思想を『我は汝なり』（一九八四）という著書にまとめている。

このときの旅行では、妻のヘーゼルと娘のエレノアが一緒で、遠くラジャスタンまで一緒に旅行し、かつてバーミンガム大学の博士課程に在籍していたサム・ジョシュアのところで、クリスマスを過ごした。ジョシュアは、シャンカラとポール・ティリッヒの思想構造を比較する論文で学位を取り、帰国すると、アジミーアにある北インド教会の司祭になった。夫人は開業医だった。クリスマスの当日は教会に入りきれないほどの人々が集まった。後に、一九九〇年の冬、ボンベイで再びクリスマスを一緒に過ごしたが、そのときには教会の主教になっていた。もしもインドのキリスト教指導者たちが皆、サミュエル・ジョシュアのように信仰深く敬虔であるならば、教会はまことに幸せなことだろう。

さらに別のインド訪問は一九八四年で、このときもヘーゼルが一緒だった。当時、インディラ・ガンジー首相の暗殺に起因する政情不安のため、当初の計画をデリーで変更せざるを得なかった。その結果、バンガロールの近郊に住む「生ける神」サイ・ババとの面会は、残念ながら流れてしまった。二人の暗殺者が、首相の護衛にあたるシーク教徒であったため、シーク教徒はデリーだけでなくインドの至るところで、ヒンドゥー教の過激派による報復攻撃のターゲットになった。困ったことに、タクシー運転手のほとんどがシーク教徒だったので、町中では旅行者がタクシーを拾うことは困難だった。シーク教徒の経営する店は放火され、彼らは不当にも中傷される憂き目にあった。不思議なことに、私たちが帰国し自宅に戻ると、書斎入り口の壁に掛けてあったシーク教の剣（バーミンガムのシーク教寺院から贈呈されたもの）が床に落ちていた。これはひょっとするとインディラ・ガンジー首相の暗殺時刻と合致していたかもしれない。これが、ユングのいう共時性の例になるのだろうか。

観光だけでなく、それ以上にインドで時間を費やす西洋人たちは、インドが好きになるか嫌いになるかのどちらかだ。私はインドが好きだ。極貧にもかかわらず、また何もかも非効率であるにもかかわらず——一九七〇年代のことを言っているのだが——、そこには西洋人を魅了する、何か言い知れぬものがある。私たちは、そこに見出す忍耐と歓待と友情に接して、敬意を、いや謙虚さまでも感じさせられるのだ。

第18章　シーク教徒とともに

1　パンジャブの印象

デリーを出発してから、別の比較的強力な哲学部のあるチャンディガル大学に立ち寄った後、客員教授としての最後の訪問地である、パンジャブ州パティアラにあるパンジャブ大学に到着した。そこではシーク教のことが学べると期待していた。

大学での私の所属はグル・ゴービンド・シン宗教研究部だった。研究部は二階建ての建物を五棟持ち、それぞれシーク教、ヒンドゥー教、仏教、イスラーム、キリスト教の研究棟になっていた。各棟には小さな寺院、モスク、チャペル、グルドワーラ（教導所）が設置されていた。研究部長のハーバンス・シン博士は奥ゆかしい紳士で、私を心から歓迎し、終始完璧なホスト役を務めてくれた。シン博士は、かつてハーバード大学のカントウェル・スミス世界宗教研究所に一年ほど滞在し、その間に、あえて西洋の歴史研究上の規範を用いて、シーク教の開祖であるグル・ナーナクの生涯を書き上げた。(1) その後、同じ原理に基づいて、大部にわたる『シーク教百科事典』の編纂に当たっていた。とはいえ、研究部の中で最も優れた学者といえば、おそらく仏教研究の主任講師、ラルマン・ジョシィではなかったかと思う。

私はヒンドゥー教研究棟の、たまたま空いていた一室を与えられた。また、かなり広くて快適なゲストハウスで宿泊することになったが、前方のバルコニーでは朝日を全面に浴びることができ、その後方では夕日を眺めることができた。キリスト教の講師でカトリックの司教でもあるクリスタナンド・ピラーイが、私をバイクの後ろに乗せて、何度もパティアラの町を案内してくれた。あるとき、私たちはボロ服を着てヒンドゥーのお祭りを見に行った。町中が陽気に浮かれて笑いどよめき、誰も彼も色のついた水をかけられ、鮮やかな色粉をふりかけられた。

パンジャブの印象は、次の通りだ。

どことなく、十九世紀後半のアメリカ西部といったイメージだ。活気に満ち、あちこちが建築中で、急速に繁栄している。旧式のライフル銃を持った男がちらほらと見え、村から出てきた男たちは、（シーク教徒が持つ短剣のほかに）鞘に納まった長剣をほとんどみんなが携えていて、開拓地さながらの雰囲気だ……。パンジャブは繁栄と発展のさなかにあり、パンジャブ人はエネルギッシュで活動的だ。人々はあり余る活力に満ち、ほほえみ、笑い、おどけている――今しがた、二人の学生が乗った自転車を見かけたが、一人はもう一人の肩の上に立ち、まるで聴衆を前に、何やらパンジャブ語で演説しているかのようだった。

昨夜（日曜日）、クリスタナンド・ピラーイの家の居間で、ごく限られた内輪のミサ聖祭が行われた。同席したのは、パンジャブ人のローマカトリック信者が一人か二人、ムスリムの夫婦、ヒンドゥー教の夫婦、そしてプロテスタントの私。その後、クリスタナンダと私は、シーク教徒でパンジャブ人の社会学者と、その妻（フランス人）と、四人で食事に出かけた。彼はイェール大学で博士の学位を取り、さらにソルボンヌでも研究をしている。グル・ゴービンド・シン宗教研究部のことをとても蔑んで、研究部はまったくの粉飾にすぎないと言った。建物は立派だが、図書館はとてもお粗末で、まじめな研究にはとうてい耐え難い。すべてがシーク教に向けられている――ムスリムの研究者は、シーク教のイスラーム的背景を研究するし、キリスト教の研究者は、キリスト教の有神論とシーク教の有神論の比較研究をし、仏教の研究者は、仏教聖典をパンジャブ語に翻訳する。研究者たちは、個人的にはみな親しい関係にあるが、研究に関しては系統だった議論はない。研究部の部長（ハーバンス・シン）の研究領域は、宗教研究ではなく、英文学だ。私が調べた限りでは、この全部が真実だ……。

今朝、トラベラーズ・チェックを現金に換えるために地域の銀行へ行ったところ、もう一人の客と一緒に支店長の事務室で待つことになった。ところが、そのお客には「閣下！」と呼びかけ、ときどき入ってきて議論を聞いたり、口を挟んだりする銀行員を相手に、科学時代の神信仰について、延々と三者討論がはじまる始末だった。

土曜日、サルダー・ハーバンス・シン（サルダーは敬称で、サルダーに会う人はたいてい深々とお辞儀をして、その足元に触れる）と一緒に、彼が理事を務めているパブリック・スクール（私立の学校のこと）の行事である、スポーツ・デーに出かけた。私たちは大きな天幕の下で、お偉方たちと一緒に姿勢を正していた。中にはパティアラの王族、マハラジャディラジ・ヤダヴィンドラ・シン殿下も臨席されていた。殿下は背丈が六フィート三インチ、容姿端麗なシーク教徒で、頭には見事なターバンを巻いている。また莫大な富と広大な土地の所有者で、宮殿に住み、キャデラックを乗り回している。パティアラのマハラジャ（王族）は、代々パンジャブ州の首長を務めてきた。現在のマハラジャの父にあたる人物は、三百人の「妻」と数千人の子どもがいたということだ。友好的で話し好きのマハラジャが賞を授与した。別の者は、ネルーの妹でインディラ・ガンジー首相の叔母にあたるパンディット女史から賞を受けた。パンディット女史はインド政府の閣僚の一人で、ロンドンで高等弁務官を務め、モスクワや国連で大使としても活躍し、また国連総会議長に就任したこともある。彼女はマハラジャたちの意見には賛成し、逆に総選挙で圧倒的な勝利を収めたばかりの姪たちには反対して、「王族手元金」を廃止する意向だ（おそらくこの決断は正しいと私は思う）。

後日、私はマハラジャの宮殿を訪ねたが、宮殿の壁にヒトラーとムッソリーニの署名入りの写真が掛けてあるのに気づいた。そのわけは、ドイツが戦勝して大英帝国を継承した暁にはということで、かつてヒトラーが、現在のマハラジャの父をインドの王に選出したことがあったからだ。マハラジャの兄弟の一人ラジャが、宮殿内の歴史あるコレクション——大量の古文書や歴史資料、何千というメダルやコイン、ダイアモンドやサファイアといった宝石類、おびただしい数の地図、手書きの公文書や条約批准書、書簡、グル・ゴービンド・シンの剣といった高価な品々——を私に見せてくれた。コレクションは四六時中、二人の武装した兵士によって警備されている。

パンジャブを離れる前に、私はハーバンス・シンと三日間の旅行に出かけた。アムリトサールの黄金寺院を見学し、あと二日はグルドアスプール近郊にある地区長官の家で過ごした。

すべてがとてもゆったりとしていて、プライバシーというものがまったくなかった……。夜になると、家の主人は開け放しの奥の部屋で眠るが、その隣りの開け放しの部屋に、ハーバンス・シンと私が眠った。外のベランダで家の女たちは眠り、中庭で使用人と息子が眠った。息子は学生で、シークの髪型やターバンなどに反抗していたので、大人たちから愛想をつかされていた。皆は朝六時四十五分ごろにお茶を飲み、その後二時間ほど、パジャマ姿のままでぶらぶらし、相手のベッドに座りこんで駄弁ったりしていた。主人であるイクバル・シンですら、パジャマ姿のまま玄関に出て、公式訪問者に応対していた。朝食は九時ぐらいだった。プライバシーのない共同生活の極めつけは、庭の低地のトイレ小屋。そこには家族が並んで座れる四つの便器が備えてあった。

私は、自分が聞き上手な人間なのではないかと思うことがある。グルドアスプールの家庭でのこと。家族の十代の娘が私を捜し当て、興奮しながら何かパンジャブ語でたっぷり半時間、私に話し続けた。この娘は、私がパンジャブ語を話せるものと思っている。私は一語も解さなかったが、十代特有の不満を誰かに聞いてもらいたがっていたことは明らかだ。私はときどき頷いたり、同情をこめて相づちを打ったりした。話し終えると、娘はすっきりした様子だった。おそらく、私が話の内容を全然理解しなかったとわかれば、もっとすっきりしたことだろう（同じようなことが別の機会にもあった。コモ湖畔の町ベラジオにあるロックフェラー財団の研究所に、一カ月ほど滞在したときのことだ。私と同じように、フランス人の女性哲学者が滞在しており、何回か食事の席で一緒になり、話をすることがあった。彼女はフランス語で自分の哲学のことを語るのだが、彼女の話し方があまりにも速いため、私は話の要点をつかむだけで精一杯だった。しかし、ときどき「ヴレマン（本当に）」とか「ウイ（はい）」などと相づちを打ちながら、注意深く聴き入っていたので、彼女は私のフランス語がどれほど不十分なものであるかを、全く気づかなかったようだ）。

日記を続けよう。

パティアラへ戻る途中、私たちはホシアプールに車を停め、有名な占星術者がいる場所を訪ねた。そこには何千年も昔のものと思われている古書があり、一人一人の未来のことが書かれているという。私の名前は茶色の古びた羊皮紙に、古代サンスクリット文字で書かれているものと思われた。けれども、到着するとすぐに自分の名前を尋ねられた。すると男が、私のページを探してくると言って奥に引っ込んだ。男が戻ってくるまでに十五分ほどかかった。その間に、それらしい褐色のインクで私の名前を書き加えたことは疑う余地もなかった。そのページには、今日という特定の日にジョン・ヒックという名の外国人がやってくるだろうが、その者は自身の天宮図を受け取るために再びここにやってくるはずだ、と書かれていた。

そこを出た後、あの占星術師はイカサマだと思うと言ったところ、ハーバンス・シンは強くショックを受けたようだ。そのためか、別れの挨拶に行ったとき、大学の副総長は、私がきっともう一度パティアラにやってきて歓迎されることになるだろうと、予言めいたことを言った。

2 聖者クシュデーヴァ・シンのこと

クシュデーヴァ・シンと出会ったのはパティアラでだった。彼は数少ない正真正銘の聖者、マハトマであり、彼を知ることができて本当に幸運だった。(2) そうは言っても、彼が完璧な人間であるという意味ではない。実際にはそのようなことはありえない。とはいえ、彼はどの人間よりもずばぬけて先に進んだ存在だ。それは、生来の自我中心から超越者・神的存在者・究極者中心の、新たな方向への変革を遂げているという意味であり、全人類に向けての、場合によっては全生命に向けての、無制約的な慈悲・慈愛において表出される自己変革を遂げているという意味だ。クシュデーヴァ・シンは医者で、もともとは結核の専門医だった。そしてパティアラにある各種施設——大きな結核病院、孤児院、困窮者のための学校を兼ねたアシュラム、癩病院、家を追い出された女たちの救護所、不治の病を抱える貧困者が、野垂れ死にをするよりはましな所で死を迎えられる場所、旧市内にある四カ所の看護学校——に責任を負う存在だった。

ある日、彼はとても旧式の車を猛スピードで走らせながら、私にこれらの施設を案内してくれた。死を迎える家で看護している女性を指さし、「あれは私の妹のアニタだ」と紹介した。その後、孤児院に行くと、また自分の妹だと言ってスシーラという女性を紹介した。さらにサナトリウムでは、自分の弟だと言ってダルシャンという男性を紹介した。私は最初、彼の家族がみんなで協力しながら、さまざまな施設に関わっているのだろうと思ったのだが、彼の弟のジョンが紹介されたときにようやく気づいた。クシュデーヴァからすれば、私たちはすべて一つの家族、一つの人間家族だったのだ。彼は若い医学生のときにガンジーと出会い、それが生涯忘れられない思い出となった。一九四八年、ガンジーの葬儀が行われたとき、インド全域から多数の参列者がデリーにやって来たが、彼もその中の一人だった。彼がガンジーから学んだ偉大なる教訓は、次のようなものだった。「何でもない人でも、大志を抱いて努力し続ける者は、揺るぎのない人物になることができる。人道のために一切を恐れず、ひたすら専心する者は、人がなしうる極みに達することができる[3]」。

クシュデーヴァは、ガンジーと同様に、宗教については多元主義的な理解をしていた。彼は「ヒンドゥー教はシーク教に劣らず素晴らしい。イスラームも同様に素晴らしい——もしも本当に教えが実践されるならば……」と言っていた。ある寺院の前を通り過ぎたとき、「人々は教えを実践するより、自分の宗教について語ることを好むので、こんなにたくさんの寺院ができてしまう。嘘をついてはいけない、互いに助け合わなくてはならないということは、口で言われなくても十分わかっていることだ」とも言っていた。クシュデーヴァは、自分の神秘体験を綴った詩集を私にくれた。その後も、手紙をやりとりする中で書き物を貰うこともあり、そんなことが、一九八八年に彼が亡くなるまで続いた。パティアラで一緒だったときにはあまり自分のことは話さず、かつて自分が成し遂げた偉業や、インド政府から受けた有功勲章（市民）、パダム・シュリの称号などについては触れることがなかった。しかし、後には自分の体験、とくに一九四七年のインド・パキスタン分割のときに起こった事件について著述した（このときの体験は「まるで昨日の出来事のように生々しく私の心に残っている」と書いている）[4]。

一九四七年、英領インドがインドとパキスタンとに分離独立した年のこと、パンジャブでは、今はパキスタンとなった地域に住んでいたヒンドゥー教徒とシーク教徒がインド側に越境し、反対にムスリムがパキスタン側へ越境するという事態が生じ、それに伴って、約百万人が暴力沙汰で死んだ。当時クシュデーヴァは、シンラ丘陵地帯のダランポールにある、ハーディング結核サナトリウムの医局長をしていた。ダランポールの住人はほとんどがヒンドゥー教徒とムスリムで、シーク教徒はほんのわずかだった。「そこにはいつも静かで平和な雰囲気があり、人々は完全に調和のとれた共同生活を営んでいた」[5]。しかし、分割後間もなく、パキスタン領となった地域のヒンドゥー教徒とシーク教徒が、しだいにインド側のパンジャブに流れ込むようになり、ダランポールにも難民キャンプが建てられた。クシュデーヴァ・シンはアンバラ近郊の難民キャンプに、また後にはダランポール自体の難民キャンプに、食糧、衣類、小屋を確保する組織の長になった。

じきに、パキスタンから逃げてくるヒンドゥー教徒がむごたらしく殺されたとの噂が広がり、その噂に発する憎しみが増大して、これが地元のムスリムに向けられるようになった。商人が短剣を製造販売しはじめると、ヒンドゥーの若者もムスリムの若者も、我さきに三ルピーか四ルピーで短剣を買い求めた。また、インドを離れるイギリス軍の将校たちは、裕福な者に七〇〇ルピーから一〇〇〇ルピーで小銃を売った。やがて一人のムスリムが、シーク教徒かヒンドゥー教徒の何者かによって殺害されると、地域の緊張は一気に高まり、ダランポールの全ムスリムが殺害されることになるという、脅迫めいた言葉がささやかれるようになった。そこで彼らは住み慣れた家や職場を離れ、持ち物を全部手放して、まずはパキスタンまで逃げ延びなければならないことを悟った。たとえ西へ移動するムスリムにも、東に移動したヒンドゥー教徒に加えられた殺戮と同規模の虐殺、同程度の蛮行が待ち受けていようとも……。

クシュデーヴァ・シンは、ダランポールの地域でムスリムから信頼を受けた、おそらく唯一のシーク教徒であり、ムスリムたちは彼に助けを求めた。背が高く司令官ふうのクシュデーヴァは、インド陸軍医療隊にいたときから少佐の階級を持っていて、個人的な権限で事態に対処することができた。そこで彼は、中継地であるサバスにムスリムの家族たちを移送するため、トラックを用意させた。

翌朝十時頃、二台のトラックがやって来た。ムスリムたちは出発の準備をしていた。万事が順調に運んでいるようだった。しかし、実際はそうではなかった。私のところに憂慮すべき知らせがあり、（ヒンドゥーの）難民や暴徒が、ダランポールからサバスに通じる四地点で、丸太やコールタール缶を使って道路を封鎖しているという。こうしたバリケードの近くで、難民がうろついているのも目撃されたという。さらに、トラックの運転手が賄賂をつかまされているとの情報まで入ってきた(6)。

そこでクシュデーヴァは、誰にも（ムスリムにさえ）何の説明もせずに、避難計画を変更した。出発準備がほぼ整ったところで、二台のトラック運転手には、彼の病院に行くよう偽りの指示を与えて追い払い、別の運転手を新たに二人手配して、ダグシャイへ急行するよう命じた。ダグシャイはサバスとは逆方向だが、そこには軍の宿営地があった。事態が沈静化し移動できるようになるまで、ムスリムたちをそこで保護するためだった。計略は成功した。しかし激怒した暴徒は、今や空き家となったムスリムの家々を、ただちに略奪して回った。

クシュデーヴァは、次にカスーリ近辺に行った。カスーリにもムスリムの集団がおり、できるかぎり早く避難しようとしていた。彼らは家財一切を持って行こうとしたが、クシュデーヴァはやめたほうがいいと忠告した。そんなことをすれば、途中で襲ってくれというようなものだ。また、移動するときは一般道路を行かずに、山を抜ける馬道を歩いていくほうがよいとも忠告した。人々はこの忠告を受け入れ、所持品はトラックで別送することにした。トラックは待ち伏せされ、何もかも奪われたが、難民は無事に目的地に着いた。クシュデーヴァは個人的にも、何人かのムスリムの女性をデリーまで送り届けた。また、憎しみに狂った者たちがいつ襲ってくるかも知れないのに、あの手この手をうまく使って、地方に住むムスリム集団を無事にパキスタンまで避難させた。

それから二年後、オスロの大学院で結核に関する研究をまとめたクシュデーヴァは、飛行機でインドに戻ることになったが、途中でカラチに立ち寄ることにした。大虐殺の記憶は生々しく、昂ぶった感情がくすぶっていた。そうしたときに、ターバンを巻き、あごひげを生やしたシーク教徒がカラチに現われるなどということは、実に驚くべきことだった。カラチに降り立つと、ただちにクシュデーヴァは、何か使命を帯びてやって来たのかと尋ねられた。そうだ、友好親善という使命のためにやって来たのだ。では、何らかの社会を代表していたのか。そうだ、地上の最大社会——人類社会——の一員であった。

彼がインドに帰国する途中でパキスタンに立ち寄った理由は、インドとパキスタン両国がいがみ合いを続けたままの関係であることに、承服できなかったからだ。空港には、クシュデーヴァを個人的に知っているムスリムの警官が何人かいた。彼らはダランポールでのクシュデーヴァの活動を直に知っており、また彼のおかげで家族も救われたのだ。クシュデーヴァ来訪の知らせは、脱出の支援を受けた家族や友人たち、親戚などの間にまたたく間に広まった。旧知の人々から喜びの挨拶を受け、またたくさんの人々が歓迎会に集まった。警視のアブドゥル・ワヒィード・カーンもその一人で、翌朝クシュデーヴァが乗る飛行機が飛び立つとき、

私はワヒィードを抱きしめ、別れを告げてから飛行機へと向かった。巡査が飛行機の搭乗口までずっと付き添ってくれた。私が機内に乗り込むとき、彼らは一列に並んで敬礼してくれた。私は手を合わせて彼らに感謝の意を伝えた。目に涙があふれた。(7)

クシュデーヴァは、パンジャブ州に生じた大きな政治問題に不可避的に巻き込まれた。それはパンジャブ州をインドから独立させ、シーク教徒の国家カリスタンを建国しようとするシーク国民党の要求だった。クシュデーヴァは国民党の掲げる目標に反対して、次のように主張した。

シーク教徒の国を建国するというなら、その国はインドとパキスタンに挟まれた、五つか六つの地域からなる陸の孤島のような国になる。またインドの中にいながら、国民は外国人のような立場に置かれてしまう。こうした状況で利益を得る者は権力に飢えた政治家だけで、こうした人にとって自由の栄光とは、大臣の椅子に座ることなのだ。(8)

カリスタン建国運動に反対する立場を公にしたため、あるとき一人の若者が彼を暗殺しようとやって来た。

しかしクシュデーヴァ・シンとしばらく話をするうちに、若者は彼の言葉に感銘してしまった。そこで自分の目的がまちがっていたことを告白し、その場に短刀を残して立ち去った。

クシュデーヴァは、シーク教の創始者でエキュメニカル（宗教一致）の精神に深く根ざしたグル・ナーナク（一四六九〜一五三九）の教えを、じかに受け継ぐシーク教徒だった。ナーナクには次の詩があり、シーク教の朝の祈りに用いられている。

神はただお一人、そのお方がすべてである。
神は万物の創造主、どこにでもおられる。
神は恐れとも、憎しみとも縁はない。
時を超え、始まりもなく、自ら存するお方である。
神は光をもたらすお方。
自らの思いだけによって、実在者となられる。
神は始まりとともにおられた。いつの時代にもおられた。
真実なるお方は現在、過去、おおナーナクよ、未来にもおられる。

次の詩は、クシュデーヴァ自身の神秘詩の中で表現されているものだが、シーク教の香りを豊かに漂わせているようだ。

皆は自分の寺に行く、

私に挨拶するために。
私の子らはなんと単純で、無知なのだろう。
私が一人離れて住んでいると思うとは。

皆はなぜ、いつも私がいる生活の只中で、
私に挨拶に来ないのだろう。
農場で、作業場で、市場で、
そこで額に汗してパンを稼ぐ者たちを
私が励ましているというのに。

皆はなぜ、貧しき者のあばら家で、
私に挨拶に来ないのだろう。
私がそこで貧しき者、持たざる者を抱きしめ、
寡婦や孤児の涙を拭いているのを見ないのか。

皆はなぜ、道端で、
私に挨拶に来ないのだろう。
そこで私が、パンを求める乞食を抱きしめるのを見ないのか。
金と力を自慢する者に踏みにじられている者たちのところで、

皆はなぜ、私に挨拶に来ないのだろう。
そこで私が、彼らの苦しみを見守り、哀れみを注ぐのを見ないのか。
皆はなぜ、罪と恥辱にまみれた女のところで、私に挨拶に来ないのだろう。
私は、彼女たちを抱きしめ持ち上げようと、そばにいるのに。

生活の汗と苦労のなかに、
貧者の涙と悲しみのなかに、
私を探すなら、
私はかならずそこにいるだろう。(9)

この詩は地元のパティアラで、とりわけ援助が必要な人々に献身しているときに、クシュデーヴァ自身が神と出会った体験を反映している。「宗教とは」と彼は言う、「神への永遠の信仰と神への揺るぎない愛に根差し、また生きとし生けるものすべて――人間、動物、鳥、昆虫、そしてあらゆる生命体――に献身しようと内側から溢れ出る衝動に根差している。というのも、そこには全宇宙を貫く生命の一体感があるからだ(10)」。非常に感銘を受けるのは、これがただの美しい理念ではなく、日々実践している彼の現実の行動であるということだ。

亡くなる少し前の彼からの手紙には、「私はまだ生きています。からだのほうはもうだめですが、それでも以前に増して幸せであり、満足しています」と書かれている。彼の詩の一つには、不死に関するものがある。

不死を求めて祈る人がいる。

死すべき身を持ちながら、
不死身について思うなら、
それは不可能を求めることにほかならない。
死すべき身は滅ぶよりほかにないからだ。

しかし、もし死すべき身をとおして、
不死身になることを望むなら、
それは不可能ではない。
完全な献身に貫かれた生涯は、
永遠の生命となり、滅ぶことがない。
　その生命は限りなく生き続ける。

自分のためにだけ生きた生涯は水溜りの水。
よどんで、腐って、干からびる。
しかし、神のために生きた生涯は大海原だ。
いつも清く澄んで変わりなく、
けっして尽きることがない。(11)

死後がどのようであるかについては、他のシーク教徒と同様に、彼は再生を信じていた。手紙の中で、次のように言っている。「クシュデーヴァ・シン博士という人物がひとたび死ねば、再び同じ姿で生まれてくることはありません。しかし、その魂は別の姿をとって現われるでしょう」。以下は、彼が最後の病に倒れる前に届けられた最後の言葉だ。

ボール自身はイエスもノーもない。
選手が蹴るままにボールは右か左に飛んでいく。
そしてボールをフィールドに投げ入れた者が、
是非のすべてを知っている——彼だけが知っている。

（ウマル゠ハイヤーム）

この詩は私の一生に当てはまります。その恵みの中で、神は人に生まれた私を祝福しただけでなく、競技するためのボールとして私を選んでくださいました。選手が競技を楽しむ一方で、ボールは驚くほど美しく、また絶え間なく変わり続ける現象を、つまりこの世界を楽しみました。八十二年余も競技をし続けた後で、選手はこれを終えました。ボールはそのスピードを緩め、まもなく止まるでしょう。いましばらくの間、このボールは惜別の情を尽くし、数十年にわたる友情の親密な結びつきに敬意を捧げます。

親愛の情をこめて、クシュデーヴァ・シン

クシュデーヴァ・シンを、どうして私が聖者の小集団の一つとみなすのか、これで理由がおわかりだろう。彼を知ることは、私には、唯物論者や自然主義者が感知する内容以上のものが、現にあると信じる助けになっている（私がこれと同じ集団とみなしている人物には、キリスト教徒ではデズモンド・ツツとパトリック・オマホニー、仏教徒ではニヤーナポーニカ大長老がいる)。

パティアラを去って後、デリーから空路で帰路につく前に、私はシンラに一週間滞在し、壮大な帝国の物語に夢中になった。それまで書物に頼るだけだった、インドの宗教に関する私の知識には、今や深みと豊かさが加えられた。

注

(1) Harbans Singh, *Guru Nanak and the Origins of the Sikh Faith*, Bombay : Asia Publishing House, 1969.
(2) ここに記載するクシュデーヴァ・シンに関する内容は、出版社の許可を得て、私の著書 *The Fifth Dimension*, Oxford : Oneworld, 1999(邦訳『魂の探究―霊性に導かれる生き方―』林陽訳、徳間書店、二〇〇〇)の中の一章を要約したものである。
(3) Kushdeva Singh, *Mahatma Gandhi*, Patiala : Rotary Club, 1983, p. 5.
(4) Kushdeva Singh, *Love is Stronger than Hate*, Patiala : Guru Nanak Mission, 1973, p. 11.
(5) 同書 p. 13.
(6) 同書 p. 26.
(7) 同書 pp. 40–41.
(8) Kushdeva Singh, *Sikhs and Sikhism*, Patiala, Guru Nanak Mission, 1982, p. 18.
(9) Kushdeva Singh, *In Dedication*, 2nd edn, Patiala : Guru Nanak Mission, 1974, pp. 31–32.
(10) 同書 p. 55.
(11) 同書 p. 40.

第19章　スリランカの仏教徒たち

1　自然豊かなキャンディ

一九七四年、私は春期の研究休暇をとり、イギリス在外訪問研究員制度の助成を受け、ペラデニヤにあるスリランカ大学の哲学部に属して、スリランカで過ごした。首都コロンボに到着してから数日間、まず仏教徒とキリスト教徒の対話に取り組んでいるエキュメニカル研究所で、リン・ド・シルヴァと共に過ごした。それから中央高地にあるキャンディまで汽車で行った。ペラデニヤのキャンパスはその町外れにあった。

私はキャンパスを一望できる丘に建つ大学の、ゲストハウスに滞在した。そこで少々悪党っぽい、とは言っても私に対して悪党ではなかったが、ライオネルとその家族の世話になった。ライオネルは英語が話せず、私はシンハラ語が話せなかったが、どうにか意思疎通を行うことはできた。住居と食事で一日一八ルピーを払ったが、それは特定旅行者レートで一日一ポンド以下であったということが、家族に送った私の手紙からわかる。ライオネルには、例えば毎晩お湯をバケツで運んでもらって、浴槽を満たしてもらうというような用事の謝礼として、余分に週一〇ルピーを手渡した。長期滞在者は、私のほかにはビハーラから新種米の調査で来ていた、二人のインド人大学院生だけだったが、ときには短期の訪問者の出入りもあった。

丘にあるもう一軒には、英語の教授であるアシュレイ・ハルペとその家族が住んでいて、彼らとも親しくなった。アシュレイと妻のブリジットは共に教養人で、アシュレイのほうは英文学に造詣が深く、ブリジットのほうは音楽の才能に恵まれていた――広々とした居間には、アップライトピアノとグランドピアノの二台があった。私は何度もキャンディまで、彼らと車で出かけた。数年後、アシュレイはストラットフォードで行われたシェークスピア学会に出席し、その後バーミンガムに来て、二度ほど私たちのところに泊まっていった。現在、おそらくアシュレイはスリランカでシェークスピア研究の第一人者であろう。彼はその当時も、そしてつい最近、軍隊がキャンパスを占拠し、反政府的という嫌疑をかけられた多くの学生を捕まえ殴打したときも、大学の学部長だった。彼は学生たちを守るために、あらゆる努力を尽くした。

私の日課は、起床するとまず三十分ほど、早朝の涼しい時間に散歩し、そのあと目玉焼き、トースト、コーヒー、そのほかにシンハラ人の食べ物――と言っても、シンハラ人自身が好むほどにスパイスを入れたものではないが――という、基本的にはイギリスふうの朝食をとることだった。空は青く、日中は暑かった。私はパーリテキスト協会翻訳の仏教聖典や、大学図書館から借り出した仏教関係の多くの書物を読みながら、長い時間を庭の中で座して過ごした。そして何度も、ペラデニヤ植物園――それはこれまで見たものの中で最も素晴らしかった――まで歩いていった。

ここは巨大で、私が知っている以上に多くの種類のシュロの木があり、大きく広がったバンヤン樹や高い木々――これらの木々には多くのコウモリがぶら下がっていて、その群れがいっせいに飛び立つと、空が暗く覆われてしまうほどだった――、驚くほど多様なやぶの木々、花、多数のサル、オウム、その他のエキゾチックな鳥たち、読み書きするのに適した、多くの座る場所や長い歩道があった。そこにはヘビもいた。ある日、バンヤン樹の下に座って、新しいフォンタナ・ペーパーバック版の『信仰と知識』への序文を書いていると、背後でかさかさという音がしたので、振り返ってみると、四フィートぐらいあるヘビが、その樹の根っこの片側から私の方にすりよって来るのが見えた。私はすぐさまそこを離れた。

マハーヴァーレ川は植物園の真中を流れており、ほどよい時間であれば、水の中で転げまわっているゾウや、移動しているワニを、橋の上から見下ろすことができる。ゾウはトラクターのように利用されており、丸太などを引いているのを何度も目にした。動物園の外でゾウに初めて遭遇したのは、ゲストハウスからキャンパスへと降りて行く途上だった。植物園を歩いていたあるとき、首相のバンダラナイカ女史とその一行が、大きな枝の広がりで有名な木の下で――数名の武装した人たちが周囲を警護していたが――、ピクニックランチを広げているのに出くわした。これは「タミールのトラ」とシンハラ人政府との間で、長期的かつ破壊的な形で続いている厳しい内戦の起こる、数年前のことだった。ちなみに言えば、「戦場にかける橋」という映画の大半は、この植物園の中のマハーヴァーレ川にかかる木製の橋で撮影された。

キャンディ自体は、かつて西洋人が、当時「セイロン」と呼んでいた首都だった。そこには大きな人工湖があり、その岸辺には、ブッダの歯が納められていることで名高い仏歯寺がある。仏歯は年に一度の祭礼で、彩色豊かに装飾された象の行列に運ばれ、市中を練り歩いて、大勢の見物人に楽しまれている。また、湖のそばには仏教出版協会の事務所があって、私は『ダンマ・パダ』――当時の上座部仏教の文書のみならず、上座部仏教のバイブルをも構成する、ブッダの言葉を集めたもの――を購入した。

スリランカ大学は、アカデミックな点からみれば、私がこれまでに訪ねたインドのどの大学よりも、状況がよいように思われた。教員のすべてが、常勤講師になる前に一年間、アメリカかイギリスで経験を積まなければならず、そのおかげであろうか、いっそう幅広い世界的な研究と交流が保たれていた。哲学部の主任であるパドマシリ・ド・シルヴァは、とてもよく協力してくれ、私たちは今でも交流を続けている。彼の出世作『仏教心理学入門』は、私の編集する「マクミラン哲学・宗教ライブラリー」で三版を重ねている。

ゲストハウスは丘の中腹にあった。丘の頂上にはヒンドゥー教の寺院があり、それより少し低いところにはモスクが、そこからさらに低いところにカトリック教会とプロテスタント教会、そしていちばん低いところに仏塔があった。アングリカンの司祭で、大学のチャプレンでもあるJ・R・ラトナナヤガム師は、手厚くもてなしてくれた。私は彼の教会で説教をし、そのあと宗教間対話についての研究会で口頭発表を行った。さらにラクスマン・ウィクラマシンゲ主教とは、有意義な議論を行うことができた。彼は、私の著書『悪と愛の神』を読んでくれており、もし彼ともっと以前に議論をしていたなら、仏教について――その著書の執筆中にはまだあまりわかっていなかったことについて――いろいろ有益な示唆を受けることができたのではないかと感じた。

ペラデニヤからスリランカの観光地にも、もちろん出かけた。一度は、二週間の滞在予定で来てくれた妻のヘーゼルと、もう一度は、私を訪問してくれたシャーリィとノーマンたちと一緒だった。私たちはシギリにある山の要塞、ブッダの巨大な立像や横臥像のある古代都市アヌラーダプラとポロンナルワの遺跡、マングース、ワニ、オウム、ワシ、大きなヒョウ、無数のサル、イグアナ、バッファロー、カメ、ゾウを見ることのできる、二カ所の広大な野生自然保護公園、そしてトリンコマリーの軍港を見に行った。さらに紅茶のとれる高地の中央部にあるヌワラ・エリアで週末を過ごし、パドマシリ・ド・シルヴァの親戚が経営している紅茶農園も訪ねた。

私がスリランカに赴いた目的は、上座部仏教について直接学ぶためだった。上座部、すなわち「年長者たちの道」は、南伝仏教（主としてビルマ、タイ、スリランカ）のことであり、それは仏教が、中国、チベット、朝鮮、日本などの北方に広がり、名目上ブッダに帰せられる多くの新しい聖典を生み出した「マハーヤーナ」（大乗）を形成する以前の、インドの仏教的伝統を代表している。私はアメリカのクレアモントで、それから日本への二度の訪問で、大乗仏教、とりわけ禅について多くを学ぶことになるが、それはずっと後になってからである。ともあれ上座部は、パーリ聖典にまとめられている最初期の仏教的伝統を維持すべきである、と主張している。

私のために組まれた「土曜日午前の討論グループ」には、多大の助力が寄せられた。そのグループには、数人の比丘（僧）、大学から来た数人の仏教学者、そして知的にも霊的にも優れたイギリス人、ブライアン・クック——シンハラ人の妻と共に長年ペラデニヤに住んでいた——がいた。そのグループでは、仏教の思想と実践のあらゆる面について議論した。例えば、中心的な仏教用語である「ニルヴァーナ」について、とりわけ上座部仏教の立場から取り上げて議論した。西洋人たちはしばしばニルヴァーナを、長年の瞑想の結果である無上の心的静寂の状態として捉えてきた。それはそのとおりであるが、しかし、さらにそれ以上のものでもあることを私にわからせてくれた。

ニルヴァーナは炎を吹き消すという場合のように、文字通り「吹き消すこと」を意味している。したがって「ダッカ」（苦しみのこと、さらに一般的には不満足のこと）を克服するためには、究極的に「我」を消し去らなくてはならないと言われる。しかし、これは誤解である。ニルヴァーナの悟得は吹き消すこと、消滅を含んではいるが、ブッダが教えたことは「友よ、渇愛の消滅、憎悪の消滅、幻影の消滅をニッバーナと呼ぶ」(1)である（「ニッバーナ」はサンスクリット語「ニルヴァーナ」に相当するパーリ語である。ニルヴァーナは単なる意識の主観的な状態であるばかりでなく、「ニルヴァーナ」という永遠の超越的実在と連続した、意識の主観的な状態でもある。それは大乗仏教では、普遍的な「仏性《ぶっしょう》」とも呼ばれている）。

ワルポーラ・ラーフラは上座部仏教に関する権威ある解説書の中で、ニルヴァーナを「究極的実在」と同一視したし、[2]ネーラダ長老はそれを、「通常の言葉では表現できない永遠不滅の超常的な状態」[3]と記した。その他、無我《アナッタ》（実体的な我がないこと）や無常《アニッカ》（永遠でないこと、流転）という仏教の教説や、業《カルマ》や再生などについても議論した。このことはすべて、他の解釈や議論とともに、私の『死と永遠の生命』の第二十一章で取り扱っている。

2　ニャーナポーニカ大長老との出会い

しかし私にとって仏教に関する最も重要な情報源は、ニャーナポーニカ大長老――マハテーラ大長老になるためには、僧として二十年以上の修行が必要であるとの規定がある――であった。彼は、キャンディの郊外にあるウダワッテー・ケーレー保護林の中にある、森の隠棲所に住んでいた。[4]これは小屋ではなく、造りのよい木造の平屋で、その中には広い図書室もあった。当初、私はニャーナポーニカを、単に博学で面白い学者であるとしか見ていなかったが、彼もまた、仏教が探究する、自己中心的な自我の超越を実現している人物であることに気がついた。彼は自ら教えるダルマ（法）を、かなりの程度実現していた。

彼はもともとドイツ系ユダヤ人だった。外見からすぐわかるように、常に宗教的な傾向を帯びており、聖典を直接研究するためにヘブライ語を学んだ。しかし成長し、さまざまな分野の書物を熱心に読むようになるにつれて、伝統的な教説のいくつかに疑問を抱くようになった。このことから、新たな洞察を求めて探究することになり、仏教について書物を読みはじめたとき、仏教にその新たな洞察を見出したのだった。彼は一度も仏教徒には出会ったことはなかったけれども、二十歳になるまでには、自らを仏教徒として自覚するようになっていた。一九二二年に家族がベルリンに移ったとき、彼は仏教のグループに参加し、より幅広く仏教文献に触れることができるようになった。そして仏教国、特にビルマやセイロンに移住した何人かのドイツ人仏教徒のことを耳にするようになり、いつの日にか彼らのように、自分も世界のその地域で僧になろうと決心したのだった。しかしこのことは、その後数年の間、実現しなかった。

一九三三年にヒトラーがドイツで政権をにぎり、ユダヤ人への迫害が始まった。当時三十代前半で、そのときはまだジークムント・フェニガーの名前だったが、彼は「援助と自己防衛のためのドイツ系ユダヤ人中央委員会」に参加した。しかし寡婦となっていた母を、ドイツ国外に出そうと望み、一九三五年には親戚のいるウィーンに移住した。彼はそのとき、一人のドイツ系ユダヤ人と接触していた。その人物は一世代前の人で、セイロンで仏教僧になっていた。そして一九三六年には、その人と一緒に行動しはじめた。聖職の準備をしながら、彼はウパーサカ（在俗の修行者）として生活した。そして一年後、比丘（つまり僧）となり、「学ぶのを好む」を意味する、「ニヤーナポーニカ」という法名を与えられた。彼は仏教文献で用いられる古代言語のパーリ語を学んだ。そして後に、パーリ語の聖典のいくつかの部分を、ドイツ語と英語の二カ国語に翻訳し、注解を加えた。

一九三八年、ナチスがオーストリアに侵攻したとき、彼は老いた母を、定期的に会いに行くことができるコロンボに行かせようと手配した。しかし翌年戦争が始まると、ドイツ系ユダヤ人であったにも拘わらず、ドイツ人として抑留された。戦争の間ずっと、インドのデーラドゥンにある抑留キャンプで過ごした。そこでラマ・ゴービンダという、別のドイツ人仏教徒――今度はチベット仏教の伝統に属していた――と知り合った。その人物と、二つの流派（上座部仏教とチベット仏教）の違いについて親密に議論し、その人物からサンスクリット語まで教わった。一九四六年に解放され、まさにスリランカ独立共和国になろうとしていた国に帰属した。そして彼は、その市民になった。

一九五一年にニャーナポーニカは森の隠棲所に移住した。そこで瞑想したり相談に乗ったり、仏教出版協会のために執筆や翻訳をしたり、また年に一度は、ヨーロッパに住む上座部仏教徒たちの霊的アドバイザーとして、スイスに旅行したりして、時を過ごした。私は彼の隠棲所を何度か訪ね、仏教の思想や瞑想に関してさまざまに議論した。彼のほうも、イギリス領事館主催による私の講演を聞きに、キャンディまで来てくれた。そして講演後、その内容について議論した。彼は、上座部哲学の諸側面に対する私の批評には同意できないが、語っている中に見出される私の精神には好感がもてると言った。

私の記憶では、同意できなかった点は「アナッタ」、すなわち「実体的な我がない」という教説に関するものだった。彼は、スリランカなどの暑い国々に多く見られる天井扇風機の類比を用いた。その羽軸はとてもすばやく回るので、しっかりと静止した円を形成しているかのような錯覚を与える。それと同様に、不連続な瞬間の意識同士がつくる連続的な流れが、互いにとてもすばやく続いていくため、それらは実体的に永続する「我」という、錯覚した外観を生み出すとされる。しかし私は、それと同様の分析を、扇風機について観察する意識には適用できないと主張した。というのも、もし羽根の動いている状態を連続する全体として見ることができるならば、（それを見る意識）それ自体は、連続したものに違いないからだ。しかし当然のことながら、この例証が不完全であるとしても、それによって、その教説そのものの真偽に影響が現われるわけではない。

ニャーナポーニカが実践し、『仏教徒の瞑想の核心』(5)という書物の中に詳細に記述されている瞑想方法は、「サティパッターナ」、つまり「気づきの瞑想」として知られている。その基本的な発想は何かに集中することで、つまりそれ自体では意味を持たないような自らの呼吸に集中することで、日常的に絶えず変化していく事柄に対する意識を空《くう》にし、そうすることによって、通常では気づいていない偉大な実在へと意識を開いていく、というものである。

しかしながら、これは単に瞑想によって達成される特殊な瞬間なのではなく、人生の多くの部分に浸透する心の状態なのだ。その手順はとても単純である。背中を伸ばして楽にすわり、日常の経験を超えた実在へと、自らを開くように意識を集中させ、数回深呼吸をし、目を閉じ、単に呼吸に対して——なるべくならば（ニヤーナポーニカによると）横隔膜で——吸ったり吐いたりすることに注意する。心は何度も何度もその集中からさまよい出ていくが、そうしたいという気持ちがあるかぎり続けて、呼吸に戻っていく。ときには、しばらく後に、何の努力をしなくても自然と心が呼吸に集中したままでいられるような、第二段階に到達する。そして無限に続けることができるかのように感じる。

私は一度、といっても、これまでたった一度だけの経験ではあるが、意識の新しい形態、あるいは次元への驚くべき躍進と思えることを経験した。私はその第二段階に達していたのだ。そして目を開いたとき、世界は二つの点でまったく異なっていた。通常、私はここにいて、周りの環境はそこにあり、私から離れているのであるが、そのときはそのような区別がなかったのだ。そして、もっと重要なことには、私がその部分となっている世界の総体は親しみ深く、温和で、素晴らしく、恐れたり、悩んだりすることなど何もありえなかったのだ。それは存在というものについての深い喜びの状態だった。これはほんの短い時間、おそらく二分間も続かなかったであろう。

しかし私は、そのような心の状態の中で長い間生活し、あるいは存在し続ける人にとっては、深い静穏が存在するということ、そして仏教の教えの中心でもある利他的慈悲、つまり他者への共感と他者への共鳴、自我中心的でない慈悲がまったく自然なものになる、ということを理解することができる。ほんのわずかでもこのことを味わうことができたのは、大変意義深かった。また、そのニルヴァーナの状態のほかに、瞑想により、言葉では言い表わせないような高揚の時や、深い喜びの時もある。

ちなみに言えば、「気づきの瞑想」について教えているダライ・ラマが、目を開けたまま、ある対象に視線を固定することを一つの方法として推奨してくれて、(6)私はときどきこちらのほうも試みている。

瞑想によって理解できることの一つは、私たちの精神生活がどれほど複雑で多次元的なものであるかということだ。それは、例えばさまざまな形、大きさをした魚が、あらゆる方角に向けて意識という小さなスポットライトを当てて、あちこち泳ぎまわる大洋にも似ている。そして、そのスポットライトで照らし出した領域を取り囲んで、絶えず押しては引くという半意識的な思考からなる反影が、そこに展開する。したがって呼吸を直接意識している一方で、他の思考――第一次元の意識を意識する第二次元の意識――が、意識の中を動きまわる。これが第一段階と私の呼ぶもののすべてだ。ただし私自身は、その段階を超えて先に進むことはめったにない。

スイスでニヤーナポーニカに会った心理学者エーリッヒ・フロムは、「破壊とニヒリズムではなく、平和と喜びこそが〝世界を感じる〟ために不可欠のものだ」と説く彼の力強さに衝撃を受けた。そして「ニヤーナポーニカ長老の働きは、もしそれが十分に多くの人々の手に届けられるならば、西洋における霊的刷新のために、最重要な貢献の一つになるにちがいないと私は確信する」と結論づけた。フロムの評価は、森の隠棲所の後継者によって編纂されたニヤーナポーニカ著作集に含まれている。(7)彼の教説の味わい深さを、ここに記しておこう。

自らを「信仰者」「宗教的人間」――私たちの場合は仏教徒ということになるが――と称する人々の中で、個人生活や社会生活を変化させ、向上させ、自分や自分の外部世界にある悪の抵抗から、自らを守るように仕向ける善の現実的な力を純粋に信じている人々は、いまだあまりにも少ない。善の力強い流れに自分を委ねる勇気のある人々はあまりにも少なく、曖昧な「信仰」であるにもかかわらず、自分や自分の世界にある悪の力のほうが強く、その力にはやはり飲み込まれてしまうと、ひそかに信じている人々はあまりにも多い。世界のあらゆる場所で、政治家たちも同様のことを信じている。自分自身を「現実主義者」――それは明らかに悪のみが「現実」だという考えを含んでいる――と称している人々の場合、特にそうである。彼らはより大きな力に従うのが必然だと考えている。そこで、もしそのことを吟味しないでいるならば、彼らに多くの善は達成できない、ということは少しも不思議でない。

さらに「本当の喜びを人々に教えよう。多くの人々はそれを学んでこなかった。人生には悲しみが多いが、まだ多くの人々には未知の幸せと喜びの源泉もある。自分の中に潜む本当の喜びを探し出し、他者の喜びを祝う気持ちを人々に教えよう(8)」。仏教に対する彼の理解と実践は常に積極的で、ブッダによって教えられた内なる解放、解脱《げだつ》によって、活力を与えられている。

一九九四年、つまりニヤーナポーニカの九十三回目の誕生日と、五十八回目の雨安居《うあんご》の直後、彼が築いた共同体の代表の言葉を借りると、「彼の肉体は、縁起したものをすべて支配する、無常という普遍的真理に従った」。仏教徒たちは、ブッダの偉大な慈悲が彼を通じて流れ出ていると信じ、また多くの僧たちが、彼の来世への円滑な移行を願いつつ、「慈しみの瞑想」を彼のために行った。私としては、彼を知ることで非常に実りがあった。

3　仏教における再生の概念

私が『死と永遠の生命』（一九七六）という大部の著書を執筆したのは、こうしたインド、スリランカへの訪問の後で、部分的にはその訪問の成果が取り入れられている。幅広いテーマの中で、私は主としてヒンドゥー教と仏教における再生信仰を、西洋のどの哲学者にも負けないくらい真剣に扱った。この扱いの中で、私は永遠の天国あるいは地獄という、キリスト教の標準的な教義を批判した。その理由は、死を前にして、ほとんどの場合、私たちはまだ永遠の天国（あるいは煉獄を経て天国）に入る準備もなければ、永遠の地獄あるいは消滅の定めを受けることにも値しないからだ。私たちには道徳的、霊的な、さらなる成長あるいは発展――それは伝統的な煉獄の教義によっては認められていない――を必要としている。そして、このような発展はこの生命において起こる。とはいっても、生と死によって境界を設けられた生命の枠組みがあるため、その発展の生起には程度があるが。これらの境界という圧力は、同じ生命を無限に展望するのとは違って、この世界における私たちの時間に、切迫した意味を与えてくれる。なすべきことはなさねばならない。このようにして、さらなる有限の生の中に持続した前進があると言えるのだ。

私の最終的な結論では、仏教における再生の概念には、かなりの真実が含まれているということだ。このことは、現在の意識的自我の間の区別によるところが大きい。この自我は不死ではない。これはより深い実在、根底にある心的構造、気質的あるいはカルマ的持続音に対して、一時的で変化しつづける表現形態にほかならない。そしてこの持続音は、現在の自我の活動に影響を与え、かつ影響を受けるもので、永遠の究極的実在との統一に向けた漸進的発展を反映し、新しい意識を伴った人格において、何度も繰り返し表現されるのだ。こうした再生は、この世界内のものではないかもしれない。なぜなら、多くの宇宙内、あるいはその下位に属する宇宙内に、多くの世界があるかもしれないからだ。しかし、多くの生命は、目に見えない記憶の連続性――それは通常は意識されないが、（生命の）系列のアイデンティティを構成している――によって結びつけられている。

私が『第五次元』（邦訳『魂の探求』）の中で提起した方法を、ここで繰り返して言うならば、私たちが断片的で非常に不完全な自我に固執するかぎり、それ（自我）が死に近づいているということは最悪の知らせであり、私たちはその知らせを脳裏から消し去るために腐心するだろう。しかし、もしお互いが長い創造的プロセスにおける現在の瞬間として自分自身を見、そのプロセスの価値を信じることができるならば、恐れや怒りを持たずに、自らの死ぬべき運命を受け入れることができるし、また自分の寿命を精一杯生きようとすることができるだろう。というのも、私たちが行うすべてのことは、積極的にも消極的にも、現在私たちの中で具現化している計画を継続する、将来の自我に寄与しているからだ。私たちはリレーの走者のようなものだ。たいまつは私たちに手渡され、ほんの短い間ではあるが、全体の計画は私たちに依拠している。したがって、生命は切迫した意味を持ってくる。私たちは死後も続く世界に対してのみならず、霊魂すなわちジーヴァ、あるいはカルマの連鎖といった基本的な性格傾向――これは私たちが受け継ぎ、現在も絶えず微妙な形で善なるものへと、あるいは悪なるものへと変化させつつある――を、次々と具現化する私たち自身の将来の自我にも、独特な何かで寄与しているのである。

ちなみに言えば、私は、カルマの持続音の中に生命の全系列の記憶が存在しており、この記憶の閃光がときどき現在の意識に漏れ出てくることは、おそらくありうると思っている。けれども催眠術にかかって前世の生命に復帰するという話や、前世の生命の記憶に目覚めたという話には、それほど感銘を受けない。しかし教会の信徒を含め、約七割の人々が、ある種の再生を信じると告白しているという報告があるように、より単純かつ通俗的な形での再生を信じることは、驚くほど現代の西洋社会に広がっている。多くの場合、人々はおそらく仏教やヒンドゥー教の複雑な観念とは異なり、現在の自我がそのまま再び生きるという、より通俗的な発想をしているように思われる。人々が伝統的なキリスト教の信仰に本当らしくない点を見出し、すべての偉大な世界宗教に見出される基本的な宇宙的楽観論を共有し、ある種の再生というものに最も本当らしい可能性を見出しているのではないか、と私は想像している。

注

（1）Samyutta-Nikaya, IV, 250.（*The Book of the Kindred Sayings*, Part IV, p. 170, in the Pali Text Society translation.)
（2）Walpola Rahula, *What the Buddha Taught*, Oxford, Oneworld, 1997.
（3）Narada Thera, trans., *The Dhammapada*, Colombo : Vajrarama, 1972, pp. 24–25.
（4）ここでの彼に関する説明は *The Fifth Dimension*, chap. 23（邦訳『魂の探求』第二十三章）に基づいており、出版社の許可を得て転載した。
（5）Nyanaponika Mahathera, *The Heart of Buddhist Meditation*, 2nd edn, London : Rider, 1969.
（6）The Dalai Lama, *A Policy of Kindness*, Ithaca, N. Y. : Snow Lion Publications, 1990, chap. 8.
（7）*The Vision of Dhamma : Buddhist Writings of Nyanaponika Thera*, ed. Bhikkhu Bodi, 2nd edn, Kandy : Buddhist Publication Society, 1994.
（8）同書 pp. 304 and 255.

第20章　『受肉神話』の衝撃

1　タブーを打ち破る

一九六七年、バーミンガム大学における私の就任記念講演「神学の中心問題」は、実在主義者と非実在主義者の間の論争に関するものだったが、私は、今後問題となる他の主要問題にも言及して、その記念講演を締めくくった。その中にはキリスト教と他の世界宗教との関係という問題も含まれていた。私は福音派の原理主義的立場から出発し、正統派の信仰を経て異端的な信仰に至るという、長い道のりを遍歴してきた。そして他の世界宗教の現実から提起されるこの問題――当時はまだ西洋におけるキリスト教神学者の意識の中に芽生え始めたばかりだった――に対して、私は何らの解決も見出してはいなかったが、問題自体はきわめて明確に見て取っていた。また、この問題との取り組みは、やがてこのバーミンガムという都市における人種問題に関わるようになり、またインドやスリランカを訪問したことにより、ますます強いものになった。

キリスト教にとって宗教的多元性の問題は、神の受肉という中心的な教理次第で定まるものと、私にはかなり早くから見て取ることができた。もしもイエスが受肉神であるならば、世界宗教の中ではキリスト教だけが神自身によって創られ、したがって他のどの宗教よりも優れているということになるにちがいない。これがもとで、私の場合、改めて伝統的教理とその歴史全体を振り返ることになった。幾人かの批評家たちが正しく指摘しているように——もっともこの指摘で傷つくようなことはなかったが——、私にそうさせたものは、ほかならぬこの多‐信仰の問題だった。そしてこの作業を続けていくうちに、これまで容認されてきた教理の定式化に、重大な疑問を抱くようになった。この点では、私はずいぶんと遅れていた。というのも、すでに多くの神学者が同様の疑問を抱いていたからだ。

私は、この問題を前面に打ち出す書物の刊行を思いついた。確かに受肉の教理は、一般にはキリスト教の中心的教理と見なされている。そしてイギリスでは、とりわけアングリカンの陣営内では重大視されているが、それでも神学教育を受けた牧師や聖職者たちは、イエス自身が自分は神（あるいは子なる神）の受肉であると教えたかどうかについては、大いに疑義があると感じていた。イエスの神格化は漸進的な展開によるものだった。イエスをこの世の唯一の救い主であると宣言したのは、「歴史のイエス」ではなく、ニカイア会議（三二五年）やカルケドン会議（四五一年）で公式に定義された、「信仰のキリスト」だった。カルケドン信条の定義は、「神にして人」というイエスの両性論が、「私たちの主イエス・キリスト自らによって私たちに教えられたとおりである」と主張した点で、まちがいを犯していたのだ。事実、イエスはそのようには教えなかったということは、神学者や聖書学者たちの間では周知の問題だったが、一般の人々には、いまだに驚くべきニュースになりうるものと思われた。

以前の同僚たち——ケンブリッジとオックスフォードの両大学で教え、最近では国教会の教理委員会議長を務めるモーリス・ワイルズや、オックスフォードのキーブル・コレッジ学寮長であったデニス・ナイナムや、バーミンガム大学のフランシス・ヤングやマイケル・ゴールダーが、このような書物の刊行に関心を示すだろ

う と私は考えた。事実そうであったし、またこの輪の中には、オックスフォード大学の優秀なアングリカン神学校であるクッズドン・コレッジの校長で、後にロンドン大学キングズ・コレッジの新約聖書学教授となった、レスリー・ホールデンが加わった。さらに後には、ケンブリッジ大学のドン・キューピットも参加した。

私たちはまず会合を開き、論文の草稿を練ること、これを回覧すること、さらには会合を数回開いて討論することなどを決めた。オックスフォードは、バーミンガムとケンブリッジの両方からアクセスするのに最も便利な場所であり、またそこにはすでに、三人のメンバーが住んでいた。そこで私たちは通常、キーブルの学寮長舎で会合し、討論し、またチーズと果物とワインの昼食を楽しんだ。その間、一度だけバーミンガムの私の家で会合した。中心的な全体構想は、モーリスの論文「受肉無しのキリスト教か？」に関係していた。私自身の論文は「イエスと世界諸宗教」に関するものだった。

この書物の表題は何としたらいいか。アカデミックな表題で、『キリスト教の起源の研究』とすることもできた。そうすれば一年後には学術雑誌に書評が出るだろう。しかし、それでは年中ほぼ同じ発言を繰り返している学術誌にも似て、教会や一般の人々には大した影響を与えずに終わるだろう。私たちはタブーを破りたかった。そこで表題を『受肉神話』（*The Myth of God Incarnate*）とした。この表題を最初に示唆したのはフランシス・ヤングだった――その後における彼女の、伝統的正統主義への回帰を思うと逆説的なのだが……。

この表題は故意に挑発的で、人騒がせなものだと大いに批判された。実際にそうだった。私たちはこの書物の伝えるメッセージを皆に聞いてもらいたかった。しかし批評家たちは、モーリスの論文「神学における神話」についての彼の慎重な説明を理解しなかった。すなわち、今日の学者たちによれば、神話という言葉は即座に虚偽であることを意味しない。ただし、神話は文字どおりに真実ではないが、それでも何らかの重要なリアリティを指し示しているものであり、この場合は、イエスが他に例を見ないほど完全に自らを神に捧げ尽したということと、人間に向けられた神の愛をイエス自身が完全に生き抜いたということを、具体的に指し示している。

この書物は一九七六年に準備ができ、ＳＣＭ出版のジョン・ボーデンが熱心に関与してくれた。私は、彼がＳＣＭの編集者になってからずっとつきあいがあり、彼がそこを退職するまで、年に一度はロンドンで昼食を共にし、神学の状況をめぐる考えを共有し合った。退職後の手紙の中で、「『受肉神話』の出版をめぐる記者会見は、自分の人生の中で最も興奮した神学的出来事でした」と書いている。発売は一九七七年の夏だった。私はこの書物をめぐる一週間のことを、日記に二頁にもわたって記していた。以下はその内容だ。

その週は六月二十九日火曜日に始まった。その日、息子のピーターと私――ピートは「ただビールほしさについて来ただけだった」が――そして、フランシス・ヤングとマイケル・ゴールダーは、九時四十八分発ユーストン行きの列車に乗り、タクシーでセント・ポール大聖堂に行き、そこからは歩いてチャプター・ハウスを探した。大聖堂からは離れていたが、実に大きな建物で、広い玄関ホールに入ると、二階から人声がわんわん響いて聞こえてきた。そこは大きな部屋で、文筆家によるカクテル・パーティの出席者を思い起こさせるような人々で、ずいぶんと賑わっていた。ワインやいろいろなつまみが用意されていて、みんなかってにわいわいしゃべっていた（黙って話を聞く人など、きっといなかっただろう）。

私はジョン・ボーデンを見つけた。彼は「タイムズ」紙の宗教記事担当のクリフォード・ロングリーと話しているところだった。この人物こそ、先週日曜日の「オブザーバー」紙に、この書物をめぐる記事をすっぱ抜いた人物ではなかったか。［いや、いま思い返すと、ジョンのほうがこの書物の宣伝のために出版内容を漏らしたのではないかとも思われる。］ジョンはすぐに私を隣りの部屋――たくさんのマイクが置かれた長いテーブルがあり、イスが三列に用意されていた――に引き入れ、記者会見の次第を説明し、当の『神話』はすでに書店で売り切れ、現在再版中であること、「オブザーバー」紙の記事のおかげで、予想をはるかに超える数の新聞記者が集まってくれたことを私に伝えた。カクテル・ルームに戻り、顔見知りの数人と会話したが、そのあと全員が記者会見の部屋に集った。私の推定では七十人ほどだったが、ある新聞記事は百人以上だったと伝えている。

ジョン・ボーデンは金曜日までの噤口令を要請したが、ただちに報道したいと望む人々に押し切られた。記者会見が終了する前に考え直し、噤口令を撤回した。その場で、私は先に用意した短い声明文を読み上げた。

「チャーチ・タイムズ」紙が報じたところによると、

ヒック博士は、自分の言葉から衝撃の棘を取り除くような調子で、つまり落ち着いて一緒に考えましょうという穏やかな調子で、画期的な文書の扉を開いた。はじめは衝撃的で異端視されるような書物であっても、時がたてば教会の使命を果たす貴重な道具になりえた、と認知されるような事実もあるから、読者は安心できるはずだと博士は言う。さらにうちとけた様子で、博士は『受肉神話』の中心テーマについては、何も新しいことはないと付言した。つまり「教会員のほうはこのことに気づいていないだろうが」、イエスは自分では神であるとは言わなかったということは、現在どの学者によっても、実際上承認されていると言うのである。教会員には、実のところ、そのことは知らされていない。いずれにしても、この書物の要点は、博士によれば、この事情を「穏やかに、そして責任をもって」教会に知らせ、理解を求めるということなのだ。

その後、「神の代弁者」と宣伝されるデーヴィド・エドワーズが発言したが、「この表題は挑発的だ」と言ったことを除いては、この書物について特に批判的なことは述べなかった。次に発言したのはモーリス・ワイルズだったが、実に簡潔で、いまその内容はどうも思い出せない。そのあと質疑があった。矢つぎばやの質問で、ときに二、三人の発言が重なり合うことがあった。記者会見は予定よりも長くなり、一時間半も続いた。ほとんどの質問が、いくぶんか敵意を含むものだった。

イエスは神の子ではないのか。ポケットにある私の木製十字架は無価値なものなのか。お前さんたちはユニテリアン（三位一体の教理を認めず、キリストの神性を否定する者）ではないのか。十字架と復活についてどう思うか。こういった種類の質問だった。回答はモーリスによるものであれ、デニスや私によるものであれ、大体は、「×××という言葉で、あなたがどういうことを意味されているのかによります」というものだった。しかし、そういう回答は、例えば「神の子」という言葉でどういうことを意味するのか、などとは考えてみたこともない新聞記者には、欲求不満を募らせるばかりだった。もちろん、この書物に共感を抱く記者もいて、よい質問をしてくれたし、また記者会見のあとで、私に話しかけてくれる者もいた。

記者会見の後も、私たちはそれぞれ記者たちにつかまり、さらなるインタビューを求められた。外に出ると、セント・ポール大聖堂の階段のところで写真撮影を求められ、さらにBBCのマイクまで向けられた。午後三時近くになって、ようやく私たちは解放され、マーメイド劇場のレストランで遅い昼食をとった。ドイツの白ワインでゆったりとした食事を楽しんだあとは、もうテームズ川の堤防からぼんやり艀《はしけ》を眺めて過ごす以外に、活力は残っていなかった。

水曜日の各新聞は、この記者会見のようすをさまざまに伝えていた。日中はオスロから電話による取材を受け、この書物に関する理解の仕方について尋ねられた。ニューヨークからの電話取材では、奇蹟がどのように扱われているかと尋ねられた。「バーミンガム・メール」紙は電話で、スコットランド教会総会議長のジョン・グレイ師が発表した声明文を、読んで聞かせてくれた。それは、『神話』の著者たちが「もしも高潔な人々ならば、直ちに教授職を辞し、キリスト教の聖職の地位からも離れるはずだ」というものだった。そして同紙は、私にコメントを求めてきた。そこで、一時間後にもう一度電話してくれと頼み、そのうえで私は、教会総会議長はまだこの書物を読んでいないのではないか、読めば、それが近年の神学者たちによる研究内容であり、多くの人々の意見によれば、福音を現代世界にいっそう適合したものにしてくれることがわかるだろう、と返答した。記者はさらに、総会議長による辞職の要求についてどう思うかと聞いてきたが、私はこれ以上つけたすことは何もないと述べておいた。

翌日の「バーミンガム・メール」紙の見出しは、「『私は辞さない』、イエスお騒がせ男、語る」、というものだった。「オブザーバー」紙からも電話があり、カンタベリーの大主教は、次の火曜日の教会会議でこの書物を弾劾し、八月には『受肉の事実』(*The Fact of God Incarnate*)と題する対抗的な書物を刊行するようだと伝えてきた。またセント・ポール大聖堂の水曜礼拝で、誰かがこの書物を非難する説教を行ったとも話してくれた。

問われればいつも答えてきたように、イエスを受肉した神とか、子なる神とか、神の子とか、人間的生を生き抜いた三位一体の第二位格として語る神的受肉の言語は、象徴的・神話的・詩的言語であるということが、本書の中心主題なのだ。これまでに受け取った手紙(今日は七月五日火曜日だが)のほぼ全部が、不思議なほど、この書物を歓迎するものだった。今日もカリフォルニア在住の人から一〇ドル届いて、一冊航空便で送ってくれと言ってきた。つい今しがたはロンドンから電話が入り、ロンドンにいる国際記者の一団と会見してくれないか、と新聞記者から申し込まれた——日曜日にしかできないのだが、その晩はロンドンで一泊し、翌月曜日はアクラ行きの飛行機に乗ることになっていた。

前日の夕方、私とマイケル・ゴールダーは、バーミンガム・ラジオ放送で、一時間半にわたる電話参加番組を行った。うまくいったと思う。電話をかけてきた者のうち、この書物に目を通していた人は誰もいなかったし、ほとんどが保守的なキリスト教徒だったが、愛すべき友好的な人たちだった。バーミンガム・ラジオは、九月にも再びこの参加番組を望んでいるが、そのときまでには皆、あの書物に目を通してくれているだろうから、今回とどんなふうに違いが出てくるか楽しみだ。

先の記者会見で読み上げた声明文の中で、私はこの書物を次のように紹介した。

これまで神学者たちによって新しい神学の動向や強調点が示されてきた論文集には、『エッセイズ・アンド・レビューズ』（一八六〇）、『ルクス・ムンディ』（一八八九）、『ファウンデイションズ』（一九一二）、『エッセイズ・カトリック・アンド・クリティカル』（一九二六）、『サウンディングズ』（一九六二）があるが、今回のこの書物はこれら一連の著作シリーズの中で、最も新しいものである。このような書物が出版されたばかりの時期には、論争的、衝撃的で、ある場合には異端的とさえ見なされるのが常であるが、しばらくすると、神学の進展を担う媒体として受け止められるようになる。例えば『エッセイズ・アンド・レビューズ』は、当初キリスト教信仰に有害邪悪な書物として酷評され、七人の執筆者は「七人の反キリスト」と決めつけられた。中でもアングリカンの聖職にあった者たちは告訴され、裁判沙汰にまでされた。しかし一世代も過ぎないうちに、七人の提起した議論と要点は、この国の有識者であるほとんどすべてのキリスト教徒に受け入れられるようになり、しかもそのうちの一人［大主教ウィリアム・テンプルの父、フレデリック・テンプル］は、カンタベリーの大主教にもなったのである。したがって、もし今回の書物に警告を発したいと思われる人がいるならば、その人は歴史からの教訓を学び取っていただきたいものだ……。

（私はこの声明文の裏に、ジョン・ボーデンに宛てたメモを走り書きしていた。「ジョン、私は君がこの記者会見を、一つのイベントとして報道してくれるように願っている。でも、その判断は君におまかせする」。）デーヴィド・エドワーズは評言の中で、ジョン・ヒックこそカンタベリーの大主教になるべき人物だと思った、と述べた。

2　騒動の行方

騒動は激しくなった。数日後に開かれたアングリカン・シノッドでは、私たちは（こともあろうに祈禱の中で）、ヒットラーを支持した「ドイツ人キリスト教徒」になぞらえられた。しかし、カンタベリーの大主教ドナルド・コーガンや、ヨークの大主教スチュアート・ブランチは共同議長として、この書物に対する緊急論議の提案には抵抗を示した。「先週金曜日に発売されたばかりで、まだほとんど誰も読んでいないはずの書物について論議するのは、無責任もはなはだしい」というわけだ。コーガン博士はまた、本書は重要なものではなく、「それに値する以上の騒動」を惹起しているとして、議論を回避しようとした。彼はおそらく、教会の指導的神学者たちを攻撃することに用心深かったのだろうし、またおそらくは、前任者のマイケル・ラムゼーが、ジョン・ロビンソン著『神への誠実』（一九六三）〔小田垣雅也訳、日本基督教団出版局、一九六四〕の刊行直後にこれを攻撃し、後でそのことを後悔した経過を思い出したのだろう、と私は推察する。

この大主教による分別ある警告はまた、私がただ一人の非国教徒として招かれて出席した、「キャップス・

アンド・マイターズ」と呼ばれるロンドンの非公式の年会でも示された。そこには神学者や主教たちが非公開で集まるのだが、私が出席した最初の会合には、コーガン博士も同席していて、私に友好的に接してくれた。しかし「チャーチ・タイムズ」紙は、「七人の反キリストか?」という見出しの下に、私たち執筆者の写真を掲載した。そして論説をこう結論づけた。「結局のところ『受肉神話』はただ一つの明確な目的を推進する。つまり不信仰のすすめという、極めて納得し難い目的に資するのだ」。グレート・ブリテン正教会のアテナゴラス大主教は、『神話』の執筆者はみな「悪魔的性格をもつ反対者の餌食《えじき》にされた」と宣言し、ロンドンのランガム・プレイスにあるオール・ソールズ教会の福音派牧師ジョン・ストットは、私たちを異端と断言し、スコットランド教会の総会議長は私たちに辞職を要求し、チャーチ・オヴ・イングランド福音主義協議会も同様だった。「サンデー・テレグラフ」紙は、十字架のキリストの頭上に、この書物を打ち付けた風刺漫画を掲載した。「セント・ポール大聖堂内の反キリスト」という見出しもあった。数週間にわたり、各新聞にはほとんど敵対的ともいえる記事や手紙が氾濫していた。そうした新聞の切り抜きはノート四冊にもなった。

それから七週間も経たないうちに、『受肉の真実』(*The Truth of God Incarnate*)がホッダー・アンド・スタウトン社から出版された。編集者は福音派の指導者マイケル・グリーンで、寄稿者はクリストファー・バトラー主教、ケンブリッジの神学者ブライアン・ヘブルスウェイト(後には私のよき友人)、スティーブン・ニール主教、ジョン・マッコーリー教授だった。私は合同改革派教会の雑誌『リフォーム』で、これを書評した。一九九七年には、『受肉神』という小冊子がインターヴァーシティ社から刊行された。著者は、後にカンタベリーの大主教となったジョージ・ケアリーだった。

以上のすべてから明らかなことは、メソジスト教会の平信徒であるフランシスや、合同改革派教会の教職である私自身よりも、アングリカンの同僚たち――モーリス、デニス、マイケル、ドン、レスリーたち――のほうが、はるかに激しく「突き刺された」ということだ。おそらくアングリカンの見方からすれば、私たちのような非国教徒などはどうでもよかったのだ。私を追い出すという動きが、合同改革派の中にあったとしても、私にはそんなことはまったくわからなかったし、あったとしても、それほど極端にはなっていなかったはずだ。しかし、アングリカンの執筆者たちには、辞職せよとの強い声が上がったことは事実だ。ただ、実際にはそういうことにはならなかった。翌年の春、バーミンガム主教管区の『ルックアウト』誌は、当時、優れた地位にあったアングリカンの司祭、マイケルの論文を掲載した。それは「なぜ主教も私も、私が教会を離れるべきだとは考えなかったか」ということを説明したものだった。

より積極的な面に転じれば、アングリカンの卓越した神学者で、ケンブリッジ大学のジョフリー・ランプ教授は、本書を歓迎する声明を発表してくれた。また、同じくアングリカンの指導者であるピーター・ベルツも、本書を支持してくれた。バーミンガム大学神学部の連絡掲示板には、次のような文が記されていた。

はっきり物言う賢い教師がこう言った——

受肉なんて起こりゃしない。
二つの本性、一つの実体なんて、
そんなことはありゃしない。
そりゃ議論の最たる神秘なのさ。

本書は初めの半年で三万冊の売れ行きを示した。ドイツ語訳（*Wurde Gott Mensch?*『神は人になられたか？』）は一九七九年に出版され、部分的なアラビア語訳が、解説付きでジェッダのアブドゥスサマッド・サラフディン社から出版された。アメリカでも同時発売されたが、この大きな池ではさざ波しか起きなかった。雑誌『タイム』は、賛否両論にわたるかなりバランスの取れたページを割いてくれたし、「サンフランシスコ・クロニクル」紙や「ロサンゼルス・タイムズ」紙も、同様にしてくれた。しかし「クリスチャン・センチュリー」紙に取り上げられた論考には、いみじくも次のような評言があった。

カール・ラーナーやハンス・キュンクなど、ヨーロッパの神学者たちの著作に通じている者は、別段この書物に驚くべき内容を見出すわけではない。今回の論争が一九七七年まで引き延ばされていたことは、イギリス神学の有する島国性を吐露したものである。

しかしアメリカの原理主義の陣営からは、当然ながら、多くの非難が寄せられた。本書とそれをめぐる論争は、カナダ、イタリア、南アフリカのメディアでも伝えられた。

AFFOR（第16章を参照されたい）に関するファイルを読んでいたとき、私はこの論争の小さな余波を思い出した。ロンドン在住のきわめて有能なアングリカンの聖職者、ケネス・リーチは、霊性と社会正義の両分野に関して貴重な著述を行っているが、彼は国民戦線のような現代ファシズムの運動に、教会が対決するように促す論文を記し、AFFORがそれを刊行するように勧めた。当時の主事、デーヴィド・ジェニングスは、彼の友人だった。その際、ケネスは伝統的な受肉の教理を、ファシズムに対するキリスト教の抵抗の基盤として提示し、「ワイルズ・ナイナム学派」の非受肉神学を、この抵抗に有害なものと決めつけた。そこで私は、AFFORがこの非難に同調しないよう呼びかけ、デーヴィドには次のように書き送った。

［ケンの論文の］ほとんどの部分は素晴らしいものに思える。けれども、ただ一カ所だけ削除したほうがいいと思える部分がある。ご承知のとおり、非受肉のキリスト教信仰が存立するかどうかについては、現在かなりの論争が進行中だ。提唱者たちは、そうした信仰こそがイエスの宗教を表わすものだと主張している。この問題は、神が人々の間の愛と正義に関心を向けているという原理――これはキリスト教に特有な原理ではない――にではなく、キリスト、ひいてはキリスト教が唯一無比の普遍的権威であるという原理に関わっている。カルケドン公会議で認められたキリスト論について、ワイルズ、ナイナム、ランプ、その他の［私も含めた］者たちはこれを否定しているが、これを否定することがファシズムを助長し、あるいはファシズムに同調することになる……という命題をリーチが無批判に受け入れるとき、彼はこの論争に割り込んでくる。

ケン・リーチは「彼［ヒック］がその肝心な部分に同意しないからと言って、それを省略するつもりはない」とデーヴィドに返事した。また小冊子を発行することになれば、発行者は必ずしもその内容のすべてにわたり、またそのような反対者の言い分に対して同意するものではない、というメモを添えるとも言ってきた。そこで私はデーヴィドに再度、私たちが刊行する印刷物はどれも委員会で読まれ、承認を受けるのが習慣であること、つまり内容の一部書き直しという例は、以前からも多くあることだと念を押した。

非受肉神学者たちはファシズムへの道を準備している、などとケン・リーチが口にすることは絶対にない。これは確かだ。しかしファシズムに関する小冊子の中で、この非受肉学派のことを、ほかのグループと一緒に攻撃すれば、そうしたことを示唆する効果をもってしまうのは避けられない……。ごくわずかではあるが、神学のこの学派と、その小冊子の主題との間には、何らかの関連があると暗黙のうちに示唆している。そうでないというなら、どうして非受肉学派を、反ファシズムの小冊子の中で論じる必要があるのだろうか。さらに、［ヒットラーを支持した］ドイツ人キリスト教徒に関する内容の中には、そうした人々の立場と、『受肉神話』の執筆者たちの立場との間に関連があることも、暗黙のうちに示唆している。

さらに深く議論を重ねた結果、ケンの小冊子は刊行しないことにしたのだが、おそらく小冊子はどこか別のところで刊行されたと思われる。

『神話』の中で明らかにされた中心的主張は、一般に承認されることになるだろうという私の予測は適中した。十六年後に本書が再版されたとき、バーミンガム大聖堂を会場にして会合が開かれた。これは学寮長ピーター・ベリー（人種問題と他宗教問題に関しては、イギリス国教会全体の中で突出した立場にある人物）の主宰によるものだった。その席上で、次の文章を読むことにより、私は自分の留意点を伝えることにした。「イエスを「神の子」と語ることは一つのメタファーを使うことだ。……それは神格化を意味しない。……私が議論したいのは、神の子となるための潜在力は、人間性そのものに属するという点だ」。その後で、こう質問してみた。「このように書いたのは、『神話』の執筆者のうち誰だったと思いますか」。それから私は、これを書いたのは一九九〇年に対抗書として出版された『受肉の真実』の寄稿者の一人、ジョン・マッコーリーであることを暴露した。[1]

『神話』の意義は、人にあっと言わせるような新しい考えを披瀝したことではなく、信仰深い人々を惑わすことのないよう長い間非公開のままにしていた考えを、もう隠し続けることはできないと判断した人々によって、公開されたということだ。そして、もちろん、聞き手にとって悪いニュースは、伝えることが遅くなればなるほど、伝えること自体が難しくなる。しかし「袋の中から猫を出すこと」（秘密をばらすこと）は早晩避けられないことであり、長い目で見れば健全なことだ。というのも、それはけっして悪いニュースでも何でもないからだ。悪いニュースと思うのは、これまで教会が、近代聖書学の発見内容と、そこから帰結するいくつかの伝統的な公式の見直しについて、あまりにも長い間、教会員に知らせてこなかったからだ。私は聖職者たちから、この書物に感謝するという手紙をもらった。彼らが言うには、自分たちも久しくそういう線に沿って考えてきたのだが、信徒たちには、もちろんそのようなことは伝えられなかった。また、平信徒たちからも感謝の手紙をもらった。彼らも同じように、そういう線に沿って考えてきたのだが、もちろん牧師たちには、そういうことを伝えることはできなかったと言うのだ。

受肉の教理がイエス自身による教えではなかったということは、原理主義者や過激な福音派の信者を除けば、一般に受け入れられているが、この事実の意義をめぐる論争は続発している。というのも、保守陣営の取りうる退行的な立場はさまざまにあるからだ。例えば、イエス自身は自らの神性について何も言わなかったとしても、イエスの言動の中に神性が意味されているとか、イエスが復活したことにより、イエスに従う者にはその神性は自明の理であったとか、教会の公式教理を整える過程で神の導きがあり、イエスの神性が認められるようになったのだ、等々。

『神話』出版の翌年、（カドベリー財団から助成金を得て）私たちはバーミンガムで会議を開催した。出席者は、執筆者のほかに、チャールズ・モール、ブライアン・ヘブルスウェイト、ニコラス・ラッシュ、ジョン・ロッドウェル、スティーブン・サイクス、グラハム・スタントン、レスリー・ニュービギンなど、そうそうたる批評家たちだった。この会議は、実に啓発的な議論に終始し、その成果は、『受肉と神話—論争は続く—』という素晴らしい書物の出版によって明らかにされた。編集者はマイケル・ゴールダーで、彼はそのときの論争の場で、またもやモールの神経を逆撫でした。直後に出版されたマイケル・グリーンの書物やジョージ・ケアリーの小冊子に続いて、『受肉神の神話・真実』（マクドナルド、一九七九）、『受肉神のアート』（ニコルズ、一九八〇）、『受肉神の物語と信仰』（ハーヴェイ、一九八一）、『受肉神の論理』（モーリス、一九八六）、『受肉神の伝説』（クローフォード、一九八八）が発刊された。

続発する議論の過程で、私は一九九三年に『受肉神のメタファー』（邦訳『宗教多元主義への道―メタファーとして読む神の受肉―』間瀬啓允・本多峰子訳、玉川大学出版部、一九九九）を上梓した。ひかえめに見ても、この書物は先の『神話』よりもできがよかったと思う。というのは、それが単著であるし、その後の議論も含んでいるからだ。もちろん、この著書は『神話』のときほどの衝撃をもたらすことはなかったが、ただ『神話』と違って、日本語、中国語、韓国語に翻訳されて広く極東で読まれ、またポルトガル語にも訳されて、ブラジル人にも広く読まれた。

『神話』以降、私たち研究者仲間は、三つの異なる方向に移行している。モーリス・ワイルズとレスリー・ホールデンと私は、この書物と同じ方向に進んでいった。フランシス・ヤングは、メソジスト教会で按手礼を受けた聖職者であるが、学究と大学管理の道に留まり、完全にというわけではないが、カルケドンの正統信仰の方向に進んでいる。すでに13章で触れたように、マイケル・ゴールダーは無神論者になっている。ドン・キューピットは徹底した反実在論者になっているが、アングリカンの聖職に留まっている。デニス・ナイナムは受肉の教理に関する自分の立場を堅持しているが、いくぶんかは（と思うのだが）、ドンの非実在論的な宗教形態に共感を抱いている。今でも全員が私の、またお互いのよき友である。出席できなかったモーリスを除いて、『神話』グループの全員が、出版業者やご夫人たちと共に、私の疑似八十歳記念パーティに集ってくれた。そこで彼らと過ごせたこと、またその後も電話でやりとりのできることは、まことに有り難いことだ。

注

（一） John Macquarrie, *Jesus Christ in Modern Thought*, London : SCM Press, 1990, pp. 42–43.

第21章　ボツワナと南アフリカ

1　ボツワナで出会った人々

ボツワナ訪問に先立って、妻のヘーゼルと私は一九八〇年の夏、三カ月間の大半を南アフリカで過ごした。ヘーゼルはボツワナと家族的なつながりがあった。ヘーゼルの母親フランシス・バワーズは、一八一三年以来ボツワナで宣教活動を続けている（会衆派の）ロンドン宣教師会（ＬＭＳ）の書記として、現在のアフリカ職員の多くを任命し、ときおり彼らを訪問していた。また一九六六年に独立したボツワナの初代大統領セレツェ・カーマ――ボツワナがベチュアナランド保護領のとき、彼はイギリス政府によって軟禁状態におかれていた――のオックスフォード大学時代には、ヘーゼルの兄弟マイケルが学生仲間だった。バワーズ家は、外国人留学生をいつも喜んでもてなしており、セレツェも、ロンドンのこの家にしばしば出入りしていた。またバワーズ家は、かつてのロンドンのボツワナ高等弁務官で、私たちの訪問時には鉱石開発および水道事業担当大臣を務めていたチエペ女史とも親交があった。ボツワナの首都ハボローネへ向かう前に、ヨハネスブルグに立ち寄り、そこで私たちは、白人社会の尊大な人種支配者的な考え方にじかに触れながら、数日間を過ごした。

その頃のハボローネは、商店や事務所、私たちが最初に泊まったプレジデント・ホテルなどに囲まれたモールを中心とする、比較的新しい「フロンティア都市」だった。ヨハネスブルグとは極めて対照的に、ハボローネには寛いだ友好的な雰囲気があった。ヨハネスブルグでは日暮れにもなると、黒人たちがソウェトなどの黒人居住区へ帰宅するバスに急ぎ足で向かっていた。これとは対照的に、ハボローネの人々は気楽に散歩などして余暇を楽しみ、南アフリカで見られたような、白人たちを見るあの目つきや、あるいは白人に視線を向けることを避ける様子などはなかった。警察官を見かけることはほとんどなかったが、まれに見かけた警察官も武装はしていなかったし、恐怖や緊張の雰囲気はまったく感じられなかった。

私たちがチエペ女史（博士）を、鉱石開発庁の執務室に訪ねたときも、ただ一人いた警備員は老人で、しかも部屋の外で、一本の警棒を携えて椅子に座っていただけだった。チエペ女史はきわめて友好的で、ときどき電話に邪魔されたものの、かなりの時間を私たちに割いてくれた。彼女が言うには、ボツワナは膨大な鉱石資源を抱えているが、それを掘り出すのに必要な水が不足しているということだった。私たちはセレツェ・カーマその人をも訪問する予定だったのだが、実に残念なことに、ほんの数日前、脾臓ガンで突然の死を遂げていた。

私たちは、セレツェの後継者にマシーレ博士を選出した国民議会の集会に出席した。最初はそこに入場できるものかどうかもわからなかったが、実際には諸外国の外交官たちと同じ席に着くことができた——おそらく外国人で身なりがよかったためだろう。目立った警備体制ではなかったし、傍聴席の人々も、チャプレンの開会祈禱の終わりに「アーメン」を唱和し、新大統領の演説後には拍手喝采した。次いで新大統領は、外にいる大群衆を前に宣誓した。その後、私たちは野外での大規模なセレツェ追悼式に向かった。

マンチェスターで息子のピートと学友だったジェリー・モサラが、そのときハボローネ大学で教えていた。

その頃の私たちは、みな彼をジェリーと呼んでいたが、後に彼はイツメレングという正式名で、新しい南アフリカの有力な論客となった。彼は神学部の同僚たちに私を紹介した。そしてヘーゼルのほうはいくつかの学校を見学し、教員養成大学も訪問した。この国の識字率は約七〇パーセントである。イツメレングと彼の妻ルイーザは、私たちを自宅に招き、一両日そこに滞在させてくれた。

ルイーザはかつてシャープヴィルに住んでいた。アフリカ人六十七人が殺され、百八十六人が負傷した一九六〇年のシャープヴィル大量虐殺のときに、彼女は十歳ぐらいだった。群衆の中で隣りにいた人が狙撃され、その血で自分のシャツが染まったことを、彼女は記憶していた。イツメレングの弟は最近逮捕され、頭部を激しく殴打された。彼は一人で歩いていただけなのに、暴徒集団の一員という嫌疑をかけられたのだ。警察は自白調書に署名するよう強要したが、彼は応じなかった。当時、彼はちょうど裁判待ちの保釈状態にあった。またモサラ家で出会った人たちの中には、「WCC（世界キリスト教協議会）文書を所持していた」というだけで有罪とされ、最近まで五カ月間投獄されて、やはり裁判待ちの状態にあった、メソジスト教会の黒人牧師もいた。それにもかかわらず、イツメレングによれば、彼が二年間のイギリス滞在から帰国して以後の南アフリカは、それ以前とは大きく変わり、人々は投獄や警察による逮捕を恐れていないということだった。変革への精神は満ちていた。

フランシス・バワーズのＬＭＳ（ロンドン宣教師会）の友人で、モーディング大学という地方大学の学長が、私たちを迎えに来てくれた。私たちはその大学で数日を過ごし、多くの興味深い観光地（例えば、廃墟になったリヴィングストンの家や、洞窟や処刑場に使われた岩場のあるモレポロレ）に連れて行ってもらった。日曜日には大学のチャペルで説教した。

私たちが訪問した興味深い人々の中に、アルフレッド・メリーウェザー医師夫妻がいた。彼はその地方の病院の責任者で、国民議会でも一度演説したことがあり、セレツェの侍医だった。最近セレツェがロンドンで治療を受けたときに同行し、セレツェに随伴してボツワナに帰国した。その際、外務大臣の要請により、イギリス空軍（RAF）はDC10を、一病床の病院機に改造した。それは大統領が、自国で死を迎えられるようにとの配慮からだった。メリーウェザー博士は、セレツェの故郷のセロウェ村で行われる大統領の葬儀に、ボツワナ公用言語のセツワナ語で説教することになっていた。ボツワナの人口の大部分は名目上キリスト教徒となっており、二〇〜三〇パーセントの人々が教会に通っていた。この比率はイギリスの場合よりもはるかに高い。メリーウェザー博士は自らこの国に一体感をもって生き、国民生活のために積極的かつ建設的な役割を担い、人々から大きな尊敬を受けていた。まさに理想的な宣教師タイプの人であるように思われた。

2　友人ツツ主教とアパルトヘイトの実態

ヨハネスブルグに戻り私が最初にしたことの一つは、当時の南アフリカ教会協議会総幹事、デズモンド・ツツ主教と会うことだった（彼はその後、ヨハネスブルグの主教、さらにケープタウン大主教となり、一九八四年にはノーベル平和賞を受賞した）。彼は私のことを、『悪と愛の神』の著者としてすでに知っていた。デズモンドは、ネルソン・マンデラが解放される一九九〇年まで、獄外に在ってこの国のアパルトヘイトに公然と反対する著名な人物だった。ある説教で、彼はこう述べた。

キリスト教徒は中立的であるべきだとか、教会は中立的であるべきだと多くの人々は考えている。しかし、この南アフリカに見るような抑圧と不正に満ちた状況下で、何の反対もしないでいることは、すでに事実上、権力の側に、搾取する者の側に、抑圧する者の側に追従していることにほかならない。

教会協議会の事務所は、警察官による突然の襲撃を避けるために、幾重にも厳重に鍵をかけた扉で防備されていた。最近のデモで、デズモンドは他の教会指導者たちと共に逮捕されたが、翌日には釈放された。デモは大いに楽しかったし、人々の気持ちを高めるのに大いに役立った、と彼は語った。当局側はデモの対応にしくじり、海外からも大きな不評を買う始末で、「間抜け」そのものだった。行動をおこさずに、ただ決議案だけを通している時代はもう終わったのだ。しかし、あの当時、世界が南アフリカから資本の引き揚げを行うのは有効な方策ではなく、最もよいのは次のような条件を徹底させることだ、と彼は考えていた。すなわち、労働者が家族とともに仕事場近くで生活できること、労働組合が認められること、各会社の利益の一部が黒人教育のために投入されること、等々である（後に状況が変化するに及んで、彼は国際的な資本の引き揚げと不買運動を提唱した）。

彼は快活で陽気なユーモアあふれる人物であり、十年以内にアパルトヘイト体制は終焉すると確信していた。彼の予想は外れなかった。一九九〇年、ネルソン・マンデラが解放され、続いてアフリカ国民議会の選挙が行われた。八月末、再度のヨハネスブルグ滞在の折には、私のソウェト訪問のために同行者を送ると述べ、実際にそうしてくれた。また、ナタールに行ったら、労働者キャンプをいくつか訪問するようにと教えてくれた。

南アフリカを発つ前に、再度、私は彼に会い、その後もアメリカでさまざまな機会に彼と会っている。南アフリカでのデズモンドの暮らしは、日々危険にさらされていた。私たちの滞在中にも、人種統合を主張する人々の抹殺を誓う「ウィット・コマンド」という暴力的地下組織から、「一カ月以内に国外退去しなければ、おまえを殺害する」という脅迫を受けていた。もちろん彼には国外退去の意志はなかったし、実のところ、彼のパスポートは前年の三月、政府に没収されていたのである。それでも、彼はいつも快活でユーモラスであり、楽観的だった。また宗教的な展望も——例えば、キリスト教以外の信仰に生きる人々との関わりについても——たいていのアングリカンの主教たちよりも、はるかに幅広いものだった。

彼には数え切れないほどの友人が世界中にいるにちがいない。そして幸いなことに、私もそのうちの一人だ。その後も私たちは手紙のやり取りを続けている。彼の蜘蛛のようにくねくねした手書きの手紙がたくさん手元にあるが、中でも私が最も大切にしているのは、一九九四年にアフリカ民族会議（ＡＮＣ）が、南アフリカで最初の真に民主的な選挙に勝利したときに私が送った祝いのカードに対する、彼からの返礼のカードだ。「親愛なるジョン、きれいなカードと、そこに添えられたすてきな言葉を有り難う。私たち全員が勝利したのです。とりわけ闘いの最中にあって、あなたのように私たちを支えてくれた人たちが勝利したのです。心からの感謝と神からの祝福を祈念しつつ……、デズモンド」。

ヨハネスブルグからダーバンに飛び、そこではピーターマリツブルグにあるナタール大学宗教学部の、ヴィック・ブレデンカンプとマーティン・プロツェスキー（マーティンのほうは彼の著書により、また私たちがクレアモントにいた頃に訪ねて来てくれたこともあり、よく知り合う仲になった）が、私たちを出迎えてくれた。私はこの大学で一学期間、客員教授を務める予定だった。南アフリカの冬は、北半球と正反対に夏の気候になり、青空と暖かい太陽に恵まれた素晴らしいものだった。私たち家族には、大学の近くの——キング・エドワード通り一六五番地Ｂ——に、二戸を一戸にした大きな平屋の片方が与えられた。もう一方には白人家族が住んでいた。家から離れたところにガレージがあり、その裏に小さな部屋が二つ付いていた。それぞれに中年の黒人メイドが住んでいて、一人は隣りの白人家族の家で働き、もう一人は別の所で働いていた。二人の部屋は、私たちの住居と違って電気がきていないので、明かりはロウソクとオイル・ランプに頼っていた。水道も引かれておらず、庭の蛇口を使っていた。二人のトイレは地面に穴を掘っただけのもので、屋外にあった。私たちの住居には黒人のメイドが一人、片道一時間半かけて、週に一度掃除に来てくれた。

そのころの貨幣の交換レートは、おおよそ二ランドが一ポンドだった。住み込み（住居の裏庭の掘っ立て小屋に住む）の黒人メイドの月収はふつう三五ランド、通いのメイドは五〇ランドで、そこに月二〇ランドもするバス代が含まれていた（もちろん妻のヘーゼルは、私たちの掃除婦に対してそれなりの額を支払っていた）。法律上、メイドは使用人区域に夫と一緒に住むことを許されていなかったが、聞くところによると、白人雇用者の黙認の下で同居例は多いとのことだった。ただし子どもたちとの同居は不可能だった。子どもたちは「ホームランド」、あるいは黒人居住区に住んでいる祖父母、ないしは他の家族のもとに置いておかれるほかはなかった。

白人街に居住する他の黒人グループは、巨大な労働宿舎に住む男たちだった。ヨハネスブルグにあるその一つを訪ねたが、それは閂《かんぬき》がないことを除けば牢獄のようなもので、四千人の男たちを収容する施設だった。数カ所の中庭を囲んで、何百もの部屋が何層にも重ねられており、一部屋に四人か六人が入れられ、そのベッドのために立錐の余地もなかった。これらの宿舎は男性に限られ、彼らの賃金で扶養されている家族は、何百マイルも離れた「ホームランド」――ほかならぬ南アフリカ国家が別の「国」として定めた巨大な黒人ゲットー――に暮らしていた。労働宿舎にはプライバシーは一切なく、レクリエーションも、町の通りにある無数の「酒屋」と、おそらくは近隣のどこかにある売春宿以外には何もなかった。男たちを隔離する宿舎を基盤としたこのような労働システムほど、家族生活のためにならないものはないだろう。これほど多くの、伝統的に親密なアフリカ人の家族生活を破壊するというのが、アパルトヘイトの有する最も非人道的な側面の一つだった。

私たちは、長く黒人共同体の住居だったナタール内の、いくつかの「ブラック・スポット」も訪ねた。政府は白人による開発のために、彼らを法的に退去させることを決定していた。すでに約二百万人が、さまざまな再居住計画によって移住させられており、残りの百万人も移住させられることになっていた。金属製トイレの付いた金属製の小屋がある、同じような小集落が移住先である。そこで彼らは、近くの工場に通って働くことになるのだった。

ナタール大学で、アフリカーンス語を母語とする教師（オランダ系白人）とは一線を画する、イギリス系の教師の間では、アパルトヘイトに対する理論的拒絶は当然のことだった。イギリス系教師やイギリス系報道機関の大半は、国民党政府とその政策におおかた反対だったが、英語を話す南アフリカ人の大多数は、アパルトヘイト――彼ら自身の召使いをも含む黒人労働者たちの社会的地位の剝奪、低賃金、隷属と劣悪な生活条件とを甘受させる教育――が生み出す実益を十分に享受していた。アパルトヘイトを黒人に強いてきたという汚名は、アフリカーナー（オランダ系白人）に帰せられていて、そのため彼らは非難されているが、イギリス系白人も支配者民族の一員として、十二分にアパルトヘイトのもたらす恩恵にあずかってきたように思われた。近くの長老派教会の礼拝に出席したが、その礼拝は明らかに、アフリカにおける白色人種の神を志向するもので、祈りはプレトリアにいる白人支配者たちと白人開拓者たちのために捧げられ、自分たちが一緒に暮らしている大多数の黒人たちのことや、黒人たちの抱える種々の問題、あるいは当時、クワ・ズール周辺を苦しめていた旱魃や飢饉のことには、全く触れられなかった。

しかし神学部には、アパルトヘイトに心から反対し、当然ながら目立つ方法はとれないものの、できる限りの反対行動をとっている人々も何人かいた。もっとも彼らは全体のほんの一握りで、白人の大多数は、黒人を一段低い人種と見下げつつ、同時に黒人たちの存在と、しだいに明らかになりつつあった将来の変革の兆しとを恐れていた。一例をあげれば、ブレデンカンプ教授（私たちにはいつも大変親切な人だった）は、圧倒的規模と彼には思われる黒人人口を減らすため、産児制限の諸形式に関する研究に関心を抱いていた。ヨハネスブルグでたまたま出会った人々も、口々に黒人たちは脅威を与える劣等人種であると話していた。私たちが出会ったほとんどの白人は、多数派である黒人たちを一人一人の人間として見ることをせず、一団の黒い脅威として捉えていた。ボーア人（オランダ系白人）たちが住むアフリカーンス語地域にあるキンバリーを訪ねたときにも、黒人は彼らの支配下に治め続ける必要がある、と繰り返し聞かされた。

ヨーロッパでの休暇から帰国したばかりの高齢の白人と、国内線の飛行機で席が隣りになったことがあった。その人が言うには「帰ってきてほっとした。自分は南アフリカ以外の土地では暮らしたくない。肉の値段はイギリスでは法外であり、召使いを持つのは不可能だ。だが、ここではわずかな費用で、裏庭の小屋に住まわせることができる」。そこで私は「このシステムでは一見コストが安くすむように見えるけれども、実はそうではなく、そのコストは黒人の召使いと、彼らの家族が負担しているのではないのか」と言った。「そのとおりだ」と彼は言った。「でも、連中は今なお野蛮人ですから」。

他方、自ら多大な犠牲を払ってでもアパルトヘイトに断固反対する、何人かの例外的なアフリカーナーにも会った。大学で、私たちがウィッテンバーグ夫妻の火曜巡回にお供して外出したことがあった。まず卸し売りの野菜を買い、次に黒人居住区の老人ホームにその半分を届けた。残りはまた別の場所に配った（夫妻は自分宛ての郵便物が、途中で検閲を受けていることを察知していた。というのは、夫人の父親が、カーボンコピーを用いて家族全員に、定期的に同じ手紙を送っていたのであるが、夫妻宛のコピーだけは、他家より常に三日遅れて届いていたからだ）。偶然ではあったが、有名な反アパルトヘイト小説『叫べ、愛する国よ』（一九四八）の著者、アラン・ペイトンにも会った。この小説のおかげで、アパルトヘイトが国際的に注目されるようになった。ただし、その後のペイトンは急進的でなくなってしまった。

ピーターマリツブルグから、私たちは反アパルトヘイトのメンバーに案内されて、大半が公式の地図に記載されていない黒人居住区にある学校、その他の施設を訪ねた。住宅の質は居住区によってさまざまで、似たようなレンガ造りの小さな平屋が、整然と列をなしている区域から、泥つくりの掘っ立て小屋が、不規則に建てられている区域まであった。また、水道などの生活施設も、一軒ごとに戸外に蛇口が設置されている場合もあれば、多くの住宅用に、共同の蛇口が一つだけという場合もあった。地図に記載されていた黒人居住区の一つであるスウィートウォーターでは、「汲水のために、二キロ以上も歩く必要はありません」と地元の新聞で報じられていた。

その頃の南アフリカにおける一人当たりの年間教育費は、白人六四〇ランド、インド系二九七ランド、有色系（混血）一九七ランド、黒人六八ランド（三四ポンド）だった。黒人たちは、白人たちへの肉体労働提供に必要なレベルの教育しか受けていなかった。私たちは黒人学校を数校訪問した。例えば、ある小学校は生徒が千五百名で、教職員は全員が黒人、有能で献身的な校長が統括する学校だった。しかし校長には秘書がなく、学校には用務員もおらず、校内の清掃や修繕の一切は、子どもたちの手にまかされていた。

各教師は、百名もの生徒を詰め込んだ超満員の掘っ建て小屋の教室を任されていた。一日は三校時で、第一校時に五十名の生徒が来る。第二校時には別の五十名の生徒がこれに加わり、教師は百名の生徒を教える。そして最後の第三校時では第二グループの五十人を教える。机一つに二人か三人の子どもが座り、あとの子どもは立つか、床に座り込む。多くの子どもは教科書が買えないので、見せてもらうか、あるいは教科書なしですませる。また、練習帳を買えない子どももたちもいる。チョークなど備品のすべては、親の寄付で設けられた基金で購入しなければならなかった。さらに親たちは、いつの日か適切な校舎が建つことを夢見て、政府が金額に見合う建物を建てるという建設基金にも協力していた。

通常、親たちは午前五時前後には家を出なくてはならないので、出かける前に子どもたちに朝食を与える。そして、次の食事は彼らが帰宅した夜になる。この学校では白人の慈善事業によって、昼に子ども一人につきミルクとパン一切れとが供与されていた。国民の大多数を占める黒人には、最低限度の教育しか与えないという巧妙な政策が、全システムから成り立っていた。かつて首相のフルウールトが述べたように、「バンツー族は分相応に教育されなくてはならない」のだった。

しかし大体のところ、英語を話すナタールの人は、数の上ではるかに多いアフリカーンス語を話す人々に比べて、概して「リベラル」だった。私たちは、アパルトヘイトを終わらせるために活動している勇敢な人々にも会った。なかでも特筆すべきはピーター・カーチョフだ。彼は「キリスト教社会意識機構」（PACSA）のピーターマリツブルグ支部を主宰していた。その機関誌である『ナタール・ウィットネス』誌は、アパルトヘイトをアフリカーナーたちのたくらみと見て、これに断固反対していた。私は同誌のインタビューを受けたとき、記者から「ここでは若者たちの多くがあなたをある種のグル（指導者）と見ています」と言われたが、そのような人々との連帯感を表わす以上のことは何もできずにいる自分を、恥ずかしく思った。

後で聞かされたことなのだが、私が南アフリカに来ないように祈り続けていた人々がいたそうだ。そう言われれば、私たちが初めてヨハネスブルグ空港に到着したとき、入管職員がリストを見て十分ほどいなくなり、ようやく戻って来て入国を認めたという経緯に説明がつく。南アフリカ政府は、私がバーミンガムでAFFORから出版した、『アパルトヘイト批判』という詳細な日誌に基づく報告書が、気に入らなかったにちがいない。この報告書は、輸入されて南アフリカに着くや否や、禁書リストに入れられた。

3 地平線の彼方の希望

話をナタールに戻すと、私はエデンデイルの黒人連合神学院に講演者として招かれ、学生たち一人一人から個別に握手を求められるという歓迎を受けた。学院長のシキボ・ドウェイン博士は傑出した指導者だった――このような才幹に富む人は、将来の自由な南アフリカのために重要であることは明白だった。黒人カトリック神学院の聖ヨセフ・スコラスティカでも歓待を受けたが、そこでもまた、ジャブラニ・ニュマロ博士をはじめ、将来の指導者と目される人々と会った。

ヘーゼルと私は、アパルトヘイトに反対するアフリカーナーのピピン・オースツイゼン宗教学部長のゲストとして、ダーバンにあるダーバン＝ウエストヴィル大学を訪問した。学生たちのほとんどが完全にインド系で、その大多数がヒンドゥー教徒で、それに次ぐのがムスリムだった。七十人ほどの学生と、一時間半のセッションをもち、異なる宗教間の関わりについて話したが、彼らには私の視点が何らの衝撃も与えず、いくつものよい質問が導き出せた。

次の日、ピピンは、ダーバンから一四マイル離れたフェニックス開拓地に連れて行ってくれた。そこはかつてガンジーが住み、「インディアン・オピニオン」紙を編集していたところだ。今も彼が寝起きした平屋の居宅と、彼が書き物をした机を見ることができる。さらにそこから、電気も水道もなければ水洗トイレもなく、水は共同水道からバケツに入れて運ばなければならない小さな家の立ち並ぶ、クワ・マシュという黒人居住区を訪ねた。この場所からダーバンに向かうバスは、午前四時三十分に出発する。労働者たちは午前七時に仕事を始められるよう、夜明け前には家を出て、帰宅するのは暗くなってからだ――おそらく週五日の間、子どもたちとは事実上、会えないでいるのだろう。

私たちはズールランド大学も訪問した。校舎は現代的なよい建物だったが、教員は学術的には二流のアフリカーナーと、能力不足の少数の黒人たちだった。ズール人の学生たちも、私たちが見てきた類の学校教育を終えただけであり、もちろん大学で学ぶ能力には不足していた。教員たちは彼らを、前途有望な青年としてではなく、生来きわめて限定された低レベルの教育にしか耐えられない人間として、捉えているだけだった。

スティーブ・ビコ（スティーブン・バントゥー・ビコ）が、拘留中に警官に殴り殺され、黒人覚醒運動の殉教者として国際的に知られるようになったのは、これよりほんの三年前のことだった。彼はダーバンのナタール大学黒人医学部の医学生だった。私がそこを訪れたのは、スティーブン・バントゥー・ビコ逝去の記念日だった。

昼食会が催され、皆で一分間の黙禱を捧げた。私たちは、ビコの友人と医学部の白人学部長のスピーチを聞いた。学部長はビコが殴打され、鎖に繋がれ、長時間不当な扱いを受けたことで、医療倫理の全規則が警察の医師たちにより無視されたこと、またそれが、ビコを死に追いやる尋問の幇助にも結びついたことを詳細に語った。さらに別の黒人学生によるスピーチがあって、その後、私たちは全員立ち上がり（ただし白人教授たちは学生たちの心情を理解しつつも、政治的な理由から学生たちとは連帯できなかったので、加わらなかったが）、握りこぶしを高く上げ、将来の民主的な南アフリカの国歌「コシシケリ・アフリカ」を歌った。バントゥー語は分からなかったが、こうした光景のすべてが感動的だった。

その後、私は学生協議会の事務局に招かれ、黒人覚醒運動で積極的に活動している何人かの指導者と会った。彼らは、革命なしに根本的変革はないと考えていた。「ブテレツとインカタ」（ナタールにおけるズール人の組織）は、政府に売り渡されて解散していた。諸教会の態度は曖昧で、過去にはアフリカの抑圧に関わっていた。

しかし、ツツ主教と南アフリカ教会協議会は尊敬されていた。私には、これらの学生たちが才幹に富む若者であり、将来の自由な南アフリカの指導者たりうるように思われた。彼らの一人はこう言った。「海外から得られる援助のすべてに感謝しますが、最後は自分たちの手でやり遂げなければならないと肝に銘じています」。私には、ただただ彼らが首尾よくやり遂げるようにと祈ることができるだけだった。そして遂には、彼らと他の無数の黒人たちが、自力でそれを成し遂げたのだった。

しかし、スティーブ・ビコを犠牲にしたこの警察国家のありようは浸透していた。アパルトヘイトの反対者は、電話で話す言葉にも注意しなくてはならなかった。配達前に手紙が開封されていることに気づいている、多くの人々に私たちは出会った。名の知れた反体制家たちは自宅軟禁状態に置かれ、人に会うときも一度に一人の人物としか会わせてもらえず、しかもそこで話した内容は、何一つ報道されなかった。当時百五十人ほどが自宅に軟禁されていた。

私はそのうちの二人を訪ねたが、一人はベイヤーズ・ナウデという著名なアフリカーナーで、以前は「兄弟団」(Bruderbond)のメンバーだった。彼はアパルトヘイトに公然と反対し、アフリカーナー社会からあしざまな非難を受けていた。彼の家の外には覆面パトカーが駐車していた。私たちは裏庭にまわってお茶を飲んだ。そこなら彼らも、私たちの会話を盗聴することができないだろうと彼は考えていた(しかし、あとで聞いた話だが、彼の判断は甘かったようだ。私たちの会話はほとんど全部盗聴されていたようだった)。彼の予測では、黒人たちによる暴力行使の確度はきわめて高い。また彼は、黒人勢力は、南アフリカからの世界各国の資本引き揚げを、それが経済的困難を引き起こすにもかかわらず望んでいると語ったものの、彼自身はそれが現実に可能ではなく、そのためデズモンドが述べたのと同じ基本的諸条件を提唱すべきだと考えていた。ナウデは明晰で思慮深く献身的な人物だったが、ある人々が描いているような偉大なカリスマ的指導者という印象は、私は受けなかった。彼の妻は、おおかたの時間、私たちとともに座り（これは自宅軟禁令に反することだが）、あるキリスト教団体に届けてくれるようにと、一つの包みを私に手渡した。

ダーバンを後にしてケープタウンに飛んだ。そこで私たちは、著名なアパルトヘイト批判者のジョン・デ・グルーチーと、そしてこともなげにアパルトヘイトを黙認しているように思われる、ケープタウン大学のイギリス人教授ジョン・カムスティとに会った。按手《あんしゅ》を受けた牧師であったジョン・デ・グルーチーは、（非合法であるが）黒人男性と白人女性との結婚式を執り行おうとしていた。私はケープタウン大学で講演し、また大聖堂での説教も頼まれた。アパルトヘイトの問題にも触れた私の説教の途中で、会衆の一人の女性が立ち上がり、そそくさと出て行った。有色人種向けのウェスターン・ケープ大学では、アパルトヘイトを拒否したため、強力な兄弟団からは裏切り者と見なされていた、何人かの優秀なアフリカーナーに出会った。さらにその後、アフリカーナー勢力の中心地であるステレンボッシュも訪れた。

ヘーゼルのいとこたちが、私たちをケープ半島とケープ岬への一日観光に案内してくれた。途中、私たちはスカーボロ海岸でコーヒー休憩をとった。ヘーゼルの母方の祖父がかつて牧師をしていた、ケープタウンのオブザーバトリー会衆派教会にも立ち寄った。その祖父は、セレツェの父親の生涯に関する書物も著した。(1) 私たちはテーブル・マウンテンに登った。素晴らしい景観が広がっていた。そこからロベン島の刑務所――そこの最も有名な囚人がネルソン・マンデラだった――も望むことができた。私は黙礼を捧げた。

南アフリカの歴史のこの時点で、この国を訪問できたことは本当に有り難いことだと思った。一方では、黒人に対する白人の扱いは邪悪で罪深く非人道的であり、しかもその事実をまともな白人ですら一般に黙認するという風潮が、さらに事態を悪化させていた。他方、そのなかにあっても多くの若い黒人たちや少数の白人たちの間に、ヒューマン・スピリットが湧き起こるのを見た。若い世代、とくに学校に通う子どもや学生たちは、人間としての自己存在を大胆に主張し始めていた。このことは、ピーターマリツブルグに住む多くの若者たちの表情や態度の中に見て取れた。アパルトヘイトの終焉はまだ定かには見えないとしても、それは少なくとも、地平線の彼方にはあった。

ヨハネスブルグで出会った実業家で野党議員のザック・ドゥ・ビアは、十年以内に黒人による政府が、直接的な暴力によるのではなく、むしろ黒人労働組合による圧力の結果として成立することを期待する、と語った。この国の産業発展のためには、現行の政策が認めている以上に高い教育を受けた労働力が必要になるだろう。そしてアパルトヘイトの終焉は、道徳的必然であると同時に経済的必然でもある。人種関係研究所の所長ジョン・リーズも同様に、十年以内に黒人による政府が実現すると予言した（私たちが話し会っている間、机上で小さなテープレコーダーが回っていることに私は気づいた。察するに、彼は自分の語った内容がねじ曲げて引用されることのないよう、自らを防衛しなくてはならなかったのだろう）。

最後に、教会の現状調査のためデズモンドを再訪した。最大の白人教会だったオランダ改革派教会はアパルトヘイトを支持し、聖書を根拠にしてそれを弁明していた。英語を使用する教会の大半の指導者たちは、アパルトヘイトに反対していたが、信者たちからの支持は得られていなかった。黒人教会は、概して解放闘争に参画するにはあまりにも臆病であったため、若者たちの教会離れが加速していた。私は以前から、アングリカン教会内における強度の福音主義的・カリスマ的な運動は、人々の念頭から人種問題を締め出すものであることに気づいていた。デズモンドは、状況はいくつかの点で非常に複雑だが、実は本質的には単純だと語り、黒人たちを南アフリカの同胞市民として扱うべきであり、そうすれば、その効果は数年後には現われると言った。それでは、南アフリカのアパルトヘイト終焉以後、教会の立場はどのようになるのだろうか。その試金石は、「この苦闘に向けてあなたはどんな貢献を果たしたか」ということになるだろう。

注

（1）John Charles Harris, *Kama*, London : Livingstone Press, 1922.

第22章　思いがけず再びアメリカへ

1　クレアモント大学院の魅力

二度もアメリカで教えることになるとは思ってもみなかった。しかし一九七八年、サンフランシスコでの会議に出席し、そこでロサンゼルス郊外にあるクレアモント大学院、後のクレアモント大学院大学で講義をするよう招聘された。そのときはまだ、ダンフォース講座担当の宗教哲学教授、ジョン・A・ハチソンが退職することになっていて、その後任探しの最中であることを私は知らなかった。事が順調に進んで、私はダンフォース講座担当の教授となるように要請され、これを承諾した。初めの三年間、二年目からはヘーゼルも一緒だったが、私は一月から五月までの春学期のみそこで教え、年度末の試験期と秋学期はバーミンガムに戻った。

けれども一九八二年からの十年間、ヘーゼルと一緒に、私は完全にクレアモントに移り住んだ。そこは、夏には気温がひどく上がり、ロサンゼルスの不快なスモッグが立ち込める地域だった。しかし私たちはそれを避けて、夏の三カ月間はイギリスに戻っていた。そしてイギリスに残していた家族と直にあって生活することができた。バーミンガムの家（所在はエッジバーストン・グリーニング・ドライヴ二一番地）は残したままにして、アメリカに行っている間はこれを借家にし、イギリスに戻っている間はクレアモントの家を借家にするというふうにしていた。賃貸はうまくいくときもあれば、そうでないときもあった。

私がはじめてクレアモントとの接触をもった際に参加していたサンフランシスコの会議は、「ムーニーズ」、つまり韓国の伝道師である文鮮明が設立した統一教会（その名称はそれ以後何度も変わっている）の主催する会議の一つだった。私はそれに、つごう三回参加しており、そのどれもが大規模な国際的イベントで、そのうちの二回、ハワイとイスタンブールでの会議には、ヘーゼルも一緒だった。イスタンブールの会議では、信仰間の関係がテーマになっていた。イスタンブールから、私たちはニカイア公会議がおこなわれた教会など、いくつか別の場所も訪れた。その場所で誰かが「破壊された壁の前でニカイア信条を唱えましょう」と提案し、ある者はギリシア語で、ある者はラテン語で、またある者は英語で、そしてある者は（私も含めて）それを引用符に入れて唱えた。

これらの会議（私が参加したこの三回以外にも、このような会議は何度も開催されている）には、多くの国から研究者が招かれていたが、その大多数は統一教会の運動に惹かれていたのではもちろんなかった。それでも参加したのは、これらの会議の開催場所が素晴らしく、また資金もふんだんに使われ（参加者とその配偶者やパートナーの分まで旅費やホテル代が支払われ）たからというだけの理由ではなく、会議の内容が基本的にすこぶる興味深く、スポンサーからの干渉も一切なかったからだ。ハワイの会議とワシントンの会議では、科学と宗教の問題が大いに注目され、物理学及びその他の分野のトップやノーベル賞受賞者たちが、議論をたびたびリードしていた。

ムーニーズはさまざまな方面でマスコミに叩かれ、無防備な若者たちに対する洗脳の廉《かど》で告訴されていた。ムーニーズについて私よりはるかによく知っていた同僚たちは、こうしたことの大半を割引いて考えていた。

一九七〇年代後半、統一教会は、かなりの数の幹部候補生をアメリカの主要大学に送り込んで、大学院教育を受けさせるという試みをしており、クレアモントの宗教学科でも、そのうちの何人かが学んでいた。彼らはみな文鮮明に深く傾倒する弟子であると同時に、みな聡明で、高い志をもち、道徳的に「真っすぐな」学生たちだった。しかしながら、統一教会のこの試みは後に打ち切られることになった。というのも、これらの学生のあまりにも多くが、より広い考えや、より批判的な思考にさらされることによって、早晩脱会してしまったからだ。

ほぼ同じころ、統一教会は武器の製造など、韓国で展開していた諸事業をめぐって厳しい批判を受けていたし、後には脱税の嫌疑で告発もされた（文氏自身、一九八四年に同じ罪で有罪判決を受けている）。またその強い反共的なスタンスのゆえに、政治団体と見なされるという理由から、統一教会は慈善団体としての資格も取り消された。当時、実際に知っていたよりも、もっと広く彼らのポリシーや活動について知っていたならば、私は前述の諸会議への招待を、おそらく断っていただろう。

話をクレアモントに戻そう。クレアモントはロサンゼルスの郊外にあるが、その郡内にあり、巨大なサン・ガブリエル山脈の最も近い部分であるボーディ山の麓——車で二十分も行けば標高六〇〇〇フィートの高みに達する——に位置している。クレアモント・タウン（シティと呼ばれてはいるが）は、クレアモント・カレッジズの群れを囲むように、町が形成されている。

ＣＧＵ（クレアモント大学院大学）は、合衆国の数ある私立大学のうちの一つだが、独立した大学院だけから成る大学院大学であって、学部教育を主とする大学の一部分ではない。けれども、クレアモントにある他の四つの教育機関と足並みをそろえて、一つのコンソーシアムを形成している。ただし他の四つの教育機関は、どれも学部中心の大学だ。すなわち、西海岸におけるトップの教養大学の一つであるポモナ、工学分野では、この地方でこれまたトップの学部大学の一つであるハーヴィー・マッド、一般教養の男子大学であるマッケナ、同じく一般教養の女子大学であるスクリップスだ。これらはいくつかの施設、とりわけ素晴らしい図書館（バーミンガム大学よりも大きい）や、教職員のためのファカルティ・クラブを共有している。

ＣＧＵには、歴史・文学・心理学・芸術・経営・社会学・哲学・宗教学の各専攻がある。基本的にはメソジスト派だが、広くエキュメニカルな性質をもつ南カリフォルニア神学校も、クレアモントにある。ここでは独自の学位を与えているが、そこでの院生の場合、哲学博士（Ph. D）（それとは別の神学博士（Th. D）や、学術的には意味のない聖職博士（D. Min）ではなく）を望む者には、ＣＧＵで学位が取れた。また、その神学校の多くの教員たちは、ポモナやマッケナやスクリップスの教員たちが大学院で教えていたように、ＣＧＵでも教えていた。私がメンバーだったＣＧＵの宗教学の専任教員は、二十人にも及び、加えて他のポモナやマッケナなどの大学から、十五人もの教員が教えにきていた。

私の同僚の中には、各分野で極めて高名な研究者がいた。ＰＲＴ（宗教哲学と神学）の分野には、著名なプロセス神学者で、神学校内にプロセス研究所を創設したジョン・カブや、その弟子のデーヴィド・グリフィン、分析的宗教哲学者のスティーブン・デーヴィス（プリンストン神学校での私の教え子）、マージョリー・サコッキー、ジョン・ロス、フレデリック・ソンタグ、それから進展の著しいフェミニズム研究の分野ではカレン・トールジェセンがいた。また私の前任者であるジャック・ハチソンも、非常勤で指導を続けていた。新約聖書研究の分野にも、ジェームズ・ロビンソン（『史的イエスに関する新探究』やその他の著書のみならず、「ナグ・ハマディ」のコプト語グノーシス派文書に関する業績や、国際的なＱプロジェクトでの業績によって名高い研究者）や、ジェームズ・サンダーズ、バートン・マックなど、強力な一団がいた。その他の分野にも、多くの著名な研究者が在籍していた。おしなべて強力な学術的環境だった。

私にとってCGUは、二重の意味で魅力的だった。まず学部生への指導から、純粋に院生だけの指導へと切り替えることができたのが嬉しかった。もう一つは合衆国のアカデミックな雰囲気だった。そこはイギリスよりもはるかにオープンで、探究心に満ちていた。バーミンガムでは、宗教哲学は周辺的な地位しか占めていなかったが、CGUの宗教研究ではそれが中心だった。キリスト教中心の宗教哲学を、グローバルな宗教哲学へと広げていきたいと願う、私自身の研究計画の主題は、クレアモントではすでに上位を占めていた。それがジャック・ハチソンや、アカデミックな一般的気風による成果だった。

宗教学部と並んで、そこには「世界宗教と文化」を研究するためのブレイスデル・プログラムがあり、当初は専任の所長も置いて、毎年、一年間の講義に資金を提供していた。後に、私が所長を務めるようになったときには、その資金は次第に底を尽き始め、それに応じて事業は徐々に縮小されていった。私の在職中に、ハーバードからウィルフレッド・カントウェル・スミス、ソルボンヌからムハンマド・アークーン、京都から武内義範、エルサレムのヘブライ大学からツウィ・ウェルブロウスキーが、その資金で年間の講義を担当した。

資金が底を突く前に、私もそれを使って、何回かの素晴らしい国際会議を催した。一回目はガンジーに関する会議で、ラガヴァン・イヤー、マーガレット・チャテルジー、スガタ・ダスグプタ、キース・ボル、ジョフリー・オスターガード、アシス・ナンディ、スシラ・グドゥワニといった、幾人かの指導的研究者の参加を得ることができた。また、その際にはバーミンガムのレックス・アンブラーから、素晴らしい研究論文の報告も聞けた。ダスグプタ博士は定評のある大著『インド哲学史』の著者のご子息で、彼はミルチャ・エリアーデが若かった頃、ヒンドゥー教研究のために滞在していた、カルカッタのダスグプタ家の一員だった。会議に出席していたダスグプタは、シカゴのエリアーデに電話をかけ、エリアーデが自伝において、ダスグプタの妹との関係をねじ曲げて記したと非難していた。彼によれば、エリアーデは恥ずべき振る舞いをしたという。しかし、それもとうの昔の話であって、今となってはことの真相を知る者などいるだろうか。前述の会議をもとにした書物『ガンジーの今日的意義』（一九八九）は、公共政策が専門のラモント・ヘンペルと私とで編集し、マクミラン社から出版したが、大いに成功を収めた。先の会議には、国連平和大学総長のロドリゴ・カラゾと、ガンジーの思想から影響を受けた前コスタリカ大統領、また前カリフォルニア州知事ジェリー・ブラウンも参加していた。

ブレイスデル・プログラムを使って、「ユダヤ教徒・キリスト教徒・ムスリムの出会い」という別の会議も開いた。そこでは、それぞれの信仰についての全側面にわたる論文が、それぞれの信仰をもつ学者から発表され、さらにその発表に対し、他の二つの信仰の見地からコメントがなされた。その成果はエドマンド・メルツァーと私との共編で、『三つの信仰、一なる神』（一九八九）と題し、マクミラン社およびニューヨーク州立大学出版会から出版された。これもまた大成功を収めた。

クレアモントの名を宗教哲学の分野で大いに高めようとして、私はブレイスデル・プログラムによる学術会議のほかに、一連の宗教哲学会議も実施した。国際会議を開くとなると、海外から人を呼ぶ、宿泊の手配をする、プログラムを作ってこれを実行するなど、大量の仕事が生じる。そこで私は、そのつど基本計画の作成と招待者の選択は自分で行って、後はすべて有能な学生に任せ、賃金を払うことにした。それにはまたかなりの予算が必要だったが、有り難いことに、CGUの学長ジョン・マグワイアの理解があって、何とかそれを調達することができた。

さらに会議の成果を編集し、出版の準備をする人々も招聘した。そうしてできた書物には、スティーブン・デーヴィス編『死と死後の生』（一九八九）、最良の学生の一人リンダ・テッサー編『究極者の諸概念』（一九八九）、チャップマン大学の哲学教授ジョセフ・ランゾ編『倫理・宗教・善き社会』（一九九二）、ノースリッジにあるカリフォルニア州立大学の哲学教授ジェームズ・ケレンバーガー編『宗教間モデルと基準』（一九九三）、そして同じくジョセフ・ランゾ編『神は実在するか』（一九九三）がある。

また、私がクレアモントを退職する前年、スティーブン・デーヴィスが、私の業績に関する会議を開いてくれた。その会議は、はじめに一連のテーマに関する批判的論文の発表があり、それに続いて私が、その各々に応答するというものだった。特に、悪の問題に関しては、アメリカの宗教哲学を代表する研究者の一人であるウィリアム・ロウが、リンダ・ザグゼブスキと私に対して強力な批判を行い、活発で有益な議論が行われた。参加者の中には、私の教え子のギャヴィン・ドゥコスタ、ジェラード・ラフリン、チェスター・ギリスなど、私の業績に対して批判的な博士論文を書いた者[1]（チェスターは後に私に賛同するようになった[2]）や、批判者のブライアン・ヘブルスウェイトとジュリアス・リップナー――批判者ではあるが、友人でもある――がいた。その成果である『宗教哲学の諸問題――ジョン・ヒックの業績に対する批判的研究』（一九九一）は、別の教え子のハロルド・ヒューイットによって編集された。これらの書物はすべてマクミラン社から出版された。

ダンフォース講座の私の後任、デウィ・フィリップスは、その後も年次学術会議の事業を続けており、そのうちの一回には私も参加した。フィリップスは、学術誌『クレアモント宗教哲学研究』の刊行という素晴らしいアイデアを思いついた。これこそ、いま思えば、私が考えつくべきものだった。この学術誌は、マクミラン社とセント・マーティン社（現在はパルグレイブ社も合併している）から出版された。

ときおり、友人たちもゲスト講師として来てくれた。例えば、マイケル・ゴールダーだ。「土曜日から今日まで、マイケルが我が家のゲストルームに滞在した。彼の二つの講義は大成功だった――聖書資料を完璧に駆使し、論証も完全に明確で、さらには彼の知的な風格が印象に残る」。宗教経験の妥当性については、マイケルの見解とまったく異なり、聖書解釈における彼の理論についても、私はしばしば不可知論――無知のせいだが——の立場を取っているが、それでも彼との間には、共通点がたくさんある。私たちは共に明晰な思考、緻密な推論、明快な表現を重んじ、軟弱で怠惰な思考をすぐさま見抜くことができる。

2　大学院生の指導法

CGUでの博士号（宗教学）を取得するための要件は、アメリカのどの主要な大学とも同じだった。まず宗教学の分野全体にわたる修士レベルの試験にパスし、フランス語とドイツ語の読解試験（加えて聖書学には古代言語も必要）、それから学部提供の範囲外から選択する二年間の大学院ゼミの履修、学生が選んだ論文テーマに関する資格試験、そして最終的に学位論文を完成させる。学位論文の作成には、三人の教授が個別指導にあたる。この仕組みには、イギリスのように通常一人の教授が指導にあたるのと比べると、良い点、悪い点がある。良い点は、学生が一人の教授の独断的指図を受けないですむことにある。また悪い点は、時に三人の間で見解の不一致が生じ、指導上に混乱があったり、アドバイスにも矛盾が生じたりすることにある。しかし普通はどちらの仕組みも、現実にはうまく働いている。

春、秋のどちらの学期にも、私は二つのゼミを受け持った。毎週、月曜日と火曜日の午後三時から六時までだった。私の教授法は次のようなものだった。合計十五回で、一回三時間の授業は、毎回コーヒーブレイクをはさんで前半と後半に分けられた。一時間半弱の前半と後半の授業時間に、皆はその週に課せられた論文か書物の一章について、受講生の一人が用意した短いレポートを読んだ。このレポートは概要の説明ではなく、内容に対する批判的応答であるように求められており、私のところには前日——月曜日のゼミの場合には土曜日に——持参するか、ファックスで知らせることになっていた。そしてゼミのときにはコピーが配付された。レポートを書いた学生が声を出して読み始める。しかし議論のためなら、いつでも誰でも発言することができた——ときにはそのレポートがよい刺激を与えて議論がはずみ、最後まで読み進まないこともあった。加えて、議論が十分尽くされなかったと感じる学生がいる場合には、その学生に一頁のディスカッション・ノートを書かせ、同様にそのノートをコピー配付し、翌週のゼミの最初にこれをとりあげた。ときにはその短いノート自体が反応を誘発し、二、三週間にもわたる議論が展開することもあった。

ときどき私も、自分でディスカッション・ノートを配ったり、またときにはもう少し長いものを書いて、新しいテーマの導入を行ったり、そのコースの総括に用いたりもした。学生のディスカッション・ノートは、わざと一枚の紙の片面だけに制限した。これは、簡潔さが要求する思考の集中を促すためだった。ディスカッション・ノートは、中心となる論点に鋭く光を当てるためのもので、無関係であったり余分であったりする部分は、何度もフィルターにかけて削ぎ落とし、その結果としてできあがったものでなくてはならない。また、独りよがりの印象深さを求めて曖昧になったり、レトリックを使いすぎたりすることのないよう心がけ、最大限に平明であることを目指さなくてはならない。

この方式は、本当に優秀な学生には最良の効果をもたらした。二人、三人、または四人、そのような学生がいれば、ゼミはきっとうまく機能するはずだ。十二年の在職中に、私は特にこの少数の第一級の学生たちから、実に多くのことを学んだ。しかし逆に、ゼミ学生のほうも、毎回ゼミに参加し、そのつど知的に厳しく要求を突きつけられる経験をして、何か大事なことを学び取ってくれたと思う。ゼミの議論に加われば加わるほど、そこから学生は、より多くのものを得ていた。

しかし教えることのほかに、管理職としての雑用もこなさなくてはならなかった。在職中、管理職につくことは極力避け、せいぜい一つ二つの委員会の役をするだけですませようとした。しかしクレアモントでの在職期間の半ばが過ぎたころ、宣伝目的のために「著名な」主任を置くという理由から、私は宗教学の主任になるよう求められた。ただし、他の誰かと一緒にということで、エドマンド・メルツァーが副主任になった。彼は学生に関係する下支えの仕事全般――ほとんどそれが日常業務だったため、それこそが主要業務だった――を受け持つことになった。そして、私のほうは学部長や学長に関係する、上を相手にする仕事を一手に引き受けた。私のほうは仕事が少ないはずだ――年に一度だけの給与の裁定と新任人事くらい――と考えていたが、時間がたつうちに、有り難くもない委員会や、朝食を兼ねた緊急会議、重大局面に関わる相談ごと、そのほか短期だが手間どる行事といったものに、巻き込まれるようになった。それでもクレアモントは、他のどこよりも私にはよい場所だった。

クレアモントを起点として、私は講演や会議への参加を目的に、国内をくまなく旅行した。いまだに南北戦争が北部の侵略戦争だったなどと言われている深南部へも、数回訪れた。その一つがアラバマ州のモビールにある大学だった。そこでの滞在中、大きな南部バプテスト教会の日曜礼拝に出席した。その教会は、一九六〇年代に撮られた写真――黒人を締め出すために教会の入口に執事たちが立ち並んでいる写真――で有名だった。礼拝には千人くらいの白人信徒が出席していて、オーケストラ付きの大聖歌隊も従えていた。説教は人間の罪をテーマに、偏狭で律法主義的な言葉が語られていた。説教者は絶叫し放題だった。そのあと救いの招きがあって、一人、二人が前方に進み、事前に練習したことが明らかなスピーチをしていた。帰宅すると、「ロサンゼルス・タイムズ」紙にこう報じられていた――南部バプテスト教会のある牧師が、ユダヤ人も天国に召されると主張したため免職になった。

一九九二年、ダンフォース講座を退職したとき、大学事務室が『思想の痕跡』と題する六三ページの文書を、私のために作ってくれた。それは、私が多年にわたってさまざまな授業のために書いてきた、数々の短いディスカッション・ペーパー、導入や要約のために書いたやや長めの文章、そして私の「最終講義」を集めたものだった。

これは私自身が書いた短いディスカッション・ノートの一例である。

プランティンガの存在論的論証

以下の論証［最大限に善なる神が存在するというプランティンガ自身の論証を反映したもの］を軸にして、プランティンガに対し「ガウニロを演じる」ことができるか。

1. 最大限の悪が例証される可能世界Wが存在する。
2. 必然的に、もしもある存在があらゆる（可能）世界において最大限に悪であるという特性を有するならば、その存在は最大限に悪である。
3. 必然的に、ある存在があらゆる（可能）世界において全知全能であり、絶対的に道徳的に堕落している場合にのみ、その存在はあらゆる（可能）世界において最大限に悪であるという特性を有する。
4. もしもWが現実的であるとするならば、（5）「全知全能で絶対的に道徳的に堕落している者は存在しない」は不可能であるはずだ。
6. しかし、（5）がある一つの可能世界において不可能であるがゆえに、それはあらゆる可能世界において不可能である。
7. それゆえ、全知全能で絶対的に道徳的に堕落した者が存在することになる。

学生のほうも、各自で選び、私から了解を取りつけたテーマについて、かならず期末レポートを書かなくてはならなかった。その際、私は次のような文書を手渡した。

エッセーに関する小さなエッセー

期末レポートをもう書き始めているか、あるいは書こうと準備を始めているかであってほしい。以下のアドバイスは適切な限りで用い、無駄であれば忘れ去ってくれてよい。

自分に本当に興味のあるテーマで、それに自分の時間と労力を投じたいと、本気で思えるテーマを選びなさい。単に授業の課題だからというだけで期末レポートを書くこと以上に――おそらくそのようなレポートを読むことを除けば――悪いことはない。適切なテーマをめぐって本当によく書けているレポートならば、公表されないわけがない。過去にそういうレポートを受け取ったことが何度かある。しかし公表を目的にするのであれば、選ぶテーマは論文として必要とされるようなものでなければならない。しかしテーマが公表に値するものであろうとなかろうと、内容の質に関しては、公表に値するものであることを目指しなさい。

もし誰かの書いたものを詳論したり批判したりしようとするならば、説明には十分に注意を払いなさい。著者の考えを正確に伝えるようにしなさい。そして引用は一〇〇パーセント正確であること。何かを簡単にこきおろそうとして、漫画ふうに描いてはいけない。自分とは異なる視点に価値を認めるよう努めなさい。批判を向けるに値する思想家なら、全面的なまちがいをしていることはない。その識別に努めなさい。

可能であれば、レポートは一つの中心的なテーゼをめぐって構築されることが望ましい。自分の中心テーゼが何であるかを、とことん明確にしておくこと。そしてそのテーゼに関係しない題材は省くこと。ペン（あるいはタイプライター、あるいはパソコン）に次いで、屑かごが、おそらく物を書く人には最重要な必需品となるはずだ。捨てる心構えを持ちなさい――時にはそれが苦痛になることもあるけれども（脇道にそれたければ、はっきりわかるようにそうしなさい――脇道にそれていることを明確に述べ、場合によっては脇道の内容を括弧にくくるようにしなさい）。いま述べていることと、前の段落で述べたこととのつながりに注意を怠り、読み手を当惑させるようなことがあってはならない。つながりが自明でなければ、詳細に説明しなさい。

語は無駄なく使われるときに最良の働きをする。過剰に使えば価値を失う。だから、意味を損なうことなく文中の語を削ぎ落とすことができれば、スリムになった文はより効果的に意味を伝えることになる。そして一文にあまり詰め込みすぎないこと。もし節を加えすぎ、そのために文が長くて複雑になったと思ったら、文を二つに分けることを考えなさい。

語は正確に用いなさい。自分の言いたいことが正確に表現できているかどうか、自問しなさい。

最後に、でき具合いを無慈悲に批評しなさい。一段落を通して読んでみて、何かおかしいと感じたら、何がおかしいのかわかるまで待つのではなく、ただちに手を加えなさい。良い文章と悪い文章の違いは、その全体ないしは部分が書き直された回数に比例する。だからまず草稿を書き、それを育て展開し、何度も書き換えて、場合によっては形態も変えていくこと。何かを削ぎ落とす理由がわかるごとに、レポートはよりよい内容になっていくはずだ。レポート作りは、言わば毎日せっせと通い詰め、少しずつ手を加え、調和を見極め、きちんと均斉が取れるまで――あるいは可能な限りでほぼ均斉が取れるまで――作業を続ける彫刻の仕事に見立てることができる。

3　カントウェル・スミスのことなど

クレアモント在任中のゼミの内容は、宗教認識論、悪の問題、死と永遠の生、現代の宗教哲学、ロック、バークレー、ヒューム、キリスト教と他宗教、仏教とキリスト教（阿部正雄と共同）だったが、その全内容は、後に『宗教の解釈』と題して出版された書物の草稿となった。

もしも、宗教のグローバルな現実に対して、開放的な精神性の行き渡っているクレアモントに赴いていなければ、この書物が書けたかどうかはわからない。とにかく宗教間の関係について「多元主義的仮説」の展開ができたのは、まさしくこの土地だった――ただし、この仮説の占める部分は本書の半分ほどでしかない。「ランプは違えど光は同じ――それは彼方から来たる」という、諸宗教に関するルーミーの言葉に表現された「多元主義的洞察」は、ずっと以前から抱いていた。そして、その洞察については何度も書いていた。しかし『宗教の解釈』の中で、それははるかに十全に展開されている。

ここでは、ウィルフレッド・カントウェル・スミスの影響が甚大だ。彼はよき友、そして尊敬する指導者となった。[3] 彼はたいへんな博学――ヘブル語、ギリシア語、六つの現代ヨーロッパ語のほかに、アラビア語、サンスクリット語、中国語までもできる――、しかも一流の宗教史家としての権威をもって、多元主義的洞察を支持することができた。彼の学術的な巻末註は、本文と同じくらいの分量を占めることで有名だった。主題の帯びる果てしないまでの複雑さに対して公正であろうとして、すべてに慎重な限定をし、さらにその限定に限定を加えるというその著述方法に、彼の批判的な学術的良心が表わされている。意味の複雑さに対する感覚と、過度の単純化を本能的に避けようとする姿勢――そうであることが、時にそうでなかった場合よりも彼が書いたものを読みにくくしている――は、彼の絶筆となった、世界の聖典に関する比較研究の書物を書き終えたかどうかを、彼に尋ねたときに明々白々となった。彼はこう言ったのだ。「ああ、〈書き終える〉という言葉のもつ十七の意味のうちの、六つの意味においてはね」。(4)

彼の学問的誠実さは、カルヴァン派の良心を反映しているのかも知れない。それは、ある会議で一緒に食事をしたときの出来事に象徴されているように思える。互いに自分の食事代は払ったのだが、そのときウィルフレッドに一〇セントがなくて、私から借りることになった。もちろん一〇セントくらいのことだから忘れるように、と彼に言った。しかし数日後、カードにテープで貼り付けられた一〇セントのコインが封筒で送られてきた。彼と同じく非常に大雑把な意味でしかないが、同じカルヴァン派の同志として、私はこれを素晴らしいと思った。けれども素人エコノミストとしては、封筒に貼られていた切手が、二五セントもしていたことが気になった。ウィルフレッドが非常に大雑把な意味でカルヴァン派であると、私は言った。事実上ありえないことだが、もしも彼が、カルヴァン存命中のジュネーヴで自分の思想を公表していたならば、おそらくまちがいなく、異端として生きたまま焼き殺されたセルヴェトゥスと、同じ運命を辿っていたはずだ（私にも同じことがいえるだろう）。

さらにウィルフレッドは、特にイスラームを専門とする一流の比較宗教学者でもあった。しかし彼の独創性は、彼がその桁はずれに大きな知識を、人類共通の人間性という意識と人類の相互理解という大目的とを、推進させるために用いたところにある。彼は個々の伝統がもつ独自な特性を精査しているうちに、そのさまざまに異なる宗教伝統の間に、魅惑的な並行性や歴史的な相互関係があることに気がついた。(5)

さらに、彼は机にかじりついているだけの学者ではなかった。かつて六年間、今はパキスタンと言われる場所で、地道に働いていたし、その生涯を通じて、さまざまに信仰を異にする人々と交流し、マッギル、ダルハウジー、ハーバードの各大学で教えていたときには、他の諸信仰を研究するにあたっては、書物から得た知識だけでなく、それらの信仰を生きている人々と、個人的に知り合いになることも必要だと強調した。言い換えれば、彼の関心は人間同士の生きた信仰、また生きられた信仰としての宗教に向けられていたのであって、単に説明を受けるためだけの類型としての宗教や、社会学的に分析を受けるためだけのデータとしての宗教には、関心がなかったのだ。

アカデミックな宗教史学の内部、およびそれを超えた領域におけるウィルフレッドの思想的貢献は極めて重要で、またその影響力も大きかった。彼は宗教に対する西洋の馴染みの概念、つまり宗教とはそれぞれ相互に境界をもって隔てられた、社会 - 宗教的実在物にほかならないという概念を、その近代的起源を追究し、この思考法の不十分さを示すことによって、脱構築した。(6) 今日私たちが、巨大で固定的な実在物としての「宗教」よりも、むしろ内的に多様で、変化する動きとしての「宗教伝統」について語ることに慣れてきているのは、彼のおかげによるところが大きい。そして彼は、他の宗教共同体について発せられる、典型的に西洋的な問い――「彼らは何を信じているのか」という問い――から私たちを引き離し、他の宗教共同体に生きる人々の生活全般に、興味を抱くように仕向けた。これらの人々の生活においては、命題的信念がときに主要な役割を担うことがあっても、たいていは周辺的な役割しか担っていない。

ほかにも、ウィルフレッドによる重要な貢献がある。それは彼が、一方で信仰と呼ぶものと、他方で累積的伝統と呼ぶものとを区別したことだ。後者は人類史を形成している他のすべての力と、互いに作用し合っている歴史的現象のことだ。そして前者の、信仰という言葉で意味しているのは、神的なものに対する個人の内なる霊的応答のことだ。この区別は非常に重要である。というのも、信仰という内面的な生活のことは、宗教的組織に集中するメディアの視点では、まったく無視されてしまうからだ。そして組織は分離するものであっても、信仰（彼が言う意味での信仰）は結束するものなのだ。

人間の生活が世界中で有する宗教的次元に関してのウィルフレッドの業績は、まさに知的な解放をもたらすものであったが、これによって彼は、現代における宗教多元主義の父となった。これは友人や同僚のみならず、批判者からもただしく認められている事実だ[7]。キリスト教だけが唯一真正なる信仰で、救いへの通路となるものだ、という考えを彼は退けたが、それが大きな影響力となって、より広い見方がしだいに受け入れられていくようになった。

私自身の貢献としては、それ自体としての世界と、私たち自身の意識を構成する概念体系を通して私たちに知覚されるものとしての世界とを、分けて考えるというカント流の区別を、宗教の認識論に応用したことがあげられる。私は、一方で究極的・超範疇的（語り得ない）実在者——私たちの周囲と内部に普遍的に現存している——と、他方、その実在に関する人間意識のさまざまな変様態、すなわちさまざまに異なる概念体系やさまざまな霊的実践——これは非常に重要——によって形成される、さまざまなペルソナ（ヤーウェ、天の父、アッラー、ヴィシュヌ、シヴァなど）や非ペルソナ（ブラフマン、タオ、ダルマカーヤなど）とを区別した。

しかし、こうした短い要約の言葉では、このことに関する内容は伝えきれない。『宗教の解釈』は広く議論されてきたし、また実際、宗教の多様性という問題が扱われる際には、ほとんどすべての研究によって、この書物が引き合いに出される。そのことが刺激となって、私の業績に関する数々の——現時点では三十冊ほどの——書物が生み出されている。そのほとんどが、保守派のキリスト教神学者や哲学者たちによるものであるが、それでも中には、有益な批判点を提起しているものがある。

一九八二年二月の日記より——

相変わらず多忙にすぎ、日記を細かくつけている暇さえない。けれども、これだけは書き留めておかなくてはならない。昨日、マークから電話があり、エディンバラ大学の副学長から私宛に手紙がきたとのこと。そこには一九八六年から八七年の、ギフォード講義担当の講師招聘のことが記されている由。望外の喜びであるとともに、半ば期待もしていたことなので安堵もした。もしも私が招聘されず、誰か私より話す内容の乏しい者がギフォード講義を担当した場合には、どうなっていただろうか。今にして思えば、エディンバラで過ごした学生時代から、ずっと、いつか自分がギフォード講義を担当することになるという思いを抱いてきた。だから、その思いが裏切られなかったことで、ほっとした。

ギフォード講義は、スコットランドの判事ギフォード卿が十九世紀末に寄贈した講座だ。そのギフォード卿の曾孫で、法制改革では非常に優れたアイデアをもつ法廷弁護士の現ギフォード卿が、あたかも「ジフォード」のように「ギフォード」を発音するのを知って、私は衝撃を受けた――歴代の宗教哲学者たちをさし置いて、自分の名前の発音は自分がもっとよくわかっているとでも言いたげなこの男は、一体何者か。この百年間に多くのギフォード講義が行われた。有名なもの（例えばA・N・ホワイトヘッド、ラインホールド・ニーバー、カール・バルト、ポール・ティリッヒ、エミール・ブルンナー、ウィリアム・テンプル、中でもいちばん有名なのはウィリアム・ジェームズ、またそのほかにも現代のアルヴィン・プランティンガ、リチャード・スウィンバーン、キース・ウォードなど）もあれば、忘れられて久しいものもある。しかしながら招聘されることはなかったが、このフォーラムで思想の発表を要請されるべきだった重要な思想家も数多くいる――例えばジョン・オーマン、F・R・テナント、チャールズ・ハーツホーン、ウィリアム・オールストンなど。したがって、ギフォード講義への招聘は極めて名誉なことというよりも、むしろこれに招聘されないのはちょっとした無礼といえるだろう。

久しぶりにエディンバラに戻り、旧友と会い、懐かしい場所を訪れたことは、確かに素晴らしい経験ではあったが、実際には講義そのものは仰々しい行事ではなく、五十人くらいの聴衆がいるだけだった。ロン・マレー（当時すでに上級控訴審判事となっていたマレー卿）は何回か講義に顔を出し、私は彼の家で、彼とシーラから上等な昼食をご馳走になった。また裁判を傍聴しに行ったりもした。アバディーンシャーのバラターに住んでいたピーター・マキューアンは、私と昼食を一緒にするため大学のファカルティ・クラブまでやってきて、彼とアレク・スチュアートと私との三人の間で交わした約束、二〇〇〇年にデヴィルズ・パスで再会するという約束——それは互いに果たせなかった——を思い出させてくれた。娘のエレもエディンバラまで来てくれて、講義を一回聞いて、週末をそこで過ごした。私はエディンバラを去る際に、リーズに母を訪ねることができた。実によい旅だった。

クレアモントでの歳月は、私にとって最良の院生ゼミの一つ、一連の宗教哲学会議のうちの最良のもの、クレアモント在職中の最良の学生——ティム・マスグローヴ——の博士号取得をもって、無事終わりを告げた。ヘーゼルも私も、そこを去るのは悲しかったが、そこを去る準備はできていた。

注

（1）ギャヴィンのケンブリッジでの学位論文は、次の著作として出版された。Gavin D'costa, *John Hick's Theology of Religions*, University Press of America, 1987. チェスターがシカゴ大学で書いた学位論文は次の著作である。Chester Gillis, *A Question of Final Belief*, Macmillan, 1988. ジェラードのケンブリッジでの博士論文は次のものである。Gerard Loughlin, "Mirroring God's World : A Critique of John Hick's Speculative Theology", 1986.

（2）Chester Gillis, *Pluralism : A New Paradigm for Theology*, Peeters Press : Louvain, and Eerdmans, 1993.

（3）以下の叙述は、一九九二年にウィルフレッドが退職した際、モントリオールで開かれた会議で私が行った講演をもとにしている。そのときの講演内容は *Method and Theory in the Study of Religion*, Vol. 4, 1992 及び、カントウェル・スミス読本に寄せた私の序文の中で公表されている。

（4）Wilfred Cantwell Smith, *What is Scripture ?*, Minneapolis : Fortress Press, and London : SCM Press, 1993.

（5）例えば次の著作を参照せよ。Wilfred Cantwell Smith, *Towards a World Theology*, London : Macmillan, 1981. ここにはバーミンガムで行ったカドベリー講義が収録されている。

（6）次の著作を参照せよ。Wilfred Cantwell Smith, *The Meaning and End of Religion*. この著作は一九六二年に初版が出た後、何度も再版されている。例えば一九九一年には Fortress Press of Minneapolis から再版されている。

（7）ウィルフレッドの業績に関して、クレアモントの院生エドワード・ヒューズが書いた博士論文は、次の著作として出版された。Edward Hughes, *Wilfred Cantwell Smith : A Theology for the World*, London : SCM, 1986.

第23章　クレアモントの生活

1　最も幸せな十年

けれども、もちろんクレアモントでの生活には、教えること以外にたくさんの出来事があった。ヘーゼルと私の結婚生活の中で、それは最も幸せな十年だったと思う。ただ息子のマイクの悲劇的な死——このことについては後述する——により、一時期、その生活の喜びが奪われかけたが……。ヘーゼルはアメリカを愛し、多くの友だちに恵まれ、いつものように教えることに夢中になった。彼女はカリフォルニアの第二言語であるスペイン語を学び、かなり流暢に話せるようになった。子どもたちが訪ねてきて、とてもすばらしい時間を過ごすことができた。

ある年のクリスマス、私たちは皆でサンディエゴに行き、メキシコ料理のレストランで夕食をしたが、ピートとエレはそのときのことを、今でも（毎年）愉快に思い出している。そのレストランでは、大柄な女性歌手がテーブルを回って歌っていた。私はたまたま通路側の席に座っていたので、この歌手が回ってくれば、私の膝にお尻をおいて歌うことになる。やがてその時が来るのを皆は知っている。私はどんどんばつが悪くなり、皆のほうはどんどん期待が膨らんでいった。

クレアモントの家は九条西通り五一六番地にあり、キャンパスまでは歩いても自転車に乗っても、簡単に行ける距離にあった。我が家は木造のバンガローで、広いリビング、二つの寝室、バスルームも二つ、さらにリビングに続くダイニング、キッチン、サンデッキに通じる書斎、車二台分のガレージ（その壁には友人の画家が山や湖を描いてくれた）、それに、ガレージに付随してバスルームのついたゲストルームまであった。家の前の芝生の庭は狭かったが、後ろの芝生の庭は広々としていた。地下に敷いたパイプから水を供給するスプリンクラーのおかげで、芝生はいつも青々としていた。両隣りの家とも仲よくできた。いまでもその一人とは文通している。

コンソーシアムを形成している大学間で、都合五つの屋外プールが共有されていた。そのうちの一つはオリンピックサイズだった。ＣＧＵはプールを持っていなかったが、五つのプールのどれでも利用することができた。野外のどのプールも、ほとんどがヤシの木や茂み、花々に囲まれており、そうした中で泳ぐことは実に快適だった。あるプールの傍らには大きな黒板があって、そこには才知にたけた学生たちが、回文《かいぶん》（どちらから読んでも同じ文）を書き込むのが常だった。皆は競って、前のものよりさらに長いものを生み出そうとしていた。最も短いものは“Pull up”だった。その次が“Madam, I'm Adam”で、それには“Even am I'man, Eve”という返答がついていた。けれども、最も長い文は次の二つだった。“Able was I ere I saw Elba”と“A man, a plan, a canal-Panama”。以前は泳ぐ習慣などなかったが、クレアモントに来てからずっと泳ぐことが習慣になった。いまは毎日ではなく、週に三度しか泳いでいない。

ある日、生活の中でのちょっとした楽しみを、いくつか日記に書き並べてみた。すると、こうなった。「混んでいない時間帯に、スクリップスの澄んだ青い水のプールで泳ぐこと。ベッドでとる朝食。長時間の書き物を終えてから、イヤホーンでモーツァルトを聞く短い時間。早朝の鳥のさえずり。朝食前に新聞を取りに行くこと――新鮮な空気、太陽、小鳥たち」。新聞は一流の「ロサンゼルス・タイムズ」紙で、早朝、配達人が車の中から家の前の歩道めがけて投げて配っていた――雨の日はビニール袋に入れてあった。

春先に雨期があり、その時季には熱帯のような大雨が降ることもあったが、気候は快適で、ほとんど毎日が日光浴日和のお天気だった。日中の気温は、たいてい摂氏二四度から二六度ぐらいだった――ある年のクリスマスは、摂氏約二七度まで上がった。裏庭には、南に面したサンデッキがあり、そこに二台の居心地のよいサンベッドが置いてあった。私は毎日そこで陽に当たりながら、かなりの時間、読書をしたり書き物をしたりした。その頃、私はまだＢＣ［Before Computer］（コンピュータ以前）――大学事務室はコンピュータで埋まっていたが――の生活をしていて、原稿はまず手で書き、それからコンピュータに入力していた。四月のある日の日記――、

昨日は二七度を超えた。暗くなってから外で葉巻タバコをくわえていても、少しも寒くなかった。マンター家［隣家］の木を背にして、月がとても大きく明るくて、いまにも木の葉を破ってその全貌を見せるような気配だった。星たちはお休みで、夜空を横切る飛行機の光がときおり見えるが、あまりにも遠くて音は聞こえない。今日も暑い――サンデッキで朝食をとったところだ。青い空。小鳥のさえずり。

このあたりはかつて柑橘類の栽培が盛んだったところで、私たちも庭でオレンジ、レモン、グレープフルーツ、桃を育てていたが、そうした果樹の枝の間を、ハミングバードが羽ばたいて空中に停止していた。また、地域に固有の大きな緑色のオウムがたくさんいて、家の木や電話線にとまってにぎやかに鳴いていた。

南カリフォルニアは地震の多い地域で、私たちの住むクレアモントからサン・アンドレアス断層はそう遠くはなかった。聞いたところでは、ほとんどが感知できないほどのものだが、毎年一万一千回くらいの地震があるという。私たちはさっそく、地震保険に入った。ほとんどの家が木造の平屋だったので、ある程度の揺れには耐えられるものだった。私たちがそこで過ごした十年の間に、かなり大きな地震が数回あった。

その一つは一九八七年十月だった。朝七時四十分、ホイッティアーを震源として、リヒタースケールでマグニチュード六・一の地震があった。私は庭の芝生の上に立っていたが、突然、木々を激しく揺らし、狂ったように小枝を揺さぶる強風を感じた。二千年も前だったら、人々は人々は口々に「天使さまがお通りになった」と言ったはずだ。しかし、それも数秒のことで、クレアモントに実害はなかった。ヘーゼルは、そのときちょうど仕事に向かう車の運転中で、衝撃はタイヤに吸収され、車はほんの少し左右に揺れただけだった。もう一つは、アップランド近辺を震源とするマグニチュード五・五の地震だった。私はニュー・オーリンズでの会議に出かけていたが、ヘーゼルは家におり、本棚から本が落ちたり、壁の絵が落ちたりした。しかしこのときもまた、クレアモントでは怪我人は出なかった。

しかしながら一九八九年の十月、ずっと北の方で起きたマグニチュード六・九の地震のときには、サンフランシスコで百五十人が亡くなった。また、私たちのクレアモントでの最後の年には、スプリングス砂漠の近辺を震源とするマグニチュード六・一の地震が起こり、六十秒もの間、大地が揺さぶられた。これから先も大地震があると予測されている。

私はURC［合同改革教会］の聖職者の一人として、サン・ガブリエルの地方長老会に加入申し込みをしたものかどうか迷っていた。二十年前の、いわゆる「処女マリア事件」を思い出し、またあのような教会論争で時間を無駄にしたくはないと考え、以前から知っていた何人かの長老会の会員たちに助言を求めた。彼らは探りを入れたうえで、私の申し込みが形式的な審査だけで通るだろうと請け合ってくれた。しかしながら、実際には福音主義的・原理主義的な信者仲間の何人かがこれに目を止め、反対した。一九八三年九月の日記――、

先週火曜日、長老会の会合が開かれた。これに出席するため、私はゼミの後半を切り上げなくてはならなかった。会員として認定するかどうかを審議するため、私の名が議長から提議された。一時間ほど議論が続いたが、その中で、『受肉神話』『神は多くの名前をもつ』、それから二年前の「クリスチャン・センチュリー」紙に載せた論文からの引用を行う者がいた。口調はほとんど丁重なものだった。動議のための発言者の中には、スティーブン・デーヴィスやジム・エンジェル（私たちが教会員として属したクレアモント長老教会の牧師）、ジェーン・ダグラスがいた。休憩後の投票では、賛成八十八票、反対八十二票だった。極めて僅差。それから制度上のいくつかの質問があって、私は登録された。ジム・サンダーズ（今日の午後プールで出くわした）から、あとの会議で百名の署名を添えた抗議文が提出されたが、議長はそれが議事ではなく実質を扱うものだという理由から、これを退けたという話を聞かされた。

最近、北部と南部の長老派教会が合同して合衆国長老教会となったばかりであり、またその際の協定で、最初の三年間のうちは、どの会衆にも脱退の自由が認められていたこともあり、事態は複雑になっていた。もしも私が長老会に加えられるならば、かつての南部の会衆は多数脱退するだろうと、反対者たちは触れ回っていた。また超 - 福音主義の会衆のほうが規模も財力も大きくて、しかも長老会は自己資本の増大を目指す運動の最中だったということも、その要因の一つだった。パサデナにある極めて保守的なフラー神学校も、強力な反対勢力だった。ヘーゼルと私は、当時フラーで説教学の教授をしていたイアン・ピット＝ワトソン（エディン

バラの哲学科を私より一年先に卒業した人物）と一緒に夕食をするため、そこに赴いた。彼は長老会内部の紛争をさらに別の角度から見ていた。彼によれば、現在、長老派の教会から極右セクトのほうへ、信徒が少しずつ流出しつつあるが、もし私の長老会への登録が維持されるならば、この傾向にいっそう拍車がかかるだろう。また周辺の信徒たちも、長老会がリベラル化したと言って危険視するようになるだろうという。

このサン・ガブリエルの長老会のとった措置に反対する訴えが、南カリフォルニアのシノッド（教会会議）に提出されるまでに、ことはエスカレートした。翌一九八四年二月の日記――、

合衆国長老教会の総会議長、ランディ・トンプソンとSTCで昼食をとる。その後、総会議長および長老会執行部の者との会談で、一時間ほど過ごす。総会議長は友好的だったが、神学者というよりむしろ教会政治家のようにも見える。シノッドの司法委員会は行きづまっていて、妥協案を求めているようだ。五人の不服申し立て者が、投票の結果が彼らの申し立てに反するものとなったとしても、それを最終決定と認めるという条件を出し、長老会の再開と、長老会の公開の場における私の加入再審が提案された。現在、三人がこれに同意し、残りの二人は同意していない。私は自分に関係する提案部分には同意した――それは気持ちのいいものではないだろうし、自分の意に沿わない方向にいくかもしれないが……。総会議長は、それがどのような方向に進むか、自分にもわからないと言った。

裏では事態は複雑な教会の策略で煮えたぎり、それに関わって人々は忙しかったようだが、私はと言えば、長老会の聖職委員会から呼び出しを受けるまで、そのことはほぼ忘れかけていた。聖職委員会の場では、他信仰に対する自分の姿勢――ロサンゼルスには世界で三番目に大きなユダヤ教共同体、大きな仏教共同体、北ア

メリカで最大の仏教寺院、さらにイスラームとヒンドゥー教の大きな共同体もある――と、キリスト教だけが唯一真正な信仰ではないとする、自分の見解とに焦点を絞った短い態度表明を行った。多くの議論が交わされ、その後しばらく私はその場を離れた。そして戻ってきたときには、彼らは教会の分裂を回避するため、加入申し込みを撤回するよう、私に要請することを決定していた。私は教会の分裂を引き起こすことは望んでいなかったので、申し込みを撤回することに同意した――後で聞かされたことだが、原理主義的な同胞たちは教会中で歓喜したそうだ。彼らはそのとき、四半世紀前にニューブランズウィックの長老会から、私を排除できなかったことに対する復讐を果たしたのだった。それまでの年月、それがわだかまりの種だったことは明白だ。「ロサンゼルス・タイムズ」紙の有名な宗教記者ジョン・ダートは、この件を私に同情的に報じ、私たちが在籍するクレアモントの教会の牧師であるジム・エンジェルの、「長老教会にはジョン・ヒックのような大いに創造的な考えをもった人物が必要だ」という言葉を引用した。そしてキャンパス担当のユダヤ教のラビは、私を抱擁したほどだった。だから、この結果に、私は困惑するようなことはなかった。またCGUは教会に連なる機関ではなかったので、私の職が危うくなるようなこともなかった。長老会の会合に出席する必要がなかったので、私は気が楽だった。しかし、長老派の教会内部に、原理主義や極端な福音主義の勢力がいかに強いか――今なおそうだが――を知って、不安な気持ちにさせられた。

この地――ロサンゼルス地域――で非常に満足した活動は、地域のユダヤ教徒・キリスト教徒・ムスリムの対話グループを立ち上げたことだった。当時の学生モーラ・オニールの働きのおかげで、私たちがさまざまな家で集会を開くたびごとに、個人的な関係を結ぶよいネットワークが発展していった。活動の盛んなオレンジ郡イスラーム・センターのイマーム（バーミンガムでPh. Dをとった）、ムザミル・シッディキと、ユダヤ教のキャンパス・チャプレンであるラビのベン・ベリアクとが、この活動を支えていた。私たちはたいてい家庭生活、子どもの養育と教育、食物、儀式や聖日等々の、具体的な問題を話し合った。神学は背後に退き、普通の、そして永続的な人間らしい友情が形成されていった。

さらにアカデミックなレベルでは、私は国際的なユダヤ教徒・キリスト教徒・ムスリムの三者対話である「トライアローグ」と、国際的な「仏教徒・キリスト教徒の神学的出会い」の創設メンバーにもなった。このことについては後述する。「トライアローグ」は、レン・スウィドラーやハーリド・デュラン、ラビのデーヴィド・ブルメンタールによって始められた。彼らに加えて、キリスト教からはジョン・カブ、ユダヤ教からはラビのアービング・「ジッツ」・グリンバーグ（「ジッツ」は彼の愛称）とピンチズ・ラピドが、そしてイスラームからはムハンマド・アークーン、リファアト・ハッサン、ファティ・オスマンらが、指導的メンバーとなった。通常はアメリカ国内で会合を持ったが、エルサレムで一度会合を持ったこともある。エジプトで会合を開きたかったが、結局それは実現しなかった。互いに知り合うようになると、私たちの議論は相互理解に関して極めて生産的なものとなった。私も含め、少人数の間ではあったが、ユダヤ教徒がユダヤ教徒であること、キリスト教徒がキリスト教徒であること、ムスリムがムスリムであることは、神の視点からすればいずれも問題はない、ということが暗黙の仮定にあった。

『宗教の解釈』は一九八九年、マクミラン社とイェール大学出版会から出され、好評を得た。イェール大学出版会は、これを宗教分野のグレウィマイヤー賞（賞金は当時一五万ドル、現在は二〇万ドル）の候補として登録していた。一九九一年初頭、ケンタッキーのルイヴィルから、私がその年の受賞者に決まったので、十日後、四つの賞が同時に発表される予定の記者会見の場に、出席してもらえないかという電話があった。宗教分野で一つ、これだけは創設二年目で、初代の受賞者は新約学のE・P・サンダーズだった。国際関係分野で一つ、これは国連の環境問題で指導力を発揮したノルウェーの首相に渡った。音楽の分野で一つ、これは世界のエイズ犠牲者追悼のための交響曲を作曲したジョン・コリグリアーノに渡った。そして教育分野で一つ、これは初等教育の現場で想像力をどのように活用したらよいかを論じた書物の著者、キラン・イーガン教授に渡った。分野ごとに毎年審査委員が変わって、小さな国際委員会が設けられる。そこで短いリストが作られ、その後、ルイヴィル大学——宗教分野の場合にはルイヴィル神学校のメンバーも加わる——の地域委員会によって最終選考が行われる。

数カ月後、ヘーゼルと私は授賞式に出席するため、ルイヴィルに出かけた。しかし、そこで私はほとんど面目を失うようなことをしてしまった。南カリフォルニアでは、ほとんど特別な場合でもネクタイをするだけだ。授賞式の後の晩餐会は正装の場になると告げられてはいたが、カリフォルニアの人間である私は、スーツとネクタイの着用が正装の極致であると考えていた。けれども主催者は、ホテルに迎えに来たとき、私の姿を見て仰天した。彼らは私が夜会服を着込み、黒の蝶ネクタイをつけているものと思っていたようだ。ところが、そうではなかったので、急遽ふさわしい衣装の借りられる店を探して、夜八時、ルイヴィルの町中を駆けずり回った。幸いにも店は見つかり、ちょうどカクテルタイムが終わりかけた頃に、会場に駆けつけることができた。

短いスピーチのあと、私の首には赤いリボンにつけられたメダルがかけられた。「ロサンゼルス・タイムズ」の記者ジョン・ダートは、私が自分で述べた内容で、サン・ガブリエル長老会から排除されることになり、まさにそれと同じ内容を述べたことで、今度はルイヴィル長老派神学校をその傘下に置く団体から、この名声ある賞を受けることになった、と私のことを面白く報じて楽しんだ。

2　さまざまな遠征

何回かグランドキャニオンを訪れたことなどを含めて、私たちはクレアモントからさまざまな遠征を行った。

一九八三年六月の日記――、

私たちはグランドキャニオンに二回目の遠征を行った。私はブライト・エンジェル・トレール沿いに、ラバの引く車に乗って下った。夜はファントム・ランチに投宿し、翌日は、短距離だが急勾配のカイバブ・トレールを上った。奮闘し鞍ずれができたが、ほかは何ともない。キャニオンの巨大な自然の岩石による構造物――まるで巨大な玉座、ゴシックの大聖堂、城砦、ピラミッド、ジグラットなどにも似ている――は極めて印象的だ。何百万年もの間、こうして聳え立っているものに比べると、人間はほんの数秒間だけ、そうしたものの足下で這い回っている虫けらのようでしかない。

ピニャコラーダ（パイナップル、ココナツ、ラムのカクテル）の忘れがたい味に初めて出会ったのは、キャニオンを見わたすレストランのバルコニーの上だった。その味に匹敵するようなピニャコラーダには、その後出会ったためしがない。

サンフランシスコとヨセミテ国立公園も訪れた。タホー湖、ボールディ山での散歩、海岸から一、二マイルの沖合いで行うホエール・ウォッチング、ラスベガスでの週末、素晴らしい動物園のあるサンディエゴでも数回、週末を過ごした。それから、まだまだいろいろな場所を訪れた。メキシコのクエルナバカでクリスマスを過ごしたこともある。私がホテルで日なたぼっこをしている間、へーゼルのほうはスペイン語コースに出席していた。その後、メキシコ・シティでも数日を過ごした。

アメリカ合衆国やカナダ中の大学、それに大会議場（カンファレンス・センター）もたくさん訪ねた。例え

ば一九八四年三月の日記――、

アメリカ哲学会太平洋部門の年次大会から昨日戻る。会合は、ロングビーチに繋留されている古いクイーン・メアリー号の船上で行われた。とても楽しい二日間だった。チャック・ヤング（CGUの古代哲学の教授）と、彼のパートナーであるナンシーと一緒に車で行った。私が泊まったのは一等「個室」で、一九五六年一月、私たちが大西洋を渡ったときに乗った船の三等キャビンより、はるかに大きかった。スプルース・グースを見学した――隠遁者で億万長者のハワード・ヒューズが作った世界最大の飛行機だが、たった一度、一マイルだけの飛行で終わったという代物だ。木曜日の夕食はチャールズ・クリッテンデンと一緒だった。彼は金曜日の私の論文発表の場で、コメンテーターを務める人物だ。

金曜日の午前中はデッキの上で、二つのコメント論文――チャールズと南カリフォルニア大学のダラス・ウィラードのもの――に対する回答を書いて過ごした。午後一時、倫理学と神学に関するセッションで司会。ボブ・アダムズの論文発表――いつものように注意深く、興味深いもの――があった。その後、彼と一緒にデッキを歩き回り、マクミラン社の「哲学・宗教ライブラリー」（監修者は私）に、彼の論文集を一冊の書物として加えることができるかどうかとか、長老会やプリンストン神学校のことなど、いろいろと話をした。午後五時、自分の論文を宗教哲学会で発表。部屋は満員となり、素晴らしいセッションになった。発表内容がよかった（！）が、二人のレスポンスもよく、その後に質問も続いた。その場には指導的な立場にある者がかなりいた――アダムズ、マヴローズ、ケレンバーガー、キング＝ファーロウ、プチェッティ、デーヴィス等々。その後、ジョー・ランゾ（フラー神学校に教職志願中）の司会でディナー開始。クイーン・メアリー号自体も心地よく、郷愁を誘う。多くの新しい人々にも出会う。プレンティス・ホール社の女性編集者が、『宗教の哲学』の最新版が十一万部も売れたと言った。もう一冊、別の教科書を書く気にさせようとしているようだ――しかし教科書を書く気はもうない。

さらに日記から――、

先週はシカゴで開かれたアメリカ宗教学会の、創立二十五周年記念大会に参加した。かの偉大なミルチャ・エリアーデに会ったが、老いていくぶんか小さくなったようだ。マコーミック・インに泊まる。十八階の部屋からは手入れの行き届いた操車場や、四方八方に車の流れを絶やさず、上に下にと互いに交叉しつつ曲線を描くコンクリート道路が見渡せた。昼食はチェスター・ギリスと、夕食は間瀬啓允と家族の皆で一緒にした。シカゴ空港の洗面所には数秒間、断続的に水の流れる自動蛇口付きの洗面台があるが、たいていはまったく機能しない。

今思えば楽しいが、そのときはきまりの悪い思いをした出来事がある。それはシカゴ大学の神学部に講義に出かけたときのことだ。その晩、私は大学のゲスト・ハウスであるクアドラングル・クラブに泊まり、翌朝、朝食をとろうと下に降りてきたところ、明らかに朝食のためにセットされた、大きな楕円形のテーブルのある部屋を見つけた。泊まり客は多かったのに、そこで見かけた客の姿が少なかったことに驚きを感じていた。入口にはかなり印象的な男性が立っていて、私が「朝食はここですか」と尋ねると、「はい、そうです。どうぞ」と返答した。そこで私はテーブルにつき、やがて他の人々も入ってきて、テーブルは満席になった。私がスポーツジャケットでノーネクタイだったのに対し、他の人々は皆、スーツかスマートなドレスだったので、少々奇妙な感じがした。豪華な朝食が出されている間、私は隣席の人たちと何気ないお喋りをしていた。

やがて、あの印象的な風貌の男性が、そのときはテーブルの上座に着いていたのだが、立ち上がってこう言った。「皆さん、問題点はもうおわかりですね。皆さんのお考えをお聞きしたい」。そして右側にいる男性に向きを変えて、「ジョー、私たちはどうしたらいいと思うかね」と言った。それから彼は、次々とテーブルを回って行った。そこでにわかに事の次第が私にもわかり始めた。これは大学の学長であるリーヴィが、その日の昼前に行われると予想される大きなデモと、それに伴う学生暴動への対応を話し合うため、学部長や他の幹部職員らを招集して開いた緊急の会合だった。私はどうしたらいいのか。この時点で席をはずすのも無礼だろうし、会合半ばでお詫びを言って退席するのも、同じく無礼なことになるだろうと考えていた。

そうしている間にもリーヴィはテーブルを回って、皆から次々に意見を求めている。そしてどんどん私に近づいてきた。ああ恐ろしい。私のところに回って来たとき、私にできたことは、自分がイギリスからの訪問客で、昨日神学部で講義をし、そのままここに宿泊したのだと事情を説明し、まちがって今ここにいることを詫びることだけだった。リーヴィはこの事態にとても礼儀正しく対処してくれて、イギリスからの同僚のいかなる考えをも歓迎すると言ってくれた。もちろん、意見を述べることは差し控えた。そして議論はテーブルを回って続けられ、私はとてもほっとした。

それから何年もしてから、この出来事に呼応する不思議なことがあった。私がバーミンガムに戻ってからのこと、こちらの学部が、シカゴにある別の大学の神学教授たちを接待したことがある。私は彼らと話をするため招待された。そして話の糸口として、クアドラングル・クラブでの私のみっともない体験談を話した。すると彼らのうちの一人が、突然、自分がそのデモを組織した学生リーダーだったこと、そして極秘に行われたあの緊急の会合のことがその後知れわたり、いまでは大学の語り草にまでなっていると語った。世界は何と小さいことか。

ある折りに、シャーロッツヴィルにあるバージニア大学を訪ね、そこの哲学科で論文の口頭発表をしたことがある。その際には、エディンバラとベルフォード時代の友人で、当時その大学の哲学教授だったピーター・ヒースのところに、数日滞在した。彼は優れた教師、鋭い哲学者だったが、ほとんど著作はなかった。ただポール・エドワーズ編『哲学事典』に寄稿した「無」に関する彼の論考だけは、滑稽な真面目さを代表していた。彼はまた難しいドイツ語の著作を多数翻訳し、現代哲学にも多大の貢献をしている。その中にはケンブリッジ新総合翻訳叢書の、カントの著作も多く含まれている。

彼はまた『不思議の国のアリス』と、その中に籠められている興味深い論理パズルの権威でもある――ピーターの部屋には、ルイス・キャロルとアリスに関する書物がたくさん並べられている。シャーロッツヴィルの郊外にあって、多くの木々に囲まれたこの愉快な家で、以前、玄関の戸が開かなくなってしまった。しかしこのような些細なことには無関心な彼は、それ以来ずっとガレージを通り抜け、裏口を使って生活している。

また彼の手紙には、それが書かれた年の記載がなく、ただ月と日だけなのだが、これもいくぶんかは彼の特徴を表わしている。しかし瞑想中に経験した私の「突破」――自分を取り巻く世界との合一を経験するとともに、自分がその一部分でもある宇宙が、究極的に恵み深い性質を持つ存在だと強烈に意識し、その結果、いかなる種類の恐れも不安も入り込む余地がなくなるような経験をした（第19章参照）――について彼に手紙を書き送ったとき、彼は次のような返事をよこした。

ご説明になっている涅槃タイプの経験には、とても好奇心をそそられます。けれどもお話しになっている宇宙がどんな宇宙なのだろうか、といぶかしくも思われます。それはきっと物理的な宇宙ではありえないでしょう。というのも、それは今日では、化学薬品で薄く汚染された、広大で冷ややかな空虚以外のものではないように思われるからです。それがそもそもなぜ存在するのか。それが（何かであるなら）何に匹敵するのか。またこの種の問いが意味をなすものなのか。こういったことがすべて私にわかるといいのですが……。

しかしながら、おそらくそれが誰かに対して好意的であったり、悪意をもったりするようなことは、けっしてありえないように思われます。私たちは戸口の階段で、どうにか生きながらえていることに驚き、喜ぶかもしれません。しかし戸口のマットに「歓迎」の文字が書かれてあると見るのは、単なる人間の自惚れでしかありません。世界宗教によって創出され、あるいは借用されてきた古来の心地よいコスモロジーは、慈愛深い神の管理（おそらく）により、万物の仕組みが神の計画のもとにあるはずだと信じさせるようにしたのです。

しかしその仕組みの規模と歴史に関する、これら宗教の（前コペルニクス的）観念は、ローカルで「スピリチュアル」な意味以外のいかなる意味においても、まったく説得力を欠くほどに、あまりにも広く（そして短く）的外れなので、例えばハッブル望遠鏡で初めて観察できるような無秩序な風景に対して、何らの明確な関連性も持っていないのです。ありていに言えば、誰もエホバやアッラーの姿をじかに見ることはできませんし、また何兆も超える銀河の責任を任されている他の神々の姿も、じかに見ることはできません。元来、これらの神々は世界の神名簿に記載され、単にローカルな信頼性のゆえに呼び出され、またそのような資格で、今なお多くの人々に信じられてもいるのです――不幸にして私の場合はそうではありませんが……。

物理的・現実的・天文学的宇宙にとって唯一考えられる神は、まさに宇宙そのものと同一視された、あのスピノザの神であるように思われます（アインシュタインがスピノザを支持したのはまちがいなくこの理由からです）。しかし一方では、この神は自愛に終始する（それが何を意味するにもせよ）ということで評判が悪く、また祈りと摂理の観点からすれば、まったく不都合きわまりない神ですから、正統派の人人からずっとこの神が反対されてきたことに、何の不思議もありません。

また後の手紙の中で、彼は同じテーマを続けている。

語り得ないものに関するご論文（「宗教研究」二〇〇〇年三月号）と、お手紙の中の興味深いご意見から判断しますと、お立場は、その属性が人間理解と通常の論理規則との両方を超越しており、それゆえ、それについては何一つ意味のあることを考えたり述べたりすることのできない一つの神性に対して、報われることのない敬意を示すというスピノザ的な立場に、実はかなりお近いように思われます。教説——お示しになっておられるように——には立派な由来があることは確かです。ただ、私にはそれがどの世界宗教の正統主義にも、受けがよかったようには思えないのです。というのも、もし教説が根本的な誤りの淵に沈んでいるのではなく、逆に宗教の実践者のほうが、想定された状況にひどく不適切なあらゆる種類の習慣（スピノザの指摘にあるように）に陥っていたのであれば、教説はこれらの宗教をどこで見放したらいいのでしょうか。

言うまでもなく、私はピーターの考えに対する自分の意見を書いて送り返した。しかし、私が彼の言葉を引用したのは、ここで議論を続けるためではない。彼がどれほど貴重で手ごたえのある友人であるかということと、彼がもっと多くの論文や著書を出版すればよいのにと、私が残念に思う理由をわかってもらうためだ。付言すれば、彼は私の知る限りでの最高の座談家でもある。

ＣＧＳ（当時はまだこの名称だった）に話を戻すと、一九八四年の名誉学位の選考が始まったとき、私はデズモンド・ツツを推薦し、これが承認された。彼にはＬＬＤ［Legum Doctor＝法学博士］の名誉学位を贈ったのだが、彼は冗談交じりに、これからは法務大臣と対等に話すことができると言った（彼はいまや、『名士録』の欄に記載しきれないほど多くの名誉学位を持っている）。私は以前から彼のことをよく知っていたので、彼のクレアモント滞在中は、私が彼のホスト役をした。彼はオーストラリア政府に招かれていたので、オーストラリアからクレアモントにやってきた。時差ぼけを治してもらうために、しばらく体を休めてもらってから、私はＣＧＵの学長であるジョン・マグワイアのところにお連れした。その後、別の客人たちと夕食をしてもらうために、我が家に案内した。後で、さらに別の人々が彼に会いに来て、一緒にコーヒーを飲んだ。

別の日に、彼を植物園に案内し、かなり長い時間歩いた。私は（いつもそうするのだが）彼の日課について尋ねた。彼は早朝四時に起き、しばらく「静かな時間」をとり、彼が主任牧師を務める小さなソウェト教会で、朝六時の聖餐式を行う。それからヨハネスブルグにある教会協議会の新しいオフィス――以前私が訪ねたオフィスではない――に車で行く。そこではまずスタッフの祈りの時間があり、次に建物を共有している種々の機関――ブラック・サッシュなど――の間でニュースの交換を行い、それから電話や訪問客への応対、新聞を読むことや、手紙を書いたりすることに多くの時間を費やす。電話は盗聴され、郵便も勝手に開封されている。ひょっとすると盗聴器が仕掛けられているかもしれない。だから訪問客には、盗み聞きされているかもしれない旨を告げる。しかし、彼はこうも言った。南アフリカのキリスト教徒は、苦境にあるからといって同情されるべきではなく、むしろ果たすべき義務――アパルトヘイトに反対すること――が非常に明瞭であるから、羨ましがられるべきである、と。

最近、ヴィトヴァーテルスラント大学から招待があった。しかし、アパルトヘイトがどのようなものかを見るために、わざわざ自分で再び南アフリカを訪ねる必要はなかった。そのかわり、もしも黒人社会に何か明確な奉仕ができるならば出かけたいと思った。そこでデズモンドからアドバイスを受けることにした。彼は、もしも私がどこかに行くのであれば、その最もよい場所はヴィトヴァーテルスラント大学ではなく、黒人連合神学校だろうと言った。その大学は、自分のところが自由で進歩的な大学だと考えているが、実際にはそうではないし、また招待を拒絶されたほうが、彼らのためにもなるというのだ。しかし反アパルトヘイト運動は、南アフリカとのあらゆる文化の交流停止を勧める方向に進みつつあった。それで、結局、どこにも行かずに終わった。

彼との再会は、私が、ジョージア州アトランタのエモリー大学で開催された会議に出席したときだった。彼はサバティカルでそこにきており、私を食事に連れて行ってくれた。大主教――彼は当時ケープタウンの大主教だった――と一緒に人前に出るのであれば、私はネクタイをしていったほうがよいと思った。しかし彼がホテルに迎えにきて挨拶の抱擁を交わした際、彼はセーターとスウェットパンツ、それに布製の帽子という出で立ちで、大学が彼に提供していた大きな車に乗ってきていた。彼は南アフリカの将来については楽観的で、民主主義に向かう動きはもう止められないと考えていた。彼はネルソン・マンデラを高く評価していた。デズモンドは、彼の後任の大主教が次のランベス会議に参加できるよう、四年後には引退するつもりでいた。そうすればソウェトでの生活に戻れる。相変わらず彼は身の安全に注意していなければならず、暗色の窓ガラスを付けた車に乗り、一人では出歩かず、窓際にはけっして座らないようにしていた。しかし彼が言ったように、説教壇ではいつも無防備だ。彼は幸運にも生きのびており、世界は幸運にも彼と共にある。

3　息子マイクの死

クレアモントに話を戻そう。そこでの生活は牧歌的だったが、人生に最大の悲しみが訪れたのはこの期間だった。いちばん下の息子であるマイクが、二十四歳という若さで急死したのだ。マイクは快活で思慮深く、社会的良心も身につけ、クリエイティブでハンサム、特に彫刻の分野では前途有望な芸術家で、愛らしい恋人もいた。大学で制作した作品の一つに、脚のついた大きな木製の聖水盤がある。これは数年後、その木が朽ちるまで、ヨークシャーの彫刻広場に展示されていた。

マイクはフランス語がかなりよくできた。そして一九八五年十月十二日、数年間つきあいの続いていた友人で、家族と一緒にフランス語圏スイスのアルプス山脈で山羊を飼っていた、マルクの家を訪問した。マイクが到着したとき、マルクは翌日下の村に移すため、七十八頭の山羊を全部寄せ集めようとしているところだった。それでマイクは、手伝うためにマルクと一緒に山に出かけた。山羊を寄せ集めて数えたところ、三頭足りないことがわかった。日は落ちかけていたが、二人は三頭の山羊を探しに山に戻った。

マルクが警察に話したところによると、二人が山羊を見つけたとき、マルクとマイクはそれぞれ別の丘にいたようだ。そして山羊のほうへ行こうとして、マイクは乾燥した草で足を滑らせて転び、そのまま止まることができず、そこにあるとは知らなかった渓谷へと、崖の縁から落下したらしい。下の岩場までは約七〇メートルもあった。マルクは必死に叫んだが応答はなかった。辺りはもうほとんど真っ暗だったが、地域には詳しかったので、マルクは下まで這うようにして降りた。が、マイクの姿は見つけられなかった。そこで再び這い登り、電話で助けを求めた。

マイクは衝撃で即死だったにちがいない。地域警察は、バーミンガムの検視官と同じく、マイクの死が純粋に事故によるものだと確信した。ヘーゼルと私は葬儀と火葬のためにスイスへ飛び、残りの家族と一緒に数日をそこで過ごした。私たちは皆、マイクを愛していたから、皆すっかり途方に暮れていた。皆の中では、おそらくヘーゼルがいちばん悲しんだことだろう。赤ん坊のときから面倒を見、母乳を与えた母親として、マイクのことはいちばん鮮やかに記憶していたのだから……。

数週間後、クレアモントに戻ったときのことだが、マイクが私のそばに立ち、そのあと開いている脇の戸口から外に去って行くという、一瞬だが鮮明なビジョンを見た。そこにはマイナス感情ではなく、むしろプラス感情があった。家族の中では、本当に誰も、マイクのことを忘れたことはない。彼がいない淋しさは今も続いている。彼のことを思うとき、今でも涙がこぼれる。

第24章　東洋仏教と出会う

1　日本の仏教者たちとの対話

仏教世界はヨーロッパからは遠い距離にあるが、アメリカ西海岸からは海の真向かいにある。しかし、それでもやはり遠距離横断であり、私は二度の訪日の際、その行き帰りには、中間地点にあるハワイで数日過ごした。古都京都の僧院、東福寺の英語に達者な禅僧、福島慶道老師は、毎年クレアモントを訪ねてくれた。そして私も彼の僧院を訪ねた。老師は書家でもあり、私の戴いたものには漢字で「古松談般若」（古松は般若を談ず）と書かれている。般若《はんにゃ》とは悟りのことで、啓発された状態のことをいう。これはたぶん公案だろう。それはともかくとして、その言葉は数年間、私には「万物は悟りを指示する」という単なる言葉である以外、その意味は全くわからなかった。

ある朝バーミンガムで、朝食後、ベッドの上に正座をしながら黙想し、目を開いて五〇ヤードほど先にある古い樫の木を見ていた。そのとき、私はその言葉を思い出し、そして突然その意味を見たのだ。ありていに言えば、それは万物が悟りを指示するとか、悟りの引き金になれるという類のことだが、自らでそれを見るとき、それはありふれたことではなく、力強く生きた真実であるということだ（どなたであったか、同志社大学で別の書家から戴いたものであるが、このほうがわかりやすい。その書には「真理似寒梅笑侵風雪開」〔真理は寒風や雪をおかして敢えて開く梅の花に似ている〕と書かれている）。

私は慶道老師の僧院で、大きく開かれた窓越しに木々や緑を見やりながら、老師の悟りの達成に関して、何か言葉で語れるものはないかと尋ねた。老師は（私の予期したとおり）言葉で語れるものは何もないと答えた。しかし最初に、彼は窓越しに身振りで示し、それから「私はこのすべての一部となった」と語った。

これまでの三人の老師と幾人もの門徒との出会いから、私には、長年の忠実な座禅修行によって、確かに人は著しく影響を受けるものであることが理解できる。日頃の自我中心的な意識を超えて、全生命と一体化する感覚、他者に向かう高次の感性、仏教の鍵となる言葉の「カルナ」（大慈悲）、他者に対する、他者と共なる感情へと、確かに辿りつくのだ。ある研究者、ジェームス・オースティンは、『禅と脳』という、やや冗長な著書においてであるが、脳の適応性に関して、脳は実のところ、座禅によって新たなモードの形成能力を発達させると主張しているが、[1]私はこれを信じる。

しかしこの新たな能力は、私が知り合った老師たちよりも、門徒たちのほうにいっそう魅力的に存在していることに気づいた。というのも、日本の伝統を生きる老師のほうは、高度に仕組まれた訓練体制の厳しい管理にあたらなければならず、実際にどれだけ慈悲深くあろうとも、老師はその責任上、僧たちの生活の中では、とてつもなく恐ろしい存在になっているからだ。禅とは実に男っぽい仏教であると私が考えるようになったのは、東福寺においてである。その僧院生活（それは京都のどの僧院でも同じだろう）は極度に厳格で、高度に戒律的である。僧たちは日々の行《ぎょう》として六時間の座禅を組む。老師の権威は絶対だ。老師の面前に在るときには、僧は自分の額を床につけてひれ伏す。悟りに達するまで少なくとも、通常は十年の座禅を要する。慶道老師の最も重要な仕事は、最適なる後継者を見きわめることだと教えてくれた。というのも、何世紀にもわたって禅の伝統がその純粋性を継承しえたのは、真の悟りの体験を伝えてきたからなのだ。わずか二、三年だけの修行で終える多くの自己流アメリカ人老師に対して、慶道老師は極めて批判的であると言った。

何人かの老師と論じたことで明らかになったことは、悟りとは、回心の経験のように、一回限りの出来事として考えられるものではなく、幾度も繰り返し起こるもので、時には強く、時には弱く、起こるものだということだ。例えば、私は僧院を持たない秋月（龍珉）老師と東京で出会い、二度にわたって長い議論をしたことがあるが、そのとき八木誠一（仏教との対話に深く通じている独創的な日本人キリスト教徒）が一緒で、親切に通訳をしてくれた。あるとき、秋月老師の一人の生徒がレストランに案内してくれた。八木と秋月はすでに個室でくつろいでいて、私たちは低いテーブルの下に足を入れて、座布団に座った。秋月は西洋人のために、易しい箸の使い方（紙を丸めて割箸の間にはさみ、それを輪ゴムでくくる）を教えてくれた。それはとてもうまくいった。

私の常であるが、日常をどのようにして過ごすのかを彼に尋ねた。彼は教鞭のために多くの時間を使っている。また毎日一時間ほど黙想するが、通常、四十分もすれば悟りに達する。これは一回限りの体験ではなく、発展的に繰り返される。彼は禅体験における超越の重要性を強調した。しかし法身《ほっしん》（究極的実在）が物的宇宙の存在より前に在るか後に在るか、というような私の尋ねた問いは起こらない、なぜなら物的宇宙の本義は連続性であるからだ、とも言った。

仏教の中心地域で私が議論した上座部や大乗の権威ある仏教徒たちは皆、永遠の究極的実在は物的宇宙を超越すると認めるが、その究極的実在を人格的な創造神とは見なさない（多数の神々や西洋でいう天使の存在は認めるが）と主張する事実に驚かされた。このことは、仏教の瞑想形態を取り込んで、これを単に一つの価値ある治療法として実践する多くの西洋人や、仏教を宗教の非実在論的形態として取り込む神学者たち（例えばドン・キューピット）の意向に反する。

京都では、京都学派の指導者の一人であり、古典的な名著『宗教と無』の著者である西谷啓治を訪ねた。当時八十代でやや衰えを見せてはいたが、それでもてきぱきと対応してくれた。英語が話せるとても気さくな人物だった。私が自著の『神は多くの名前をもつ』を手渡すと、「悪魔も多くの名前をもつ」と呟いた。私は、ある時点で彼が仏教の僧になり、次に老師になろうと考えたことはなかったかどうか尋ねたが、その方面にはとんと関心が向かなかったと答えた。

京都学派は西洋思想との関係でよく知られているが、私見では、それは不幸なことに大陸の思想家たち、特にハイデガーのように論理的思考の厳密さを欠くような思想家たちに、結びつけられていったように思う。例えば、阿部正雄とのクレアモントでの討論で、私は彼のいう「中心はあっても円周のない円」という考えに対して、円周のない図形は円ではないと言って反論したが、見当違いの意見として片付けられてしまった。

私が出会った禅の老師たち、福島慶道だけでなく、石庭で有名な京都の龍安寺の盛永宗興や、秋月龍珉などは皆、極めて強烈な個性の持ち主であることは明らかだ。もしも彼らが「自我の死」に達して、自我中心性を超え出るならば、これは個を弱めるどころか、逆に個を強め、世事に深く関わることになるだろう。同じことがシーク教のクシュデーヴァ・シンにも言えるし、またこれとは違った上座部仏教のニヤーナポーニカ大長老や、アングリカンのデズモンド・ツツ、カトリックのパトリック・オマホニーにも言える。自我中心でなくなるということは、他者との関わりや世界の諸問題との関わりを弱めるどころか、いっそう強めるのである。

京都出身の阿部正雄は、五年間クレアモントで教鞭をとった。デュルウッド・フォスターは彼のことを、「キリスト教との対話に関して、おそらく仏教界を代表する世界的指導者であり、なおかつ禅の師匠でもあった」[2]といみじくも評言した。マサオ（阿部が姓であるが、私たちはマサオと呼び習わしていた）と私は、合同ゼミを担当し、彼から禅について多くのことを学んだ。そのうちの大半が、私自身の考えと一致している。

私は議論のいくつかを記録に残している。例えば一九八〇年五月九日、

「自我の死」が認知機構を損なわないままでの自我性の死である、とするジョンの議論から出発したが、そのときマサオは、自我の一面が死につつも他の面が何も損なわれずにすむというようなことが、考えられるものかどうかという質問を出した。自我の死は、古い我から新しい我への回心に起因するところの、最も深い層における私たちの存在変革である、と彼は強調した。それは時空の世界から超越的な究極的実在への、根本的な方向転換である。またこれは、有神論の伝統を含んでどの偉大な宗教伝統においても生じるものである、と彼は強調した。これに関してジョンは、有神論と非有神論の異なる宗教において、究極的実在に対する経験はさまざまに異なることを示唆し、またそれぞれの場合に、自我の死により同一の究極的実在を経験するが、その経験は人格的な神とか、非人格的なブラフマン（梵）やシューニヤター（空）などといった異なる形態をとる、とも示唆した。というのも、禅仏教、キリスト教、イスラームにおける宗教的訓練やその宗教的修行、信徒の霊性を養う経典、彼らを支える共同体等々、経験する者たちの文化的、宗教的な条件付けが異なるからである。マサオはこの条件付けのことが大事であることに賛同し、禅体験の形態においても、日本と中国では文化的脈絡の違いからずいぶんと異なるものである、と話してくれた。彼は究極的実在に対するさまざまに異なる経験は、自我の死に対するさまざまに異なる経験と理解によるものだと信じていた。有神論的な宗教においては、この死は人格的な神への服従、許しへの受容など、その人格的な神との関係において経験される。一方、仏教においては業《カルマ》という非人格的なプロ

セスとの関係において、これが経験される。したがって、究極的実在の経験は、自我の死が取る形態によってさまざまに異なる形態を取るものなのだ。

二週間後、

ジョンはマサオに、シューニヤター（空）について何か話してくれと頼んだ。マサオは、シューニヤターはニルヴァーナ（涅槃）を超えた境地であると言った。ニルヴァーナに達すると、人はサンサーラ（輪廻）とダッカ（苦）の状態から解放され、個人的な境地を享受する。しかし、再び世界のプロセスであるサンサーラに戻り、苦に満ちた人間と連帯しなければならない。つまり「サンサーラとニルヴァーナは同一」（輪廻即涅槃）であるが、ダイナミックな意味において一体であり、互いに他を否定する。このダイナミックな二重否定がシューニヤターである。

次いで私たちは、宗教多元主義の問題に向かった。マサオは、文化によって究極的実在に対するキリスト教体験と禅体験とは異なるように条件づけられるが、その体験の根拠なり根底なりは実在そのものであると言った。ジョンは同意し、色メガネのアナロジーを持ち出した。実在の光明は万人に注がれているが、それに気づく者の中で、ある者は有神論のメガネをかけて、実在を人格神として経験する。一方、他の者は禅のメガネをかけて、実在をシューニヤターとして経験する。マサオはこのアナロジーに満足しなかった。彼は次回に追求することになる課題、あるメガネが他のメガネよりいっそう適切な実在観をもたらすものかどうか、そしてさまざまに異なる実在体験の間の相互作用はどのようなものか、を挙げた。

あいにくその次回の記録は持ち合わせていない。

しかしフォース・ワースの協議会からの帰途、オンタリオ空港（カナダのオンタリオではなく、クレアモントから数マイル離れたオンタリオのこと）に向かう飛行機の中で交わした、長い議論を書き留めたものが手元にある――

シューニヤター、比喩的に言えば無限の空間。この語には否定的と肯定的の二つの意味が籠められている。否定的には、それは無、絶対無、空虚というように、我と空の間の二元論的区別や概念化を拒絶する。肯定的には、この否定は無限の根拠、実在性、創造性の源泉、対立するものの一致、ダイナミックな基盤を指し示す。

そしてマサオは日本語で付け加えた。「真空妙有《みょうう》」。そこで私も即応した。「理解せんがための企図」と。

通常、私たちは我の視点から知性の助けを借りて世界を経験する。この場合、知性は世界の認知に向けて、カテゴリーや概念、区別を当の世界に押し当てる。悟りの経験（これはシューニヤターの経験でもある）は非我の立場から、また知性の介入なしで、世界と世界内の人の生を経験する。自我中心で経験する場合、人はすべてを自分との関係において、それが自分にとって良いか悪いかで価値を見る。しかし我を空にすると、人は特定の我の視点からではなく、物をあるがままに経験する。またもや知性はいつもながらの区別をおこなう。そこで人は、鳥でないものと区別して鳥を経験し、白と区別して黒を経験する。どこでも区別をしているのだ。

しかし知的な行動を空とする経験においては、物があるがままに自覚され、他のものとの区別や比較がない。したがって、もしもこのような区別をしない経験の様式を言語で表現しようとするならば（言語は区別を表現するために発展してきたのだ）、私たちはただちに逆説と矛盾を発することになる。なぜなら、悟りで経験されているものは白と区別されたものとしての黒という経験ではなく、端的にそのものズバリの経験であるからだ。それはただそのものであり、そのもの自体であり、そのものとして享受されるべきものなのだ。したがって、シューニヤターの空とは、我を空にし、区別するという知性の働きを空にすることなのだ。それは同時に、あるがままの存在の充実のことでもある。あるがままの世界が実在であり、実在とは「それが日々刻々と遂行されるがゆえに最大の神秘であり、……それはエデンの園を歩むが如く、私たちを世界に住まわせてくれるものなのだ……」（鈴木大拙）。それが「妙有」（阿部正雄）なのだ。

偏りのない、あるいは普遍的な無我の視点に達しようとする仏教の試みは、私にはカントの倫理学説にも似たものであるように思える。というのも、カントの「普遍化可能性」の標準——事実上そうした状態において、あなた自身の行動がただあなたにとってだけでなく、だれにとっても、また何人《なんぴと》にとっても、正しいものであるかどうか——は、我の視点を普遍的視点に取って代えようとしているからだ。

スリランカの上座部仏教の伝統と、クレアモントで紹介を受けた禅宗における大乗仏教との最初の接触のときから、私自身の考えが、仏教の教えとずいぶん多くの点で共通していることが明らかになった。そして私の考えが展開するにつれ、それが疑いもなく仏教の教えに影響を受けたものとなった。このことは、自分の代表作ともいえる『宗教の解釈』において歴然としている。これはかなり包括的な著書であり、例えば感覚的経験と宗教的経験に信念を基礎づけることには合理性があると弁論したり、主観がすべての意識経験に寄与するのであるから、宗教経験は異なる宗教的文化的伝統内で異なる形態をとるものであると議論したり、またこの多様性を意味あるものとするために、その普遍的な存在がさまざまに異なる仕方で人間に経験されるところの、究極的な（つまりカテゴリーを超え出た）実在者というものを要請しなければならない――これは私の「多元主義の仮定」であるが――といったことまで、いろいろと論じている。

本書の中では、仏教のテーマをいくつか使用している。例えばブッダの教え「未回答の問い」（アヴィヤカタ）――今はわからないが、やがて答えが見つかるものもあれば、思考のカテゴリーには及ばないので、答えの全く見つからないものもあるのだから、それを宗教の中心において理論化しようとすることはまちがっているという教え。また別のブッダの教え「方便」（ウパーヤ）――宗教の教理は文字通りの真理ではなく、それは霊性の旅を高みへと進ませる方便であり、用が達せられたら捨て去られるべきものだという教え。また「空」（シューニヤター）という考えを仏教的な語り方で扱い、究極的実在、実在者は言葉で語ることのできない、超カテゴリーのものであるということ、つまり認知活動において人が心に投影するものを、すべて空にするということ等々。

仏教についてますます多くのことを学ぶことにもなった別の重要なフォーラムは、クレアモントでジョン・カブと阿部正雄が始めた、仏教とキリスト教の国際対話の場であり、これは毎年、アメリカのいろいろ異なる場所で開かれた。仏教側の参加者はもっぱら日本からで、禅宗や浄土系の伝統に属する人々だった。キリスト教側の参加者は当時のアメリカの指導的神学者たち――デーヴィド・トレーシーとラングドン・ギルキー（シカゴ大学）、シューバート・オグデン（南部メソジスト大学）、ローズマリー・リューサー（クレアモント卒、ノースウェスターン大学講師）、ジョン・カブ（クレアモント）、ゴードン・カウフマン（ハーバード）、ポール・ニッター（ザビエル大学）、それにドイツからのハンス・キュンクたちだった。討論や個人のやりとりは

私たちが、その場で啓発された以上に、私たちから影響を受けた諸仏教学者の論考には、その場で啓発された以上に、私

とても啓発的で、注目すべきは、そこに関わったすべてのキリスト教学者の論考には、その場で啓発された諸点が明白に論述されていることだ。この結果から見ると、仏教学者たちが私たちから影響を受けた以上に、私たちのほうが、もっと深く仏教者たちから影響を受けたように思う。

二度の訪日において、私は多くの新宗教の一つとも出会った。それは天理教で、十九世紀の初頭に起こり、今や三百万人にものぼる信徒を国内外に持つ（これと似た名前で、東京の地下鉄にサリンガスをまいたセクトと混同してはならない）。私は、天理という聖なる町に数日間滞在し、本殿を訪ね、種々の討論にも参加した。天理教の家族たちは天理にお参りし、心の休養や癒し、社会奉仕などをして、さまざまに異なる時を費やす。私は、彼らの生き方の中に示されている献身と利他の精神に、いたく感動した。しかしそこには、彼らの信仰共同体の中に持ち込めないことはないだろうが、おそらく受け止めてはもらえないような、何らかの強い信念が、逆説的に結びついているように、私には思えた。例えば本殿の内側に、まさに世界がそこで創造されたという確定的な場所を見ている。しかし称賛に値する生き方と信心の上部構造の、どちらがより重要か。もちろん、前者の生き方のほうだ。

先に、対話の参加者の一人がポール・ニッターであると言った。彼はカトリックを代表する宗教多元主義の指導的な人物だ。ポールは還俗の司祭であり、幸せな結婚をし、現在はシンシナティ州にあるカトリックのザビエル大学の教職を退職している。『この名による以外に救いはないか？』という彼の著書は知っていたが、彼と個人的に知り合ったのは、ハワイでの仏教とキリスト教の会合だった。『キリスト教の独自性という神話』（一九八七）を共編で出版しようと計画したのは、その場であった。ポールとはそれ以来、よき友、よき協力者である。宗教多元主義に関する彼の特定の立場は、正義を欠く世界からの人間の解放を基礎としている。この点では完全に一致しているが、他の点では意見を異にしている。

彼は、カトリック教会（そして他の教会）内において多元主義の立場が受け入れられるものとなるよう、熱心に努めている。この目的のため、もともとラディカルであるはずの多元主義の含意を、やや薄めたものにしているように私には思われる。それに対して私のほうは、ヴァチカンやカトリック教会側からの容認や寛容さを、現在の可能性とすら見ておらず、ただの長期的課題でしかないものと見ている。[3] そして少しずつでも実際に受け入れられるものとなるように、私は多元主義を、伝統的な正統派の信仰に対して薄めることのない、敢然とした挑戦として突きつけている。したがって、ポールと私は別々の異なるものではあるが、相互補完的な使命を担っている。彼は教会に向かう使徒であるが、私は教会には向かわない。彼の使命の幸運を祈るが、議論もする。例えば、彼がキリスト論を受け入れやすいものにしようとするあまり、かえってそれを簡略にし過ぎているのではないかと、激しく議論することがある。[4]

2 日本語・中国語・韓国語への翻訳

ここでおそらく日本語、中国語、韓国語の翻訳によってもたらされた、極東での私の著書の互恵的な影響に言及することが重要だろう。『宗教の哲学』と『受肉神のメタファー』（邦訳『宗教多元主義への道―メタファーとして読む神の受肉―』）は日本語、中国語、韓国語に翻訳された。『諸信仰の虹』（邦訳『宗教がつくる虹』）と『宗教多元主義の諸問題』（邦訳『宗教多元主義』）は日本語と中国語に、また『第五次元』（邦訳『魂の探求』）はインドネシア語（と日本語）に訳され、『神は多くの名前をもつ』は日本語になっている。『宗教の解釈』は中国語になっているが、これを訳した浙江大学の王志誠博士は、自著に仕立ててこれを出版した。その書名は英訳すると *Interpretation and Salvation*（1997）（『解釈と救済』）となる。これは私の思想の紹介であるが、別に

英語では *Religion, Interpretation and Peace: A Study of Religious Pluralism in John Hick's Writings* (1998)（『宗教・解釈・平和――ジョン・ヒックの著書に見る宗教多元主義の研究』）を出版した。中国の学術誌には、私の著書に触れた論文がたくさん出ているが、残念なことに私には読めない。今日の中国では、真に人生を生きることの意味の探究に対して相当な興味が持たれており、私はこの探究に対して何らかの貢献ができることを望んでいる。

日本では間瀬啓允・稲垣久和共編による『宗教多元主義の探究―ジョン・ヒック考―』が、一九九五年に出版された。ヒロマサ（啓允）は最近まで東京にある慶應大学の哲学教授であり、宗教多元主義を日本でリードする二人の主唱者のうちの一人である。もう一人は八木誠一だ。ヒロマサに初めて会ったのは、彼とその家族が、大学の研究休暇をバーミンガムで過ごしたときであり、また再度会ったのは、次の研究休暇をクレアモントで過ごしたときだった。彼らは私たちの家をよく訪ねてくれたし、私も慶應大学で講義をした後、新横浜の近くにある彼の家に泊めてもらった。私たちは家族ぐるみの、長期にわたるよき友である。ヒロマサの妻であるソノエ（園恵）は私の前八十歳（傘寿の前年）の誕生パーティに、夫の代わりとしてバーミンガムまで来てくれた。また、当時スウェーデンで宗教多元主義に関する研究を博士課程で進めていた彼らの娘エミ（恵美）と彼女の小さな息子ゲン（玄）も、一緒に来てくれた。

つい最近になって私は、グレアム・グリーンが「私にとって遠藤は現存する最高の小説家の一人だ」と語った日本の小説家で、数々の文学賞を受賞した遠藤周作（一九二三―一九九六）を知った。彼の作品は二十八カ国語に訳されている。遠藤の最後の小説は『深い河』で、死後、その創作日記が三田文学から出版された（一九九七）。この日記には『深い河』の創作準備のことが書かれている。彼は東京のある書店に入り、ある本と出会う。それが、ヒックの『宗教多元主義』だった。これは偶然というより、私の意識下が探り求めていたものがその本を呼んだと言うべきだろう。……この衝撃的な本は一昨日以来私を圧倒し、偶々、来訪された岩波書店の方に同じ著者の『神は多くの名前をもつ』を頂戴し、今、読みふけっている最中である。……仕事場に行き読書と仕事だが、ヒックの衝撃的な本を読んだあとは何を開いても味気なく、仕方なしに大盛堂に残暑の汗をかきながら赴くが一冊も買いたい本なし。……ヒックは基督教神学者でありながら世界の各宗教は同じ神を違った道、文化、象徴で求めているとのべ、基督教が第二公会議以後、他宗教との対話と言いながら結局他宗教を基督教のなかに包括する方向にあると批判している。そして本当の宗教の多元主義はイエスをキリストとする神学をやめ、つまりイエスの受肉の問題と三位一体の問題にメスを入れるべきだと敢然として言っているのである。

間瀬啓允は、「月曜会」での講話を遠藤から頼まれたことや、その講話を遠藤がとりわけ熱心に聞き入っていたことを伝えている。遠藤はその日の日記に、「ヒックの神学についての話。パネラーの間瀬教授と門脇神父の間にイエス論をめぐって激論。というより喧嘩。外は烈しい雨。司会者の私はヒックの考え方と従来のキリスト論の間に引き裂かれて当惑した」と記している。(5)

『深い河』では、カトリックの司祭になるため勉強しつつも伝統的な信仰には馴染めず、ついその見方からはみ出て行くので教会からは受け入れられずにいる大津という若者によって、多元主義のテーマが描かれている。大津の手紙には、教会の聖職者たちを前にして、馬鹿なことを言ったと今では多少の後悔をしています。しかし、ぼくは人がその信じる神をそれぞれに選ぶのは、生れた国の文化や伝統や各自の環境によることが多いと、当然のことながら思うのです。ヨーロッパの人たちが基督教を選ぶのはその家庭がそうだったり、その国に基督教の文化が強かったりするためでしょう。中近東の人たちがイスラムになったり、印度人の多くがヒンズー教徒になるのも、他の宗教と自分のそれとをきびしく比較して選んだとはいえないでしょう。……「神は色々な顔を持っておられる。ヨーロッパの教会やチャペルだけでなく、ユダヤ教徒にも仏教の信徒のなかにもヒンズー教の信者にも神はおられると思います[6]」。

二度の訪日を通し、私が経験した素晴らしいもてなしに心を熱くしつつも、同時に、日本文化の不可解さに心を惑わされもした。ほかに中国や韓国からも招きはあったが、そのつど、いろいろな理由からそれに応じることができなかったことは、いま思えば残念だ。しかし私の考えのいくばくかが、西洋の私たちにとって、その伝統が極めて深くまた貴重でもある極東の国々において認知され、考察されているように思えることは、まことに幸せなことである。

注

(1) James H. Austin, *Zen and the Brain*, Massachusetts Institute of Technology, 1999.
(2) Donald W. Mitchell, ed., *Masao Abe, a Life of Dialogue*, Boston: Charles E. Tuttle Co., 1998, p. 115.
(3) 思い出されることは、一九九六年、あまたの司教に対して行われた公式講演の中で、非カトリック教徒としての私に向けられたヨーゼフ・ラッツィンガー枢機卿、つまりカトリック信仰の教理を守護する教会の監督（昔の異端審理の宗教裁判として知られている）による攻撃である。「いわゆる多元主義的な宗教の神学」は今日、カトリック信仰に対する主要な脅威であると宣言し、「この状況はその提唱者で著名な代表者の一人であるアメリカ人の（誤った原文をそのまま引用）ジョン・ヒックに明白に表わされている」と語った。彼にとって私は筆頭の敵対者であり、友人のポール・ニッター（カトリック）は二番目であった。そしてラッツィンガーは、彼自身英語に堪能であるにもかかわらず、明らかに偏した二次的資料に基づく叙述、つまり私の多元主義の仮説において超越的実在が否定されているかのような、誤解に導く内容の説明を続けた。しかし明らかに、自分では私の著書のどれも読んではいなかった。例えば、批判するための資料として『悪と神の愛』を挙げているが、これは全く異なる主題に関する著書であり、そこには「諸宗教の神学」についての議論はないし、出版年も出版社もまちがえている。また『宗教の解釈』からある段落のページを引用しているが、その箇所は彼が問題にしている特定の主題とは何ら関係がない。こんな具合である。私は「応答」を書き、これを『ニュー・ブラックフライアーズ』誌に発表した（一九九七年十一月号）。また枢機卿が公表した講演の原文を、私の著書『宗教哲学における対話』(*Dialogues in the Philosophy of Religion*, Basingstoke and New york : Palgrave, 2001, pp. 149-60) に収めて出版した。ポール・ニッターの著書の扱いについても、同様に信用のおけない二次的資料に頼っていた。以前はラッツィンガー自身、高く尊敬された神学教授であった。当時の彼であれば、大学院生のレベルで、あるいは学部生のレベルであっても、現在のこの程度の学識はおそらく受け入れないであろう。

（4）Leonard Swidler & Paul Mojzes, eds., *The Uniqueness of Christ : A Dialogue with Paul F. Knitter*, Maryknoll : Orbis Books, 1997.

（5）Hiromasa Mase, 'Shusaku Endo and Religious Pluralism-in relation to his Journal of Deep River' *The Hiyoshi Review of the Humanities*, Keio University, Tokyo, No. 14, 1999.（間瀬啓允「遠藤周作と宗教多元主義―『深い河』創作日記をめぐって―」慶應義塾大学日吉紀要『人文科学』第十四号、一九九九）。

（6）Shusaku Endo, *Deep River*, trans. Van C. Gessel, New York : New Directions, 1994, p. 121.（遠藤周作『深い河』講談社文庫、一九九八、一九五―一九六頁）。

第25章　アメリカへの最後の旅

1　ロサンゼルスの「イエス像」会議

クレアモントを一九九二年に離れて以来、一九九九年まで毎年、少なくとも年に一回は、年によっては数回にわたりアメリカを訪ねていた。よき友（個人的にであり、哲学的にではない）であり、ダンフォース講座の後継者でもあるデウィ・フィリップスによって運営される、クレアモント宗教哲学大会に出席したり、他の機会を利用したりしてきた。ロサンゼルスのチャプマン大学では二つの大会があったし、またウィスコンシン、ボストン、インディアナポリス、ノートルダムなどでは、別の大会や講演会があった。さまざまな地域で開催される年次のアメリカ宗教学会へは、あるときは基調講演のため、またあるときには記念論文集贈呈のため、またあるときは『第五次元』（邦訳『魂の探求』）の出版記念のレセプションのためにと、何度か出席した。

中でも、ボストン大学の宗教・哲学研究所における記念講演と、書物の贈呈式に出席するための訪問の折りには、息子のピートも一緒だった。私たちは、由緒はあるが、ところどころ老朽化したハーバードクラブに宿泊し、多くの興味ある人々と出会った。ピートはボストン観光をすると共に、私の会合のいくつかにも出てくれた。私はグローブメイヤー資金のいくばくかを使い、空の長旅をいくらかでも快適なものとするために、ビジネスクラスへとグレードアップした。一九五三年以来、大西洋を優に五十回は行き来したにちがいない。しかし終わり頃には、そのつど、これが最後の機会になるにちがいないと思うようになってきた。事実上、最後となった（今のところ）一九九九年十一月の日記には、次のように記した。

十一月三日水曜日。午前八時二十分、KLMでバーミンガムからアムステルダムへ。そして今回はビジネスクラスで、アムステルダムからロサンゼルスへと向かう。ビジネスクラスは、キャビンやコーチクラスに比べてはるかに快適だ。広い座席、足を伸ばすゆとり、比較的少ない乗客、リクラインすると足元にフット・レストがあり、搭乗するとすぐにシャンパンのサービスがある。食事のためのテーブルクロス、気持ちのいい食卓用具、リンネル・ナプキン、ワイングラス、好きなだけ食べられる食事と飲み物、いろいろな映画番組が見られる個人用テレビ。

その日の午後、ロサンゼルスに到着。空港近くのセンチュリー大通り沿いのマリオット・ホテルに、タクシーで向かう。ホテルの部屋に私の荷物を運ぶ黒人のポーターが、「ご機嫌いかがですか」と尋ねる。そして部屋に着くまで、ポーターはオレゴン州に所有している自分の家のことをことこまかに話してくれた。私が好きなのは、こうしたアメリカの社会的民主主義であって、政治的民主主義ではない。というのも、極貧層の多くが、いまだ選挙権の登録すらなされていないからだ。

機内ではなかなかうまく眠れないのだが、少々の仮眠をとり、それから上等の食事を摂り、テレビを見る。チャンネルをあれこれ回すが、どれもコマーシャルばかりだ。テレビのコマーシャルが画面を占有する時間はイギリスより長い。

翌朝、事前に予約しておいたレンタカーを、ホテル内のハーツ（レンタカー会社）のデポで受け取り、パーム・スプリングズへと走らせる。大半のアメリカ車がそうであるように、これもオートマティック車だ。ロサンゼルスの市街地を車で走ってみると、前回ここに来たときと違って、ドライバーたちが気短かになり、わがままになっていることに気づく。赤ランプをつけまくり、互いに罵り合い、極めて危険な振る舞いに出る。過去にここまでひどかったようなことは思い起こせない。その後で会ったボブ・アダムスとマリリン夫人から、この数年の間に状況がますますひどくなってきたことを確認する。しかし高速道路の一〇号線に出ると、交通は比較的秩序立っていた。

途中のレスト・エリアで、自分の歩行用ステッキを車の上に載せ、車内の荷物をまた整理する。そしてステッキのことをすっかり忘れて、車を走らせる。ステッキはすぐに落ち、後からきた車に踏まれて折れてしまう。外出するとき、ステッキなしでは完全に身動きできなくなってしまうだろう。しかしパーム・スプリングズの中央商店街にたくさんアンティークの店があるので、最初の店で停車すれば、十五年も二十年も前のアンティーク・ケインを手に入れることができる。イギリスでは人は「ステッキで歩き、ケインで打つ」のに対して、アメリカでは人は「ケインで歩き、ステッキで打つ」のである。

四、五年前に妻のヘーゼルと泊まったエレウォン・ホテルのことだが、今はミラモンテ・リゾートになっている。二階建ての建物は同じだ。一階の大きな部屋をとる。自分のコード番号で入室する部屋だから安全だ。半分がテレビ付きのベッドルームとバスルーム、もう半分がさらに一台のテレビとミニバーの付いたリビングになっている。有料テレビで新しい「スター・ウォーズ」を見たが、以前の作品ほどよい出来ではなかった。中央のスイミング・プールは大きく良くなっている――現在はプールサイドの片側に東洋ふうのテントが立てられ、それぞれのテントに冷蔵庫が備えられている。これは団体客用のものだ。私は日に一、二度は泳ぐ。

しかし現在、ホテルには食堂が一つだけでメニューも少なく、私の好きなものはそう多く含まれていない。何人かのウェイターはメキシコ出身者で、多少の英語は話せるが、十分に理解はできない。ともあれ、ここで食事をするときには屋外で、明るい空と星の下でする。もっとも私は、夕方は別の場所で食事をするために車で出かけることが多い。朝食は、もちろん、いつもこのリゾートで、繰り返しになるが、通常は屋外でとる。日中の気温は華氏八〇度台（摂氏では二六～二七度）ですこぶる気持ちがよく、背後に山も見える。昼はだいたいバナナかリンゴですませるが、それを近所のヴォンズという店で買う。その店の新聞の棚で、「イエスの古代写真発見」という見出しを見た。

ここで九日間（食事なしで一日一〇〇ポンド強）、プール脇で読書をし、泳ぎ、食べ、テレビを見、仮眠をとって時間を過ごす。大いにくつろげる。けれども今回は妻のヘーゼルが一緒ではないので、ひどく淋しく思うことがある。

十一月十二日、金曜日。立ち並ぶ薄い鉄製の風車の前を、起伏の多い丘の道に沿って車を走らせる。丘はウェルズの小説『世界戦争』に登場するインベーダーの姿にも見える。一〇号線に沿って走り、五七号線に降りてオレンジ郡へと向かう。チャプマン大学の「イエス像」会議に参加する者が泊まる、ダブルツリー・ホテルがそこにある。私が真っ先に到着する。(1) 非常に快適なホテルだ。シングル・ルームは一泊二一九ドル（もっとも会議もちだが）。

クレアモント・マッケナ大学のスティーブン・デーヴィスが今日、私と夕食を共にするため、ここに来てくれる手はずになっている。ところが電話の話では、彼は網膜剝離を起こし、最近手術を受けた。包帯は取れたが、その手術が成功だったかどうかはまだわからないとのこと。彼が運転できないことは明白だが、私たちは電話で長話をする。彼が中国旅行から戻ったばかりのときで、網膜剝離は長時間飛行が原因ではないが、予測のつかないものであり、網膜のわずかな張りの加減で近眼の人には起こりやすいものであると、彼は忠告される。ところで彼は、クレアモント大学院大学は新たな学長、副学長の下で万事うまくいっており、宗教哲学および神学の部門はとりわけうまくいっていると考えている。デウィは評判の高い教師。しかしそのあと、同じ会議に出席したジム・ロビンソンから、クレアモントの財務状況が楽観を許すものではないという印象を受ける。

翌晩、会議に先立ってマウラ・オニール（クレアモントの私のもとで博士号をとった女性）と、彼女の夫マイケル・ハーネットが、夕食を共にするためホテルに来る――マウラは修道女、マイケルは修道僧だった。二人は来月、ケープタウンで開かれる世界宗教会議に出席する予定だ。マウラと同僚のベン・ハバードは、翌朝、彼らが共同執筆をしている宗教多元主義の出版打ち合わせのために来る。日曜日――会議は月曜から始まるのだが――私は、ジョセフ・ランゾとナンシー夫人のとても上品な家での華麗な昼食に招かれた。ジム・ケレンバーガー、ラファエル・ルエヴァノ神父（彼のために多‐信仰の礼拝に関する文書を用意してあげなくては……）を含んで、新たな研究センター（地球倫理と宗教の研究センター）の国際委員会メンバー、その他の人たちと一緒だった。

「イエス像」会議はきわめて興味深く、多くのことが学べた。とりわけ面白く感じたのはジョン・ドミニク・クロッサンによる講演――彼は才気縦横の才知ある話し手――で、彼は私の最も気に入った人物だ。彼は公開講座や著書を通してより幅広く語るために、大学の授業からはほとんど手を引いていると、私に告げた。彼の最新の著書『キリスト教の誕生』を読んでいるが、なかなか魅惑的である。

それからウェストミンスター寺院の聖典神学者となる予定の、イギリス福音主義者トム・ライトにも会えて嬉しかった。彼は、私からみれば時代遅れの立場にあるが、イエスの肉体の復活を擁護する強力な擁護者だ。しかし、ときに危険で、まったく不愉快でもある多くのアメリカの「ボーン・アゲイン・クリスチャン」とは違って、彼は多くのイギリス福音主義者たちと同様に、自由に語り合える高度に洗練された人物だ。私はホテルへ戻るマイクロ・バスの中で、彼に「もしも肉体の復活がないと証明されたら、あなたのキリスト教信仰は失われるのでしょうか」と尋ねた。彼は「そうだ」と答えた。

リチャード・スウィンバーンはベイズの定理を用いて、受肉にはかなりの蓋然性があるとする唐突な論文を発表した。リチャードによれば、イエス現象が神の受肉を物語るものだと、極めて確定的に判断できる主要な前提の一つは、イエス自身が、自分は神の受肉であると語ったとする点である。しかし新約聖書学者たちから、この点は確証できるものではないとどんなに言われても、彼は頑として応じない。リチャードとの付き合いは長く、私は彼のことをよく知っている。シャイだが、素晴らしく親切な男だ。だからデウィと同様に、私はリチャードを、哲学・神学上では論敵だが、個人的にはよき友であると見なしている。

ジム・ロビンソンは、未発表のQ(2)の完全な英訳を私たちにくれた。そこで私は、チャップマン大学とアメリカ宗教学会・聖書学会合同年総会の両方で顔を合わせた新約聖書学者のすべてに、専門内でのQの今日的位置づけに関して尋ねてみた。状況は次のようだ。大多数のアメリカの学者たちは、記録であれ伝承であれ、Qを受け入れるが、ジムの提唱する三段階説の形成には、多くの学者は納得していない。一方、イギリスの学者たち（マイケル・ゴールダーをもちろん含んで）の大半は、Q仮説を拒否するか、懐疑的である。トム・ライトは、これについてはなんとも言えない、と私に答えた。

毎日「十分」でホテルに帰り着く。私はニニアン・スマート、ジュリアス・リップナー、ブライアン・

ヘブルスウェイト、その他、大勢の学者たちと夕食のワインを楽しむ。次期総選挙では労働党が五〇パーセント以上の多数を占めるかどうかで、ジュリアスと賭け、総選挙が行われて、勝つ。ところで、このホテルはディズニーランドとクリスタル・カテドラル――きらびやかなハリウッドときらびやかなキリスト教という、現代アメリカの二大幻想の象徴――が間近に見える。ディズニーランドでは大いに楽しんだが、数年前にクリスタル・カテドラルを訪ねたときには、霊的に不快感を覚えた。

会議の終わりに、ロサンゼルスのマリオットに運転して戻り、車を返す。その晩、ティム・マスグローブと夕食。彼にはよき学究のポストが約束されていたのだが、それが実現する以前に予算がカットされ、職無しになってしまった。そこで彼はコンピュータ技能を使い、現在はシリコン・バレーのインターネット会社の共同経営者兼技術責任者になっている。結婚して二人の連れ子を持ち、さらに今では二人の実子も持つ。宗教哲学には深い関心を持ち続けている。

ホテルで、私はイギリスの国民健康保険が抱えるものと同様な、健康サービス上の諸問題の報告に注目する。「USAトゥデー」紙によれば、「次回の入院時に、あなたの看護を担当する有資格の看護士は、別に五人の患者を担当しているだろう。いや七人、あるいは十人かもしれない。看護士があなたの健康状態をチェックしてくれているものと思っても、それは数週間の訓練を受けただけの看護助手によるものであるかもしれない。……ヘルスケアに関する過去十年の混乱は、新たな看護の時代――経費削減により、有資格の看護士による病床訪問の割合は低くなるという時代――に突入した」。もうひとつの記事はアメリカの離婚率を伝えている。それによると、離婚率はバイブル・ベルト（キリスト教の篤信地帯）で最も高いという。なぜかを知るのは興味深いことであるが、それはともかくとして、バイブル・ベルトについてもう一つの記事――「オクラホマ州も、進化論を教えることに疑問を投じる州のリストに加わった。進化論は「議論の余地ある」理論であるから、理科の教科書から外すことを求めている」。「ロサンゼルス・タイムズ」紙は、ちょうど十年前にも起こったことのある、同じ種類の警察官による残忍行為の記事を載せている——一九九四年以降、同市では三百二十件を越える警察官の発砲事件があり、内三十七件は、明らかに別の対応をなすべきはずの精神疾患者に向けられたものだった。また一件は、単に警官に背を向けただけの年配女性に対するものだった。さらに同紙の記事によると、アメリカ人の十人に一人が体重オーバーで、五人に一人が肥満だという。一方で、若者たちの多くは実に健康体である。

2　ボストンのアメリカ宗教学会で

十一月十八日木曜日。ホテルのシャトルバスでロサンゼルス空港に向かう。そして、朝八時十五分発のユナイテッド航空、ファーストクラス（同機にはビジネスクラスなるものはない）にてボストンに飛ぶ。そしてアメリカ宗教学会のメイン会場ホテルである、ボストン・シェラトン——そこには屋内にハイネス会議センターが設置されている——に落ち着く。

翌朝、かつてクレアモントで福音主義の学生だったハロルド・ネットランドとホテルで朝食。彼は日本で宣教師を務めたことがあり（私は一度だけ東京で会ったことがあるが）、多‐信仰の問題に真面目に取り組み、『不協和音——宗教多元主義と真理問題』（一九九一）[3]という著書を出版している。その序文には、「ここ数年間、ジョン・ヒックが精力的に推し進めてきた多元主義に対して、本書は一つの応答であると見なしていただきたい」とある。私たちは個人的にはいつも打ち解けている。彼は本当に洗練された、実に好ましいアメリカ福音主義者の一人だ。彼は私に、福音主義陣営のうちにも、こうした争点を積極的に追究する群れが、小さいながらも存在することを教えてくれる。

その後、ばったりジョン・カブとジーン夫人に出くわす。夫妻は、現在、クレアモントのピルグリム・プレイスに住んでいる。ジョンと私は雑談をかわす。その間、ジーンは買物に余念がない。さらにその後、私はアーチー・スペンサーと雑談をする。彼との出会いは全くの偶然で、私たちは会議の名札をもらう列で順番を待っていた。そのとき彼は、私の署名入りの著書『第五次元』（邦訳『魂の探求』）を小脇に抱えていた。彼は、自分の友人によるヒック研究を踏まえて博士論文を書いていたという。それから私は、著名な新約聖書学者であるクリスター・ステンダルとも、短く言葉を交わす。彼のハーバード時代以来の出会いである。

九千人もの参加者を集めた三日間の大会期間中、私は無数にある部会の一つ、ティリッヒの他宗教観に関する部会の、それも最初の時間だけ参加した。ラディカル・オーソドキシーの部会に行ってはみたが満員で、空席を見つけることができなかった。私は自分の時間のすべてを、個人またはグループでの会話に費やし、朝食を含むすべての食事を、他の人たちと共にした。その一人はポール・エディ（洗練された福音主義者）で、彼はウィスコンシン大学で私の思想に関する論文で学位をとり、後に出版された批判的論文は、ノートルダム大学のフィリップ・クイン編著による最近の論文集においてリプリントされた。

夕食は、最近バンダービルト大学で客員（教授）をしている、クレアモント出のマジョリー・スコッキーと摂る。別の夕食では、ブラウン大学のスムナー・トゥイス――彼の論文もクイン編著の中にリプリントされている――と彼の同僚たち、加えて彼の学生の一人であったユング・リーたちと一緒だ。ユング・リーからは、『東西哲学』に所収されている彼の批判的論文が、私の手元に送られてくることになっている。

いろいろな人とおしゃべりを交わした。今は結婚してテキサスで教えているケネス・クラックネルと、彼のケンブリッジ・ウェスレーハウスの後継者であるマーティン・フォーワード、イギリスのブリストル大学のウルスラ・キング、タンデカ（デズモンド・ツツがクレアモント滞在時に、命名したアフリカ女子名）、クレアモントのジム・サンダース、現在は南アフリカの男女平等委員会の理事をしているファリード・イーザク。彼はそこでの現在の問題を私に提示してくれる。南アフリカのイスラーム社会におけるエサクの立場は定かではない。彼が言うには、自分は国の公僕として――政府ではなく（彼は強くタボ・ムベキ大統領を支持しているのだが）――もっとも公的に著名なムスリムであり、ムスリムたちは彼を誇りに思っているとのこと。しかし人々は、彼があまりにもリベラルであること、とりわけ紛争に対してはムスリム政党を自動的に支持せずに、不偏不党に行動することがわかって危惧を抱かれているとのこと。現在タフツで教えているポール・ワルダウと食事。私の著書から影響を受けたというが、私には面識のない多くの人とも出会う。

私はしばしの時間を、大きなブック・フェア会場のワンワールド社の出店で過ごす。そうしてノヴィン・ドオスダーたちと雑談し、私の『第五次元』にサインをしたりする。エモリー大学のデーヴィド・ブルメンタールは、「トライアログ」のユダヤ教招集者であるが、彼とは座り込んで長話をする。彼は私に、作家のデーヴィド・アーヴィングこそホロコースト否定者の張本人なり、と非難している自分のユダヤ人同僚が、アーヴィングに告訴されており、一月にロンドンで名誉毀損の申し立てを行うことになっていると話す（裁判の結果はアーヴィングのほうの負けで、確かに彼が、ホロコースト否定者にして歴史の偽造者なりと断定された）。エール大学出版のチャック・グレンチに挨拶をする。チャックは私に、『宗教の解釈』も『論争的諸問題』のほうも、順調に売れ続けていると語る。『宗教の解釈』のほうはアメリカ国内で六千部を超え、マクミラン版、ドイツ語訳、中国語訳をまとめれば、優に一万部を超えるにちがいない。[4]

ヒューストン・スミスとフィリップ・ノヴァックと、夕食を共にする。話題は学校での進化論教育に対するヒューストンの奇妙な反論についてだ。結局のところ、彼が異議を唱えるのは、その教え方の背後にある（と彼が考えている）自然主義的仮定のようだが、それはある人には、彼がダーウィン主義そのものを批判しているかのように聞こえてしまう。私たちは話をそらそうとするのだが、成功しない。議論は、「違いを超える一致」というところで、彼と私の互いの笑顔をもって終わる。ヒューストンは老いた。耳が少々遠くなったが、今でもアメリカ国内では大きな影響力をもつ好人物だ。このことでは九〇パーセント以上、私たちは同意する。ただ同意できないところは、彼が拒否する実在者の超カテゴリー性についてである。彼は、実在者は善そのもの、愛そのものであると主張する。それに対して私は、それらのものでさえ、人間が経験するインパクトに対して適用された人間の概念であり、カテゴリーを超えた実在そのものに対しては適用されるものではないと主張する。

アメリカ・カトリック司教会議はヴァチカンからの要求に応えて、カトリック系の総合大学と単科大学に対する統治権の拡充を決定したとの話を、カトリックの人々から聞かされる。もしもこれが、二年ほどのうちに批准されるとなると、カトリックの教育機関にある神学教授たちは皆、地域の司教から、彼らがカトリックの教えに従って教えているというお墨付きの委任を受けなくてはならなくなるだろう。ラッツィンガーの長期にわたる抑圧の手。ザビエル大学のポール・ニッターのような人たちにとっては深刻だ。それはまた、特に若いカトリックの学者の側に、神学的な試行や思索上の不安を募らせることにもなるだろう。

ワンワールド社の出版記念レセプションはうまく行った。ジョセフ・ランゾとナンシー・マーティンの二人は、長いスピーチをした。私は短くスピーチをし、多くの友人たちと会った。その中にはアーヴィンド・シャーマやジョン・ストラグネルもいた。ジョンとはもう何年も会っていなかった。遺憾ながら、彼はエルサレムで死海文書の研究を長年続けてきたが、論争の渦中を離れ、現在は退職している。遺憾ながら、彼の態度はどうも反発的にすぎる。その前に、ジョセフの主催による夕食会があった。これは彼のセンターにつながる人々のためのものだった。その場で、私はビル・ウェインライトの隣りに座った。

彼とは最近、言表不可能性について長々とEメールで議論をした。彼は、アメリカの「分析」哲学者による宗教的多様性の論議への取り組みが、あまり広がりをもたないとして、私以上に悲観的な様子だ。彼によると、これに取り組んでいるのは、私とビル・オールストン、ビル・ロー、そして彼自身だけだと考えている。しかし古参の中には、ほかにノートルダム大学のクインや、ミシガン大学のジョージ・マヴローズ、さらに「下位」の者の間にも多数いる。現在では、新たな学生たちのためのどの教科書にも、このテーマに関する新たな一章が書き加えられている。したがって、現在ではもう後戻りのできない重要な問題としてこれが位置づけられていると言える、と私は考えている。

二十四日水曜日。実に満ち足りた気分でアメリカ訪問を終え、KLMのアムステルダム経由で帰国する。南部カリフォルニアの燦然たる太陽の輝きに愛着は持つものの、総じて言えば、特にアメリカ暮らしに未練はない。そして奇妙なことに、クレアモントの院生ゼミはとても楽しかったのだが、今それに愛着を抱く気持ちはさらさらない。ともあれ、アメリカは妻のヘーゼルと私にとって、すべて素晴らしいものであった。私たちはそこで過ごした時間を、けっして悔いることはないだろう。

注

（1）この会議の成果は次の書物に収められている。Marvin Meyer & Charles Hughes（eds.）*Jesus Then and Now*, Harrisburg: Trinity Press International, 2001.

（2）諸福音書以前のもので、マタイおよびルカの福音書記者たちによって使用されたと推定されるイエスの語録。

（3）それ以降の出版には次のものがある。*Encountering Religious Pluralism: The Challenge to Christian Faith and Mission*, Downers Grove, Illinois: InterVersity Press, and Leicester: Apollos, 2001. 本書には、私の多元主義への歩みが紹介され、その結果に対する批判的な諸章も含まれている。

（4）そして現在はペルシア語訳もある。

第26章　終の棲家

1　再びバーミンガムへ

一九九二年、七十歳でクレアモント大学院大学を退職した。南カリフォルニアの陽光、そしてピルグリム・プレイスに暮らす気心の知れた聖職退役者たちも含めて、そこに住む多くの友人たちにもまして、私たちが戻った先のイングランドの親密な家族の繋がりと友情は、さらに厚かった。

私たちは帰国する三年前に、すでにバーミンガムの郊外セリー・オークに暮らすつもりで、家を買っていた。この家は、必要なものが全部一階に備わっていて、屋根窓の付いたバンガロー式住宅だが、さらに二つの寝室と、もう一つの浴室が二階にあり、来客用によく用いられている。私たちは何年も前に一度、フェン一家を尋ね、この家を訪れたことがある。当時エリック・フェンは、セリー・オーク・コレッジズと合同改革派教会の重要人物であり、さらにはBBC放送の宗教番組を担当する副責任者の立場にあった。それより以前には、ガンジーの親しい友人で、著名なクエーカー教徒のホレス・アレキサンダー(1)がそこに住んでいた。そして私たちが住む直前までは、セリー・オーク・コレッジズの新宗教研究センター所長、ハロルド・ターナーが所有していた。私たちはまだクレアモントにいる間に、別の家族らが居住する名義上の借家として、改築や増築の大半を行っておいた。

その家は一九二〇年代に建てられたもので、最初の所有者は住み込みのメイドを雇っており、（その後に続く所有者たちは）当時そのメイド部屋だった現在の食堂の壁にかかる合図の鐘の箱を、重要美術品として保存してきた。私たちはその場所を多少広めに、また少し明るくするために、張り出し窓を加えた。なお、主たる増築は、居間へと続く南向きの既設のオープン・ロッジアをサンルームに変えたことだ。この場所は、この家の中で最も有用な部屋の一つとなった。イングランドの気候では、一年のうち庭でくつろげる時期はあまりないのだが、私たちが「ガラスの部屋」と名づけたそこでは、「事実上」それを味わうことができる。さらに道路からのエントランスとガレージ、そして前庭を広げて、さらにもう一つのガレージを付け加えた。

その家を購入したときには、一年以上も空き家のままで放置されていた。庭はジャングル状態だったので、私たちはそこを「チップ」（ごみ捨て場）と呼んだ。その後、数年にわたり、週に一回ずつ庭師に来てもらい、芝と花壇を剝がし、樹齢百年を経た樫の木を中心とする、庭一帯を修復してもらった。そして私たちは、南側の生垣をもとの二倍の高さにまで育てたので、この樫の木と周りの木々が葉に覆われると、両側は青葉と空以外には何も邪魔ものの見えない状態になった。

ティーンエイジャーの頃から、私は古書の蒐集を始めていた。一九三九年から四五年にかけての大戦より前の時期には、古本屋で、ときに十八世紀の書物を一、二シリングで手に入れることができた。やがて数シリングから数ポンドにまで跳ね上がり、プロでない普通の蒐集家には手が届かなくなるまで、私は折りにふれて古書の蒐集を続けた。[2]

そういうわけで、私はそれまでに三冊のインキュナブラ、すなわちヨーロッパで印刷術が発明された一四五〇年代から、十五世紀末までの初期活版印刷の時代に印刷された古書を手に入れた。(3) 私のものは一四八三年、一四八六年、一四九三年のものである。インキュナブラは中世の写本を模した印刷本なので、タイトル・ページはない。現在のタイトル・ページにある情報は、最後の奥付にある。私のものは、プリニウス、オウィディウス、サルターティの、ラテン語古典のヴェネチア印刷だ。一五〇〇年までに、ヴェニスでは百五十部の印刷出版をしていたようだ。私のオウィディウス（購入したものの中で最も高価な品で、一九七〇年代に一二〇ポンドで手に入れた）の奥付には、ラテン語で「ベルナルド・ヌアリアにより一四八六年十一月二十七日ヴェニスにて印刷。乾杯。」とある。もっともその装丁は十九世紀の物ではあるが……。その紙――十九世紀初頭まではラグ繊維（麻くずなど）から作られた紙であり、木材のパルプはそれより少し後である――は、中性紙を用いていない二十年を経た現代の書物よりも良い状態で、印刷も明瞭（それから一世紀後のイギリスの書物よりはるかに良い状態）だ。そして広い欄外には、ラテン語で手書きされた数多くの注が付されているが、羽ペンで書かれている注はあまりにも文字が小さいので、虫眼鏡が必要だ。おそらくそれを記すためにも、虫眼鏡が必要とされたであろう。私は羽ペンの先がそこまで細いとは思ってもみなかった。

私の持っている十六世紀以降のもの、例えば有名なヴェニスのアルドゥス版の一五一五年印刷の古書や、一五二〇年にパリで印刷されたクウィンティリアヌス版には、他の多くの十六世紀、十七世紀、十八世紀、十九世紀のものと同様に、すでにタイトル・ページがついている。私はそういった古書のすべてを、至るところ――ロンドンはもちろんのこと、セント・アイヴィス、アイレスベリー、ヨーク、ケンブリッジ、ノアヴィチ、バス、バーミンガム、さらにはヴァレッタやマルタ――で、だいたい一九六〇年代に掘り出した。多くは、単に古くて興味深かったから購入したのであるが、そのこととは別に、私は哲学書の初期の版を探していた。それでロック、バークレー、ヒューム、カドワース（『宇宙の真の英知的体系』）、ピエール・ベール、ライプニッツの『神義論』、ウィリアム・キング（『悪の起源』）、ウィリアム・ディルハム（『宇宙神学』）、トーマス・リードの『人間の心』、それからブリッジウォーター論文集の何冊かを持っている。

私の考えでは、もしアンティークを集めようとするなら、二つの家具よりも、二冊の古書のほうに、はるかに興味深い相違が見られるように思う。私は自分の古書のために長い時間は費やさないが、それらは書斎で顔を合わせる親しい友人として、常にそこにある。かなり古いものは、なめし革か子牛革で製本されており（それらは折りにふれて、私が革の保存処置を施してきたものであるが）、そうしたものが私を、過去と、そしてときにはネーム・プレートが表紙の内側に打ち込まれている最初の持ち主たちと、結びつけてくれる。

また、読んで楽しいのは一五六五年出版のストーの『年代記』の一部、ヘンリー・コルネリウス・アグリッパの『オカルト哲学』（一六五五）の中の魔法の呪文——文中には署名入りで手書きのページがたくさん含まれている——、あるいはチャールズ一世の（おそらくは）没後出版の、一六四八年版『イコン・バジリカ』、あるいは『ザ・グラフィック』所収のクリミア戦争に関する当時の記録、あるいは一七九二年第八版の二巻に見られるジョンソンの辞典中の巧妙な定義のいくつか（例えば「網」をどう定義するか。ジョンソンによる簡明にして適切な解答では「広い隙間あるいは網目の編み物」）。「哲学者」の定義——「道徳もしくは自然のいずれかに深い知識を有する者」——は、諸科学が、道徳哲学と形而上学の両方から区別された自然哲学と呼ばれていた時代背景から来ている。私はこのジョンソンによる『スコットランドの西方諸島への旅』（一七七五）の初版を持っている。以前の所有者は、J・A・スチュアート・ウォートレー、ウォーンクリフェ伯爵のエドワード・モンタグ・スチュアート・グランヴィルで、二人の紋章つきの蔵書票が付されている。そして、ずっと最近では、R・G・ネヴィルの蔵書でもあった。

バーミンガムから妻のヘーゼルと一緒に、私は会議などのために幾度もヨーロッパ大陸を訪れた。マドリードやバルセロナ、ザルツブルグ、ミュンヘン、北ドイツのナハロート、ミラノへは何度か出向いて講演した。ミラノ会議の打ち上げ晩餐会のことだった。私の宗教多元主義に大反対を唱えているドイツの一流神学者、ウォルフ・パネンベルグがテーブルから身を乗り出して、私にこう言ったものだ。「主が終わりの日に、あなたが説教者であったときのことを思い出されますように」。彼が反対するのは、私が何年もイギリスや海外で多くの聴衆に向かって語り続けてきた内容であり、また時がたつにつれて共鳴者が増えていることに対してでもある。私は異なる聴衆に向けて、異なる仕方で宗教多元主義を提示してきたが、通常、以下の諸点を内容としている。

キリスト教的信念は何百年にもわたって発展してきたが、その発展は、西方教会では何百年もの間、自分たち以外の人間は救いの箱舟の外にある者と見なす自己囲い込みの体系を、強化・継続する形態においてであった。四世紀にキリスト教がローマ帝国の国教になって以来、他宗教との接触は、対外的には十字軍において、内向きには何世紀にも及ぶユダヤ人迫害においてというように、ほとんどが敵対的なものだった。そしてヨーロッパ諸帝国の時代には、被支配民の諸宗教は一般に野蛮な慣習として蔑まれ、人々は、より高度な福音の救いの真理へと改宗すべきものとされた。しかし十八世紀ヨーロッパの啓蒙主義時代以降、特にその後期の百年ほどの西欧においては、他の世界宗教の霊的深みと霊力への認識が増大し、もはやキリスト教だけが唯一の真実の信仰であり、唯一の救いの位置を占める宗教であるとは認め難いものになった。このことは大規模な西欧への移民、とりわけインド亜大陸からの移民の結果、二十世紀後半において深刻な問題となった。

バーミンガムを例にあげれば、パキスタンやバングラデシュ出身の親、もしくは祖父母を持つムスリムが八万人もいるし、またシーク教やヒンドゥー教の大きな共同体があり、同様に小さいけれども長く定着したユダヤ人の共同体もある。そして、現在では仏教徒、道教徒、さらにはバハイ教のグループもある。こうした人々の比率は、キリスト教の習慣や信仰をもつ人口——もちろん大半は名ばかりのキリスト教徒だが——よりも大きいので、それだけの人々が、毎週キリスト教ではない種々の礼拝場所へ礼拝出席することが、十分に可能なのだ。今日この市内で、おそらく最も華麗で新しい宗教建造物は、ハンズワースのソホー通りにあるシーク教の巨大な教導所《グルドワーラ》と、そしてスモール・ヒースのポエツ・コーナーにある新しい礼拝所《モスク》だろう。

私たちが他の信仰に生きる市民仲間と知り合うとき——また日常生活のあらゆる場面で彼らと遭遇するとき——、わけても個人的に隣人、同僚、子どもと同じ学校の保護者として知るとき、彼らがこの町の一般的なキリスト教徒に比べて、別に不親切でもなければ、家族や共同体内で心遣いが乏しいわけでもないし、子どもの教育のために骨惜しみをするわけでもないし、援助を必要としている隣人たちに手を差し伸べないわけでもないし、法を守らないわけでも、よき市民でないわけでも、自分たちの宗教習慣に不忠実なものでもないことに気づかされる。どの民族、どの宗教にも、ほぼ同じような割合で、良い人間と悪い人間の両方がいる。そして白人よりも黒人や褐色人のほうに失業率が高いのは事実であるが、それでもドラッグや犯罪に身を持ち崩した若者たちをたくさん抱えて、だれもが皆、深刻な社会問題に直面している。

しかし、一般にキリスト教徒のほうが、非キリスト教徒に比べて道徳的に優れているとか、精神的、霊的に優れているようには思えない。繰り返しになるが、それぞれの信仰には聖人と呼ばれる稀有な個人が、多かれ少なかれ、同程度に輩出しているように思われる。聖人に関する統計数字はないが、これまでのところから言えることは、宗教的信仰をより平易なものにしてくれるようなこの種のきわだった個人は、ユダヤ教、イスラーム、ヒンドゥー教、シーク教、仏教などにおいても、キリスト教内と同様に無数に存在するように思われるということだ。

しかし、伝統的なキリスト教の信念体系が真実である場合に、これが私たちの期待する内容なのだろうか。

この体系によれば、イエスは受肉した神（すなわち、子なる神、三位一体の第二位格）であるから、世界の諸宗教の中で、キリスト教だけが神自身によって基礎づけられたものであり、それゆえ、事実上キリスト教が、他のどの宗教よりも優れているにちがいないということになる。またキリスト教徒として、私たちは神と親密な関係にあり、教会の聖礼典を通して神との十全的な接触を持ち、キリストの体である教会の会員として、私たちの内には聖霊が宿り、キリストに在って他の人々には与えられていない、神自身の直接的な知恵に与っているということになる。もしそうであるならば、このすべての結果としての聖霊の実――それを聖パウロは、「愛、喜び、平安、寛容、親切、善意、誠実、柔和、節制」（ガラテヤ五章二二―二三節）として挙げている――は、一般のキリスト教徒の生活において、一般の非キリスト教徒たち以上に、より明白であるべきではないだろうか。しかし実状はそうとはかぎらない。

そこで私には、偉大な世界信仰はそれぞれ異なりはしても、私たちの理解する範囲内で言えば、生来の自我中心性から、神・超越者・究極者・実在者中心への新たな方向への変革、あるいは互いの価値と愛を認める人間存在への救済的変革をもたらす同等の効果（あるいは同等の非効果）の脈絡内にあると考えるほうが、より合理的であるように思えるのだ。

この場合、究極者を思考し経験する仕方の相違は、人間の在り方の相違、つまり地上の偉大なる文化の相違を反映している。このことは同様に、究極的実在そのものと、その異なる状況において形成される人間の精神性によってさまざまにイメージ化された実在との間の、相違のことでもある（この後者の内容こそが、本書の22章で簡潔に述べ、より専門的に展開した私の宗教認識論である）。

しかしこのような見解を、キリスト教徒が持てるだろうか。イエスは「わたしは道であり、真理であり、命である。わたしによらなければ誰も父のもとへは行けない」「わたしと父はひとつである」「わたしを見たものは父を見たのである」と述べたのではなかったか。それへの回答は、ほぼまちがいなく「否」である。これらの言葉は、歴史のイエスによる言葉ではなく、イエスの死後六、七十年経ってから、ヨハネ福音書の記者により、その時代までに展開されてきた教会の信仰を表現するものとして、イエスの口の中に注ぎ込まれたものなのだ。神の受肉はイエス自身によっては主張されなかったこと、そのような神格化は教会によって次第に進められてきたことは、今日では新約学者たちの大多数による合意事項である。

より初期の弟子たちの理解では、イエスは「彼を通して神が行った力あるわざと、不思議なわざと、あかしの奇蹟とによって神があかしをされた人」（使徒言行録二章二二節）だった。そこにはまた、イエスは神ではないが神の属性を備えていたこと、人間ではないが人間の属性を備えていたこと、の両方を密接に結びつけようと試みる重要な「未回答の問い」がある。しかしこの問いについては、すでに『受肉神のメタファー』（邦訳『宗教多元主義への道』[4]）において十分に表現してきたので、この場ではそれを繰り返さない。

一世代前に比べれば、今日のほうがはるかに広く受け入れられてはいるものの、前述の全内容については、当然のことながら、教会内ではかなりの異論がある。全教派の指導者たちは、信仰を異にする人々に対して友好的かつ寛容な態度を取る一方で、なお押しつけられれば、通常はキリスト教の独自な優位性を強調し、これを保持する。しかし教会外には、宗教についての本当の問いに純粋な興味を抱く人々はたくさんいる。そういう人々は、教会やそのドグマを振りかざす石頭からはまったく相手にされず、しばしば反発すら受けている。けれども、そのような人々による他宗教への気づきから、逆に新しい魅力のある可能性の範囲が拓かれていく。このようにして、他の偉大な世界信仰の存在と力は、進化および人間と動物の生命の連続性という、十九世紀に開示された諸事実にも匹敵するほどの重大さをもって、キリスト教的思考への挑戦を示すのだ。

諸教会が、聖書は文化的条件に基づいた人間の一連の著作である、という含意を受け入れるのに、二、三世代を要した。私たちはいま、キリスト教における自分の宗教経験と、人類による宗教経験とが連続したものであるということを、グローバルに認めなくてはならない。キリスト教が他の宗教と並ぶ一つの真正な宗教であり、受肉、三位一体、贖罪という教理のどれも、イエス自身が実際に教えたものではないということを、諸教会が受け入れるには、おそらくさらに一、二世代の期間を必要とするだろう。もちろん同様な挑戦は、他のどの宗教伝統も受けている。私たちは皆、イスラーム神秘主義の詩人ルーミーの、「ランプは違えど、光は同じ。光は彼方から来たる」[5]という言葉の意味を、十分に理解できる者とならなくてはならない。

神学から日常生活へと話を戻すと、退職後ほどなくして、昔からの私の背中の問題——一九六二年プリンストンで「椎間板ヘルニア」の手術を受けた——が戻りはじめ、背骨狭窄のための二度の手術が必要となった。もっとも体を動かすことの制約は、今でもかなり引きずってきているお荷物であるが……。

2　妻ヘーゼルの死

妻のヘーゼルが突然、重い脳卒中に襲われ、二度と意識を取り戻すことなく、その二十四時間後に亡くなったのは、私が入院中で、最初の手術の回復期に当たる一九九六年のことだった。ヘーゼルはいつも夕方、早めに私を見舞ってくれていたのだが、その日は姿を見せなかった。息子のピートが、オーソピーディク病院に私を見舞うためマンチェスターからやってきた——そのとき私は患者であったが、妻のヘーゼルのほうはまったく健康そのものにみえた——が、息子はまず我が家の「チップ」(前述、庭のこと)に立ち寄り、中に入れないことに気づいた。鍵は持っていたが、外の戸には閂がかかっていた。ヘーゼルが夜には望んでそうしていたためだ。息子は門を乗り越え、寝室の窓に目を凝らしたが、中は暗くて何も見えなかった。すぐさま兄のマークに電話をかけて懐中電灯を持ってくるように頼んだ。そして二人は、母親のヘーゼルが、寝台の上で動けない状態になっているのを見て取った。二人は正面玄関の窓ガラスを壊して中に入り、母親が昏睡状態になっているさまを発見した。直ちに救急車を呼び、すぐ近くのセリー・オーク病院へ運んでもらった。脳卒中との診断がなされた。私はその夜のうちに見舞いに連れて行ってもらえたが、朝になって私たちが引き上げ、娘のエリが急ぎマンチェスターから駆けつけたときには、ヘーゼルはもう息を引き取っていた。

妻の死は予期せぬことであり、まさに青天の霹靂《へきれき》だった。私のほうが四歳年上であるから、統計上では女性のほうが長生きをして、先に死ぬのは私のほうであるものと思っていた。しかも彼女は健康そうに見え、きわめて活発だった。妻は、バーミンガムの第二言語であるウルドゥー語を学んでおり、アジア出身の女性たちには英語の家庭教師を行い、市の社会福祉局のボランティア調査員として高齢者宅の訪問ケアをし、同時に賃貸料決定に関する法廷での奉仕をして、人種問題担当の判事と同席する裁判所調停員でもあった。突然に意識をなくすことは、もちろんよい死に方ではあるが、七十歳の妻の場合、まだまだ何年も早すぎた。

私たち家族は皆、母親の死を悼んでいる。妻ヘーゼルと私を取り巻く家族の輪は、エレ、マーク、ピート、先に亡くなったマイク、「義理の子どもたち」や孫たち、そして妹のシャーリーとも常に密接だったからだ。かつて私は、ヘーゼルの兄弟マイケルとその妻のロザリンドに、私が人生においてなした最上のことは、ヘーゼルと結婚したことだと言ったことがあるが、ヘーゼルもまた、逆の立場からまったく同じことを言っていたと、二人は私に話してくれた。私たちは違っていたが、補い合っていた。ヘーゼルには悲観主義的な傾向があり、最悪の事態を予想しがちだったので、ときには嬉しい驚きがあった。他方、私のほうは楽観主義的な傾向のため、折りにふれ、落胆しがちだった。ときに一方が当たっており、時には他方がそうだったので、私たちの見通しにはバランスがとれていた。別の違いについて言えば、妻の父親のほうは、彼女がまだ十四歳の小さいときに、家族に経済的な不安を残したまま亡くなったので、妻は金銭の浪費をいつも嫌がっていた。他方、私のほうにはそうした心の習慣はなかった。ともあれ、長い年月の中で、私たちは互いに愛と信頼と気配りの思いを深めていった。妻の死後の二年目に、私はこんな夢を見た。

今日、午後、十分ほどの仮眠の際に夢を見た。私は腰掛けて目を閉じ、机に向かって考えごとをしていた。そのとき、私に手が触れた。どういうわけか、それが妻のヘーゼルであることに気づき、その手に口づけした。そのとき、妻は言った（私の目はまだ閉じたままだった）。「生前あなたをどれほど愛したことか」。死んだ妻がそこにいると突然悟り、目を開けた。ほんの一瞬だったが、妻の姿を私は見た。それからすぐに姿は消え、私は目覚めた。

私たちの誰もがそうであるように、私も自分の妻の死を、折りにふれてはひどく悼ましく思うことがある。バーミンガムに再び腰を落ち着けたので、キャリアの途上にある「歩兵たち」と、以前にもまして、もちろん今もよく会うことができるようになった。私は、彼ら皆を誇りに思っている。マークとピートの仕事については、以前の章ですでに話した。エレは、彼女を知る者なら誰もが期待するとおりに、教職に就いてめきめきと頭角をあらわした。数年間マンチェスターで小学校長の職を成功裡に勤め上げた後、現在はランカシャーで、養護指導にあたっており、その地でガレス、ライアノン、アレキサンダーと一緒に、もと農家の大きな家で暮らしている。家族は週末に、実によく訪ねて来てくれる。子どもたちの成長ぶり——実に早い——を見るのは素晴らしい。他の二人の孫たち、マークの子どものジョナサンとエメリーについても、皆それぞれに同様だ。六年前にヘーゼルが亡くなった後、娘のエレは、ずっと私の「守護天使」でいてくれる。私は子どもに恵まれて果報者だ。彼らは私を支えると共に、互いに支え合って生活している。

私はバーミンガム大学との価値ある繋がりを、「人文・社会科学高等研究所」、および活発な議論を続ける「オープン・エンド・ディスカッション・グループ」のフェローとして、そして図書館を利用し、友人たちと昼食を共にするために、大学の「スタッフ・ハウス」を利用させてもらうというかたちで、続けている。アメリカのクレアモントでは、秘書たちにパソコン操作を任せていたが、バーミンガムに戻ってからは、自分用のパソコンを手に入れ、その使い方を知るために大学の一日研修を受けた。おそらくはパソコン機能の十分の一程度しか使いこなせていないと思うが、それでもパソコンは、いまでは原稿を書いたりメールを出したりするための、不可欠な道具となっている。パソコンがもっと以前に普及していたらどんなによかったか、と思う。というのも、ほとんど判読不可能なケンブ・スミス、ドナルド・マッキノン、ラムー・ガンジーからの手書きの手紙や、完全に判読のできるジェソップ、ファーマー、プライス、ジョン・ロビンソン、ピーター・ヒース、チャールズ・ハーツホーンからの手紙をファイルしてきたからだ。パソコン使用と共に、ホームページも開始した。サーチ・エンジンのひとつで自分の名前を検索し、大量のマテリアルを見出す。そこには研究内容への賛意や多くの批判が寄せられる。そこで便宜を図るために、これからは自分のいくつかの新たな論考を、そこに書きつけていきたいと考えている（www.johnhick.org.uk）。

3　著作権や読書のこと

著作財産を管理する私の時間は、ずいぶんおっとりしているように思う。私は代理人を使ったことはなく、常に自分自身が直接、出版社と交渉してきた。代理人を使ったほうがうまく交渉できていたかどうかはわからない。しかしプロの代理人ならけっして承諾しなかったようなことを、ときに行ってきた。私のポリシーは、金儲けより自分の考えをできるだけ広めることを優先させる、ということだった。大学教授たち――たいていはいつもアメリカ人である――から、学生たちに読ませる論集に私の論文を転載したいので許可してほしい、という書面が届いたときには――そのような論集は制作中のものも含めて五十冊以上にのぼると思うが――私はどんな転載料も請求せずに、常に許可を与えてきた。ただし一度だけ、どんな代理人でも大きなまちがいと見なすようなことをしてしまった。私は印税の代わりに千ドルの報酬を受け取り、長い序文をつけて『神の存在』(一九六四)に関する文選を編纂した。この書物は次々と版を重ね、ゆうに百万部を越す売れ行きとなった――印税にしておけば、千ドルをはるかに越える多額の報酬が得られたであろうに……。

また、翻訳権を自分が保有しているときには、印税が訳者の側に渡るよう手配し、真摯な研究者たちによる外国語翻訳を奨励してきた。ちなみに、訳書のためには新たな序文を、一切の報酬なしで書いてきた。このようにしてかなりの額のお金――実際に必要ではなかった――を逃してきた。そうこうしながらも、自分の業績の普及には余念がなかった。しかし版権を所有する出版社が、外国語の翻訳を手配したときには、私は多額の金額を受け取っている。私の著書の何冊かは現在、フィンランド語、スウェーデン語、ポーランド語、ドイツ語、オランダ語、デンマーク語、イタリア語、スペイン語、ポルトガル語、ペルシア語、アラビア語、日本語、中国語、韓国語、インドネシア語、さらにはヒンドゥー語にもなっている。そのおかげで、現在、日本、中国、ドイツ、トルコ、インド、ブラジル、オーストラリア、ニュージーランド、そして多くはアメリカから通信を受け、文通を続けている(通常は電子メールによる)。

バーミンガムに戻ったこの時期に、長年望んでいた一冊の書物を書きあげた。これはアカデミックな世界に向けたものではなく、基本的な宗教問題に純粋に興味を抱いている人々――その大半が教会外の人々――に向けたものである。これが『第五次元』（一九九九）〔邦訳『魂の探求』〕であり、友人となったノヴィン・ドゥースダーの指揮下にあるオクスフォードのワンワールド社が、その出版に理想的であると考えた。ティム・ファミローの経営下にあるマクミラン社がその出版を希望し、これまでにない多額の前渡し金を申し出てきたが、私はできるだけ買いやすい書物にしたかったので、ワンワールド社との取り決めのほうがよいと判断した。アメリカでの売り上げは、仲介者間の変更で痛手をこうむったが、ワンワールド社は実によく対処してくれた。現在までのところ、この書物は中国語、日本語、インドネシア語、デンマーク語に翻訳されている。

私の最も新しい著書である『宗教哲学における対話』（二〇〇一）は、論文や寄稿文をまとめて筋の通る内容に仕立てたものであるが、これはほぼ十年ごとに出版してきた書物の一例である。(6) このような特別な場合、他の人々からの応答と、それに対する私自身の応答を収めて、書物を対話ふうに作り上げている。次に予定している著書では、まず文化に対する自然主義的仮定への批判から始め、次に宗教経験の重要性に言及し、さらにそれと脳の状態との関連についての議論も含んで、文字通りの対話形式にしたいと考えている。

書物とは読んで楽しむものである。読書は人生最大の喜びの一つではないか。小説に対しては、あまり冒険心が湧かない。新たな話題作はあまり読まず、純文学の多くを幾度も繰り返し読んできた。例を挙げれば、『高慢と偏見』を十四回、『分別と多感』を十三回、『エマ』（おそらくはジェーン・オースティンの最高作ではないかと考える）が十一回、さらに彼女の『マンスフィールド・パーク』および『説き伏せられて』を十回、ジョージ・エリオットの多くの作品を四、五回、トロロープの連作『バーセットシャー物語』と、その他の書物を四、五回、『戦争と平和』を三回等々である。ティーンエイジャーの頃は、スコットやディケンズのものを徹底的に読んで楽しんだが、それ以後は読んでいない。少し大きくなってからは、H・G・ウェルズ、オルダス・ハックスリー、P・G・ウッドハウス。同世代の多くの親たちと同様に、私も子どもたちに、C・S・

ルイスやJ・R・R・トルキーンの物語を読み聞かせることを楽しんだ。

近代文学では、E・M・フォスターを数回、ミュリエル・スパーク、サマセット・モーム、十の小説からなるC・P・スノーの『異邦人たちと兄弟たち』を何度か、そしてC・S・フォレスターのホーンブロワー・ブックス、そしてゴア・ヴィダル。現代小説家の中では、ヴィクラム・セトの『良縁』は純文学の地位にあると私は見ている。またポール・スコットの『ラジ・カルテット』、ジョアナ・ハリス（『ショコラ』）、ジル・パトン・ウォルシュ（『天使たちの知恵』）、アランダチ・ロイ（『小さなものたちの神』）、デーヴィド・ガターソン、ロバート・ハリス、デーヴィド・ロッジ、パット・バーカー、ウンベルト・エーコ、リチャード・アダムス、ヘンリー・ポーターを高く評価している。スリラーや探偵小説も数多く読んでいる。さらに異なるジャンルのものとしては、ジェームズ・ミッチナー、エリス・ピーターズ、J・K・ローリング、ジェフリー・アーチャーさえも読む。サイエンス・フィクションものは多くはないが、それでもスティーブン・ドナルドソンとイアン・バンクスのものはいくらか読んでいる。

読書のもう一つ大きなジャンルは、主に作家、哲学者、政治家たちの伝記と自伝である。中でも特に印象深いものはロイ・ジェンキンスの『グラッドストーンとチャーチル』、さらに彼の自伝『人生の中心』、そしてロバート・スキデルスキーによる三巻本のジョン・メナード・キーンの生涯、レイ・モンクの『ウィトゲンシュタインとバートランド・ラッセル』、ブライアン・マギーの『哲学者の告白』である。

詩人の中では、フィツジェラルドの『ウマル＝ハイヤーム』は気に入っている。そしてシェークスピアの『ソネット』、ミルトンの『失楽園』、T・S・エリオットの『四重奏』、さらには数世紀にわたる詩の索引に便利なパルグレーブの『ゴールデン・トレジャリー』など。現代のR・S・トマスには興味をそそられる。かつてのオーデンがそうであったように。だいたい毎週、詩をいくつか読むが、もっとたくさん読まなくては、と思っている。テレビについては、ときに放映される優れたドキュメンタリーや映画を除いては、読書の時間を奪われて、よい影響を受けてはいない。

二〇〇一年六月、私は八十歳の誕生パーティを開いた。本当の日付は二〇〇二年の一月なのだが、多くの人々を素晴らしい天気のもと、素晴らしい場所で、素晴らしい食事に招待したいと考えたので、早めたのだ。場所はバーミンガムのボタニカル・ガーデン。その日は本当に暖かくて、美しく晴れ渡った日だった。およそ百五十通の招待状（カードは才能豊かな隣人のデーヴィド・バーローがデザインして作ってくれた）を出したが、当初支払い準備にあてた最少人数分である九十人ほどに出席してもらえるかどうか、多少気をもんだ。しかし結果的には、当日、百二十五人が出席してくれて、大きな宴会場が満席となった。皆に会えて本当に嬉しく、事は順調に運んだ。

数多くの出席者の中には、例えば特別な手配のもとでカリフォルニアから駆けつけてくれた、元クレアモントの学生二人がいた。マウラ・オニールとその夫デーヴィド・ハーネットの二人は、ロサンゼルスにあるユダヤ教－キリスト教－イスラーム・グループ内の友人たちから、贈り物を預かって届けてくれた。またティム・マスグローヴはこの誕生パーティに合わせて、ロンドン出張を特別手配したという。前の晩には夜遅くまでナイトクラブで商談し、翌日また現われ、私たちと共に多くの時間を過ごして、大いに楽しんでくれた。パーティ自体は息子のマークの司会で進められ、メインの食事の後に短いスピーチがいくつか続いた。息子は最初に、デズモンド・ツツからの祝いの言葉を披露した。

親愛なる心の友へ、お招きを感謝します。あなたは聖なる寿命を長く生きてこられました。そして神のこの世に対し、天賦の才を見事に発揮してこられました。心からお慶びいたします。残念ながら今回は出席できませんが、クレアモントでの幸いな日々を思い起こしつつ、気持ちの上では今もあなたと共にあります。神の祝福とご加護を心よりお祈りいたします。

デズモンド

次に、息子のピートが少々ふざけつつも、ときに真面目な話を織り交ぜてスピーチをした。それからクレア・ショートがAFFORの日々を振り返りつつ、さらには宗教に関する最近の話題にも言及した。そのときの彼女の個人的な信仰告白を記録しておけばよかったと、いまさらながら思う。善性こそが神である、つまり万物に公正をもたらす人間の善性・慈愛こそが究極的価値であると言われるが、自分にはあまり合点がいかない、議論はまだ継続中である、と彼女は述べた――というわけで、議論は今もたびたび行われている。人類を超えた超越的実在に対して、クレアは得心がいかないでいる。しかし彼女は、いずれの宗教にもコミットしないいまま人類に奉仕している多くの人々と同じように、宇宙的現存である「実在者」に対して、事実上の応答をなしていると私は考えている。彼女は自分の内面に、心の平衡と安定を得ているので、他者および他者の抱える問題に対して、純粋な気持ちで実践的に関わることのできる女性なのだ。だからこそ、彼女には個人的関わりと、国際開発における非常に生産的な働きとの両方が、見事にこなせるのである。

次に立って話したのはキース・ウォードで、宗教哲学全般にわたる私の影響力について、惜しみない賛辞を呈してくれた。また、次のペリー・シュミット＝ロイケルからも、とりわけ宗教多元主義に関して同様の賛辞があった。そのようなスピーチの進む中、私は多少ぼうっとした状態にあったので、いま思えば、録音しておくべきだった。実に多くの人々が万障を繰り合わせ、しかも幾人かははるか遠方から出席してくれたことに、私は大変心を動かされた。出席者の全員と個人的に語ることはできなかったが、以来、その埋め合わせのために電話で長話をしている。

このように人生は続いている。その幕引きとなるX年の時に徐々に向かって……。「お前は自分の人生をいままでのように、良いときも悪いときもすべてそのままに、もう一度喜んで繰り返したいと思うか」という、ニーチェの究極の挑戦的問いに対して自問するならば、その答えは「然り」であると考える。しかし私はまた、広義の宗教哲学の一部分として、この生命は私たち人間存在の全体ではなく、遥かに大きく長いプロセスの重要な一部分——現在の私たち人間にとって重要な一部分——であるとも信じている。そしてこの観点から見るとき、私たち人間の生命の価値はさらに大きな輝きを増すものと、私は信じて疑わない。

注

（1）ホレス・アレキサンダー（一八八九年生まれ）なる人物を、私はまったく知らないが、親近感を覚える。彼がガンジーから深く影響を受けた人物であることだけでなく、ブータンへ行き、第一次世界大戦中に良心的兵役忌避者となったことにも起因する。彼は、バーミンガムのセリー・オークにあるウッドブルック・コレッジのクエーカー研究センターで、一九一九年から二十年以上にわたって教鞭をとった。この家は一九二〇年代の初期に建てられたものであるが、彼が何年間ここに住んだだか、私は知らない。

（2）書店では、'antiquarian books' と呼ばれているが、これは明らかにまちがっている。'antiquarian book shops' はありえても、antique books に関する books を除いては、'antiquarian books' なるものはありえない。

（3）硬い板による印刷は二世紀に中国で最初に発明され、紙もまた十一世紀の活字印刷にともない、中国で最初に生産された。

（4）*The Metaphor of God Incarnate*, London : SCM Press, and Louisville : Westminster/John Knox Press, 1993. 訳書としては中国語、日本語、韓国語、ポルトガル語がある。

（5）*Rumi, Poet and Mystic*, trans. R. A. Nicholson, in *A Rumi Anthology*, Oxford, Oneworld, 2000, p. 166.

（6）この手法による一連の出版は、*God and the Universe of Faiths*（1973）, *God Has Many Names*（1980）（邦訳『神は多くの名前をもつ』）, *Problems of Religious Pluralism*（1985）（邦訳『宗教多元主義』）, *Disputed Questions in Theology and the Philosophy of Religion*（1993）, *Dialogues in the Philosophy of Religion*（2001）などである。

第27章　宗教哲学の現状

1　確率論と認識論

私の専門分野である宗教哲学の現状はどのようになっているか（あるいはむしろ、どのように私はそれを見ているか）。ここで語ろうとしているのは、アングロ・アメリカの伝統において営まれてきた学問、つまり大雑把に「分析的」と呼ばれている学問（ただし論理実証主義と言語分析の後に展開されたもの）であって、ヨーロッパ大陸において営まれてきたものを典型とする学問ではない。もちろん両者の間では、近年になって相互の関心と交流が次第に増えてきている。

まず言いたいことは、イギリスとアメリカで宗教哲学と呼ばれているものの大半が、ここでいう宗教哲学ではまったくなく、むしろそれは「哲学的神学」、あるいはオックスフォード大学の講座名にある「キリスト教哲学」にほかならないということである。本来の宗教哲学は、グローバルな意味での宗教哲学であって、ただ一つの特定の伝統における宗教哲学ではない。今日このような本来の意味での宗教哲学の研究は、しだいに増えはじめてはいるものの、相変わらずキリスト教における哲学的神学の分野の方が、はるかに多くの業績を積み上げている。

イギリスでは、ごく最近オックスフォードを退職したリチャード・スウィンバーンが、この分野の主導的な人物である。彼の主要な研究は、擬人論的に思考された神の存在、すなわち無限にまで拡大されてはいるが、なおも意図と感情を有する人格であり、さらに自らが創造した有限な人格との関係において道徳的な権利と義務を有する人格、というように思考された神の存在を、ベイズの確率定理（私は論理学者ではないので、それ自体については何ら反対する者ではない）を用いて論証することから開始された。究極的実在は無限の人格である、あるいは（リチャードはこうも信じているのだが）究極的実在は緊密に関係する無限の三人格であるという彼の信念を、私は共有していない。それでも私は、このことを論じたものが彼の最高の書物であると考え、クレアモントの大学院のセミナーでは、これを何度も議論のために使用し、大いに役立った。

しかしながら、確率論に基づいて神の存在を論証しようという彼の試みは、成功しているようには思えないので、このことは別のところで批判した。[1] 彼はそれ以来、この同じ方法を、神の三位一体性や悪の問題、贖罪などを含むキリスト教教理の全領域に適用し、キリストの受肉とからだのよみがえりが高度に確からしいことを示そうとした。そこで私はこの点のいくぶんかを、また別のところで批判した。[2] 最近（二〇〇一年）開催されたある学会で、リチャードはイエスのからだがよみがえったことの確からしさを、九七パーセントと結論づける論文を発表した。彼の論証は、神がこのように振る舞うであろうと事前に推定される確率と、からだのよみがえりを含むキリストの全現象が、有神論的説明なしに生起する確率の推定とに基づいている。この場合、この確率計算の中には、イエスが自分のことを神の受肉であると主張したことや、彼の死が人間の罪に対する贖いであると教えたことや、さらにはこのことを世界中の未来世代にまで知らせるために教会の礎になった、ということなどのデータが算入されていたわけであるが、もちろん、ここにどのようなデータを入力するか、ということにすべてがかかっている。

リチャードが算入したデータのすべては、現在では多くの新約聖書学者たちが疑わしいと見ているのであるから、もしもこれらのデータを除いたら、その結論にどのような違いが出てくるだろうかと私が質問したところ、結果として算出される確率は半減するだろう――そうなるとよみがえりは確かというよりも、不確かということになるだろう――と彼は認めた。やはりこの問いは、このようなア・プリオリな仕方によるのではなく、現代歴史学の光の下で新約聖書の証言を精査することによって、有用に扱いうると私は考える。リチャードも、この主題に関する次の書物ではまちがいなくこのような仕方を採るだろうが、この論文ではそうしたことをしていなかった。

彼の研究計画の全体は、確信に満ち満ちた、従来からの保守的な宗教的姿勢を表わしている。とはいえ、今日の西洋における大多数の人々に対して語るには、それはあまりに偏狭かつ独断にすぎると思うし、研究に費やされる膨大な知的エネルギーに畏敬の念を抱きはするものの、それがよりよい方向に向けられなかったことを遺憾に思う。一九九四年に刊行されたリチャードのための『記念論文集』には、率直にこう述べた。

私自身の見解では、二十世紀末に生み出されたこの新しい大全は、とてつもない時代錯誤である。それは、キリスト教がそこから発展してきた諸々の思想形態を表現しているにすぎないのであって、私たちが二十一世紀を迎えるにあたって必要とする、新しい思考などといったものでは全然ない。(3)

宗教哲学界の一同僚が、他の同僚の研究に対してこのように無礼な文章を出版でき、しかもまったく変わらずに友人関係が保てることを、奇妙に思う人がいるかもしれない。けれども、このようなことはさして珍しいことではない。私たちは会えばいつも気持ちよく話し合うし、二〇〇一年六月に開いた私の八十歳の記念誕生パーティには、リチャードもオックスフォードから来てくれた。けれども、彼のほうも彼なりに、私の研究に対しては私同様、ぶしつけなことを言うことがきっとあるにちがいないと思う。ただ彼の場合、同一主題に立ち返る際に、種々の批判から学ぶことがあっても、私の知る限り、そうした批判に直接答えてはいない。

スウィンバーンのほかにも、主要な人物が何人かいる。しかしながら私の精神にとってはるかに有益だったのは、グローバルな比較神学を発展させたキース・ウォードの開拓的な業績と、ピーター・バーンによる同様の哲学的業績である。キースの全四巻に及ぶ代表作は、キリスト教の基礎――基礎とはいっても、もちろん私自身がさまざまな留保を付けた限定的なものであるが――の上にグローバル神学を生み出そうとする、最も包括的な試みである。

アメリカでは、優位を占める――規模が最大で最も広く議論されたという意味での――学問的貢献は「改革派認識論」であり、その発展に寄与したのは、ノートルダム（以前はカルヴァン・カレッジ）のアルヴィン・プランティンガと、イェールをまもなく退職するニコラス・ウォルターストルフである。その背景にあるのはアメリカに特有の宗教的状況であり、そこではすこぶる大規模な福音派が、神学者とキリスト教哲学者の多数派を占めているようだ。アルヴィン自身が、オランダのカルヴァン派の伝統内でも神学的には非常に保守的で、事実上、原理主義と呼んでもいいようなグループの出身であり、[4]彼の「学派」も、さらにまた、必ずしも皆がカルヴァン派であるわけではないが、彼に同調するその他多くの人々も、ほとんど常に保守的な福音主義者である。

こうした人々の中にはウォルターストルフやキース・ヤンデル、ジョージ・マヴローズ、ピーター・ヴァン・インワーゲン、マイケル・ピーターソン、ウィリアム・ハスカー、スティーブン・デーヴィス、ブルース・ライヘンバッハ、デーヴィド・ベイシンジャー、その他多くの著名な研究者が含まれている。また、かつて私がバーミンガムで指導した、優秀な博士課程の学生だったビル・クレイグのように、同僚の中からさえ異議を唱える者が出てくるような、福音主義的・原理主義的な立場を支持する研究者も存在する。いずれにせよ、キリスト教原理主義が極めて強力なアメリカでは、最も高度な知的才能と、そして現代世界への結びつきの欠如――と私たちには思われる――との結合、という現象が産み出されてきた。

一九八三年、アルヴィンはその後を方向づける論文[5]において「改革派認識論」を提示し、それ以後ずっと、この理論の洗練に努めてきた。一つの基本概念は「固有の基本性格」(proper basicality) という概念である。これを宗教に適用すると、神への信念は証拠や推論に基礎づけられる間接的なものではなく、私たちがそれを抱く際に妥当な認識論的規則を、一切破ることのないような基本性質を有する信念として、直接的なものなのである。しかしながら、固有に基本性格を有する諸信念は、証拠に基礎づけられるのではないけれども、確かに根拠は有している。例えば「木を見る」という経験は、一般に私が木を見ているという基本的信念を正当化する、一つの立派な根拠である。また「神が私に語りかけてくださる」「神が万物を創造した」「神は私がなした行為を非とされる」「神が私を許してくださる」という命題は、どれも固有に基本性格を有する命題である。というのも、神が私に語りかけてくださるという私の経験に基礎づけられるからである。したがって、上記の諸命題の前提として想定される「神が存在する」という命題も同様に、固有に基本性格を有する命題なのである。[6]

しかしながらアルヴィンは、ごく最近になってからは、「神性感覚」というカルヴァンの観念や「認証された命題的信念」という概念の方を、より中心に据えるようになり、宗教経験における信仰の基礎という問題をほとんど強調しなくなってしまった。[7] したがって、今ではビル・オールストンや私とは異なる立場を取っている。私はアルヴィンと会ったこともあるし、手紙のやり取りをしたこともあり、彼のことが好きである。そのようなわけで、彼はいくらか躊躇した後、私の宗教多元主義に対して――というのは、これが彼自身のキリスト教排他主義にずばり異議を唱えているからであるが[8]――最新の著書の中で、二十ページにわたる批判を行った（彼は私の論評を求め、事前にこれを送ってくれた）[9]。

何年にもわたり、多くの論文の中で展開されてきたウィリアム・オールストンの極めて重要な研究は、著書『神を知覚すること』[10]の中で明確に表現されている。しかしながら、神への信念が正当に基礎づけられるのは、哲学的論証によるのではなく、神の現臨あるいは神の現臨内にあるという宗教的人格の経験によるとする立場を現代哲学（神学とは別）の領域で最初に表明したのは、一九五七年出版の私の著書『信仰と知識』である。哲学的論証の役割は、神の存在を証明したり、その確率を計算したりすることではなく、理性的存在者としての私たちが――疑うための正当な理由がある個々の場合は別として――宗教とは別の経験の様態を信頼するのと同様に、宗教経験をも信頼するという、自己の権利を確立することである。ビル・オールストンは、この考えが彼自身の考えに大きく影響していることを、何箇所かで認めている[11]。

彼が現在多くの人たちに、とりわけアメリカで好まれているような、厳密に論理学的な形態で論証を提示してきたのに対して、私のほうはイギリスの経験論者たち、すなわちロックやバークレーやヒュームの伝統、さらには二十世紀のラッセルその他の伝統の中で議論を進めてきた。このように私たちは異なったスタイルではあったが、互いに並行した路線で研究を進めてきた。したがって宗教的信念の合理的受容可能性に関しては、事実上、根本において本質を同じくする擁護論を提示してきた。何年にもわたり、ビルはアメリカで大きな影響を与えてきたため、彼のかつての弟子たちもまた、現在では彼と並ぶ重要な研究者に育っている。

アメリカにおけるそれ以外の主要な宗教哲学者としては、ロバート・アダムズとマリリン・アダムズ（二人とは何年も前からの知己であるが、特にボブとはプリンストン時代からである)、Eメールで非常に有益な討論を重ねてきたビル・ロウ、(同じくEメールのやり取りをしてきた) ビル・ウェインライト、エレノア・スタンプ、フィリップ・クイン、ロバート・オーディ、フレッド・フェレ、リンダ・ザグゼブスキ、カナダのテレンス・ペネルハムとカイ・ニールセン、その他多くの研究者がいる。

2　非実在論とプロセス神学

宗教哲学のもう一つの主要な流れは、ルードヴィヒ・ウィトゲンシュタインの業績に由来する。宗教に関するウィトゲンシュタインの思想はさまざまに解釈されうるが、成熟開花した運動の最も傑出した代表者は、私の友人で、クレアモントの後継者でもあるデウィ (D・Z)・フィリップスによって代表される。私の見方からすると、この運動の基本的立場は、神の実在に関する非実在論である。すなわち、神――あるいは超越者・究極的実在・実在者――は人間の概念として、つまり人間の言語と宗教的生活形態において作用する概念としてのみ、存在すると主張する立場である。しかしながら、デウィはそれがなぜなのかを説明しないのであるが、議論の中ではいつも、「実在論 対 非実在論」の問いはまちがった問いであると主張する。そのようなわけで、私たちの間では、この問いについて長年にわたる、そしておそらくは決着をつけられない論争が、今なお続いている。

しかしデウィは、詩 (とりわけウェールズの力強くて熱烈な詩人R・S・トーマス) や小説や映画の中に埋め込まれている宗教的観念を、とても興味深い仕方で指摘する。彼はまた、友人としてすこぶる愉快な男で、私の知る限り、ユーモアのある話をさせると彼の右に出る者はいないほどで、同じことを繰り返すことなく、一晩中聴衆を楽しませることができる。ただ、これだけでは誤った印象を与えかねないので、一言いい足しておくと、デウィは大西洋の両岸でますます影響力を増しつつある、非常に真面目で優秀な哲学者でもある。

彼と同様の非実在論の立場に立つ神学者に、ドン・キューピットがいる。とりわけ『神に別れを告げる』(一九八〇)をはじめとする、二十年前の彼のさまざまな著述は、このことを端的に示している。彼はそこで、(フォイエルバッハのように――これを言うと彼は嫌がるのだが) 神とは私たちの道徳的理想を象徴的に人格化したものである、と論じ立てた。この著書と、それから大成功を収めたテレビ・シリーズ――ドンは実に見事なテレビ番組の司会者だった――をてこにして、彼は「信仰の海」運動に乗り出した。しかしながら、ごく最近では毎年一冊ずつ継続的に著書を出版し、ほとんど誰も彼についていけない――「ついていけない」の両義、つまり「理解できない」と「従っていけない」の両義――ような領域に転落してしまっている。しかし、ドンを個人的に知っている人なら誰でも、彼を高く評価し、彼のためを思わずにはいられないだろう。また「信仰の海」運動について言えば、これに参加した多くの人は、その完全な反実在論的提言を十分理解して賛同したわけではなく、ただそこから、教条主義でない自由なキリスト教の見方を受け取っていたにすぎない。そのような人々には、それは一つの解放運動であった。

これとはまったく異なるが、特にアメリカで展開された運動で、A・N・ホワイトヘッドが、イギリスのケンブリッジからマサチューセッツのケンブリッジに移った後に著した、形而上学的著作に端を発するプロセス神学というものがある。その全体系は非常に複雑であり、ここでそれを要約するつもりは毛頭ない。ただこの神学が、永遠で抽象的な神性と、それ自身が生命の普遍的プロセスの一部であるところの有限にして到達可能な神性との間に、区別を置いているという点だけを述べておこう。昔、十代の頃、私は実際にホワイトヘッドの全著作を読破した。そこには、プロセス運動に携わる人たちの間で聖典扱いされていて、有名ではあるが非常に難解でもある、彼のギフォード講義を収録した『過程と実在』（一九二九）も含まれていた。

しかし、今では『観念の冒険』や、ホワイトヘッドの『対話』（邦訳『ホワイトヘッドの対話一九三四―一九四七』みすず書房、一九八〇）のような、いわばプロセス聖典における「知恵文学」にこそ、最も高い価値があると私は考えている。この運動――これはホワイトヘッドの存命中の運動ではない――の主導者は、百歳を越える高齢で最近亡くなったチャールズ・ハーツホーンだった。またその本拠は、南カリフォルニア州のクレアモント神学院内にあるプロセス研究所である。

この研究所の主導的人物は、近年までジョン・カブだったが、最近、所長をデーヴィド・グリフィンに譲った。二人は互いに、クレアモントにおけるアカデミックな隣人であり、また友人でもあった。ジョン・カブは視野が広く偏見のない人物で、世界の環境問題や教会の神学的退行に、深い関心を有していた（もちろん、今でもそうであるが）。そして学生たちには自分自身で考える余地を与えていた。これに対してデーヴィドのほうは、強力な思考の持ち主ではあるが、はるかに教条主義的で知的に攻撃的であり、学生たちに対しても、ときに独裁的ですらあった。ジョンのおかげで、私はプロセス思想内のいくぶんかの価値ある洞察を見出すことができたが、おそらくデーヴィドからでは受け止めることはできなかったであろう。しかしこの運動は、哲学者よりも神学者の間ではるかに大きな影響力を有してきたので、ここではこれを、当代の宗教哲学内における主要な要素に含めることはしないでおく。

3　三つの新しい方向について

こう言うと、カリフォルニア在住の親しい友人たちから叱られそうで恐いのであるが、フェミニスト宗教哲学もまた、私は宗教哲学の主要な展開の一つとは見なしていない。むしろフェミニスト神学のほうに、言及するだけの十分な重要性があり、そのメッセージに対しても十分に留意すべきである。というのも、伝統的な一神論的神概念は、男性により男性のイメージで創られたからだ。つまり圧倒する力と権威の見地から、君主や父性や王位という典型的に男性的なイメージを用いつつ、創られたからだ。そして、この神概念と、キリスト教の教理全体に行き渡っているその副次的影響とは、ともに根本的に修正される必要があるからだ。

したがって、宗教を考える場合、フェミニスト運動は極めて重要であるが、それでも私個人としては、フェミニスト哲学を特別に啓発的であるとは思わない。女性にも主要な宗教哲学者——例えばマリリン・アダムズやエレノア・スタンプ、ジャネット・ソスキース、マージョリー・サコッキ、リンダ・ザグゼブスキ、その他大勢——は存在するが、彼女たちは女性に特有な宗教哲学の形態を展開しているわけではない。もちろん私は、宗教経験の女性的形態の重要性と、何世紀にもわたって女性神秘家たち——私自身のお気に入りは、十三世紀から十四世紀にかけて活動したイギリスの女性神秘家ノリッジのジュリアンである[12]——が果たしてきた、極めて大きな貢献の重要性を明確に理解している。ただしフィリップ・クイン、チャールズ・タリアフェロ共編の浩瀚な『宗教哲学の手引き』[13]の中では、三つの「宗教哲学における新しい方向」のうちの一つはフェミニズムであり、サラ・コウクリーがこれを論じ、擁護している。

『宗教哲学の手引き』の中で扱われている他の二つの新しい方向は、宗教多元主義と比較宗教哲学である。両者は互いに緊密な関係にあるので、一緒に論じることができる。宗教哲学内における宗教多元主義のパイオニアは、イェールのウィリアム・クリスチャン[14]とニニアン・スマートである。ニニアンはバーミンガム大学におけるH・G・ウッド講座担当の、私の前任者であり、その後、私のクレアモント赴任中は（アメリカ人の距離感で言えば）隣人であって、昨年彼が亡くなるまで、多年にわたる親友だった。

哲学者ではないが、ウィルフレッド・カントウェル・スミスもまた、宗教の本性に関する私たちの理解に対して、きわめて重要な貢献をした。[15] 宗教多元主義の論点は、宗教間の関係をめぐる問いに集中する。この問いは、もちろん神学においては古くから論じられてきたものであるが、西洋において哲学的に議論されるようになったのは、比較的最近のこと（インドではラーダクリシュナンその他の人々がすでに議論していた）であり、私の著書『宗教の解釈』は、現在この分野で執筆している研究者たちが、どうしても折り合わなければならないと感じる著作の一つ（厚かましい言い方かもしれないが）と自負している。

他の主要な人物としては、ヒューストン・スミス、スティーブン・カッツ、キース・ウォード、シュミット＝ロイケル、ゴードン・カウフマン、マーク・ハイム、ジェームズ・カレンバーガー、ジョゼフ・ランゾ、アラン・レース、ヘンリック・フロム及びアムステルダム自由大学にいる彼の仲間たちを挙げることができる。さらに『ハンドブック』の中の比較宗教哲学――この領域はさらに研究する価値があると思うし、実際さらに発展するものと私は確信している――の項目を執筆しているポール・グリフィスを含め、ますます多くの研究者が、この分野で重要な貢献を果たしつつある。

このようにさまざまな形態の宗教哲学が今日盛んに議論されているが、宗教学の分野より哲学の分野のほうが、またイギリスよりもアメリカのほうが、はるかに活発に研究を進めている。私が二十年以上前に退職して以来、ここバーミンガム大学の神学部が、最近まで宗教哲学のコースを設置してこなかった（哲学的神学のコースはしばらくの間一つ設置していたけれども）ことは残念である。このように宗教哲学のコースを欠くというのは、イギリス国内の神学関連学部に典型的な事態である。私としては、私の知っているごくわずかな例外、すなわちオックスフォード、ケンブリッジ、ロンドン以外にも、もっと多くの例外が生まれることを望んでいる。

しかしながら、宗教哲学は実に魅力的な学問である。過去の主要な哲学者はほとんど皆、この学問について何らかの発言を行ってきたし、またその中の多くの者がさまざまな議論を積み上げてきた。ところが、今日ではあまりにも多くの神学者が哲学的訓練に欠けており、またあまりにも多くの哲学者が、彼らもその仲間である人類の重大関心事に背を向けてしまっている。

注

（1）*An Interpretation of Religion*, pp. 104-109 を参照。
（2）*Reason and the Christian Religion : Essays in Honour of Richard Swinburne*, edited by Alan Padgett, Oxford : Clarendon Press, 1994. 第十一章。
（3）同書 p. 247 および次の長い書評において。Swinburne's 'Providence and the Problem of Evil' in the *International Journal for Philosophy of Religion*, Feb. 2000.
（4）Alvin's 'When Faith and Reason Clash : Evolution and the Bible' in *Christian Scholar's Review*, vol. 21, no. 1 (September, 1991) を参照。この論文の中でアルヴィンは、人類の出現はさまざまな生活様式の進化の結果であるという考え方を否定している。
（5）次に掲げる著作に所収のアルヴィン・プランティンガの論文。Plantinga & Wolterstorff, eds., *Faith and Rationality*, University of Notre Dame Press, 1983.
（6）同書 p. 81.
（7）Alvin Plantinga, *Warranted Christian Belief*, OUP, 2000. 特に p. 180-184 を参照。
（8）Alvin Plantinga, 'A Defence of Religious Exclusivism' in Thomas Senor, ed., *The Rationality of Belief and the Plurarity of Faith*, Ithaca : Cornell University Press, 1995.
（9）Alvin Plantinga, *Warranted Christian Belief*. 第十二章参照。
（10）William Alston, *Perceiving God*, Ithaca : Cornell University Press, 1991.
（11）同書、第十一章を参照。
（12）神秘主義一般（また特にジュリアン）については、これを中心に論じた著書　*The Fifth Dimension : Exploration of*

Spiritual Realm（邦訳『魂の探求—霊性に導かれる生き方—』徳間書店、二〇〇〇）を参照されたい。

（13）*Companion to Philosophy of Religion*, eds. by Philip Quinn and Charles Taliaferro, London and Cambridge, MA : Blackwell, 1997.

（14）William Christian, *Oppositions of Religious Doctrines*, London : Macmillan and New York : Herder & Herder, 1972, and *Doctrines of Religious Communities : A Philosophical Study*, Yale University Press, 1987.

（15）ウィルフレッドに関する詳細は、本書第22章を参照されたい。

第28章　私の死亡記事

エピローグ

かねがね考えてきたことなのだが、これから何年か後に、きっとどなたかが――親しい友人でもないどなたかが――書くことになるであろう私の死亡記事を、先回りをして自分で書いてみるのも、なかなか乙なものだろう。もちろんこれは、客観的であろうと意図したところで、実際には主観的でしかありえない。また慣習上、死亡記事というものは批判であるより、むしろ謝意の表明に類するものであるから、なおさら主観的でしかありえない。以下は、試みとしての私自身の死亡記事である。

ジョン・ヒック氏逝去、享年××歳。英語圏で最も影響力を持つ宗教哲学者の一人だった。四十五年以上にわたる研究生活において、いくつもの斬新な、しかし現在では馴染みの概念を提示した――「認識的距離」、「何かを何かとして経験する」、「イレナエウス型神義論」、「生き写し論」、「中間的終末論」、「終末論的検証」、「カテゴリーを超えた実在者」等々。

彼の著書『宗教の哲学』（邦訳『宗教の哲学』勁草書房）は数カ国語に翻訳され、販売部数は優に六〇万部を超えた。そしてさらに版を重ね、代々の学生たちに読み継がれている。ほぼ三十冊にも及ぶ著書、編書の中でも、『信仰と知識』（一九五七、一九六六）、『悪と愛の神』（一九六六、一九七七）、『死と永遠の生命』（一九七六）、ギフォード講義を収録したもので、新しい重要な宗教研究に贈られるグレウィマイヤー賞を受賞した『宗教の解釈』（一九八九、二〇〇四）などの主要な独創的著書は、すでに古典――出版されてまだ百年にも満たない書物を古典と言うような、現代の薄っぺらな言葉の意味においてではあるが――となっている。

神学の分野では、イギリスの主要な神学者たちと共同研究をし、その成果を編集した『受肉神話』（一九七七）が、イギリスにおいてはかなりの物議を醸したが、その後の彼の単著『受肉神のメタファー』（一九九三、二〇〇五）〔邦訳『宗教多元主義への道―メタファーとして読む神の受肉―』〕は、そのような騒ぎを全く起こさなかった。一九七七年の時点では衝撃的であった諸観念が、十六年後には、もはやそれほど衝撃的ではなくなったということだろう。この十六年の間に、ヒック氏の書物は十六カ国語に翻訳された。

とりわけ宗教多元主義に関する彼の業績は論争の的となり、反キリスト教徒、偏狭なキリスト教徒、無神論者、多神教徒、ポストモダニスト、中途半端なポストモダニスト等々とさまざまに評され、多方面から攻撃された。アメリカでは原理主義者や福音主義者から猛烈に反対され、憎まれもした。しかしながら、穏健な福音主義者たちには、宗教の多元性という問題について改めて考え直すように仕向けて成功した。アメリカで教鞭を執っている間に、長老派教会の聖職から彼を追放しようという企てが二回行われた。最初はプリンストンで、処女降誕の教理に関する彼の発言をめぐって行われた。二度目の場合はカリフォルニアのクレアモントで、他宗教に対する彼の態度をめぐって行われた。最初の場合は、「総会」への訴えを介して、結局、地域の長老会の会員資格が保持された。第二の場合は、教会内の分裂を避けるため、地域の長老会への加入申請を取り下げるよう要請され、直ちにそれに従うことによって決着がついた。一方イギリス本国では、一般的に言って、洗練された型の福音主義者たちから、常時批判の的とされた。

ヒック氏の業績はアメリカでも、イギリス本国と同様に、否、おそらくそれ以上に大きな影響力を持ったようだ。一般的に言って、神学的に保守的なアメリカの宗教哲学界を、初めて宗教的多様性のはらむ諸問題の中に巻き込んだのはヒック氏であり、そのため今日、この課題に関する新入生のどの教科書にも、ヒック氏による多元主義仮説に関する議論が紹介されている。同氏の関心は他に例をみないほど広く、認識論、形而上学、神義論、キリスト論、終末論（超心理学を含む）、世界宗教、神秘主義、宗教経験、さらには神経科学に対する宗教経験の関係にまで及んでいる。そのためヒック氏の名前は、さまざまな研究グループの間で、またさまざまな理由から、今なお広く知られている。例えば、ある研究グループでは、宇宙の宗教的曖昧さや物理主義的自然主義の不適切さ、あるいは信仰の認識論、宗教経験の妥当性について著述した宗教哲学者として、また別の研究グループでは、悪の問題について、また神の受肉という概念の有する隠喩（メタファー）的性格について著述した神学者として知られている。

しかし今日、ヒック氏が最も広く知られているのは、その晩年約二十年間の業績によってだろう。この間に、世界宗教はいずれも、彼が「実在者」と呼ぶところの言語を絶した超越的実在に対して、さまざまに異なる形態をとって行われた応答にほかならない、とする解釈をヒック氏は唱導した。こうした哲学的思想に、単独で最大の影響を与えたのは、イマヌエル・カントだった。

学問上の主たる限界と言えば、それは、彼がさまざまに異なる宗教伝統の古典的文献を、原語で研究する学者ではなかったという点である。彼にはそのような語学の素養も、またそのような語学を身につける気質も備わってはいなかった。他の宗教に関する知識は、基本的には読書によるのみならず、インドやスリランカ、日本、あるいは多‐信仰的なバーミンガムやロサンゼルスで過ごした経験にもよる。そしてサンスクリット語やパーリ語、中国語やアラビア語などの原典に関する専門家たちの業績を信頼した。彼は何十年にもわたって継続的に、どこか一つの主要な大学で教え続けることはなかった。そのため、思想を普及させる地域的な学派を形成することもなかった。ヒック氏の影響が限定されているのは、おそらくこのような事情によるものだろう。教え子の中には、後に有名になった第一級の優秀な大学院生たちが何人もいたが、彼の影響は主として、著書や公開講演、学会における口頭発表によるものだった。

ヒック氏の著書はいずれも論理が明快なので、批判的注目を浴びやすかった。そのため彼の著書に関する大量の、しかも多くはそれを批判する研究が生み出された。すなわち、二十冊以上の書物と五十点以上の博士論文が執筆され、さらに二百点を優に越える研究論文が、学術雑誌に掲載された。深い知識に基づいて行われる責任ある批判ならば、彼はどれも歓迎した。またそのような批判に応答し、その結果として多くの理論を展開した。比較的規模の小さい国際宗教哲学界内では、批判者の大半は同時に彼の友人でもあった。

彼の学問的貢献がどれほど永続的であるかは、時が明らかにするだろう。ヒック氏自身は、おそらくそのときも相変わらずかなりの規模を誇っているであろう原理主義の一派は別にして、キリスト教の思考がいずれ何らかの多元主義的な視点を受け入れるようになり、その結果、キリスト教を唯一の真なる信仰としてではなく、他の信仰と並ぶ一つの偉大な世界信仰として提示する彼自身の神学的業績が、よけいなものになってしまうだろうと考えていた。しかしヒック氏は、宗教哲学に対する自分の貢献のいくつかが、現在すでに各主題の継続的発展の一部分であるように、将来もまたそうあり続けることを望んでいた。

信仰間、民族間、文化間の人間関係に関する建設的な発展に向けられたヒック氏の関心は、理論的であるとともに、実践的でもあった。同氏には、世界の多くの場所にさまざまな信仰をもつ友人たちがいた。彼は宗教間対話、とりわけユダヤ教・キリスト教・イスラーム間の対話と、仏教・キリスト教間の対話に深く関与していた。さらには人種関係の仕事にも関わり、イギリス本国では、ネオ・ナチ国民戦線（ナショナル・フロント）から脅迫を受けたし、また南アフリカでは、在住経験もあることから、アパルトヘイトに関する言論活動を禁じられもした。人生のこのような側面に最も大きな影響を与えたのは、マハトマ・ガンジーだった。

ジョン・ハーウッド・ヒック氏は一九二二年、イングランドのスカーボロで事務弁護士の息子として出生した。父親と同じ職業を志したが、法科の学生であったとき、強烈な福音主義的回心を経験し、イギリス長老派教会（現在の合同改革派教会）の牧師になるため訓練を受けた。しかし徐々にではあったが、学生時代の原理主義的な信仰から離れていった。第二次世界大戦中は良心的兵役忌避者として、フレンド派救急隊に加わり奉仕活動をした。エディンバラにおいて最初の学位を哲学の分野で得てから、続いてオックスフォードの哲学部で博士号を取得した。さらにケンブリッジのウェストミンスター神学院で神学教育を受けた後、一九五三年牧師に就任し、ノーザンバーランドのベルフォード長老派教会の牧師を務めた。在職中に、アメリカのコーネル大学哲学科の助教授として教壇に立つよう招聘され、その後、プリンストン神学校のスチュアート講座担当教授を、また短期間ではあったが、ケンブリッジで宗教哲学の講師も務めた。さらにバーミンガムで十五年間、H・G・ウッド講座担当教授を、そして最後の十年間は、カリフォルニアのクレアモント大学院でダンフォース講座担当教授を務めた。

漸次発展していったヒック氏の個人的信仰は、『第五次元』（一九九九、二〇〇四）（邦訳『魂の探求―霊性に導かれる生き方―』）の中で詳しく述べられているが、それは排他的にキリスト教的なものではなく、実に広く普遍的なものだった。ヒック氏は仏教的形態の瞑想法を実践し、合同改革派教会の礼拝と、クエーカーの集会の両方に、不定期に出席した。宗教と気質のいずれか、あるいはその両方のおかげで、常時、ある種の平静さを保持していた。またその実践的な人生観は、親密な家族生活に強く支えられて、常に積極的かつ楽天的なものだった。一九五三年に結婚した妻のヘーゼル（旧姓バワーズ）は、四十四年間の結婚生活を終えて先立った。娘一人と息子二人（三人目の息子は山岳事故で夭折した）と孫四人を残して、ヒック氏はこの世を去った。

訳者あとがき

ヒック先生の生活

ヒック先生は一八二二年の生まれであるから、今年（二〇〇六年）八十四歳になる。しかし矍鑠《かくしゃく》として、今も執筆に勤しんでいる。三〇〇坪もあろうか、広い敷地内の、そんなに大きくない二階家に、先生はひとりで住んでいる。この家は、今は亡きヘーゼル夫人が見つけた思い出の深い家である。私たち夫婦はバーミンガム郊外のこの家を訪ねて、幾度か泊めてもらった。今回の訪問（二〇〇五年の春）でも二泊した。

ヘーゼル夫人が大事にしていた台所の大きな丸いガスコンロは、今も冬の暖房のために使われている。その隣には今ふうの電気コンロが置かれ、台所の家具全体が暖かい木目調に模様替えされている。

私たちが二階で使うシャワーも新しく交換され、以前の出の悪いシャワーは姿を消していた。二階の部屋には、時に帰省する次男ピーターのために、ドイツ製の机が組み立ての途中になっていた。息子を待ちうける老親の熱い思いが、新しく取り替えられたシャワーと組み立て途中の机とから、ひしひしと感じられた。ちなみに長男のマークは、夜ごと電話で老親の様子を気遣っている。

週に幾度か家事や洗濯を手伝う婦人が来る。また週に一度は庭の手入れをするガードナーも来る。緑の

ヒック先生と訳者

芝生、色とりどりの花々、ヘーゼル夫人の愛した庭のリンゴの木など、いつ、だれが訪れても、手入れの行き届いたこの庭は、何よりのもてなしとなっている。

朝八時、私たちが二階から下りていくと、もう食堂のテーブルには花模様の美しい皿とナイフ、フォークが並べられ、トマトジュース、コーヒー、シリアル、ゆで卵が用意されていた。「ゆで卵はこうして先を少々割ってスプーンですくって食べるのですよ」と、嬉しそうに先生は、子どもに優しく教えるように手本を示してくれた。そういう先生の存在を、私は心から有難いと思っている。

先生の生活は、バーミンガム大学の同僚たちとの集い、ファカルティ・クラブでの昼食、講演会への参加、大学プールでの泳ぎ、読書、執筆と、すこぶる多様である。ヘルニアで腰を痛め、杖がなくては歩けない状態にありながらも、「よっこらしょ」と車に乗り込み、自分で運転して気楽に出かける。家では趣味で集めた古書に囲まれ、パソコンでホームページを作り、勢力的に書き物をし、規則正しく外出し、人との交流を楽しんでいる。

先生との交流

もう三十年以上も続いているだろうか、先生との師弟関係は。だから、今では親と子のような情に包まれ、大学時代に両親を亡くした私には、先生は私のふるさとであり、安らぎでもある。先生を訪問した後、

「私にとってヒック先生とは……」と自問自答してみた。私には先生は「アバ、父」（Abba, dad）である。そう自答した結果を伝えると、先生は「わが子、ヒロ」（Dear（son）Hiro）と返信してきた。ヒック先生を一緒に訪問した慶應宗教研究会の稲田さんは「偏見のない、心の広い方」、村山さんは「ガンジー思想への懸け橋」、岡村さんは「偉大な哲学者で、世界を変革する活動家」とそれぞれ自答した。

訪問した日の夜のこと、そんなに広くないリビングルームにはテレビがあったが、テレビはつけずに、おしゃべりが静かに続いた。低迷するイギリス経済の現況から推し量ってであろうか、先生は、日本における失職者のこと、政府の経済政策のこと、さらには私たちの経済生活のことまで、事細かに心配される。「大丈夫ですよ。こうしてイギリスにまで旅行に来られる余裕があるのですから」と答えると、「まあ、そうだね」と言って安堵された。途中、長男のマークから電話がかかってきた。老親を気遣い、毎夜にかけてくる電話である。先生はやや興奮した声で応じていた。「日本から客があって、昼は出前のチャイニーズを食べた。覚えているだろう、日本人の教授、ヒロを。ワイフと一緒で、今夜は二階に泊まってもらう。ヒロの教え子たちはボーンヴィルに泊まっている。今日は一日、彼らと一緒で、ここでティー・セレモニーもした。今はリビングで、ヒロとブランデーの香を楽しんでいる。あれ、ヒロのワイフ、どこに行ったかな。キッチンかな……」。

リビングルームの書棚の上に、新島襄の色紙（本文に出てくる）が掛かっていた。来日の折に、新幹線で京都に向かい、同志社をはじめ、いくつかの大学で講演をされた。色紙はそのとき贈られたものだろう。そこには「真理似寒梅　敢侵風雪開」と書かれていた。「英訳すると〝真理は寒梅に似ている。敢えて風雪を侵して開く〟となります」と伝えると、先生は「……」、無言の応答をされた。

ヒック先生の仕事

先生はアメリカのコーネル大学とプリンストン神学校、イギリスのケンブリッジ大学とバーミンガム大学、さらに最後の十年間を再びアメリカのクレアモント大学院大学で教えた。その教授歴と研究歴は四十五年以上になる。そして現在、英語圏では最も影響力を持った宗教哲学者のひとりになっている。著書は三十冊以上に及ぶが、中でも『宗教の哲学』は、標準的なテキストとして世界中の大学で読まれている。またイギリスで有名なギフォード・レクチャーを収録してできた『宗教の解釈』は、貴重な宗教研究書として、グレヴィマイヤー賞を受けている。

バーミンガム大学在職中に、「多 - 信仰」のための活動（地域交流専門委員や民間のAFFOR活動）に従事し、ヒンドゥー教、シーク教、イスラーム、仏教の信者たちと親しく交流し、宗教を多元主義的に理解するようになる。そして『受肉神話』『宗教多元主義の諸問題』『宗教多元主義への道』などの重要な著作を出版して、宗教多元主義への道を拓いた。しかし、この道は険しかった。激しい論争の渦中で、「反キリスト教徒」「無神論者」「多神教徒」「中途半端なポストモダニスト」と酷評される。米国では原理主義者や福音主義者から猛烈に反発され、憎まれもした。このように、保守陣営から異端視されながらも、先生は良心的キリスト教思想家として信念を貫き通された。その結果、先生は宗教多元主義の唱導者として世界に名を知られることとなった。日本では遠藤周作が、先生の宗教多元主義の思想に触れて、最晩年の小説『深い河』の創作に強い影響を受けた。

思うに、仏教、キリスト教、イスラームなど、世界宗教はどれも、言語を絶した超越的実在に対する、さまざまに異なる形態での、真の応答に他ならない。したがって、この宗教多元主義の主張こそ、文明間衝突の喧《やかま》しい現況下、宗教的寛容の基礎づけに寄与することのできる貴重な宗教思想ではないだろうか。

先生の『自伝』第24章

日本人の私たちに、特に興味深いのは、先生の来日のメモワールである。この章の終わりの部分に、遠藤周作への言及がある。

京都では東福寺の福島慶道老師を訪ね、僧院の窓越しに木々の緑を見やりながら、老師が達した悟りについて尋ねている。老師はしばし沈黙を保ち、やがて窓越しに身振りで示して、ポツリと言う。「私はこの全ての一部となった」。古松は般若《はんにゃ》を談ずという禅問答なのだろうか。ヒック先生は「……」、無言の応答。西谷啓治先生にも会っている。ヒック先生が自著『神は多くの名前をもつ』を手渡すと、「悪魔も多くの名前をもつ」と西谷先生は呟かれたとか……。石庭で有名な龍安寺の故盛永宗興老師とも会って、宗教対話を交わしている。

天理の訪問では、信徒の家族たちが熱心にお参りし、心を癒され、社会奉仕に勤しんでいる姿を見て、いたく感動している。しかし本殿の内側に、まさに世界がそこで創造されたと断定する天理教の堅いドグマに、強い疑問を感じている。

そして遠藤周作への言及であるが、そもそものきっかけは、私が慶應大学日吉紀要（『人文科学』第十四号、一九九九）に寄稿した「遠藤周作と宗教多元主義―『深い河』創作日記をめぐって―」を英訳して、先生に知らせたことにある。その後、先生はすぐさま私を介して、遠藤順子夫人に弔辞を送った。そうしたのは、何年か前に見送った愛妻へーゼルへの思慕が重なり、いま最愛の人を亡くしている順子夫人への細やかな配慮が働いたからであろう。

今年（二〇〇六年）五月に長崎の大浦天主堂で行われた「遠藤周作とすべての切支丹のためのミサ」のことを伝えると、先生は「合同ミサで追悼行事をすることは、日本の良い風習ですね」と、早々にメールで返事をくれた。その短い言葉の中に、私は宗教多元主義者ヒック先生の、広くて深い慈愛の心を読みとることができた。

『自伝』の訳業

本書は John Hick, *An Autobiography*（Oxford, Oneworld Publications, 2002）の全訳である。出版されると間もなく、サイン入りの著書が手元に送られてきた。そして先生からのメールでは、二十四カ所の訂正を伝える正誤表が送られてきた。本書精読中に、さらに六カ所の誤植を見つけた。先生に伝えると、感謝された。二〇〇五年の本書ソフトカバー版では、すべての誤植が訂正されているはずである。

二〇〇三年秋から、慶應宗教研究会の仲間と読書会を始め、共同で前半部分の訳業に取り組んだ。後半部分の訳業は、ヒック研究、多元主義研究に関わっている学友たちに協力を仰いだ。こうしてできた訳文の全体を私が精査し、さらに訳語の統一、訳文の再考、そして必要に応じて、改訳の作業等を進めた。さらに訳文の推敲には、研究会の稲田会長と若手研究者の何人かに協力してもらった。その意味では、本訳業は文字通りの「チームワークの作業」であった（［共訳者一覧］参照）。

最終的なゲラ読み、全体にわたる点検作業を進めているうちに、また新たに、不明な点や不統一な点が見つかった。そこで、いくつかの点については、直接ヒック先生にメールで問い合わせ、内容上の正確さを期した。それでも思わぬまちがいがあるとすれば、それはひとえに私の責任である。

日本語版の読者のために目次の文言を変え、章の中の節（原書にはない）を新たに書き加えて、本書を読みやすくした。この工夫は編集者の中嶋廣氏によるところが大きい。また、訳文と原文を照らし合わせていくつかの問題点を指摘してくれたのは校正者の石井崇志氏（くすのき舎）であった。両氏に対しここで改めて謝意を表したい。

二〇〇六年晩秋

間瀬啓允

■ 6代

- ダレル Darrel（1863-1926）
- ウォーカー・パントランド Walker Pantland（1934没）
- トーマス Thomas（1870生）
- エイミー Amy（1873-1956）
- チャールズ Charles（1940没）
- ジョアンナ・メアリー Joanna Mary（1877-1968）
- アーネスト・ソーントン Ernest Thornton（1945没）
- エバ・ガートルード Eva Gertrude（1883-1974）
  ＝チャールズ・ブレスト Charles Blest

- ウィリアム・ティンカー William Tinker
- イサベル Isabel

- メアリー Mary
  ＝ヘンリー・ティビッツ Henry Tibbits
- ジョージ・パッセルト George Passelt（1873-1942）
- メイベル Mabel（1876-1957）
- アニー・モード Annie Maud（1881-1963）

- ハーバート Herbert（1873-1952）
  ＝ナンシー Nancy（1948没）
- メアリー・フランシス Mary Frances（1876-1938）
  ＝トム・ジョージ・ベル
  Tom George Bell（1876-1960）

- マーク・デイ・ヒック Mark Day Hick（1880-1962）
  ＝メアリー・アイリーン・ハースト
  Mary Aileen Hirst（1896-1988）
- ノーマン・ウォーカー Norman Walker（1884-1950）
  ＝マージョリー Marjorie（1970没）

- エセル・ペトリー Ethel Petrie（1960没）
- アリス・アシュワース Alice Ashworth（1842-1935）
- グレース・パントランド Grace Pantland（1954没）
  ＝フランク・アシュビー Flank Ashby（1879-1949）

- パントランド Pantland（1915没）
- アグネス Agnes
- ハロルド Harold（1915没）

■ 7代

- アン Ann（1912生）
  ＝アーサー・スプーナー
  Arthur Spooner
- シルヴィア・スプーナー
  Sylvia Spooner

- エバ・メアリー
  Eva Mary（1907-1974）
- マーシァ・ベル
  Marcia Bell（1910-1996）

- エドウィン・ペントランド
  Edwin Pentland（1919-）
  ＝ノラ・シェファード
  Nora Shepherd（1996没）

- ジョン・ハーウッド・ヒック
  John Harwood Hick
  （1922-）
  ＝ジョアン・ヘーゼル・
  バワーズ
  Joan Hazel Bowers
  （1926-1996）

- マーカリーン・シャーリー
  Markaleen Shirley（1924-）
  ＝ウィリアム・ノーマン・
  リーク
  William Norman Leak
  （1924-）

- マーガレット・ヘレン
  Margaret Helen
- ジョン・ハーネス
  John Harneth

■ 8代

- ポーリング Pauling（1988-）

- デボラ・ジェーン・ペントランド
  Deborah Jane Pentland
  （1963-）
  ＝グラハム・クーパー
  Graham Cooper
- ジョアナ・スー・ペントランド
  Joanna Sue Pentland（1965-）
  ＝マイケル・トワイマン
  Michael Twyman

- メアリー・エレノア
  Mary Eleanor（1955-）
  ＝クリストファー・クック
  Christopher Cook
  （1985離婚）
  ガレス・デイビース
  Gareth Davies（1959生）
  をパートナーとする
- マーク・ドナルド・ヒック
  Mark Donald Hick（1957-）
  ＝パメラ・シンプソン
  Pamela Simpson（1957-）
- ピーター・ペントランド
  Peter Pentland（1958-）
- マイケル・ジョン
  Michael John（1961-1985）

- デーヴィド・エドワード
  David Edward（1953-）
- ゲイナー・エリザベス
  Gaynor Elizabeth（1955-）
  ＝ロバート・グッドウィン
  Robert Goodwin
- アンドリュー・クリストファー
  Andrew Christopher
  （1957-）
  ＝ベリンダ・アン・
  フォジーク
  Belinda Ann Fossiek

■ 9代

- ジャニー・リー
  Jannie Lee（1992-）

- シャーロッテ・ライアノン
  Charlotte Rhiannon（1991-）
- リズ・アレクサンダー・マイケル
  Rhys Alexander Michael
  （1995-）

- ジョナサン・マーク・ヒック
  Jonathan Mark Hick
  （1985-）
- エミリー・ミリアム
  Emily Miriam（1988-）

- エレノア・フランシス
  Eleanor Frances（1985-）
- ジョン・ジョセフ
  John Joseph（1987-）
- マックスウェル・ダニエル
  Maxwell Daniel（1989-）

- ヴィクトリア・グレース
  Victoria Grace（1988-）
- エイミー・アレクサンドラ
  Amy Alexandra（1990-）
- クリストファー・アレクサンダー
  Christopher
  Alexander（1992-）
- アリス・エリザベス
  Alice Elizabeth（1994-）

［ジョン・ヒック家系図］

■初代

- ジョン・ヒック John Hick (1699-1780)
  ＝アン・ソーントン Ann Thornton (1700-1779)

■2代

- ジョン・ヒック John Hick
  ＝メアリー・ホーソン Mary Hawson

■3代

- テンプル Temple
- マイケル Michael
- ジョン John
  ＝ウォルター・パントランドの娘と結婚
- トーマス・ヒック Thomas Hick
  ＝ジェーン・パントランド Jane Pantland (1769-1817) ウォルター・パンドランドの娘
- ジョージ George
- エリザベス Elizabeth
  ＝マーク・ウィットウェル Mark Whitwell
- ホーソン Hawson (1785生)

■4代

- エリザベス Elizabeth (1799生)
  ＝ジョージ・ホーンズビー George Hornsby
- ジョン John(1802生)
- パントランド・ヒック Pantland Hick (1803-1887)
  ＝メアリー・バーリンソン・ウォーカー Mary Burlinson Walker (1810-1881)
- メアリー Mary (1807-1894)
- トーマス Thomas (1808生)
  ＝マーサ・ティンカー Martha Tinker
- マイケル Michael (1810-1900)
  ＝エリザベス Elizabeth (1822-1895)
- ジョージ George (1814-1890)
- ウォルター Walter (1816生)

■5代

- ジョージ George
- トーマス Thomas (1833-1905)
  ＝アンナ・ダレルAnna Darrell (1838-1891)
- パントランド Pantland (1833生)
  ＝アン・ティンダール Anne Tindall
- ジェームズ・ヘンリー及びジョン（幼時期に死亡） James Henry & John
- メアリー・ジェーン Mary Jane
  ＝ウィリアム・ティンカー・ヒック William Tinker Hick (1861-1928)
- エリザベス Elizabeth (1841-1917)
  ＝チャンピオン Champion
- ジェームズ・ウォーカー James Walker (1843-1912)
  ＝アン・パッセルトAnn Passelt (1845-1922)
- バーリンソン・ウォーカー Burlinson Walker (1844-1917)
  ＝メアリー・ハーバートMary Herbert (1872生)
- エドウィン・アルバート・ヒック Edwin Albert Hick (1846-1900)
  ＝マライア・デイ Maria Day (1850-1926)
- ウィリアム・ヘンリー William Henry (1848-1898)
  ＝アニー・ペトリー Annie Petrie (1848-1902)
- ジョージ・ホーソン George Hawson (1921没)
  ＝ネリー・ラムズデン Nellie Ramsden
- マーサ Martha
  ＝ヘンリー・ロブソン Henry Robson (1833生)
- ウィリアム・ティンカー William Tinker
  ＝メアリー・ジェーン・ヒック Mary Jane Hick
- エリザベス Elizabeth
  ＝ホーンズビー Hornsby (1853没)
- トーマス・エドワード Thomas Edward (1835生)
- アラベラ・アン Arabella Anne

- 基本的に、世代順、年齢順に配置した。
- 結婚相手の、結婚前のファミリーネームはそのまま掲載した。
- 結婚は＝の記号で表わした。
- 初代から9代までの中心となる家系には、背景にアミをかけ、ファミリーネームがない場合は「ヒック」を付けた。

（この家系図は原著にはないが、著者の了解を得て掲載した。）

ヤ　行

ラ　行

ワ　行

マ　行

タ　行

ナ　行

ハ　行

サ　行

索　引

ア　行

カ　行

岸根敏幸（きしね　としゆき）

1963年生まれ。東京大学大学院博士課程修了、博士（文学）。宗教学専攻。現在、福岡大学人文学部教授。著書『宗教多元主義とは何か』、『日本の宗教』（共に晃洋書房）。[19章]

西谷幸介（にしたに　こうすけ）

1950年生まれ。バーゼル大学神学部博士課程、博士(神学)。キリスト教社会倫理学専攻。現在、東北学院大学・同大学院教授。『宗教間対話と原理主義の克服』(新教出版社)、訳書『現代キリスト教の霊性』(教文館)。[20、21章]

山梨有希子（やまなし　ゆきこ）

1972年生まれ。大正大学大学院文学研究科博士後期課程修了。宗教学専攻。現在、東京医科大学・看護専門学校非常勤講師。共著『現代世界と宗教の課題――宗教間対話と公共哲学』、『グローバル時代の宗教間対話』。[22、23章]

長谷川（間瀬）恵美（はせがわ　えみ）

1970年生まれ。ルンド大学神学・宗教学博士課程修了、博士(神学)。宣教学専攻。現在、南山宗教文化研究所非常勤研究員。著書 *Spirit of Christ Inculturated*(ルンド大学出版)。[日本の読者に、原著まえがき、24章]

若林　裕（わかばやし　ひろし）

1951年生まれ。同志社大学大学院神学研究科、博士(神学)。組織神学・宗教哲学専攻。現在、同志社女子大学・聖泉大学非常勤講師、桃山栄光教会牧師。論文「多元主義神学の現在」(『基督教研究』第64巻第2号)、「多元主義神学再考」(同、第68巻第1号)。[25、26章]

保呂篤彦（ほろ　あつひこ）

1960年生まれ。筑波大学大学院博士課程哲学・思想研究科修了。宗教哲学専攻。現在、筑波大学大学院人文社会科学研究科助教授。著書『カント道徳哲学研究序説』(晃洋書房)、共著『宗教と宗教の〈あいだ〉』(風媒社)。[14、27、28章]

共訳者一覧 ［　］は担当箇所

慶應宗教研究会

稲田実（会長）、1948年生まれ。大阪大学大学院修士（工学）。現在、東芝ドキュメンツ勤務。以下、鈴木安夫（総務・編集）、村山紀美子（編集）、岡村洋子（編集）、村上三恵子（会計）、井上容子、黒岩貴、三原可代子、杉千恵子、永田俊文の９名。［1〜9章］、但し［家系図］は村山、［索引］は稲田。

渡部　信（わたべ　まこと）

1948年生まれ。ベイラー大学宗教部修士課程（M. A.）。宗教哲学専攻。現在、日本聖書協会総主事。論文「ジョン・ヒックの終末論的証明に関する考察」、共訳『もう一つのキリスト教』（ヒック著、日本基督教団出版局）。［10章］

郷　義孝（ごう　よしたか）

1951年生まれ。シカゴ大学・シカゴ神学大学合同博士課程（Ph. D）。宗教社会学・哲学的神学専攻。現在、日本聖書神学校教授・八王子栄光教会牧師。『キリスト教――21世紀への模索』（学陽書房）、『宗教論』（三恵社）。［11、12章］

今城（長嶋）匡子（いまじょう　まさこ）

1965年生まれ。同志社大学大学院神学研究科博士課程前期修了。組織神学専攻。論文「ジョン・ヒックのキリスト論――宗教多元主義の可能性について」。［13章］

岡村洋子（おかむら　ようこ）

1967年生まれ。早稲田大学文学部文芸専修卒業。慶応義塾大学文学部哲学科で間瀬啓允に師事。現在、青山学院大学大学院国際マネジメント研究科在籍中。現職、NPO法人GEWEL理事・IT企業経営企画マネジメント。［15、16章］

坂井祐円（さかい　ゆうえん）

1972年生まれ。大谷大学大学院文学研究科博士後期課程満期退学。仏教学専攻。現在、南山宗教文化研究所非常勤研究員、スピリチュアルケア研究会代表。論文「仏教哲学に基づく宗教多元主義の考察と宗教対話論」（『宗教研究』342号）。［17、18章］

著者

ジョン・ヒック（John Hick）

1922年生まれ。英語圏で最も影響力を持つ宗教哲学者。キリスト教、仏教、イスラームなどの世界宗教は、言語を超えた超越的実在に対する様々な応答であることを説き、『受肉神話』『宗教多元主義への道』などの著書により、宗教多元主義への道を拓く。ギフォード講義を収録した『宗教の解釈』でグレウィマイヤー賞受賞。世界各地の宗教者とも対話を重ね、その思想は遠藤周作晩年の小説『深い河』などにも大きな影響を与えた。

訳者

間瀬啓允（ませ ひろまさ）

1938年生まれ。宗教哲学者。慶應義塾大学名誉教授・東北公益文科大学教授・同大学院研究科長。著書に『現代の宗教哲学』（勁草書房）、『エコロジーと宗教』（岩波書店）ほか。訳書に『宗教の哲学』『宗教多元主義』『神は多くの名前をもつ』『宗教がつくる虹』『もう一つのキリスト教』（いずれもジョン・ヒック著）などがある。

ジョン・ヒック自伝
—宗教多元主義の実践と創造—

二〇〇六年一一月五日　初版第一刷発行

著　者　ジョン・ヒック
訳　者　間瀬啓允
発行者　中嶋　廣
発行所　株式会社トランスビュー
東京都中央区日本橋浜町二-一〇-一
郵便番号　一〇三-〇〇〇七
電話　〇三（三六六四）七三三四
URL http://www.transview.co.jp
振替　〇〇一五〇-三-四一一一七

印刷・製本　中央精版印刷

ISBN4-901510-43-6　C1014